DO DEVER PRÉ-CONTRATUAL DE INFORMAÇÃO E DA SUA APLICABILIDADE NA FORMAÇÃO DO CONTRATO DE TRABALHO

SARA COSTA APOSTOLIDES

DO DEVER PRÉ-CONTRATUAL DE INFORMAÇÃO E DA SUA APLICABILIDADE NA FORMAÇÃO DO CONTRATO DE TRABALHO

Dissertação de mestrado
em Ciências Jurídico – Empresariais

DO DEVER PRÉ-CONTRATUAL DE INFORMAÇÃO
E DA SUA APLICABILIDADE NA FORMAÇÃO
DO CONTRATO DE TRABALHO

AUTORA
SARA COSTA APOSTOLIDES

EDITOR
EDIÇÕES ALMEDINA. SA
Av. Fernão Magalhães, n.º 584, 5.º Andar
3000-174 Coimbra
Tel.: 239 851 904
Fax: 239 851 901
www.almedina.net
editora@almedina.net

PRÉ-IMPRESSÃO I IMPRESSÃO I ACABAMENTO
G.C. GRÁFICA DE COIMBRA, LDA.
Palheira – Assafarge
3001-453 Coimbra
producao@graficadecoimbra.pt

Abril, 2008

DEPÓSITO LEGAL
274886/08

Os dados e as opiniões inseridos na presente publicação
são da exclusiva responsabilidade do(s) seu(s) autor(es).

Toda a reprodução desta obra, por fotocópia ou outro qualquer
processo, sem prévia autorização escrita do Editor, é ilícita
e passível de procedimento judicial contra o infractor.

Biblioteca Nacional de Portugal – Catalogação na Publicação

APOSTOLIDES, Sara Costa

Do dever pré-contratual de informação e da sua aplicabilidade
na formação do contrato de trabalho. – (Teses de mestrado)
ISBN 978-972- 40-3442-3

CDU 349

A todos os que directa ou indirectamente
foram fonte de alento

NOTA PRÉVIA

O estudo que agora se publica corresponde à Dissertação de Mestrado em Ciências Jurídico Empresariais que apresentámos na Faculdade de Direito da Universidade de Lisboa em Novembro de 2005 e que foi objecto de provas públicas em Fevereiro de 2007.

O texto publicado reflecte na íntegra o estudo realizado no ano de 2005, com um mínimo de alterações que foram introduzidas no texto após uma segunda revisão motivada pelas críticas e sugestões dos digníssimos arguentes, Prof. Doutor Luís Menezes Leitão e Prof. Doutor Júlio Costa Gomes a quem manifesto o meu agradecimento pelas críticas certeiras e perguntas difíceis que me colocaram.

Uma palavra de agradecimento vai também para a Prof. Doutora Maria do Rosário Ramalho, orientadora da dissertação, pela disponibilidade e pelas palavras de incentivo.

Ao Prof. Doutor António Menezes Cordeiro e ao Prof. Doutor Pedro Romano Martinez agradeço por terem despertado o meu interesse pelas questões de Direito das Obrigações e Direito do Trabalho, áreas nas quais desenvolvemos a Dissertação.

Ao Prof. Doutor João Baptista Villela agradeço as palavras de encorajamento e os ensinamentos que guardarei para a vida.

Finalmente, agradeço aos meus pais pela forma como me ensinaram a escolher e a pensar e ao Markos pelo suporte e pela atenção que não lhe dediquei durante a realização desta obra.

Dubai, Fevereiro de 2008

Sara Costa Apostolides

ÍNDICE

Índice 9

Abreviaturas e outras indicações de leitura 15

Introdução

§ 1 Objecto de estudo 19
    1. Enquadramento e considerações aproximativas 19

§ 2 Delimitação do âmbito de investigação 22
    2. Âmbito objectivo e formulação do problema 22
    3. Âmbito subjectivo 25

§ 3 Metodologia e plano de exposição 26
    4. Indicação metodológica e plano de exposição 26

PARTE I
DO DEVER PRÉ-CONTRATUAL DE INFORMAÇAO EM GERAL

CAPÍTULO I
DA ORIGEM E EVOLUÇÃO (BREVE REFERÊNCIA)

§ 4 Breve referência a outras ordens jurídicas 29
    5. Génese: ordem jurídica alemã. Desenvolvimento doutrinário e
    jurisprudencial 29
    6. A consagração legal no BGB 35
    7. A *culpa in contrahendo* na ordem jurídica italiana 38
    8. A ordem jurídica francesa e as dificuldades de reconhecimento
    do instituto 40
    9. O tratamento tardio na ordem jurídica espanhola 45

10 *Do dever pré-contratual de informação e da sua aplicabilidade ...*

§ 5 Origem e evolução do dever pré-contratual de informação em Portugal 47

    10. No período de vigência do Código de Seabra 47

    11. No período antecedente à aprovação do CC 49

    12. No quadro legislativo do CC 53

    13. Evolução jurisprudencial 55

§ 6 Desenvolvimentos actuais do dever pré-contratual de informação. Possíveis contributos para a determinação do seu conteúdo 59

    14. Nota prévia. O dever pré-contratual de informação como factor dinamizador da responsabilidade pré-contratual. Novas áreas jurídicas da sua manifestação 59

I. Dever de informação e Direito dos valores mobiliários 60

    15. Dever de informação e mercado de valores mobiliários 60

    16. Os deveres de informação no prospecto como espécie do dever pré-contratual de informação 62

II. Dever de informação e Direito da defesa do consumidor 74

    17. O dever pré-contratual de informação como factor dinamizador da emergência de um regime especial de responsabilidade pré-contratual 74

III. Dever de informação e regime das cláusulas contratuais gerais 79

    18. Os deveres de informação e o regime das cláusulas contratuais gerais. Considerações genéricas 79

    19. O regime das cláusulas contratuais gerais: consagração de um dever pré-contratual de informação? 84

    20. Segue: a cláusula geral da boa fé 88

IV. Os instrumentos de uniformização do direito europeu dos contratos 92

    21. Princípios UNIDROIT e PECL 92

§ 7 Síntese e conclusões 101

    22. Síntese e conclusões 101

Índice 11

CAPÍTULO II

DA CONSTITUIÇÃO E CONTEÚDO DO DEVER PRÉ-CONTRATUAL DE INFORMAÇÃO. EM BUSCA DE CRITÉRIOS

23. Nota prévia: possibilidade e utilidade da determinação do conteúdo do dever pré-contratual de informação 105

§ 8 Linhas norteadoras fornecidas pelo enquadramento dogmático do dever pré-contratual de informação. Consideração do fundamento jurídico 107

24. A boa fé: enclave 107
25. A confiança: insuficiência para explicar cabalmente o instituto 112
26. A confiança como geradora do dever de informação; necessidade de colaboração de outros critérios valorativos 123

§ 9 Linhas norteadoras fornecidas pela concepção de contrato e tipo contratual 125

I. O conceito de contrato e a autonomia privada 125

27. O postulado da auto-informação..................................... 125
28. O dever de informar sobre os factos conhecidos da contraparte 131
29. Diligência exigível. A possibilidade de formular e colocar questões à contraparte... 134
30. Distinção entre dever de responder e dever de informar espontaneamente 135

II. O conceito de contrato e a teleologia das negociações: necessidade de cooperação das partes 137

31. O dever de informar sobre as circunstâncias que afectam a validade do contrato 137
32. O dever de informar sobre as circunstâncias que afectam os interesses da contraparte... 143

III. O tipo contratual... 148

33. Contributos: em especial a relação de confiança..................... 148
34. Outros factores geradores de confiança................................. 151

§ 10 Linhas norteadoras fornecidas pela qualidade das partes. Em especial a situação de desequilíbrio informacional 153

35. Nota prévia: do desequilíbrio informacional à negação do postulado da auto-informação..................................... 153

36. O desequilíbrio informacional enquanto desigualdade de oportunidades de obtenção da informação 155

37. O desequilíbrio informacional como requisito do dever de informar. Regra e excepção 157

§ 11 A diligência devida pelo "devedor" da informação 161

38. O critério da diligência razoável de um homem médio colocado nas circunstâncias do caso concreto 161

§ 12 Síntese e conclusões 163

39. Síntese e conclusões 163

PARTE II
DO DEVER PRÉ-CONTRATUAL DE INFORMAÇÃO NA FORMAÇÃO DO CONTRATO DE TRABALHO

CAPÍTULO I
DA CONSTITUIÇÃO E CONTEÚDO DO DEVER PRÉ-CONTRATUAL DE INFORMAÇÃO. CRITÉRIOS GERAIS

§ 13 Linhas norteadoras fornecidas pelas particularidades da relação laboral 167

40. Da aplicabilidade das regras gerais dos contratos à necessidade de ponderação dos aspectos característicos da relação laboral 167

41. Da necessidade de diferenciação de categorias dos trabalhadores à luz do art. 97.º do CT 172

42. Enunciação das particularidades da relação laboral relevantes na conformação do dever de informação 176

43. Segue: da implicação da pessoa do trabalhador na relação laboral como critério revelador do conflito de interesses 177

44. Segue: do carácter duradouro do contrato de trabalho e do princípio da segurança no emprego à afirmação da especial relevância do dever de informação do trabalhador 184

45. Segue: da específica distribuição do risco à afirmação da regra da inexistência do dever de informar sobre as circunstâncias relativas ao risco assumido pelas partes 189

Índice 13

§ 14 Linhas norteadoras fornecidas pelos direitos fundamentais: referência e afastamento 194

46. A vulnerabilidade dos direitos fundamentais do trabalhador nos preliminares do contrato como problema de desigualdade das partes e não de delimitação da subordinação jurídica 194

47. Do conflito de direitos fundamentais das partes ao problema da eficácia desses direitos no contrato de trabalho: referência. Adopção de uma perspectiva contratualista 198

§ 15 Síntese e conclusões 207

48. Síntese e conclusões 207

CAPÍTULO II
DO DEVER DE INFORMAÇÃO DO TRABALHADOR

49. Nota prévia 211

§ 16 O postulado da auto-informação do empregador 214

50. Ponto de partida: o trabalhador não tem o dever de informar espontaneamente o empregador 214

51. Excepção: o dever de informar espontaneamente sobre os requisitos mínimos e as circunstâncias impeditivas do exercício da actividade 217

52. Enunciação dos problemas colocados pelo ónus de auto-informação do empregador: os métodos de investigação e o conteúdo da informação 222

I. A formulação de questões 223

53. O primado deste método de indagação 223

54. O conteúdo das questões e o critério da relevância das informações para a prestação laboral (art. 97.º, n.º 2 do CT) 224

55. Perguntas sobre a vida privada em geral, saúde e gravidez 232

   a) regra: ilegitimidade das perguntas 232

   b) excepções: enunciação 232

   c) o âmbito de aplicação material do art. 17.º, n.º 1 e 2 do CT 233

   d) perguntas legítimas sobre a vida privada em geral 236

   e) perguntas legítimas sobre a saúde e gravidez 238

56. Perguntas sobre convicções ideológicas, religiosas e políticas 245

57. Perguntas sobre filiação sindical 247

14 *Do dever pré-contratual de informação e da sua aplicabilidade ...*

58. Perguntas sobre os antecedentes penais 249
59. Perguntas sobre o salário pretendido 254
60. O 'direito' a mentir 255

II. Outros métodos de indagação 262

61. Nota prévia 262
62. Testes e exames médicos em geral 263
63. Testes e exames de gravidez 266
64. Testes sobre o consumo de droga e de álcool 267
65. Testes genéticos 269
66. Testes psicológicos 277
67. Grafologia 279
68. Outros métodos 281

§ 17 Síntese e conclusões 283

69. Síntese e conclusões 283

CAPÍTULO III

DO DEVER DE INFORMAÇÃO DO EMPREGADOR

70. Nota prévia. Regime 289

§ 18 O postulado da auto-informação do trabalhador: negação 292

71. O desequilíbrio informacional e o desequilíbrio do poder negocial entre empregador e trabalhador 292
72. O regime do dever de informação do empregador no CT: que utilidade? 296

§ 19 Síntese e conclusões 302

73. Síntese e conclusões 302

Conclusão final 305

Resumo 313

Résumé 314

Summary 315

Índice Bibliográfico 317

ABREVIATURAS E OUTRAS INDICAÇÕES DE LEITURA

a) Abreviaturas

AAFDL	Associação Académica da Faculdade de Direito de Lisboa
AA.VV.	Autores vários
Ac.	Acórdão
AcP	Archiv für die civilistische Praxis
AD	Acórdãos Doutrinais do Supremo Tribunal Administrativo
ADC	Anuario de Derecho Civil
ADN	Ácido Desoxirribonucleico
AG	Die Aktien Gesellschaft
AGBG	Allgemeine Geschäftsbedingungen Gesetz
AR	Assembleia da República
Arch. Giur.	Archivio Giuridico Filipo Serafini
art. / arts.	artigo / artigos
AuR	Arbeit und Recht: Zeitschrift für Arbeitsrechtspraxis
BAG	Bundesarbeitsgericht
BetrVG	Betriebsverfassungsgesetz
BFDUC	Boletim da Faculdade de Direito da Universidade de Coimbra
BGB	Bürgerliches Gesetzbuch
BGH	Bundesgerichtshof
BverfGE	Bundesverfassungsgericht
BMJ	Boletim do Ministério da Justiça
CadMVM	Cadernos do Mercado de Valores Mobiliários
Cass. Soc.	Cour de Cassation. Chambre Social
CC	Código Civil
cfr.	confrontar
cit.	citado
CITE	Comissão para a Igualdade no Trabalho e no Emprego
CJ	Colectânea de Jurisprudência
CJ-STJ	Colectânea de Jurisprudência. Acórdãos do Supremo Tribunal de Justiça
CJTJCE	Colectânea de Jurisprudência do Tribunal de Justiça da Comunidade Europeia
CVM	Código dos Valores Mobiliários

CNPD	Comissão Nacional de Protecção de Dados
CPC	Código de Processo Civil
CS	Código de Seabra
CRP	Constituição da República Portuguesa
CT	Código do Trabalho
C. Trav.	Code du travail
DB	Der Betrieb. Wochenschrift für Betriebswirtschaft, Steuerrecht, Wirtschaftsrecht, Arbeitsrecht
DL	Decreto-Lei
DR	Diário da República
DS	Droit Social
EDC	Estudos de Direito do Consumidor
EJLE	European Journal of Law and Economics
ESC	Estudos Sociais e corporativos
ET	Estatuto de los trabajadores
FS	Festschrift
GDLRI	Giornale di Dirritto del Lavoro e di relazioni industriali
Giur. It.	Giurisprudenza Italiana
JA	Juristische Arbeitsblatter
JOCE	Jornal Oficial das Comunidades Europeias
JuS	Juristischen Schulung. Zeitschrift für Studium und Ausbildung
JZ	Juristenzeitung
LCCG	Lei das cláusulas contratuais gerais (DL 446/85, de 25 de Outubro, alterado pelo DL 220/95, de 31 de Agosto e DL 249//99, de 7 de Julho)
LDC	Lei de defesa do consumidor (Lei 24/96, de 31 de Julho)
loc. cit.	local citado
LRCT	Lei dos instrumentos de regulamentação colectiva
Legal Studies	The journal of Legal Studies
Münchkomm	Münchener Kommentar zum Bürgerlichen Gesetzbuch
MuSchG	Mutterschutzgesetz
NJW	Neue Juristische Wochenschrift
OIT	Organização Internacional do Trabalho
p. / pp.	página / páginas
PECL	Principles of European Contract Law
PGR	Procuradoria Geral da República
QL	Questões Laborais
RC	Relação de Coimbra
RCDI	Revista Crítica de Derecho Inmobiliario
RCDP	Rivista Critica del Diritto Privato
R.CEJ	Revista do Centro de Estudos Judiciários (Brasília)
RdA	Recht der Arbeit. Zeitschrift für die Wissenschaft und Praxis des gesamten Arbeitsrechts

Abreviaturas e outras indicações de leiturs

17

RDC Rassegna di Diritto Civile
RDE Revista de Direito e Economia
RDES Revista de Direito e Estudos Sociais
RDIDC Revue de Droit International et de Droit Comparé
RDP Revista de Derecho Privado
Rec. Dalloz Recueil périodique et critique de jurisprudence, de législation et de doctrine
REDT Revista Española de Derecho del Trabajo
Rel. Lab. Relaciones Laborales. Revista Critica de Teoria e Pratica
RG Reichsgericht
RIDC Revue internationale de droit comparé
RIDL Rivista Italiana di Diritto del Lavoro
RL Relação de Lisboa
RLJ Revista de Legislação e Jurisprudência
RMP Revista do Ministério Público
RP Relação do Porto
ROA Revista da Ordem dos Advogados
RTDCDE Revue trimestrielle de droit commercial et de droit économique
RTDCiv Revue trimestrielle de droit civil
RTDPC Rivista Trimestrale di Diritto e Procedura Civile
s.d. sem data
SL Statuto dei Lavoratori
ss. seguintes
STC Sentencia del Tribunal Constitucional
STJ Supremo Tribunal de Justiça
T. Tomo
TC Tribunal Constitucional
TJCE Tribunal de Justiça da Comunidade Europeia
UCP Universidade Católica Portuguesa
vd. vide
vol. volume

b) Outras indicações de leitura

As citações obedecem às seguintes regras:
– na primeira vez, as citações são feitas de forma completa com referência ao Autor, título, volume e tomo, edição, local de edição, editora e ano de edição. Sempre que se trate de artigos de revistas ou inseridos em obras colectivas é feita referência ao título da revista ou da obra e ainda às páginas de início e do fim;
– nas vezes posteriores a citação é feita de forma abreviada apenas com indicação dos aspectos que permitam identificar a fonte, a saber, o Autor,

parte do título, ano e páginas em questão. Apenas é feita uma excepção no artigo de Wolf Hunold, *Aktuelle Rechtsprobleme der Personalauswahl*, DB, 1993, 224-229 por ter sido adquirido no sítio da *Der Betrieb* na *internet* e não fazer referência no texto às páginas correspondentes, razão pela qual citamos por referência aos números que constituem a estrutura do texto;

— os acórdãos, pareceres ou *papers* académicos retirados da *internet* fazem referência ao endereço do sítio de onde foram retirados e à data de consulta;

— no índice bibliográfico final o Autor é sempre indicado por referência ao último nome independentemente de essa não ser a regra no país de que é nacional.

O modo itálico é usado para referência da língua estrangeira e para destacar uma ideia, assunto ou conceito de referência.

Sempre que uma disposição legal não seja acompanhada da referência da fonte deve entender-se que ela se reporta à fonte que se possa deduzir do contexto.

O conceito de empregador e trabalhador é usado muitas vezes no sentido de futuro empregador e candidato a emprego, respectivamente, devendo esse ser o sentido a atribuir-lhe sempre que o contexto assim permita concluir.

INTRODUÇÃO

§ 1 Objecto de estudo

1. Enquadramento e considerações aproximativas

Na sua origem o Direito do Trabalho anda associado essencialmente a fenómenos colectivos. As consternações geradas pela conhecida questão social levaram ao reconhecimento de uma classe de sujeitos – os operários – cujas condições de vida não podiam ser toleradas pela sensibilidade humana. A consciencialização social das fraquezas da classe operária e da sua impossibilidade em reagir contra os abusos da classe empregadora levou, no campo jurídico, ao reconhecimento da incapacidade do Direito Civil comum para responder aos problemas que reclamavam por resposta.

De facto, os quadros civis tradicionais movem-se em torno do paradigma contratual que assenta na ideia de liberdade e igualdade dos sujeitos. A questão social evidenciou que não se podia falar em igualdade no mundo do trabalho, sendo notória a posição de vantagem do empregador. O Direito do Trabalho surge, então, com um pendor proteccionista de tutela da parte fraca. Mas esse pendor proteccionista tinha uma dimensão essencialmente colectiva: era a classe de trabalhadores que se visava proteger e não tanto cada trabalhador em particular, considerado individualmente como parte de um contrato. Daí a forte incidência inicial nas questões do chamado direito colectivo do trabalho: foi a luta pelo reconhecimento do direito de associação sindical, do direito à greve e à negociação colectiva. Em paralelo o legislador também deu o seu contributo impondo uma série de normas imperativas que limitavam a autonomia privada da parte forte da relação (o empregador) sobre as quais se edificou o princípio do *favor laboratoris*.

Actualmente, porém, o campo de incidência do Direito do Trabalho começa a ganhar outros contornos e a colocar nas suas prioridades outros problemas. Uma vez ganha a batalha do reconhecimento dos direitos colectivos dos trabalhadores (que gozam hoje de força constitucional), e

20 Do dever pré-contratual de informação e da sua aplicabilidade ...

embora muito haja a ser feito no sentido da materialização e efectivação desses direitos, assume protagonismo a batalha pelo reconhecimento dos direitos do trabalhador que lhe são atribuídos individualmente enquanto pessoa. *Trata-se de encarar o trabalhador agora não como membro de uma classe mas como pessoa, como cidadão.*

Entre outros factores, o aproveitamento político ideológico abusivo das concepções comunitário-pessoais, em especial das concepções institucionalistas, do vínculo laboral e os resultados a que conduziu tiveram o mérito de permitir criar, em jeito de reacção, os alicerces para a convicção de que ao celebrar o contrato de trabalho o trabalhador não é consumido pelo interesse da empresa, fundindo-se na organização do empregador.[1] Ao contrário *o trabalhador é uma pessoa autónoma que entra na relação de trabalho com os seus próprios interesses.*

A análise desloca-se então para o nível do *relacionar específico* entre sujeitos individualmente considerados. Os problemas surgem, no entanto, pelas particularidades da relação laboral. Tendo em conta que nesse relacionar específico uma das partes aparece numa posição de ascendência legitimada pela atribuição de um poder directivo, e pela correspondente subordinação jurídica do trabalhador, surge o problema da conformação desse relacionar específico de forma a anular, ou pelo menos minorar, os abusos inerentes à posição de ascendência do empregador potenciados pela especial implicação da pessoa do trabalhador na prestação da actividade laboral. Por outras palavras, um dos problemas actuais do Direito do Trabalho consiste na delimitação do poder directivo do empregador (e da consequente subordinação jurídica do trabalhador) perante os direitos de personalidade do trabalhador.[2]

Esse reconhecimento da contraposição de interesses apelou para a ressurreição do contrato enquanto quadro explicativo da relação laboral.[3]

---

[1] Cfr. Thilo Ramm, *Grundrechte und Arbeitsrecht*, JZ, 1991 (1-16), que afirma de forma expressiva que *"Die Arbeitleistung absorbiert nicht mehr die Persönlichkeit des Arbeitnehmers"* (3).

[2] A comprovar essa actualidade o CT introduziu, no sistema jurídico laboral, normas de tutela dos direitos de personalidade do trabalhador (arts. 15 e ss.).

[3] Essa ressurreição do contrato e o paralelo recurso aos quadros civis tradicionais regista-se em vários quadrantes (cfr. por exemplo Xavier Lagarde, *Aspects civilistes des relations individuelles de travail*, RTDCiv, 3, 2002, 435-453); nomeadamente, o nosso CT constitui exemplo da manifestação da pujança do contrato no vínculo laboral e do movimento de aproximação do Direito do Trabalho ao Direito Civil comum: cfr. infra n.º 40.

Introdução 21

Dependendo dos contornos que se atribuam a essa ressurreição, inúmeras implicações podem advir para a problemática da autonomia dogmática do Direito do Trabalho.[4] É ponto no qual, naturalmente, não entraremos.

De qualquer modo, é incontestável que na base do vínculo laboral se encontra um *contrato obrigacional*.[5] *A nossa análise situa-se justamente neste plano: o da celebração de um contrato obrigacional sobre o qual se edifica o vínculo laboral.*

Trata-se, no fundo, de olhar para o relacionar específico entre dois sujeitos que representando interesses contrapostos se encontram com um objectivo comum: a celebração válida de um contrato de trabalho que permita colocá-los numa posição mais vantajosa do que a anterior.

Esse relacionar específico é marcado pela liberdade das partes uma vez que se verifica num momento anterior ao da assunção do vínculo contratual, mas não é desprovido de regras. O que nós pretendemos saber é, justamente, que regras são essas ao nível da transmissão da informação. Por outras palavras, *que informações pode uma das partes legitimamente exigir ou esperar receber da parte contrária, na fase das negociações de um contrato de trabalho.*

É intuitivo que esta é uma realidade problemática e de difícil resposta, razão que por si só explica que tenhamos enveredado por ela. A ideia que nos ficou dos tempos de licenciatura foi a de que não há uma resposta definitiva e absoluta para a questão de saber, por exemplo, que informações deve o trabalhador prestar no decurso de uma entrevista de selecção. E, de facto, esta dissertação apenas vem confirmar essa conclusão, pelo que desde já se adverte o leitor que espera encontrar nestas folhas um catálogo das circunstâncias que o trabalhador e o empregador devem dar a conhecer à parte contrária, no momento anterior ao da celebração do contrato de trabalho, que este trabalho será para ele de pouca utilidade.

Não seria necessário que a doutrina afirmasse a inutilidade de tal desígnio[6] para que rapidamente pudéssemos perceber a impossibilidade de fixar de forma taxativa o objecto das informações que devem ser transmitidas. Basta notar que o critério normativo através do qual se estabelecem as regras de conduta a observar nas negociações de um

---

[4] Cfr. PALMA RAMALHO, *Direito do Trabalho. Parte I – Dogmática geral,* Coimbra: Almedina, 2005, 386-390.

[5] Excepção feita, naturalmente, às relações contratuais de facto: cfr. art. 115.º do CT.

[6] Cfr., por exemplo, ARNDT TEICHMANN, *Nebenverpflichtungen aus Treu und Glauben. 1. Teil: Vorvertragliche Informationspflichten,* JA, 1984, (545-548), 548.

22   *Do dever pré-contratual de informação e da sua aplicabilidade ...*

contrato é a boa fé.[7] As possibilidades são, pois, ilimitadas tudo dependendo do caso concreto e da maturidade da Ciência do Direito em cada momento determinado.

Mas então pode questionar-se, e com razão, qual o interesse deste trabalho se ele não contribui para que os sujeitos possam saber de antemão, com certeza, quais as informações que estão obrigados a prestar.

Este trabalho pretende fornecer *critérios valorativos* que possam ser ponderados no momento da concretização da cláusula geral da boa fé e da determinação do dever pré-contratual de informação numa situação concreta de negociações de um contrato de trabalho. Além disso, este trabalho pretende também contribuir para a resolução de casos concretos, razão pela qual se procura numa fase posterior confrontar e testar esses critérios valorativos à luz das normas legais do CT que regem, ainda que recorrendo também elas a conceitos indeterminados, sobre a matéria.

§ 2 Delimitação do âmbito de investigação

2. Âmbito objectivo e formulação do problema

Já evidenciámos que o critério normativo que está por detrás da conformação do dever de informar na fase dos preliminares é a boa fé.

A boa fé tem um carácter unitário manifestando-se durante toda a vida da relação jurídica entre dois sujeitos: ela impõe deveres laterais no momento do nascimento do vínculo, durante a sua execução e mesmo depois da sua extinção[8], sendo possível identificar um dever de informação em todos estes momentos.

Porém, o nosso estudo cinge-se à manifestação da boa fé, enquanto regra de conduta, na imposição aos sujeitos do dever de informar a parte contrária na relação específica das negociações de um contrato de trabalho. Fica portanto afastado o dever de informação no decurso da execução do contrato de trabalho bem como o dever de informação após a extinção do vínculo contratual. Do mesmo modo, não compõem o objecto da nossa investigação os deveres de informação que sejam devidos fora de uma relação específica de negociações, como os que decorrem do art. 485.º do CC.

---

[7] Cfr. art. 227.º do CC e 93.º do CT.

[8] Cfr. Menezes Cordeiro, *Da boa fé no Direito Civil*, Coimbra: Almedina, 2001, 586 e ss.

Por outro lado, a referência ao critério normativo da boa fé tem como consequência o afastamento, do nosso âmbito de investigação, dos deveres de informação que sejam devidos no contexto de uma relação específica de negociações mas que não se fundamentem na boa fé, como acontece quando as partes, nos preliminares, celebram contratos que visam regular o processo de negociações tais como acordos de princípio, acordos de negociações ou cartas de intenção. Nestes casos, a natureza dos deveres de informação é contratual, por radicar na vontade das partes, ainda que o momento do seu cumprimento seja prévio à celebração de um *outro* contrato.[9]

Assim, no uso da terminologia *dever pré-contratual de informação* está em causa não apenas o momento em que o comportamento é devido – fase das negociações, anterior ou contemporânea da celebração do contrato – mas também a referência ao critério normativo da boa fé.

A nossa análise dirige-se ao dever de informação e não à responsabilidade pré-contratual por violação do dever de informação.

De facto, da norma geral que constitui ponto de partida nesta matéria (art. 227.º do CC e art. 93.º do CT) é possível identificar dois planos de incidência diversos: o plano da imposição de certos deveres de conduta e o plano da imputação de danos àquele que viola esses deveres. Essa imputação depende da verificação de vários requisitos. No presente estudo apenas nos dedicamos a um desses requisitos: o *facto ilícito* quando é constituído pela violação do dever de informação. Apenas pretendemos apurar em que situações as partes não podem silenciar ou prestar falsas informações no decurso das negociações de um contrato de trabalho, sob pena de, na eventualidade de os demais requisitos estarem preenchidos, serem chamadas a responder pelos danos causados.[10]

O *problema* que esteve presente no nosso espírito e que nos acompanhou e serviu de guia ao longo deste estudo deixa-se formular em

---

[9] Cfr. Dário Moura Vicente, *A responsabilidade civil pré-contratual no Código Civil Brasileiro de 2002,* R.CEJ, 2004, (34-41), 37.

[10] Chamando a atenção para a necessidade de fixar os deveres pré-contratuais de conduta, Oliveira Ascensão, *Direito Civil. Teoria Geral,* vol. II, *Acções e factos jurídicos,* 2.ª ed., Coimbra: Coimbra Editora, 2003, 443 escreve: "o problema [da *culpa in contrahendo*] pode hoje ser reequacionado. Não se estuda a culpa, mas *o ilícito. Há que fixar os deveres pré-contratuais* e as consequências da sua violação, e não só a responsabilidade derivada da culpa na celebração dum contrato" (sublinhado nosso).

moldes interrogativos: como podemos determinar a existência de um dever pré-contratual de informação? Como podemos concluir e justificar que em algumas situações as partes que estão em negociações para um contrato de trabalho devam prestar certas informações e noutras situações esse dever não exista? Quando é que existe um dever de informar? O que o justifica?

Este é, portanto, o *objectivo* do trabalho: *procurar critérios valorativos que contenham um maior grau de operatividade do que aquele que a simples remissão para a boa fé permite alcançar.*

A dissertação é feita por referência a este objectivo, razão que nos obrigou a não dedicar a algumas questões a atenção que elas mereceriam. Alguns aspectos, nomeadamente a análise económica do dever pré-contratual de informação, a relação entre o regime do dever pré-contratual de informação e o regime dos vícios do consentimento e a admissibilidade da cessação do contrato de trabalho como forma de indemnização pela violação do dever pré-contratual de informação, teriam, por ventura, merecido maior desenvolvimento, mas entendemos não empreendê-lo por considerarmos que essa opção teria contribuído para espraiar a análise por campos que só muito remotamente poderiam contribuir para o objectivo traçado, gerando uma horizontalidade que não está na natureza deste tipo de dissertação.

Uma última nota relativa ao âmbito objectivo da investigação deve ser feita no sentido de evidenciar o cunho generalista da nossa análise. O que está em causa é o dever pré-contratual de informação no contrato de trabalho e não nos vários tipos de contrato de trabalho. O contrato de trabalho é aqui encarado como o paradigma da relação laboral e não como o tipo específico de vínculo laboral que une as partes.

Não vamos pois particularizar a análise a pontos de considerar cada tipo de contrato de trabalho e as especificidades que eles apresentam, embora reconheçamos que um tal desígnio estaria em harmonia com os apelos da doutrina para a necessidade de flexibilização e diversificação dos regimes laborais, o que no caso concreto se justificaria, desde logo, pelo facto de essas especificidades poderem veicular, para a resolução do problema em análise, critérios valorativos próprios.

No entanto, em algumas situações, quando se justifique, faremos breves observações sobre contratos de trabalho que pressuponham uma especial relação de confiança ou que pressuponham a adesão a certa ideologia.

Do mesmo modo, este cunho generalista tem como corolário o afastamento do âmbito do nosso estudo das situações em que ocorrem especificidades ao nível da formação do contrato de trabalho, tal como acontece quando a vontade contratual do trabalhador se manifesta através da adesão a contratos, padronizados ou individualizados, pré-elaborados pela entidade empregadora ou através da adesão ao regulamento interno da empresa. Porém, embora os contratos de trabalho de adesão não sejam objecto de análise, o facto é que esta temática se encontra indirectamente abrangida pelo trabalho. Não existindo, actualmente, dúvidas quanto à aplicabilidade do regime jurídico das cláusulas contratuais gerais ao contrato de trabalho de adesão[11], as observações que tecemos acerca desse regime são aplicáveis aos aspectos essenciais do contrato de trabalho em que não tenha havido prévia negociação individual (art. 96.º do CT).

3. Âmbito subjectivo

Embora desde 1951[12] se tenha fixado a ideia de que o instituto da *culpa in contrahendo* tem aplicabilidade para além da relação específica de negociações que se estabelece entre os sujeitos que figurarão (eventualmente) como partes do contrato, a nossa dissertação tem apenas como objectivo a análise do dever de informação no âmbito da relação específica de negociações entre o trabalhador e o empregador.

No domínio específico da formação do contrato de trabalho a temática da responsabilidade civil pré-contratual de terceiro pode apresentar-se com bastante pertinência, dada a frequência com que as entidades empregadoras recorrem aos serviços de agências privadas de recursos humanos, para que estas as auxiliem no processo de selecção dos candidatos, nomeadamente através da recolha de informação preliminar ou da realização de testes psicológicos. A pertinência da indagação acerca dos deveres de conduta que essas agências devem adoptar é tanto mais evidente se tivermos em consideração que elas obtêm informação sobre a vida privada dos sujeitos e que o regime jurídico sobre a matéria se mostra, quanto a nós,

---

[11] Cfr. ALEXANDRE MOTA PINTO, *Notas sobre o contrato de trabalho de adesão (De acordo com o Direito vigente e o Código de Trabalho)*, QL, 2003, (34-73), 45 e ss., em especial 48.

[12] Cfr. KURT BALLERSTEDT, *Zur Haftung für culpa in contrahendo bei Geschäftsabschluss durch Stellvertreter*, AcP 1950-1951, 501-531.

26   *Do dever pré-contratual de informação e da sua aplicabilidade ...*

insuficiente no que respeita à tutela da vida privada do trabalhador assim como nas garantias da igualdade de tratamento.[13]

Não obstante, a presente dissertação não entrará na análise desta questão. O que está em causa é simplesmente o dever de informação do *empregador* e do *trabalhador*, no âmbito da relação de negociações de um contrato de trabalho que entre eles se estabelece.

§ 3 Metodologia e plano de exposição

4. Indicação metodológica e plano de exposição

Como afirmámos, um dos desígnios actuais do Direito do Trabalho consiste na tutela dos direitos do trabalhador, considerado individualmente enquanto pessoa, face à posição de vantagem do empregador.

Tal como no decurso da execução do contrato, *também na relação de negociações se faz sentir a posição de vantagem do empregador*, o que legitima que também a este nível a conformação dos direitos e deveres das partes (de entre eles o dever de informação) tenha de levar em linha de conta a necessidade de tutela da parte débil.

Na procura dessa tutela vários são os caminhos que podem ser trilhados: ou se procura atribuir uma forte relevância à negociação colectiva e às normas legais imperativas (como aconteceu nos primórdios do Direito do Trabalho); ou se procura limitar o poderio do empregador através do recurso aos direitos fundamentais do trabalhador[14]; ou se procura encontrar soluções de tutela no próprio paradigma contratual e no regime infra-constitucional que seja aplicável.

Neste trabalho trilhamos o terceiro dos caminhos apontados.[15] Ou seja, vamos procurar, no paradigma contratual e nas normas infra-constitucionais que regem sobre os deveres de conduta a adoptar nos preliminares, soluções que permitam ao nível do dever pré-contratual de informação contrabalançar a situação de vantagem do empregador. Optámos

---

[13] Cfr. Convenção n.º 181 da OIT, adoptada pela Conferência Internacional de Trabalho de 19 de Junho de 1997 e aprovada pela Resolução da AR n.º 13/2001, DR I-A, 13 de Fevereiro de 2001, 786-792.

[14] Cfr. José João Abrantes, *Contrato de trabalho e direitos fundamentais,* Coimbra: Coimbra Editora, 2005, 43-44 e *passim.*

[15] Cfr. infra n.º 47.

Introdução 27

por esta via por duas razões. Em primeiro lugar porque além de um problema de confronto entre os direitos fundamentais das partes (do lado do trabalhador o direito à reserva da sua vida privada e o direito a um tratamento igualitário e não discriminatório e do lado do empregador o direito de iniciativa económica privada), as negociações de um contrato de trabalho, e os deveres pré-contratuais que com elas nascem, colocam também um problema de desequilíbrio do poder negocial das partes, problema que se verifica também em outras latitudes do Direito privado comum e que no seu âmbito tem sido resolvido[16]. Em segundo lugar, há ainda um outro motivo que nos levou a procurar os pressupostos para a resolução do nosso problema no Direito civil comum e no contrato: trata-se do reconhecimento de que na base do vínculo laboral se encontra um contrato obrigacional.

Posto isto, faz sentido que se procure num primeiro momento proceder à determinação do dever de informação no âmbito da formação do contrato em geral. Assim, não é de estranhar a divisão da dissertação em duas partes. A primeira delas intitula-se 'do dever pré-contratual de informação em geral' e pretende, além da aproximação ao tema através de considerações acerca da origem e evolução do dever pré-contratual de informação, fornecer critérios valorativos que possam depois ser utilizados na determinação do dever pré-contratual de informação a cargo do trabalhador e empregador. Esses critérios foram procurados em vários quadrantes, a saber no fundamento jurídico do dever pré-contratual de informação, na concepção de contrato e na mecânica das negociações, no tipo contratual e na qualidade das partes.

---

[16] Em sentido contrário, José João Abrantes, *Contrato de trabalho,* 2005, 37-38, entende que os esquemas de Direito Civil não se compadecem com o objectivo da protecção do contraente débil. É uma afirmação de carácter geral mas que, salvo o devido respeito, pensamos não se aplicar ao nosso objecto de estudo, ou seja ao dever pré-contratual de informação. De facto, o regime do Direito dos valores mobiliários, do Direito da defesa do consumidor e o regime das cláusulas contratuais gerais demonstram que os quadros do direito civil têm avançado para esquemas de protecção do contraente débil justamente através da imposição unilateral ao contraente forte de um dever de informar, cuja violação acarreta responsabilidade, de modo a permitir o efectivo exercício da autonomia privada. É curioso verificar que, ao contrário do que aconteceu nestes quadrantes jurídicos, o actual CT, como solução de princípio, não impõe de forma unilateral e diferenciada o dever pré-contratual de informação à parte forte da relação (o empregador) optando pela estipulação de um regime paritário para ambas as partes (art. 97.º do CT).

Mas, se é certo que o contrato de trabalho é um contrato obrigacional ao qual se aplicam as conclusões a que chegámos em sede geral, o facto é que ele é algo mais do que um mero contrato obrigacional, como desde logo o comprova a autonomia sistemática do Direito do Trabalho. Pelo que a análise não ficaria completa se nos quedássemos pelas conclusões avançadas em sede geral. Foi, por isso, necessário enveredar por uma segunda parte que se dedica e se intitula 'do dever pré-contratual de informação no contrato de trabalho'.

A segunda parte pretende, num primeiro momento, fornecer e discutir os critérios valorativos que as particularidades da relação laboral permitem veicular para a determinação do dever de informação e que constituem pressuposto da adaptação das conclusões gerais à realidade específica do contrato de trabalho. Num segundo momento pretende especificar a análise e testar os contributos das considerações anteriores para a resolução do problema do dever pré-contratual de informação a cargo do trabalhador e empregador.

PARTE I

DO DEVER PRÉ-CONTRATUAL DE INFORMAÇÃO EM GERAL

CAPÍTULO I

DA ORIGEM E EVOLUÇÃO

§ 4 Breve referência a outras ordens jurídicas

5. Génese: ordem jurídica alemã. Desenvolvimento doutrinário e jurisprudencial

O dever pré-contratual de informação decorre da boa fé, enquanto regra de conduta aplicável às negociações de um contrato. Por isso, os antecedentes do dever pré-contratual de informação têm de ser procurados na origem da formulação da necessidade de as partes observarem certos deveres de conduta nos preliminares, sob pena de responderem pelos danos causados. Trata-se da temática da responsabilidade civil pré-contratual, embora, como veremos[17], deveres pré-contratuais de conduta e responsabilidade pré-contratual sejam realidades diferentes.

Posto isto, é na responsabilidade civil pré-contratual que temos de procurar as raízes do dever pré-contratual de informação.

Apesar de alguns autores procurarem no direito romano a ascendência do instituto[18] e de já existirem normas legais expressas anteriores que

---

[17] Cfr. infra n.º 25.

[18] Por exemplo, GABRIELE FAGGELLA, *I Periodi Precontrattuali e la Responsabilitá Precontrattuale*, 2.ª ed., Roma, 1918, 42 a 45; FRANCESCO BENATTI, *La responsabilitá precontrattuale*, Milano: Giuffrè, 1963, 1 a 3, (na tradução portuguesa: *A responsabilidade pré-contratual*, (trad. Vera Jardim e Miguel Caeiro, Coimbra: Almedina, 1970, 9 a 11):

30   *Do dever pré-contratual de informação e da sua aplicabilidade ...*

previam o dever de indemnizar por certas condutas adoptadas no momento da conclusão do contrato[19], o facto é que a *culpa in contrahendo* foi tratada pela primeira vez com autonomia científica em 1861 por RUDOLF VON JHERING, no seu estudo intitulado *'Culpa in contrahendo order Schadenersatz bei nichtigen oder nicht zur Perfection gelangten Verträgen'*, publicado em *Jherings Jahrbücher*, 4, e mais tarde com sucessivas reimpressões[20]. Partindo da formulação de situações concretas, JHERING elabora a teoria da *culpa in contrahendo* que, em termos muito resumidos, consistia no seguinte: aquele que dirige uma proposta contratual a outrem tem a obrigação de se certificar de que não existe nenhum obstáculo à formação válida do contrato, em especial a divergência entre a vontade real e a vontade declarada. Pelo que em caso de invalidade, a parte que conheceu

---

este Autor escreve, no entanto, que a tutela concedida pelo direito romano à parte lesada no decurso das negociações, por força de uma conduta incorrecta da outra parte, era limitada e fragmentária não só pelo sistema clássico da tipicidade das *actiones*, mas também porque era válida apenas em casos muito restritos de impossibilidade de prestação ou de ocultação culposa de vícios da coisa ou exagero culposo das suas qualidades. Por esta razão acaba por concluir que o primeiro Autor a realçar a necessidade da observância de lealdade e honestidade nas negociações e a tratar, com extensão e profundidade, o problema da responsabilidade nas negociações e na formação do contrato foi JHERING (cfr., na tradução portuguesa, 12); ANA PRATA, *Notas sobre Responsabilidade Pré-contratual*, Coimbra: Almedina, 2002, 7 e 8; HOLGER FLEISCHER, *Informationsasymmetrie im Vertragsrecht*, München: Beck, 2001, 19 e ss.

[19] *Allgemeines Landrecht* prussiano de 1794 e *Allgemeine Bürgerliche Gesetzbuch* austríaco de 1811. Cfr. DÁRIO MOURA VICENTE, *Da Responsabilidade Pré-Contratual em Direito Internacional Privado*, Coimbra: Almedina, 2001, 242-243, notas 860 e 861, onde se pode encontrar o texto original dos preceitos em causa.

[20] Existe tradução francesa: *'De la culpa in contrahendo ou des dommages-intérêts dans les conventions nulles ou restées imparfaites'*, (trad. de O. MEULENAERE), Œuvres Choisies, T. II, Paris, 1893. Não obstante a descoberta científica do instituto ser-lhe devida, o Autor não deixa de procurar argumentos no direito romano: cfr. 22 a 30, em especial 27 e ss.; nomeadamente recorre à *actio empti*, que era concedida ao comprador de coisa fora do comércio, que houvesse confiado na sua comercialidade por força de conduta dolosa do vendedor, para justificar que, em caso de nulidade do contrato, a execução não é possível mas outros efeitos se podem produzir (como a reparação e a restituição da coisa). Mas, pensamos não se poder concluir, como faz RENÉ DEMOGUE, *Traité des Obligations en Géneral*, vol. I, T.I, Paris, 1921, 95, que JHERING extraiu a *culpa in contrahendo* do direito romano, até porque o ponto de partida da teoria de JHERING foi a constatação de que aquele que sofresse um prejuízo, associado à invalidade do contrato, decorrente da conduta culposa de outrem na formação do contrato, não podia *em termos gerais* no direito romano socorrer-se de qualquer das *actiones* admitidas, o que representava, para o Autor, uma profunda injustiça à qual tinha de ser dada resposta.

Do Dever Pré-Contratual de Informação em Geral

ou devia ter conhecido o obstáculo, e nada fez para o evitar, age com culpa e deve, por isso, indemnizar a contraparte pelo interesse contratual negativo.

Estava, então, formado o ponto de partida para o largo desenvolvimento doutrinário, jurisprudencial e legal que se viria posteriormente a verificar e que permite hoje afirmar que a teoria formulada por este Autor alemão era fragmentária, desde logo, e entre outros aspectos, por apenas prever a responsabilidade pré-contratual no caso de invalidade do contrato.

A partir do estudo de JHERING abre-se na doutrina alemã a discussão sobre vários pontos da sua tese, com destaque para a questão de saber qual o fundamento da responsabilidade: seria o próprio contrato nulo, uma relação de tipo negocial ou a lei?[21] Para o aspecto que nos ocupa neste momento – origem do dever pré-contratual de informação – mais importante do que discutir a base do instituto é a ideia de *relação jurídica pré-negocial* (*verhandlungsverhältnis*), que se estabelece a partir do momento em que se iniciam as negociações. Independentemente do problema de encontrar o facto ou acto jurídico que faz nascer tal relação e que justifica a necessidade da adopção de certas condutas[22], a ideia base é a seguinte: nas negociações estabelece-se uma relação jurídica entre os contratantes da qual decorrem determinados deveres de conduta, de entre eles os deveres de informação, que começam assim a ser autonomizados dos demais deveres a adoptar na formação do contrato.[23]

Esta ideia de relação pré-negocial foi adoptada pela jurisprudência alemã, que desempenhou um papel fundamental no desenvolvimento dos deveres pré-contratuais de conduta.[24] Fixou-se então que dessa relação

---

[21] Cfr. MENEZES CORDEIRO, *Da boa fé*, 2001, 530 a 545. Considerando que a obrigação de indemnizar por danos decorrentes de condutas nos preliminares do contrato (em especial pela revogação da oferta) não se fundamenta na culpa do sujeito ou na sua vontade mas sim na própria lei, vd. BERNARD WINDSCHEID, *Diritto delle Pandette*, Vol. II, Carlo Frada e Paolo Bensa (trad.), Torino: Unione Tipografico-Editrice Torinese, 1930, 188, nota 5.

[22] Cfr. MENEZES CORDEIRO, *Da boa fé*, 2001, 537 a 544.

[23] Cfr. ANDREAS VON TUHR, *Tratado de las obligaciones*, T. I, W. Roces (trad.), Madrid: Editorial Reus, 1934, 142.

[24] Num caso do RG DE 7-12-1911 (disponível em inglês em http:www.ucl.ac.uk/laws/global_law/german-cases/cases_reich.shtml?07dec1911) – o muito citado caso do linóleo – o tribunal veio admitir que nas negociações se estabelece uma relação legal, preparatória e acessória, de natureza semelhante a uma relação negocial (nas palavras daquele tribunal, com carácter semelhante ao do contrato), na qual se integram deveres de protecção: cfr., também, LUDWIG ENNECCERUS E HEINRICH LEHMANN, *Tratado de Derecho Civil*, T.2, *Derecho de Obligaciones*, I, Barcelona: Bosch, 1933, 225; MENEZES CORDEIRO,

32 *Do dever pré-contratual de informação e da sua aplicabilidade ...*

estabelecida nas negociações nascem, entre outros, deveres de informação que além de poderem desencadear a aplicação do regime dos vícios da vontade gerariam situações de responsabilidade civil pré-contratual.[25]

É incontestável o contributo da jurisprudência para a autonomização do dever de informação, no seio dos deveres a adoptar na formação do contrato. De todo o modo, tal contributo foi estimulado pelo labor doutrinário que atribuiu *lugar de destaque* aos deveres de informação. Desde logo, o próprio JHERING, a quem pensamos ser possível reconduzir a origem remota do dever pré-contratual de informação. Embora esse não fosse o objecto central da sua análise, pensamos que a partir da sua tese se pode configurar o comando segundo o qual o sujeito que tem, ou deva ter, conhecimento de uma causa de invalidade do contrato deve pelo menos, se nada puder fazer para a evitar, comunicar tal facto à outra parte, impedindo assim a celebração de um negócio inválido e o eventual prejuízo que daí possa advir para a outra parte.[26] Esta ideia é formulada expressamente e desenvolvida por ALBERTI, no seu estudo intitulado *Die Mitteilungspflicht über unvermögen oder unmöglichkeit, und ihre*

Da boa fé, 2001, 547. Estava então dado o mote, e posteriormente o labor jurisprudencial desenvolvido veio alargar progressivamente o âmbito e o conteúdo da *culpa in contrahendo*. Quanto ao âmbito, entendeu o BGH, por decisões de 1961 e 1976 que dessa relação pré--negocial também nasciam deveres de protecção de terceiros, não envolvidos directamente enquanto partes das negociações (*idem ibidem,* 548). Quanto ao conteúdo, contemplaram--se, em várias decisões dos tribunais, os deveres de informação que, para além da problemática dos vícios da vontade, dariam lugar ao dever de indemnizar: BGH 20-2--1967, BGH 28-2-1968 e, com especial interesse para nós, BAG 7-2-1964 que responsabilizou uma trabalhadora escolhida que, no âmbito do respectivo processo de selecção, ocultou o seu estado de doença e a necessidade de um longo período de convalescença, vindo depois a comunicar a sua impossibilidade para prestar o trabalho, inutilizando assim todo o processo de selecção (cfr. relatos destas decisões em MENEZES CORDEIRO, *Da boa fé,* 2001, 550). Finalmente, a jurisprudência alemã veio ainda a identificar na relação pré--negocial deveres de lealdade, de que constituem exemplo as decisões do BGH de 19-10--1960, de 6-2-1969, de 18-10-1974, de 8-6-1978 e de 7-2-1980, também relatadas em MENEZES CORDEIRO, *Da boa fé,* 2001, 552.

[25] Por exemplo, RG 26-4-1912, relatado em CLARA ASÚA GONZÁLEZ, *La culpa in contrahendo, Tratamiento en el Derecho alemán y presencia en otros ordenamientos,* Bilbao: Universidad del País Vasco, 1989, 45.

[26] No mesmo sentido, identificando na relação jurídica negocial *deveres de comunicação* sobre os factos que podem ter uma influência decisiva na formação da vontade da parte contrária e associando à violação desses deveres a doutrina da *culpa in contrahendo* construída por JHERING, vd. ANDREAS VON TUHR, *Tratado de las obligaciones,* T. I, 1934, 142.

Verletzung[27], onde admite a existência de um dever de informar (*anzeigepflicht)*, no momento das negociações e da conclusão do contrato, sobre as circunstâncias que impeçam ou ponham em risco a prestação. Quanto a nós o contributo deste Autor não passa apenas pelo formulação expressa do dever de informar. Igualmente foi importante o destaque que atribuiu à boa fé enquanto fundamento desse dever, assim reconhecendo, indirectamente, um largo espectro de novas potencialidades e campos de aplicação ao dever de informação.[28]

Também FRANZ LEONHARD representou um papel de relevo para a sedimentação deste dever pré-contratual na medida em que no seu estudo de 1910, intitulado *Verschulden beim Vertragsschlusse*, se dedicou especialmente às questões de indemnização pelo incumprimento culposo da obrigação de informação no momento da conclusão do contrato que se tenha concluído *validamente*.[29] Verificou-se, assim, um avanço face à teoria de JHERING, alargando-se a relevância do dever pré-contratual de informação também às situações em que exista um contrato válido.

Posteriormente, HEINRICH SIBER dá um passo em frente defendendo que a responsabilidade pré-contratual ocorreria em caso de violação dos deveres de informação, independentemente de o contrato ser ou não validamente celebrado.[30-31]

---

[27] AcP, 1920, 141-247.

[28] AcP, 1920, 150-151 e *passim*.

[29] FRANZ LEONHARD, *Verschulden Beim Vertragsschlusse*, Berlin: Vahlen, 1910, 54--59, *apud* CLARA ASÚA GONZÁLEZ, *La culpa in contrahendo*, 1989, 43.

[30] HEINRICH SIBER, *in* AA.VV. *Planck's Kommentar zum Bürgerlichen Gesetzbuch nebst Einführungsgesetz*, V.II, 1, 4.ª ed., Berlin: Guttentag, 1914, 190-193.

[31] Também HILDEBRANT atribuiu forte relevo aos deveres de informação, pois defendeu que os deveres pré-contratuais de conduta se resumiam a deveres de informação, cfr. FRANCESCO BENATTI, *A Responsabilidade*, 52, nota 8. Criticando esse entendimento, KARL LARENZ, *Derecho de obligaciones*, T. I, Madrid: Editorial Revista de Derecho Privado, 1958, 108-109, nota 7. De igual modo, ENNECCERUS e LEHMANN, *Derecho de Obligaciones*, I, 1933, 226, entendem que os deveres singulares que nascem dos actos preparatórios de um contrato são *preferencialmente* o dever de comunicação e explicação (que se podem reconduzir ao dever pré-contratual de informação em sentido amplo) e deveres de conservação. Também MÁRIO J. ALMEIDA COSTA, *Direito das Obrigações*, 9.ª ed., Coimbra: Almedina, 2001, 271, nota 1, nos dá conta que, quanto ao âmbito da relação pré-negocial, surgiram duas correntes. Por um lado, entendia-se que essa relação integrava o dever de informar sobre os aspectos essenciais para a formação da vontade contratual e o dever de verdade, que impunha a abstenção de proposições ou declarações inexactas sobre factos essenciais. Por outro lado, uma segunda posição entendia que, além desses deveres, da relação pré-negocial nasciam também deveres de conservação e cuidado, que tutelavam

34 *Do dever pré-contratual de informação e da sua aplicabilidade ...*

Poucos anos volvidos sobre a formulação de Jhering, e, naturalmente, numa fase ainda muito incipiente da *culpa in contrahendo*, iniciaram-se os trabalhos preparatórios do BGB[32]. Não é de estranhar, por isso, que este código, concluído em 1896 e entrado em vigor em 1900, não tenha tomado posições arrojadas sobre a matéria, não consagrando qualquer norma expressa que regulasse com carácter geral o instituto, nem tão pouco uma norma legal que previsse genericamente os deveres pré-contratuais de esclarecimento ou informação. Não obstante, algumas das suas normas acolheram claramente os dados básicos da teoria de Jhering, ou seja, o dever de indemnizar pelo interesse contratual negativo no caso de invalidade do contrato (em especial, §§ 122, 179, 307 e 309).[33]

De todo o modo, a omissão de uma norma geral sobre responsabilidade pré-contratual não coibiu parte da doutrina de procurar, a partir de várias disposições legais avulsas (§§ 122, 149, 179, 242, 307, 309, 463, parte 2, 663 do BGB), um princípio geral de responsabilidade por culpa na formação do contrato[34], que viria também a ser acolhido pela jurisprudência.[35]

---

não apenas a confiança na formação do contrato mas também os respectivos patrimónios e integridade física, quando envolvidos na formação do contrato. Como se constata, em qualquer uma delas estavam presentes os deveres de informação.

[32] A primeira Comissão para a elaboração do BGB elaborou os seus trabalhos entre 1874 e 1889, e a segunda entre 1890 e 1896.

[33] Dieter Medicus, *Tratado de las relaciones obligacionales*, Vol. I, Martínez Sarrión (trad.), Vol. I, Barcelona: Bosch, 1995, 59.

[34] Cfr. Enneccerus e Lehmann, *Derecho de Obligaciones*, I, 1933, 224-225; Hans Stoll, *Tatbestände und Funktionen der Haftung für culpa in contrahendo*, AA.VV., *FS für Ernst von Caemmerer zum 70. Geburtstag*, Tübigen: Mohr Siebeck, 1978, (435-474), 438--444; Vaz Serra, *Culpa do Devedor ou do Agente*, BMJ, 1957, 118-140, 119; Francesco Benatti, *A responsabilidade*, 21 e 22. Menezes Cordeiro, *Da boa fé*, 2001, 542 e 543, que critica esta metodologia, 543 e 544.

[35] Inicialmente o RG rejeitou a existência de um princípio geral de responsabilidade pré-contratual, apenas admitindo a indemnização se fundada em algum preceito legal (RG 29-6-1907; RG 27-9-1908; RG 29-11-1909). Esta posição levou a que, em alguns casos, o RG tivesse praticado certas manobras argumentativas no sentido de enquadrar casos de lesão ocorridos nas negociações nas normas sobre responsabilidade civil contratual, e assim justificar a atribuição de uma indemnização: cfr. Enneccerus e Lehmann, *Derecho de Obligaciones*, I, 1933, 225; Clara Asúa González, *La culpa in contrahendo*, 1989, 40--41, notas 60 a 63. Contudo, mais tarde, a jurisprudência veio a admitir a *culpa in contrahendo* fundamentada quer em disposições legais avulsas quer no princípio da boa fé: cfr. as decisões relatadas em Menezes Cordeiro, *Da boa fé*, 2001, 543, nota 77.

6. A consagração legal no BGB

A situação é bem diferente actualmente. Com a aprovação da Lei para a modernização do Direito das Obrigações *(Schuldrechts-modernisierungsgesetz)* em 11 de Outubro de 2001, entrada em vigor em 1 Janeiro de 2002, alterações substanciais foram introduzidas no BGB, em especial no Livro II dedicado ao Direito das Obrigações.[36]

No que respeita à *culpa in contrahendo*, procedeu-se à codificação de Direito não escrito, consagrando-se no § 311 um instituto jurídico largamente desenvolvido pela doutrina e jurisprudência[37]. Este preceito, que tem por epígrafe 'Relações obrigacionais negociais e semelhantes a negociais'[38] dispõe que,

> (1) Para a constituição de uma relação obrigacional através de negócio jurídico assim como para a modificação do conteúdo de uma relação obrigacional é necessário um contrato entre as partes, salvo diversa prescrição da lei.
>
> (2) Uma relação obrigacional com deveres no sentido do §241/2[39] surge também através de:
> 1. A assunção de negociações contratuais;
> 2. A preparação de um contrato pelo qual uma parte, com vista a uma eventual relação negocial, conceda à outra parte a possibilidade de agir sobre os seus direitos, bens jurídicos ou interesses, ou confia nela ou
> 3. Contactos negociais semelhantes.
>
> (3) Uma relação obrigacional com deveres no sentido do §241/2 pode também surgir para pessoas que não devam, elas próprias,

---

[36] Sobre o processo de formação e discussão da referida Lei, vd. STEPHAN LORENZ E THOMAS RIEHM, *Lehrbuch zum neuen Schuldrecht*, Münchem: Beck, 2002, 1-5; na literatura portuguesa, MENEZES CORDEIRO, *Da Modernização do Direito Civil*, I, Coimbra: Almedina, 2004, 69 e ss. Já anteriormente, logo no ano de 2002, o Autor tinha publicado esses estudos: ROA, ano 62, Janeiro (91-110), Abril (319-345) e Dezembro (711-729).

[37] Cfr. PALANDT/ HEINRICHS, *§ 311, Bürgerliches Gesetzbuch*, 64.ª ed., München: Beck, 2005, 475.

[38] As epígrafes são também uma novidade introduzida pela referida Lei.

[39] O n.º 2 do §241, aditado com a reforma, que tem por epígrafe 'Deveres emergentes da relação obrigacional' dispõe que a relação obrigacional pode, tendo em conta o seu conteúdo, obrigar qualquer das partes a respeitar os direitos, bens jurídicos e interesses da outra parte (tradução livre da autora): *§ 241 (Pflichten aus dem Schuldverhältnis), (2) Das Schuldverhältnis kann nach seinem Inhalt jeden Teil zur Rücksicht auf die Rechte, Rechtsgüter und Interessen des anderen Teils verpflichten.*

ser partes num contrato. Uma tal relação obrigacional surge, em especial, quando o terceiro tenha assumido um determinado grau de confiança e com isso tenha influenciado consideravelmente as negociações contratuais ou a conclusão do contrato.[40]

Considerada como uma das áreas nas quais o antigo BGB era deficiente[41], a *culpa in contrahendo* foi dotada de fundamento legal. São confirmadas as soluções desenvolvidas pela jurisprudência[42], reconhecendo-se o que já em 1911 tinha sido fixado pelo RG: o advento das negociações gera uma relação jurídica, que o §311 qualificou de obrigacional, em virtude da qual as partes ficam reciprocamente vinculadas a deveres de prudência relativamente aos direitos, bens jurídicos e interesses da outra parte.[43]

Com relação a este preceito, há dois aspectos que para nós têm especial interesse. O primeiro diz respeito ao fundamento do instituto. É certo que o BGB tomou posição sobre a clássica questão de saber se a responsabilidade pré-contratual tem natureza contratual ou extra-contratual[44], mas quanto ao fundamento último dessa responsabilidade adoptou uma posição de neutralidade. Ao contrário do que acontece no nosso

---

[40] Tradução de MENEZES CORDEIRO, *Da Modernização*, 2004, 111-112, com excepção da parte final da al. 2, e da al. 3 do n.º 2. O texto original pode ser comodamente consultado em http://bundesrecht.juris.de/bundesrecht/bgb.

[41] HELMUT GROTHE, *La réforme du Droit allemand des obligations*, RDIDC, 2004 (243-265), 244.

[42] WINFRIED-THOMAS SCHNEIDER, *La codification d'instituitions prétoriennes*, RIDC, 2002 (959-968), 959 e 961; CLAUDE WITZ, *Pourquoi la réforme et pourquoi s'y intéresser en France?* RIDC, 2002, (935-940), 938 e 939.

[43] WINFRIED-THOMAS SCHNEIDER, *La codification*, 2002, 961.

[44] Ao qualificar a relação pré-contratual como obrigacional o § 311 coloca a responsabilidade pré-contratual no campo obrigacional. Não teve portanto aceitação a ideia de que a responsabilidade pré-contratual daria lugar a um tipo autónomo de responsabilidade (terceira via da responsabilidade civil) defendida por exemplo por EDUARD PICKER, *Positive Forderungsverletzung und culpa in contrahendo. Zur Haftung "zwischen" Vertrag und Delikt*, AcP, 1983, (369-520), em especial 460 e ss.

Já quanto à questão da extensão da indemnização – também ela clássica – não foi tomada posição expressa, subsistindo a discussão. Contudo, LORENZ e RIEHM, *Lehrbuch zum neuen*, 2002, 192, consideram que a qualificação da relação como obrigacional tem como consequência legal a aplicação das normas sobre responsabilidade contratual, em especial o § 280, normas estas que são contrárias à limitação da indemnização ao interesse contratual negativo. Cfr., ainda, VOLKER EMMERICH, *Das Recht der Leistungsstörungen*, 6.ª ed., München: Beck, 2005, 136; PALANDT/ HEINRICHS, 2005, *§ 311*, 481.

Do Dever Pré-Contratual de Informação em Geral

ordenamento jurídico, em que o legislador estipulou que o conteúdo das condutas devidas por ocasião das negociações se determina de acordo com o princípio da boa fé, o actual BGB dispõe que pelo simples facto de as partes iniciarem negociações se gera uma relação obrigacional, da qual nascem certos deveres para as partes, sem elucidar a justificação para que a lei prescreva o nascimento de tal relação jurídica. Ou seja, não são especificados quaisquer elementos materiais, como o princípio da boa fé ou a vontade das partes, mas determina-se tão só que das negociações, ou de contactos semelhantes a negociações, nasce uma relação obrigacional, cujo fundamento não parece ser outro que não o próprio §311, já que no seu n.º 1 estabelece que para a constituição de uma relação obrigacional é necessário um contrato ou uma previsão legal nesse sentido. Desta feita, pode afirmar-se que a obrigação que se estabelece entre dois ou mais sujeitos que iniciam negociações, com vista à celebração de um contrato, é uma obrigação legal.

O segundo aspecto é o de que o §311 não identificou os diversos deveres pré-contratuais que as partes devem acatar[45], nomeadamente o dever de informação, estabelecendo apenas, por remissão para o §241/2, a necessidade de respeitarem os direitos, bens jurídicos e interesses da outra parte.[46-47]

---

[45] Cfr. Menezes Cordeiro, *Tratado de Direito Civil Português*, I, *Parte Geral*, T.I, 3.ª ed., Coimbra: Almedina, 2005, 522.

[46] Não obstante essa remissão, os deveres pré-contratuais, incluindo o dever de informação, não podem ser qualificados como prestação que possa ser exigida pelo credor: cfr. Martin Schwab, *Grundfälle zu culpa in contrahendo Sachwalterhaftung und Vertrag mit Schutzwirkung für Dritte nach neuen Schuldrecht*, in JuS, 8, 2002, (773-778), 775. No mesmo sentido, Karl Larenz, *Lehrbuch des Schuldrechts*, 14.ª ed., München: Beck, 1987, 106; Herbert Wiedemann, *Zur culpa in contrahendo beim abschluß des arbeitsvertrages*, in AA.VV., *FS für Wilhelm Herschel zum 85. Geburtstag*, München: Beck, 1982 (463-481), 463.

[47] Em última análise, as diferenças entre o §311 do BGB e o art. 227.º do CC são mais reduzidas do que à primeira vista poderiam parecer. Em ambos os preceitos se estabelece que ao entrarem em negociações as partes ficam sujeitas a determinadas obrigações. A maior variação está na forma de determinar o conteúdo dessa obrigação: no preceito alemão essa obrigação tem por conteúdo o respeito pelos direitos, bens jurídicos e interesses da outra parte, enquanto no direito português tal obrigação determina-se pelos ditames da boa fé. No entanto, repare-se que ao prever os interesses da outra parte o legislador alemão utilizou um conceito indeterminado que, tal como a boa fé, pode servir de válvula de escape na concretização dos valores jurídicos fundamentais em cada momento determinado. De igual modo, pensamos que esta referência aos interesses da contraparte

38 *Do dever pré-contratual de informação e da sua aplicabilidade ...*

7. A *culpa in contrahendo* na ordem jurídica italiana

A doutrina da *culpa in contrahendo* foi recebida noutros espaços jurídicos europeus, nomeadamente em Itália. GABRIELE FAGGELLA é indicado como o responsável pela introdução do instituto da *culpa in contrahendo* neste ordenamento jurídico.[48] O Autor dedicou-se especialmente ao problema da ruptura das negociações[49], afastando-se em alguns pontos da tese de JHERING, em especial porque para além da proposta contratual incluiu também nesta problemática o período que a antecede, das negociações propriamente ditas[50] e porque não exigia a culpa para fundamentar a responsabilidade pelos danos causados em virtude da ruptura injustificada das negociações. Entendia que esse fundamento se encontrava no acordo expresso ou tácito que as partes assumiam no início das negociações[51], no sentido de respeitarem o curso normal das mesmas, o qual deveria terminar na celebração do negócio ou no desacordo insanável de vontades, constituindo por isso a sua interrupção injustificada uma violação de tal acordo.

A partir dos seus estudos iniciou-se, então, um processo de amadurecimento do instituto, que embora tenha conhecido inicialmente forte oposição[52], apoiada também no silêncio do *Codice Civile* de 1865, veio

---

deixa a porta aberta para a construção jurisprudencial e doutrinária do dever pré-contratual de informação enquanto instrumento de tutela da vontade das partes e de correcção de contratos indesejados. Para uma crítica do papel da reforma na prossecução destes objectivos vd. HANS CHRISTOPH GRIGOLEIT, *Reformperspektiven der vorvertraglichen Informationshaftung*, in REINER SCHULZE e HANS SCHULTE-NÖLKE (org.), *Die Schuldrechtsreform vor dem Hintergrund des Gemeinschaftsrechts*, Tübingen: Mohr, 2001, 269-294.

[48] Os primeiros estudos datam de 1906 e 1909, respectivamente: '*Dei periodi precontrattuali e de la lora vera ed esatta construzione scientifica*', in AA.VV., *Studi giuridici in onore di Carlo Fadda*, III, Napoli: Luigi Pierro, 271 e ss., e '*Fondamento Giuridico della Responsabilità in tema di trattative contrattuali*', Arch. Giur. 82, 128 e ss.

[49] GABRIELE FAGGELLA, *I Periodi Precontrattuali*, 1918, em especial 84 e 85.

[50] O que o levou também a restringir a indemnização aos danos efectivamente verificados e não a todo o interesse contratual negativo.

[51] GABRIELE FAGGELLA, *I Periodi Precontrattuali*, 1918, 34.

[52] Cfr. GIOVANNI PACCHIONI, *Diritto Civile Italiano, Parte Seconda – Diritto Delle Obbligazioni*, Vol. II, *Dei Contratti in Generale*, Padova: CEDAM, 1939, 116, onde escreve: '*Le trattative precontrattuali vengono, per regola, condotte da ciascuna delle parti a proprio rischio e pericolo. Il recesso dalle medesime, anche se inatteso, anche se dannoso all'atra parte, non dà luogo a risarcimento di danni. Questa è la dottrina dominante, la quale è, a nostro parere, ben fondata.*' Cfr. também, FRANCESCO BENATTI, *A responsabilidade*, 1970, 20 e nota 29.

Do Dever Pré-Contratual de Informação em Geral

39

a culminar na consagração legal do instituto, no *Codice Civile* aprovado em Março de 1942, nos arts. 1337.º e 1338.º.[53-54] O art. 1338.º do *Codice Civile* foi uma das primeiras normas legais expressas a consagrar o dever pré-contratual de informação.[55] Todavia, esse preceito não confere um carácter genérico ao dever de informação. A sua letra apenas contempla as causas de invalidade do contrato. Estipula que a parte que conhecendo, ou devendo conhecer, as causas de invalidade do contrato, e que disso não tivesse informado a outra parte, seria obrigada a reparar os danos que lhe tivesse causado, por esta ter confiado, sem culpa sua, na validade do contrato.

A doutrina, no entanto, não se confinou ao elemento literal do art. 1338.º e entendeu que, além de abranger os factos previstos na lei – a saber, vícios da coisa (arts. 798.º, 1494.º, n.º 2, 1812.º e 1821.º do *Codice Civile*) e causas de invalidade do contrato (arts. 1338.º e 1398.º do *Codice Civile*)[56] – o dever de informação decorre da regra de boa fé imposta no

---

[53] Não é, todavia, pacífico que a consagração legal, de forma genérica, da *culpa in contrahendo* no art. 1337.º seja resultado da recepção do labor doutrinário e jurisprudencial germânico no espaço jurídico italiano e do próprio desenvolvimento da figura no seio da doutrina e jurisprudência daquele país: Francesco Benatti, *A responsabilidade*, 1970, 20 e 21, considera que o art. 1337.º do *Codice Civile* não resultou de um amadurecimento doutrinário da figura, que aliás foi recebida com admiração pelos Autores, mas de uma tendência geral de atribuir um forte relevo às cláusulas gerais, como a boa fé. Cfr. Giuseppe Grisi, *L'obbligo precontrattuale di informazione*, Napoli: Jovene, 1990, 34-38. Mas já quanto ao art. 1338.º, aquele Autor admite que o mesmo deriva da tese de Jhering, cfr. Francesco Benatti, *A responsabilidade*, 1970, 72, o que aliás se poderia adivinhar pela relevância dada, no preceito, às causas de invalidade do contrato.

[54] Dispõe o art. 1337.º, cuja epígrafe é *'Trattative e responsabilità precontrattuale'* – *'Le parti, nello svolgimento delle trattative e nella formazione del contratto, devono comportarsi secondo buona fede'*. Por sua vez, estabelece o art. 1338.º – *'Conoscenza delle cause d'invalidità' – La parte che, conoscendo o dovendo conoscere l'esistenza di una causa d'invalidità del contrato, non ne ha dato notizia all'atra parte è tenuta a risarcire il danno da questa risentito per avere confidato, senza sua colpa, nella validitá del contrato'*.

[55] O código civil grego de 1940 já previa normas similares nos seus arts. 197 e 198: cfr. tradução francesa dos preceitos em Almeida Costa, *Responsabilidade civil por ruptura das negociações preparatórias de um contrato*, RLJ, 116, 3708-3714, 1983-1984, 81 e ss., 102; assim como o checoslovaco, no § 45: cfr. Francesco Benatti, *A Responsabilidade*, 1970, 72.

[56] Cfr. Anna Del Fante, *Buona fede prenegoziale e principio costituzionale di solidarietà*, RDC, 1983 (122-182), 163.

40 *Do dever pré-contratual de informação e da sua aplicabilidade ...*

art. 1337.º, pelo que engloba todas as circunstâncias que em concreto possam influenciar a formação do contrato.[57]

A jurisprudência, todavia, não acompanhou essa orientação, recorrendo, na maioria dos casos, ao art. 1337.º para justificar situações de responsabilidade por ruptura de negociações, ou para, conjuntamente com o art. 1338.º, reiterar a responsabilidade em caso de não informação de uma causa de invalidade do contrato.[58]

8. A ordem jurídica francesa e as dificuldades do instituto

Em França a doutrina da *culpa in contrahendo* não logrou alcançar um papel de relevo nem na doutrina nem na jurisprudência.[59] Apontam-se como razões essenciais da dificuldade de aceitação da responsabilidade

---

[57] Nesse sentido, VITTORINO PIETROBON, *L'Errore nella Dottrina del Negozio Giuridico*, Padova: CEDAM, 1963, 104-106. GIOVANNA VISINTINI, *La Reticenza nella Formazione dei Contratti*, Padova: CEDAM, 1972, 98 e ss., em especial 104; GIORGIO CIAN e ALBERTO TRABUCCHI, *Commentario breve al Codice Civile*, Padova: CEDAM, 1981, 547 (= na 5.ª ed., 1997, 1230); VINCENZO CUFFARO, '*Responsabilità precontrattuale*', *in* Enciclopedia del Diritto, Vol. XXXIX, Milano: Giuffrè, 1988, (1265-1274), em especial 1271; ANNA DEL FANTE, *Buona fede*, 1983, 164 e 166; FRANCESCO BENATTI, *A Responsabilidade*, 1970, 51, vai mais longe pois considera que "é precisamente sobre esta actividade dirigida a informar que incide o chamado 'dever de comportar-se segundo a boa fé' previsto no art.1337.º, vinculando cada uma das partes a comunicar, conformemente à verdade, tudo aquilo de que a outra parte carece para formar um quadro exacto sobre a matéria objecto das negociações." Não obstante, nas pp. seguintes o Autor identifica outros deveres pré-contratuais de conduta: os deveres de segredo e os deveres de custódia; MASSIMO BIANCA, *Diritto Civile*, 3, *Il contratto*, Milano: Giuffrè, 1984, 166-168.

[58] Aliás, esta orientação jurisprudencial reflecte uma tomada de posição sobre um aspecto discutido no seio da doutrina italiana, posterior à elaboração do *Codice Civile* de 1942. Tratava-se da questão de saber qual o âmbito de aplicação material da *culpa in contrahendo*. Inicialmente, a maioria da doutrina entendia que só havia lugar à responsabilidade pré-contratual nos casos de invalidade do contrato ou nos casos de ruptura injustificada das negociações, e já não nas situações de contrato válido, nas quais seriam aplicáveis as normas sobre incumprimento dos contratos: por exemplo, ALBERTO RAVAZZONI, *La Formazione del contrato. II, La regole di comportamento*, Milano: Giuffrè, 1974, 5-6; ADRIANO DE CUPIS, *Il danno. Teoria generale della responsabilità civile*, Vol. I, 3.ª ed., Milano: Giuffrè, 1979, 117; com outras indicações, FRANCESCO BENATTI, *A Responsabilidade*, 1970, 23-26; ANNA DEL FANTE, *Buona fede*, 1983, 143-144, notas 78 e 79.

[59] É certo que se encontram alguns estudos específicos, como por exemplo, a tese de doutoramento de PAUL ROUX, *Des Dommages-intérêts pour Nullité de Contrat*, Paris: Societé nouvelle de libraire et d'édition, 1901; RAIMONDO SALEILLES, que estudou o tema

Do Dever Pré-Contratual de Informação em Geral 41

pré-contratual no espaço jurídico francês a rigidez do princípio contratual[60], que dificilmente permite enquadrar a existência de vínculos entre sujeitos que não se baseiam na sua declaração de vontade, i.e. na existência de um contrato, e o carácter aglutinador da *'faute'* que absorve todos os problemas de imputação dos danos, e por isso dispensa o esforço doutrinário para a justificação dogmática do instituto da *culpa in contrahendo*.[61]

Por isso, não é de estranhar que tivesse aceitação a ideia de que não pode conceber-se outra responsabilidade para *além da prevista no art. 1382.º do Code Civil*[62], *se não existe uma convenção expressa ou tácita entre as partes.*[63]

---

em profundidade, embora cingido ao problema da ruptura das negociações e aderindo à doutrina de FAGGELA, cfr. *De la Responsabilité Précontractuelle. A propos d'une étude nouvelle sur la matière*, RTDCiv, 1907, Paris, 697-751, e também GABRIELE FAGGELLA, *I Periodi Precontrattuali*, 1918, 86 e ss.; RENÉ-LUCIEN MOREL, *Le refus de contracter opposé en raison de considérations personnelles*, RTDCiv, 1908 289-311, que estudou a questão de saber se existe responsabilidade por recusa de contratar com fundamento em considerações sobre a pessoa da contraparte; PAUL ROUBIER, *Essai sur la responsabilité précontractuelle*, Lyón: A. Rousseau, 1911; ARTHUR HILSENRAD, *Las Obligaciones Precontractuales*, (trad. Faustino Menéndez Pidal), Madrid: Gongora, s.d., mas, embora não tenhamos acedido à versão original, o prólogo da mesma, escrito por RENÉ DEMOGUE, data de 1932; Embora este último estudo tenha um título sugestivo e aborde alguns aspectos interessantes, o facto é que acaba por espraiar-se em temáticas que se afastam dos aspectos essenciais da *culpa in contrahendo*, discutidos na Alemanha e em Itália. O Autor fixa como ponto de partida do seu estudo os gastos realizados e os acidentes ocorridos por ocasião da preparação de um contrato, acabando por tratar indiscriminadamente de questões como a gestão de negócios, o enriquecimento sem causa, a execução dos contratos, a eficácia vinculativa da proposta contratual e a responsabilidade delitual. No que respeita à *culpa in contrahendo*, acaba por focar apenas a questão da responsabilidade por ruptura das negociações, estranhamente pois na introdução havia afastado este aspecto do seu objecto de estudo.

De qualquer forma, a maioria dos Autores franceses que se referiam à responsabilidade pré-contratual faziam-no apenas de forma parcial e transitória: cfr. BAUDRY-LACANTINERIE / L. BARDE, *Traité Théorique et Pratique de Droit Civil*, XII, *Des Obligations*, T. I, 3.ª ed., Paris, 1906, 94 e 107; RENÉ DEMOGUE, *Traité des Obligations*, 1921, 95 a 100. Tal é reconhecido também em ARTHUR HILSENRAD, *Las Obligaciones*, s.d., 12.

[60] O art. 1134 do Code Civil é bem expressivo dessa rigidez: dispõe que *'les conventions légalement formées tiennent lieu de loi à ceux qui les ont faites'*; encontra-se aqui o designado princípio da intangibilidade dos contratos; cfr. XAVIER HENRY, *Code Civil. Textes, jurisprudence, annotations*, Paris: Dalloz, 2000, 812 e 813.

[61] MENEZES CORDEIRO, *Da Boa Fé*, 2001, 564 e 565.

[62] O artigo 1382.º do *Code Civil*, sistematicamente integrado no título que trata das obrigações que se formam sem convenções, dispõe que *"tout fait quelconque de l'homme, qui cause à autrui un dommage, oblige celui par la faute duquel il est arrivé à le réparer"*.

Menezes Cordeiro[64] aponta ainda como justificação desta dificuldade razões científicas próprias deste espaço jurídico, que é como se sabe o grande mentor da Escola da Exegese, e por isso incapaz de aceitar cláusulas gerais como a boa fé, o que coarcta a possibilidade de expansão do instituto da *culpa in contrahendo*, que noutros ordenamentos jurídicos se verificou justamente a partir daquela cláusula geral.

De facto, não existe no *Code Civil* uma norma semelhante ao art. 1337.º do *Codice Civile*, ou ao nosso art. 227.º do CC, que preveja a boa fé enquanto regra de conduta nos preliminares do contrato. A boa fé em sentido objectivo encontra-se apenas no art. 1134.º do *Code Civil*, que estabelece que os contratos devem ser executados de boa fé.

Ainda que seja possível encontrar tentativas no sentido de aplicar o princípio da boa fé, consagrado neste preceito, à fase da formação do contrato, ou tão simplesmente apelar à boa fé enquanto princípio geral regulador das relações jurídicas[65], a verdade é que tais concepções não lograram alcançar sucesso e sucumbiram quer ao argumento do contrato quer ao argumento da *'faute'*.

O dever pré-contratual de informação era reconhecido, mas não como uma decorrência da cláusula geral da boa fé em sentido objectivo ou de uma relação jurídica originada pelas negociações. Tal dever só era concebível se uma disposição legal ou contratual o estipulasse e, conforme a perspectiva se centrasse no lesado ou no autor da violação do dever de informação, a consequência seria, respectivamente, a aplicação do regime dos vícios do consentimento ou do regime da responsabilidade delitual[66]. E, mesmo assim, o regime da responsabilidade delitual era aplicado timidamente pelos tribunais, apenas como forma de reforçar a nulidade do contrato.[67]

---

[63] Arthur Hilsenrad, *Las Obligaciones*, s.d., 71. Logicamente, tal implicava também a dificuldade de, no espaço jurídico francês, se defender a natureza contratual da *culpa in contrahendo*: Henri Mazeaud, *Responsabilité delictuelle et responsabilité contractuelle*, RTDCiv, 1929, (551-669), 579-586, em especial 585 onde o Autor escreve que *"La responsabilité contractuelle est une responsabilité d'exception; elle ne peut donc jouer que s'il y a contrat proprement dit"*.

[64] *Da Boa Fé*, 2001, 565.

[65] Cfr., com indicações, Arthur Hilsenrad, *Las Obligaciones*, s.d., 79 e 80.

[66] Michel de Julgart, *L'obligation de renseignements dans les contrats*, RTDCiv, 1945, (1-22), 5 e ss.

[67] Michel de Julgart, *L'obligation*, 1945, 22.

Do Dever Pré-Contratual de Informação em Geral

A situação não é muito diferente actualmente, e ainda que alguns Autores tenham tentado dar o seu contributo para o alargamento da *culpa in contrahendo* no espaço jurídico francês[68], o facto é que as dificuldades apontadas anteriormente ainda se continuam a fazer sentir.

A rigidez do princípio contratual continua a manifestar-se na doutrina e na jurisprudência. Entende-se que o período pré-contratual encerra o conflito entre a necessidade de salvaguardar a liberdade contratual e a segurança relativamente aos elementos contratuais para os quais vai sendo alcançado acordo.[69] Ou seja, o problema essencial é a harmonização da liberdade contratual com a eficácia vinculativa das declarações que vão sendo emitidas ao longo das negociações, o que, em última análise, conduz ao problema da vontade das partes.

Por outro lado, a rigidez do princípio contratual, aliada ao carácter absorvente da *'faute'*, justifica que se tenha mantido na doutrina a defesa da natureza delitual da responsabilidade pré-contratual.[70] É que sem contrato não é possível falar em responsabilidade contratual.

Esta concepção foi acompanhada pela jurisprudência que, em algumas situações relativas ao dever de informação, se viu forçada, por exigências de justiça, a conceber a existência de um contrato prévio de informação entre os contratantes, de forma a invocar a sua violação e a consequente responsabilidade contratual, caso uma das partes não tivesse informado correctamente a outra.[71]

O carácter aglutinador da *'faute'* continua ainda a fazer-se sentir noutros quadrantes, na medida em que se entende que a adopção de uma conduta contrária à boa fé constitui uma *'falta'* que pode vir a sujeitar o agente a uma obrigação de indemnização[72].

---

[68] Com especial destaque para o nome de JOANNA SCHMIDT, *La sanction de la faute précontractuelle*, RTDCiv, 1974, 46-73; *idem, Négociation et conclusion de contrats*, Paris: Dalloz, 1982; *idem, La période précontractuelle en droit français*, RIDC, 1990, 545-566.

[69] JOANNA SCHMIDT, *La sanction*, 1974, 48.

[70] JOANNA SCHMIDT, *La sanction*, 1974, 51.

[71] Cfr. JACQUES GHESTIN, *L'obligation précontractuelle de renseignements en Droit français*, *in* DENIS TALLON e DONALD HARRIS (dir.), *Le contrat aujourd'hui: comparaisons franco-anglaises*, Paris: LGDG, 1987, (171-184), 172; JOANNA SCHMIDT, *La sanction*, 1974, 71.

[72] JOANNA SCHMIDT, *La sanction*, 1974, 52 e *passim*; JACQUES GHESTIN, *L'obligation précontractuelle*, 1987, 175.

44 *Do dever pré-contratual de informação e da sua aplicabilidade ...*

Embora se mencione a contrariedade à boa fé da conduta faltosa, e até se invoque a aplicação do art. 1134.º do *Code Civil* à fase da formação dos contratos[73], o facto é que esta não foi objecto de tratamento autónomo, no seu sentido objectivo, mas sim integrada no âmbito muito geral da *'faute'*, pressuposto da responsabilidade civil.[74]

Finalmente, também a dificuldade em trabalhar com cláusulas gerais, como a boa fé, continua a ter o seu impacto. Entende-se que a recente evolução legislativa tem, *por força da boa fé*, evidenciado uma forte preocupação de através da imposição do dever de informação pugnar pela igualdade das partes, especialmente no direito do consumidor e no regime das cláusulas contratuais gerais. Mas não se admite eficácia normativa à boa fé. Ao contrário, conclui-se que esta tem *motivado a multiplicação de leis especiais* sobre o dever de informação, assim como o reconhecimento jurisprudencial de tal dever, construído ao abrigo da responsabilidade delitual, e muitas vezes como complemento do regime dos vícios do consentimento.[75]

Como afirmámos, este estado de coisas motivou o desincentivo da doutrina na procura de soluções dogmáticas para a *culpa in contrahendo*. Naturalmente, tal desincentivo teve repercussões para os deveres pré--contratuais em concreto, por não ser necessário batalhar nas questões da individualização desses deveres, assim como do seu fundamento ou conteúdo. A qualificação da conduta lesiva observada nos preliminares como *'faute'* pré-contratual basta-se com o confronto entre a conduta realizada e a conduta que seria exigível a um bom pai de família colocado na situação do caso concreto.

Por isso, não deixa de ser curioso notar alguma atenção especial que tem sido prestada ao dever pré-contratual de informação[76]. Todavia, é

---

[73] JOANNA SCHMIDT, *La sanction*, 1974, 52, com indicação de jurisprudência.

[74] JOANNA SCHMIDT, *La sanction*, 1974, em especial 53.

[75] JACQUES GHESTIN, *L'obligation précontractuelle*, 1987, 173 e 175. O que justifica também que a análise do dever pré-contratual de informação seja as mais das vezes feita por referência aos vícios do consentimento e aos vícios da coisa. Cfr. JACQUES GHESTIN, *L'obligation précontractuelle*, 1987.

[76] No estudos já citados de MICHEL DE JULGART, *L'obligation*, 1945; JACQUES GHESTIN, *L'obligation précontractuelle*, 1987; mas também em LUCAS DE LEYSSAC, *L'obligation de renseignements dans les contrats*, in YVON LOUSSOUARN e PAUL LAGARDE (dir.), *L'information en droit privé*, Paris: LGDJ, 1978, (305-341); MURIEL FABRE-MAGNAN, *De l'obligation d'information dans les contrats*, Paris: LGDJ, 1992, em especial 228 e ss.; JACQUES GHESTIN, *Traité de Droit Civil. La formation do contrat*, 3.ª ed., Paris: LGDJ, 1993, 576 e ss. Este

Do Dever Pré-Contratual de Informação em Geral 45

necessário notar que essa atenção é em grande parte uma decorrência das questões colocadas pelos vícios da vontade, direito do consumidor e regime das cláusulas contratuais gerais, e não da própria *culpa in contrahendo*.[77]

9. O tratamento tardio na ordem jurídica espanhola

Em Espanha o instituto da responsabilidade pré-contratual era desconhecido e só tardiamente surgiram na doutrina alguns estudos específicos sobre o tema.[78]

À semelhança do que se verificou no ordenamento jurídico francês, a justificar tal situação pode estar o art. 1902.º do *Código Civil* espanhol, que estabelece de forma bastante ampla a responsabilidade civil extracontratual. Sem fazer qualquer referência aos bens jurídicos objecto de tutela, este preceito permite abarcar todas as situações em que um sujeito provoque, com culpa, um dano a outrem, e justifica que a doutrina não tenha sentido necessidade de procurar soluções autónomas quando tal dano fosse provocado no momento das negociações de um contrato, já que em princípio a única diferença seria exactamente o momento da conduta lesiva.

---

fenómeno justifica-se na necessidade de encontrar uma regra jurídica sobre deveres pré-contratuais de informação com base noutros critérios, fugindo-se assim da cláusula geral da boa fé: cfr. LUCAS DE LEYSSAC, *L'obligation de renseignement*, 1978, 309.

[77] JOANNA SCHMIDT, *La sanction*, 1974, 70, de forma bem expressiva afirma: *"En dehors des cas où une faute précontractuelle était sanctionnée à titre de dol ou par les mécanismes contractuels prévus pour la loi, il ne semblait pas possible de l'atteindre en construisant une obligation autonome de renseignements précontractuels"*.

[78] Esses estudos são bastante recentes: CLARA ASÚA GONZÁLEZ, *La culpa in contrahendo*, 1989; MARIA GARCÍA RUBIO, *La responsabilidad precontractual en el derecho español*, Madrid: Tecnos, 1991; ESTHER GÓMEZ CALLE, *Los deberes precontractuales de información*, Madrid: La Ley, 1994; JOSEP LLOBET I AGUADO, *El deber de información en la formación de los contratos*, Madrid: Marcial Pons, 1996. Não deixa de ser curioso observar a existência de monografías sobre um dos deveres pré-contratuais (o dever de informação), quando é certo que o instituto que o acolhe e do qual deriva não foi objecto de um estudo aprofundado.

Nas obras gerais o tema é abordado mas de forma muito breve: v., por exemplo, LUIS DÍEZ-PICAZO e ANTÓNIO GULLÓN, *Instituciones de Derecho Civil*, v. I, Madrid: Tecnos, 1995, que dedicam duas páginas à responsabilidade pré-contratual, incidindo particularmente no problema da ruptura injustificada das negociações.

46 *Do dever pré-contratual de informação e da sua aplicabilidade ...*

Por outro lado, pode apontar-se ainda como obstáculo ao desenvolvimento do instituto da responsabilidade pré-contratual em Espanha o art. 1258.º do *Código Civil.*[79] Embora se tenha partido deste preceito para defender a aplicação da regra da boa fé na fase das negociações[80], o mesmo acaba também por funcionar como um limite ao âmbito material da *culpa in contrahendo,* na medida em que, em última análise, pode conduzir à afirmação de que a responsabilidade pré-contratual só existe nos casos de invalidade do contrato ou de ruptura injustificada das negociações.[81]

O referido art. 1258.º estabelece que os contratos obrigam não só ao cumprimento do expressamente acordado mas também a todas as consequências, que segundo a natureza do contrato, sejam conformes com a boa fé, os usos e a lei. Entende-se que se se verificar nos preliminares uma conduta contrária à boa fé, que possa afectar o conteúdo das prestações, *v.g.* a violação do dever de informação, tal deixa de ter relevância se o contrato foi validamente celebrado, já que o art. 1258.º permite que o mesmo seja 'corrigido' com base no critério da boa fé. O que significa que a apetência lesiva da conduta contrária à boa fé pode vir a ser anulada ou pode vir a gerar uma situação de incumprimento que deverá ser resolvida à luz das regras sobre responsabilidade contratual.[82]

Sem prejuízo, ainda assim é possível encontrar na doutrina a defesa de um dever pré-contratual de informação, que se fundamentaria no princípio geral da boa fé, consagrado de forma ampla no art. 7, n.º 1 do Código Civil.[83]

---

[79] O artigo 1258.º do *Código Civil* estipula que *"los contratos se perfeccionam por el mero consentimiento, y desde entonces obligan, no sólo al cumplimento de lo expressamente pactado, sino também a todas las consecuencias que, según su naturaleza, sean conformes à la buena fe, al uso y a lei".*

[80] Cfr. LLOBET I AGUADO, *El deber de información,* 1996, 38; GARCÍA RUBIO, *La responsabilidad precontractual,* 1991, 40-41.

[81] ASÚA GONZÁLEZ, *La culpa in contrahendo,* 1989, 246-247. A Autora defende que a responsabilidade pré-contratual deve abranger apenas as situações de ruptura de negociações e celebração de um contrato inválido, uma vez que nestes casos é impossível exigir o cumprimento da prestação. Se no decurso das negociações se ocultou por exemplo informação, mas o contrato foi ainda assim celebrado validamente, tal informação deve ser integrada no contrato e no conteúdo das prestações, por força do artigo 1258.º do *Código Civil.* Esta matéria é então absorvida pela responsabilidade contratual e dá origem à possibilidade de o credor exigir a prestação com esse conteúdo, ou alternativamente uma indemnização ou a resolução do contrato.

[82] ASÚA GONZÁLEZ, *La culpa in contrahendo,* 1989, 247-248.

[83] GÓMEZ CALLE, *Los deberes,* 1994, 18.

§ 5 Origem e evolução do dever pré-contratual de informação em Portugal

10. No período de vigência do Código de Seabra

No Código de Seabra de 1867 não existia qualquer norma legal expressa que regulasse a responsabilidade pré-contratual com um carácter geral, como é actualmente concebida, ou seja, enquanto imputação de danos àquele que violou um dever pré-contratual de conduta imposto pela boa fé. Encontrava-se, apenas, uma disposição (art. 653.º CS) que regulava parcialmente a responsabilidade civil no período das negociações de um contrato. [84]

Pese embora este facto, é possível encontrar na literatura jurídica sua contemporânea a discussão de problemas que se inserem no âmbito daquele instituto e que estão para além do referido art. 653.º. A doutrina de JHERING era conhecida e discutida pela doutrina portuguesa, embora com diferentes enquadramentos e nem sempre com uniformidade na sua interpretação.[85]

---

[84] O art. 653.º do Código de Seabra dispunha: 'O proponente é obrigado a manter a sua proposta enquanto não receber resposta da outra parte, nos termos declarados no artigo precedente, *aliás é responsável pelas perdas e danos que possam resultar da sua retractação*'.

[85] GUILHERME ALVES MOREIRA, *Instituições de Direito Civil Português*, Vol. II, *Das Obrigações*, Coimbra: Coimbra Editora, 1911, 664 a 675, analisa a teoria da culpa in contrahendo, concluindo que, face ao então vigente Código Civil, a mesma é aceitável no tocante à indemnização de perdas e danos quando por força de garantia legal ou contratual subsista o vínculo obrigatório. Igualmente, considera o Autor que essa teoria é válida quando propõe que a aferição da culpa seja feita nos termos da culpa contratual, mas entende que não pode aplicar-se às nulidades provenientes de incapacidade pessoal (dado o art. 695.º CS).

JOSÉ BELEZA DOS SANTOS, *A Simulação*, I e II, Coimbra: Coimbra Editora, 1921, 10 a 15: neste estudo, que corresponde à sua dissertação de doutoramento, o Autor refere--se à doutrina de JHERING. Considera que a mesma representou uma reacção à teoria da vontade real elaborada por SAVIGNY, na medida em que tentava atenuar os inconvenientes que podiam surgir da defesa de tal teoria, já que pugnava pela responsabilidade daquele que desse causa à nulidade do contrato por divergência da vontade real e da vontade declarada.

JAIME DE GOUVEIA, *Da responsabilidade contratual*, Lisboa, 1932, 274 a 294, em especial 293 e 294, estuda a teoria do referido Autor alemão a propósito das condições de emergência da responsabilidade contratual. Afasta-se do entendimento adoptado pelo Autor alemão, criticando os seus argumentos e concluindo que a doutrina da *culpa in*

48 Do dever pré-contratual de informação e da sua aplicabilidade ...

Os Autores analisavam também o período da formação dos contratos identificando uma fase mais ou menos complexa na qual as partes adoptavam os actos necessários à futura celebração do contrato. Mas não se pode dizer que os Autores discutissem o instituto da responsabilidade pré-contratual de forma genérica, nem tão pouco os deveres pré-contratuais de informação. A concepção daquele instituto era ainda muito parcelar e o problema maioritariamente discutido era o da vinculação das partes aos actos adoptados no decurso dos preliminares, *v.g.* os acordos a que iam chegando, o que remete para o problema da ruptura das negociações. A posição maioritariamente adoptada ia no sentido de considerar que, em princípio, as negociações preliminares não vinculam as partes. A liberdade contratual permite-lhes romper as negociações a todo o tempo, não havendo que falar em ruptura ilegítima de negociações, já que o fim destas é apenas o de averiguar se lhes é possível fazer um contrato vantajoso.

Todavia, admitiam-se excepções que viriam a abrir a porta para a futura ampliação das questões a integrar no problema da conduta das partes nas negociações. Entendia-se que em casos excepcionais em que o sujeito agisse com deslealdade ou de forma caprichosa ou arbitrária poderia haver lugar a uma reparação dos danos. Começava, então, a recorrer-se a conceitos indeterminados, tais como a lealdade e boa fé, como critérios de avaliação das condutas adoptadas nos preliminares e como justificativos de um direito à reparação em caso de danos.[86]

---

contrahendo é ilógica e arbitrária, pois considera que só há responsabilidade contratual quando há contrato, sob pena de os efeitos do contrato (responsabilidade) serem anteriores à causa. Relembre-se que na teoria de JHERING a nulidade afectava o efeito principal do contrato, i.e., a sua execução mas não a produção de outros efeitos secundários como sejam a obrigação para quem contrata de não dar causa, por culpa sua, à nulidade do contrato. O que significa que a responsabilidade pelo incumprimento de tal obrigação seria contratual. Cfr. RUDOLF VON JHERING, *De la culpa in contrahendo ou des dommages-intérêts*, 1893, 27 e 28.

[86] LUIZ DA CUNHA GONÇALVES, *Tratado de Direito Civil em Comentário ao Código Civil Português*, vol. IV, Coimbra: Coimbra Editora, 1931, 244 a 248, partindo da análise dos artigos 647.º a 655.º do CS, sobre o mútuo consentimento, discutia se os acordos parciais a que as partes iam chegando no decurso das negociações eram vinculativos ou se pelo contrário as partes eram livres de romper as negociações antes da aceitação. Concluía que não eram vinculativas as cláusulas sobre as quais tivesse havido acordo, sendo legítimo romper as negociações, não havendo que distinguir entre ruptura arbitrária e ruptura por motivo legítimo, bastando mesmo a invocação de *não lhe convir o negócio*. No entanto, reconhecia que em alguns casos, quando a parte agisse com deslealdade, se impunha a responsabilidade pré-contratual. Tal ocorreria, por exemplo, quando a parte não tivesse uma intenção séria de contratar e mesmo assim permitisse que a contraparte

Do Dever Pré-Contratual de Informação em Geral   49

Em suma, a abordagem do instituto da responsabilidade pré-contratual no período de vigência do CS era ainda muito incipiente e parcelar. Discutia-se apenas a questão da ruptura das negociações, encarada num quadro de liberdade de contratar, e da vinculação das partes decorrente da conduta prévia adoptada no âmbito das negociações.[87] Neste período, não se encontra ainda qualquer referência a uma relação de negociações cuja constituição faz nascer por si deveres de conduta. Também não se encontra ainda tratado com autonomia o dever pré-contratual de informação.

11. No período antecedente à aprovação do CC

Por ocasião da elaboração do novo Código Civil, o instituto da *culpa in contrahendo* começa a ganhar contornos mais alargados. Para isso foi fundamental o estudo de VAZ SERRA, publicado em 1957[88], seguido de um estudo muito conhecido de MOTA PINTO.[89]

Quanto a nós estes estudos marcaram um ponto de viragem no percurso do instituto da *culpa in contrahendo* no espaço jurídico português, e consequentemente do dever pré-contratual de informação. Neles começa a aparecer a ideia de que o simples facto de as partes entrarem em

---

realizasse avultadas despesas e trabalhos ou quando aceitasse outra proposta e em simultâneo se aproveitasse dos estudos efectuados pela contraparte. Chama também a atenção para a dificuldade em encontrar respostas uniformes, devendo as mesmas variar conforme os casos. Na mesma linha, PEDRO DE ASCENSÃO BARBOSA, *Do Contrato Promessa*, Separata da Revista O Direito, Lisboa, 1950, 60 a 73, em especial 60 a 64, pergunta-se se os acordos parcelares ou combinações de cláusulas alcançados nas negociações preliminares obrigam as partes, concluindo pela negativa. Igualmente nesse sentido, INOCÊNCIO GALVÃO TELLES, *Dos contratos em geral*, 2.ª ed., Lisboa, 1962, 184 a 186, mas o Autor destaca que "os sujeitos devem proceder com *lealdade e boa fé*, e se não respeitarem esta norma, agindo caprichosa, arbitrariamente, poderá haver da sua parte abuso de direito – acto ilícito que obriga a uma reparação" (185).

[87] Esse carácter parcelar manifestava-se também ao nível da culpa: MANUEL DOMINGUES DE ANDRADE, (com a colaboração de RUI DE ALARCÃO), *Teoria Geral das Obrigações*, 3.ª ed., Coimbra: Almedina, 1966, 402, escreve que "o princípio da nossa lei é que essa culpa só obriga a indemnização quando revista a forma de dolo".

[88] ADRAIANO P. VAZ SERRA, *Culpa do Devedor ou do Agente*, BMJ, 1957, 118 a 140.

[89] CARLOS ALBERTO DA MOTA PINTO, *A responsabilidade pré-negocial pela não conclusão dos contratos*, BFDUC, Suplemento XIV, Coimbra, 1966, 143 a 252; embora tenha sido publicado em 1966, o estudo havia sido apresentado no ano lectivo de 1959--60.

50 Do dever pré-contratual de informação e da sua aplicabilidade ...

negociações gera uma relação jurídica[90], que não se confunde com o vínculo contratual futuro, da qual deriva a obrigação de agir de boa fé.[91] Abandona-se, portanto, a ideia anterior da boa fé enquanto critério para justificar casos *excepcionais* de reparação de danos em caso de ruptura das negociações, para se começar a entender a boa fé como o critério normativo segundo o qual as partes devem pautar a sua conduta nos preliminares de um contrato. Assiste-se também à individualização dos vários deveres inseridos na relação pré-negocial: deveres de participação, explicação e conservação[92], indo-se portanto para além do problema do 'dever de contratar' que prendia a atenção da doutrina anterior.

---

[90] Mota Pinto, *A responsabilidade pré-negocial*, 1966, 151 e 153, entende que ao entrarem em negociações as partes ficam ligadas por uma relação especial à qual a lei associa a criação de certas obrigações.

[91] Vaz Serra, *Culpa do devedor*, 1957, 122 a 125; influenciado pelos art. 1337.º e 1338.º do *Codice Civile*, bem como pela jurisprudência e doutrina alemã, o Autor afasta-se de uma facção desta na medida em que defende que essa relação jurídica que se estabelece nas negociações, e da qual derivam certos deveres e a consequente responsabilidade em caso de incumprimento, não resulta de qualquer pacto tácito ou de qualquer negócio jurídico unilateral mas sim da boa fé, ou se se quiser da lei (124).

[92] Vaz Serra, *Culpa do devedor*, 1957, 126. Diferentemente, Mota Pinto, *A responsabilidade pré-negocial*, 1966, entende que a relação jurídica pré-negocial se limita aos *deveres de declaração* (usando diferente nomenclatura) (156), não sendo de 'transportar' para o direito português os deveres de conservação e cuidado (ou deveres de protecção) desenvolvidos no ordenamento jurídico alemão, já que não têm validade "as considerações teleológicas, que na Alemanha concorrem para justificar a colocação da pretensão do lesado no terreno contratual" (155). Contudo, o Autor mostra entendimento diferente anos mais tarde em *Cessão da Posição Contratual*, Coimbra: Atlântida, 1970, 351 e nota 1: embora aquando da classificação dos deveres 'laterais', o Autor identifique deveres de protecção e cuidado sem se pronunciar acerca da sua integração na relação pré-negocial (345, nota 2), na p. 351, ainda que não fosse esse o objecto central de análise, admite a possibilidade de violação de deveres de cuidado no âmbito da responsabilidade pré--contratual.

Esta questão sempre foi objecto de divergência na doutrina. Os autores que se manifestam pela não integração dos deveres de conservação e cuidado na responsabilidade pré-contratual argumentam, de uma forma geral, que tais deveres foram criados, na jurisprudência e doutrina alemã, como forma de colmatar certas insuficiências do orde-namento jurídico alemão que poderiam vir a originar situações injustas. Essas insuficiências resultam quer do §823 do BGB, que estabelece um regime de cláusula restrita de responsabilidade extra-contratual, e do §831 que permite a exoneração do comitente se este provar que não agiu com culpa *in eligendo* ou *in vigilando*. Perante este cenário, os danos causados numa situação como a descrita no caso do linóleo (anteriormente citado: cfr. supra nota 24) poderiam ficar sem compensação, o que seria injusto. Daí que a jurisprudência e a doutrina tenham sentido necessidade de integrar deveres de protecção

Do Dever Pré-Contratual de Informação em Geral

Começa, portanto, a fixar-se a ideia de que a relação pré-negocial abrange uma multiplicidade de deveres, bem diferentes entre si.[93]

De entre esses deveres o dever de informação alcançou um lugar de destaque, em especial no estudo de MOTA PINTO. Este Autor defendeu que o vínculo que se estabelece entre as partes das negociações se limita aos deveres de declaração, que se decompõem, por sua vez, em deveres de informação e deveres de verdade, obrigação de facto positivo e negativo respectivamente[94]. Como exemplos de violação da primeira aponta a omissão da comunicação de uma causa de invalidade do negócio, assim como a adopção de uma posição de reticência perante o erro da contraparte. Como exemplos de violação da segunda aponta a situação do falso pro-

---

e cuidado na relação pré-negocial, para através da sua qualificação como relação obrigacional chegarem à aplicação do regime da responsabilidade contratual, mais favorável ao lesado (cfr. §276 e §278 do BGB). Constatando que tais insuficiências não se registam no nosso ordenamento jurídico, onde vigora uma cláusula geral de responsabilidade extra-contratual (art. 483.º CC) que não prevê os tipos de bens cuja violação pode gerar responsabilidade, e que as diferenças entre o regime da responsabilidade extra-contratual e contratual não são tão acentuadas, esta facção da doutrina entende que a fundamentação dos deveres de protecção na responsabilidade pré-contratual não é defensável. Assim, entre outros, FERREIRA DE ALMEIDA, *Contratos*, vol. I, *Conceito, fontes, formação*, 3.ª ed., Coimbra: Almedina, 2005, 190-191; OLIVEIRA ASCENSÃO, *Teoria Geral*, II, 2003, 444-445.

Não obstante, a discussão do problema não deve ignorar que, em primeiro lugar, é necessário identificar o âmbito dos deveres de protecção e os danos que aí estão em causa. Embora MENEZES CORDEIRO em *Banca, Bolsa e Crédito, Estudos de Direito Comercial e de Direito da Economia*, Vol. I, Coimbra: Almedina, 1990, 38, e em *Da Boa fé*, 2001, 636 e ss. se manifeste contra a aceitação da inclusão dos deveres de protecção no âmbito da responsabilidade pré-contratual, em *idem, ibidem*, pág. 554, nota 99, escreve que "os deveres de protecção, *tal como foram definidos e aplicados pela jurisprudência alemã*, podem ser dispensáveis nas ordens jurídicas em que, na linha do Cód. Napoleão, vigorem cláusulas gerais de responsabilidade civil". Na verdade, da violação dos deveres de protecção podem resultar dois tipos de danos: danos directos à pessoa e bens da parte nas negociações, que segundo o Autor podem ser solucionados pela responsabilidade delitual, e danos indirectos decorrentes de despesas e sacrifícios conexos com as negociações que seriam resolvidos no âmbito da responsabilidade pré-contratual (583). Esta distinta qualificação dos danos encontrava-se já em MOTA PINTO, *A responsabilidade pré-negocial*, 1966, 155. ANA PRATA, *Notas sobre a responsabilidade*, 2002, 83, entende que os deveres de protecção só devem admitir-se com autonomia se tiverem uma directa conexão com o contrato projectado: não esclarece mas parece seguir MENEZES CORDEIRO. No entanto, numa obra mais recente: *Manual de Direito das Sociedades*, Vol. I, *Das sociedades em geral*, Coimbra: Almedina, 2004, 430 MENEZES CORDEIRO entende que na relação pré-contratual tendente à formação de sociedades se integram deveres de segurança.

[93] MOTA PINTO, *A responsabilidade pré-negocial*, 1966, 157-158.

52 *Do dever pré-contratual de informação e da sua aplicabilidade ...*

curador, da venda de um objecto fora do comércio, as situações de erro-
-obstáculo e de erro vício, e finalmente a situação daquele que se serve
de qualquer expediente para desfigurar a verdade.[95]

Do exposto pode concluir-se que embora deixasse a porta aberta
para uma configuração geral e autónoma do dever pré-contratual de
informação, nomeadamente ao admitir que viola o dever de verdade quem
utiliza qualquer expediente para desfigurar a verdade, o facto é que os
exemplos oferecidos pelo Autor estão associados a outros institutos jurídicos previstos na lei, a partir dos quais esse dever já poderia ser elaborado[96].

Diferentemente se posiciona VAZ SERRA que, ao entender o dever de
informação como uma exigência da boa fé, segundo a qual as partes têm
o dever de comunicar e explicar à sua contraparte as circunstâncias que
possam influenciar decisivamente as suas resoluções e *que esta não possa
conhecer de outro modo*[97], atribui uma maior independência ao dever pré-
-contratual de informação perante outros institutos jurídicos.[98-99]

---

[94] MOTA PINTO, *A responsabilidade pré-negocial*, 1966, 156-157.

[95] MOTA PINTO, *A responsabilidade pré-negocial*, 1966, 157.

[96] Esta afirmação é tanto mais verdadeira se tivermos em conta que quanto a esta
matéria o Autor se apoiou na doutrina germânica, em especial no estudo de HEINZ
HILDEBRANDT, *Erklärungshaftung, ein Beitrag zum System des bürgerlichen Rechtes*, Berlin:
Leipzig, 1931. Pois, no BGB previam-se normas que já impunham o dever de declaração:
nomeadamente os §§122, 307 e 308 permitiam fundamentar um dever de declaração de
causas de invalidade ou impossibilidade do contrato, bem como o §179 no que respeita
à falta de poderes do procurador. Cfr. MOTA PINTO, *A responsabilidade pré-negocial*, 1966,
156-161, em especial 158 e 159.

[97] VAZ SERRA, *Culpa do devedor*, 1957, 125.

[98] Naturalmente que esta diferente abordagem levada a cabo pelos Autores que
estamos a analisar se justifica pela diferente perspectiva em que operam: a análise de
MOTA PINTO enquadra-se no então vigente CS, enquanto a análise de VAZ SERRA se
desenvolve no campo do *iure condendo*.

[99] A referência a deveres de comunicação e explicação constava do art. 8.º do
articulado do novo código civil, proposto por VAZ SERRA, que dispunha o seguinte: '1.
Quem entra em negociações com outrem, para a conclusão de um contrato, deve, nessas
negociações e na formação do contrato, proceder de acordo com a boa fé para com a outra
parte, devendo, em especial, fazer-lhe comunicações, dar-lhe explicações e conservar os
seus bens jurídicos, na medida que a boa fé exigir. Se assim culposamente o não fizer,
é obrigado a indemnizar os danos causados à outra parte.' Cfr. *Culpa do devedor*, 1957,
145.

12. No quadro legislativo do CC

O quadro legislativo mudou substancialmente com a aprovação do CC, prevendo-se uma norma genérica sobre responsabilidade pré--contratual.

O art. 227.º CC, que regula a culpa na formação do contrato, dispõe que:

1. Quem negoceia com outrem para a conclusão de um contrato deve, tanto nos preliminares como na formação dele, proceder segundo as regras da boa fé, sob pena de responder pelos danos que culposamente causar à outra parte.
2. A responsabilidade prescreve nos termos do artigo 498.º.

Encontram-se subjacentes neste preceito as ideias já anteriormente elaboradas pela doutrina de que pela assunção das negociações se gera uma relação jurídica entre as partes contratantes, que as obriga a agir de boa fé.

Na medida em que faz uso de um conceito indeterminado, esta norma oferece um largo quadro de potencialidades a explorar pela doutrina e jurisprudência.[100] Não obstante, o facto é que essa exploração tardou.

Inicialmente os Autores mostraram alguma relutância para entrar na difícil tarefa de concretização da boa fé, o que se reflectiu na ausência de análise do conteúdo da relação jurídica pré-contratual. O facto de não se perspectivar o estudo a partir do critério normativo legalmente estabelecido acabou por resultar numa certa timidez em reconhecer à culpa na formação do contrato um espaço autónomo dentro do sistema jurídico.

Embora se reconhecesse a existência do princípio da boa fé do qual deriva a obrigação de agir com correcção e lealdade[101], *a culpa in contrahendo* foi por vezes reconduzida a outros institutos jurídicos, como o abuso de direito (no caso de ruptura de negociações) ou o regime dos vícios de vontade[102], o que acabava por lhe retirar força enquanto instrumento autónomo apto à resolução de casos concretos[103].

---

[100] Cfr. MENEZES CORDEIRO, *Tratado*, 2005, 508.

[101] PESSOA JORGE, *Lições de Direito das Obrigações*, Lisboa: AAFDL, 1975-76, 180. Também PIRES DE LIMA e ANTUNES VARELA, *Código Civil Anotado*, Vol.I, Coimbra: Coimbra Editora, 1967, 146, se limitam a esclarecer que a referência à boa fé, no art. 227.º CC, é feita no seu sentido ético (= na 4.ª ed., 1987, 216).

[102] Cfr. PIRES DE LIMA e ANTUNES VARELA, *Código Civil Anotado*, 1987, 216, que alertam para a necessidade de aproximar o regime do art. 227.º do CC ao regime do dolo,

54   Do dever pré-contratual de informação e da sua aplicabilidade ...

Superada esta falta de vigor inicial a que foi votada a *culpa in contrahendo*, e ainda que sejam escassos os estudos específicos sobre o tema, o problema do conteúdo da relação pré-contratual começou a ser considerado, não se encontrando actualmente estudo sobre a matéria que não identifique os vários deveres de conduta a observar na fase dos preliminares, de entre eles os deveres de informação.[104]

Actualmente é ideia assente na doutrina que as partes que se encontram em negociações para a celebração de um contrato devem informar a outra parte na medida do necessário para permitir a conclusão honesta do contrato[105], o que pressupõe a prestação de esclarecimentos sobre os elementos que possam ter uma papel decisivo na formação da vontade contratual da outra parte.[106]

Além disso, há ainda um outro aspecto que parece pacífico, que se encontra conexo com a ideia de honestidade na celebração do contrato e que evidencia as potencialidades da boa fé enquanto regra de conduta. Trata-se do relevo que é dado ao equilíbrio da posição das partes nas negociações, capaz de influenciar a própria medida do dever pré-contratual de informação. Por isso se afirma que *o dever de esclarecimento se*

---

estabelecido no art. 253.º e 254.º do CC; INOCÊNCIO GALVÃO TELLES, *Direito das Obrigações*, Lisboa, 1974, 52, mantendo-se na 7.ª ed., 1997, 69-81, em especial 73-74 e 76-77. A ideia de que a ruptura das negociações só gera responsabilidade civil se configurar uma situação de abuso de direito tinha sido já defendida em MOTA PINTO, *A responsabilidade pré-negocial*, 1966, 162 e ss., em especial 198-200.

[103] Esta concepção teve reflexos na jurisprudência já que algumas vezes os tribunais aplicaram o art. 227.º CC como complemento de outras normas jurídicas: MENEZES CORDEIRO, *Da Boa fé*, 2001, 579-580; cfr., além das sentenças aí citadas, STJ 25-Junho-1985 (Joaquim Figueiredo) e STJ 19-Maio-1988 (Almeida Ribeiro), em www.dgsi.pt/jstj.nsf/ (17-4-2005).

[104] Já em 1970, MOTA PINTO, *Cessão da posição*, 1970, 344, nota 2, a propósito da classificação de deveres 'laterais', identificava deveres de aviso e declaração a observar na fase pré-negocial. MENEZES CORDEIRO, *Da Boa fé*, 2001 (mas 1983), 583; *idem, Tratado*, 2005, 506 e 516; OLIVEIRA ASCENSÃO, *Teoria Geral*, II, 2003, 445-446; INOCÊNCIO GALVÃO TELLES, *Direito das Obrigações*, 1997, 73, mas integrando o dever de bem informar nos deveres de lealdade e correcção; ANTUNES VARELA, *Das Obrigações em geral*, Vol. I, 10.ª ed., Coimbra: Almedina, 2005, 268; MENEZES LEITÃO, *Direito das Obrigações*, vol.I, 4.ª ed., Coimbra: Almedina, 2005, 337; FERREIRA DE ALMEIDA, *Contratos*, 2005, 191-196.

[105] MENEZES CORDEIRO, *Da Boa fé*, 2001, 583.

[106] VAZ SERRA, *Anotação ao Ac. STJ 7-Outubro-1976*, RLJ, 110, 1977-1978, 3602 (267-272) e 3603 (274-280) 276-277; *Culpa do devedor*, 1957, 125; MENEZES LEITÃO, *Direito das Obrigações*, I, 2005, 337.

Do Dever Pré-Contratual de Informação em Geral

constitui quando a outra parte não pode por si só obter conhecimento[107] *ou que o dever de esclarecimento apresenta uma intensidade especial a favor da parte mais fraca*[108].

13. Evolução jurisprudencial

Tal como aconteceu no plano doutrinário, também na jurisprudência o processo de sedimentação da *culpa in contrahendo* se desenvolveu de forma lenta.

Só decorridos mais de nove anos sobre a vigência do CC surgem decisões dos tribunais onde o art. 227.º CC é aplicado.[109] Este atraso ficou a dever-se, em primeira linha, ao desconhecimento e desaproveitamento do instituto pelas próprias partes interessadas, que não alegavam a *culpa in contrahendo* junto dos tribunais.[110] Constituem bons exemplos, que para nós têm especial interesse por estar em causa uma violação do dever pré-contratual de informação, os casos vertidos nos acórdãos do STJ de 29 de Janeiro de 1973[111] e de 7 de Outubro de 1976[112].

---

[107] VAZ SERRA, *Anotação ao Ac. STJ 7-Outubro-1976*, 276.

[108] MENEZES LEITÃO, *Direito das Obrigações*, I, 2005, 337. Também, MENEZES CORDEIRO, *Da Boa fé*, 2001, 581; ANA PRATA, *Notas*, 2002, 44, 51-52.

[109] A primeira decisão, de que temos conhecimento, que aplica a responsabilidade pré-contratual, a propósito de um caso de ruptura abusiva das negociações, foi proferida pelo STJ 20-Julho-1976 (Oliveira Carvalho), consultada em www.dgsi.pt/jstj.nsf/ (15-4--2005). Anteriormente, num acórdão do STJ 23-Maio-1975 (Eduardo Chaves), BMJ, 1975, 158-163, o art. 227.º CC foi invocado, sendo no entanto a sua aplicação negada pelo tribunal. O mesmo se verificou no acórdão do STJ 11-Junho-1975 (João Moura), BMJ, 1975, 402-405, onde, numa visão muito incipiente e parcelar do art. 227.º CC se afirma que a "aplicação do art. 227.º do Código Civil tem como pressuposto a imperfeição do contrato" e mais adiante que "terá de convir-se que o contrato foi concluído, assim se tendo ultrapassado a fase dos preliminares da sua formação. Fica, pois, afastada qualquer responsabilidade nos termos do citado artigo 227.º " (403).

[110] Cfr. MENEZES CORDEIRO, *Da Boa fé*, 2001, 576. Também, ALMEIDA COSTA, *Responsabilidade civil por ruptura*, 1983-1984, 85, chama a atenção para o desaproveitamento das virtualidades da boa fé, por parte dos tribunais.

[111] (Francisco Costa) RLJ, 108, 1975-1976, n.º 3541, 54-55, com anotação de ANTUNES VARELA, 56-60. Estava em causa uma situação em que uma sociedade construtora de um prédio prometeu vender uma fracção autónoma com a finalidade de ser utilizada para o exercício de profissão liberal, quando na verdade o título constitutivo da propriedade horizontal previa que as fracções autónomas se destinavam à habitação. Trata-se, claramente, de um caso em que uma das partes, violando a boa fé, não informa a contraparte de circunstâncias essenciais para a formação da sua vontade. Surpreendentemente, perante a

56 *Do dever pré-contratual de informação e da sua aplicabilidade ...*

De qualquer modo, a discussão e aplicação da responsabilidade pré-
-contratual pelos tribunais é cada vez mais frequente.[113]

Da análise da jurisprudência podemos retirar algumas conclusões.
Em primeiro lugar pode perceber-se, pelo aumento das decisões sobre a

---

acção intentada pelos condóminos no sentido de pôr fim ao exercício dessa profissão liberal, o Réu não invocou o art. 227.º CC, mas sim a anulação do título constitutivo, vindo a perder a acção.

[112] (Daniel Ferreira) RLJ, 110, 1977-1978, 3602 (267-270), com anotação de VAZ SERRA 3602 (270-272) e 3603 (274-280): neste acórdão estava em causa uma acção de despejo por caducidade do contrato de arrendamento por morte do locador usufrutuário. Os RR. alegaram que a qualidade de usufrutuário lhes foi omitida pelo que deveriam ser indemnizados dos danos, por aplicação dos arts. 1032.º, 1033.º e 1034.º CC. Não foi feita qualquer referência ao art. 227.º CC, quando é certo que o problema em causa era a violação de um dever de informação no momento da celebração do contrato de arrendamento. No mesmo sentido vd. STJ 20-Março-1973 (Adriano de Carvalho), BMJ, 1973, 196-199; STJ, 17-Dezembro-1974 (Abel de Campos), BMJ, 1975, 257-261.

[113] Cfr., a título de exemplo, STJ 19-Janeiro-1978 (Dias Garcia), BMJ, 273, 1978, 206-209, com anotação de VAZ SERRA em RLJ, 111, 1978-1979, 3623, 211-216; STJ 6-Dezembro-1978 (Rodrigues Bastos), BMJ, 282, 1979, 156-158; STJ 11-Junho-1980 (Sequeira Carvalho) em www.dgsi.pt/jstj.nsf/ (17-4-2005); STJ 5-Fevereiro-1981 (Sá Gomes), RLJ, 116, 1983-1984, 3708, 81-84, com anotação de ALMEIDA COSTA, *Responsabilidade civil por ruptura das negociações preparatórias de um contrato*, 3708 (84-90), 3709 (101-105), 3710 (146-152), 3711 (172-179), 3712 (204-210), 3713 (251--256), 3714 (276-279); STJ 14-Julho-1981 (Santos Carvalho); STJ 4-Março-1982 (Santos Silveira), ambos em www.dgsi.pt/jstj.nsf/ (15-4-2005); STJ 14-Outubro-1986 (Joaquim Figueiredo), BMJ, 360, 1986, 583-587; STJ 3-Outubro-1989 (Ferreira Dias); STJ 24--Maio-1990 (Estelita de Mendonça), ambos em www.dgsi.pt/jstj.nsf/ (15-4-2005); STJ 4--Julho-1991 (Ricardo da Velha), BMJ, 409, 1991, 743-750; STJ 3-Outubro-1991 (Albuquerque de Sousa), BMJ, 410, 1991, 754-759; STJ 14-Novembro-1991 (Bennet Lopes), BMJ, 411, 1991, 527-543; STJ 17-Dezembro-1992 (Sampaio da Silva), em www.dgsi.pt/jstj.nsf/ (15-4-2005); STJ 9-Fevereiro-1993 (Sousa Macedo), BMJ, 424, 1993, 607-614;STJ 20-Janeiro-1994 (Folque Gouveia); STJ 26-Abril-1995 (Miguel Montenegro), ambos em www.dgsi.pt/jstj.nsf/ (15-4-2005); STJ 24-Outubro-1995 (Torres Paulo), BMJ, 450, 1995, 443-468; STJ 22-Maio-1996 (Loureiro Pipa), BMJ, 457, 1996, 308-315; STJ 22-Janeiro-1997 (Nascimento Costa); STJ 11-Novembro-1997 (Machado Soares); STJ 9--Julho-1998 (Ferreira Ramos); STJ 9-Julho-1998 (Lucio Teixeira); STJ 9-Fevereiro-1999 (Martins da Costa); STJ 16-Março-1999 (Nascimento Costa); STJ 18-Maio-1999 (Peixe Pelica); 12-Outubro-1999 (Ferreira Ramos); STJ 8-Fevereiro-2001 (Ribeiro Coelho); STJ 27-Março-2001 (Lopes Pinto); STJ 28-Fevereiro-2002 (Joaquim de Matos); STJ 28--Fevereiro-2002 (Araújo Barros); STJ 14-Janeiro-2003 (Ponce de Leão); STJ 23-Janeiro--2003 (Neves Ribeiro); STJ 13-Maio-2003 (Moreira Alves); STJ 22-Maio-2003 (Salvador da Costa); STJ 3-Julho-2003 (Ferreira Girão); STJ 8-Julho-2003 (Neves Ribeiro); STJ 29--Janeiro-2004 (Ferreira de Almeida); STJ 26-Outubro-2004 (Lopes Pinto); STJ 9--Novembro-2004 (Faria Antunes); STJ 18-Novembro-2004 (Ferreira Girão), consultados em www.dgsi.pt/jstj.nsf/ (15-4-2005).

Do Dever Pré-Contratual de Informação em Geral

matéria verificado nos últimos anos, que a *culpa in contrahendo* tem vindo a ter maior reconhecimento na comunidade jurídica, verificando-se, ao contrário do que aconteceu nos anos que sucederam a aprovação do CC, um maior aproveitamento do instituto pelas próprias partes interessadas.[114-115] Não obstante, ainda é possível encontrar alguns acórdãos onde a matéria de facto diz respeito à responsabilidade pré-contratual sem que as partes no entanto façam apelo ao art. 227.º CC.[116]

Em segundo lugar, descortina-se um alargamento do âmbito de aplicação da responsabilidade pré-contratual. Abandona-se a ideia segundo a qual esta só é aplicável aos negócios inválidos[117], para se passar a admitir a sua aplicabilidade em três situações: negócios inválidos, não

---

[114] A comparação entre os acórdãos STJ 7-Outubro-1976, cit., e STJ 18-Novembro--2004, cit., demonstra claramente esta afirmação. Em ambos os acórdãos se colocava o problema de um contrato de arrendamento que cessara por caducidade, decorrente da morte do senhorio, usufrutuário. Cessação que surpreendeu os arrendatários por sempre lhe ter sido omitida a qualidade de usufrutuário do senhorio. No primeiro acórdão não foi invocado o art. 227.º CC, e seguiu-se a via da responsabilidade contratual por aplicação do regime da locação. No segundo, aplicou-se o art. 227.º CC, atribuindo-se uma indemnização ao arrendatário correspondente à quantia resultante da diferença entre o valor das rendas (actualizadas) que, prefigurando a continuação do arrendamento, o arrendatário teria de pagar e o valor dos juros remuneratórios do mútuo hipotecário a que recorreu para adquirir casa própria em consequência do despejo.

[115] Naturalmente que a crescente intensificação e complexidade da actividade jurídico--económica também constitui um dos factores justificativos de tal aumento.

[116] Assim aconteceu no acórdão do STJ 8-Abril-2003, cit.: estava em causa um contrato de cessão da posição contratual de um imóvel, no qual o cessionário pretendia instalar um bar. O cedente tinha conhecimento dessa finalidade e sabia igualmente que tal era impossível por os restantes condóminos se recusarem a prestar a necessária autorização escrita para o efeito. No entanto, o cedente ocultou tais factos ao cessionário. Na acção o cessionário autor pediu a anulação do negócio com base em erro vício, e um indemnização por violação da boa fé, sem no entanto mencionar o instituto da *culpa in contrahendo*. Sendo certo que estava em causa uma situação de violação dolosa do dever pré-contratual de informação, é de estranhar que a discussão da causa se tenha cingido à anulabilidade do negócio. Diferentemente, o STJ em 4-Março-1982, cit., aplicou cumulativamente o regime da anulabilidade por erro e da indemnização por *culpa in contrahendo*. O acórdão do STJ 8-Abril-2003, cit. tem, no entanto, um aspecto muito interessante que merece ser destacado. Embora sem apelo ao regime legal, o pedido de indemnização com base na violação da boa fé demonstra a apetência desta cláusula geral para manifestar o sentimento jurídico geral, o que justifica a sua apreensão intuitiva pelos sujeitos.

Igualmente, cfr. acórdão STJ 26-Abril-1995, CJSTJ, III, 1995, T.I, 288-290, que por incidir sobre o processo de formação do contrato de trabalho, reveste para nós especial importância.

[117] Por exemplo, STJ 11-Junho-1975, cit. e 14-Julho-1981, cit.

58   *Do dever pré-contratual de informação e da sua aplicabilidade ...*

celebração do negócio e celebração válida do negócio[118], ficando claro que o que tem relevância é o comportamento das partes no momento da formação do contrato, independentemente do contrato chegar ou não chegar a celebrar-se validamente.

Em terceiro lugar, verifica-se que o conceito da boa fé nas negociações anda associado a conceitos, também eles indeterminados, como lealdade, correcção, honestidade, probidade, seriedade de propósitos e confiança[119], reconhecendo o STJ que os deveres impostos pela boa fé nas negociações do contrato só casuisticamente podem ser determinados.[120]

Em quarto lugar, verifica-se, na maioria dos casos que constituem a nossa amostragem, que a questão mais discutida em sede de responsabilidade pré-contratual é a questão da ruptura injustificada de negociações, que inicialmente foi qualificada como abuso de direito[121] e posteriormente foi sediada no conceito da boa fé e da confiança da outra parte na conclusão do negócio[122], seguida da questão da violação do dever de informação.[123]

Quanto ao dever de informação, encontra-se na jurisprudência a preocupação de tutela da parte mais fraca, nomeadamente através de *maiores exigências no exercício desse dever impostas aos profissionais*, quando se encontrem em negociações com leigos.[124]

Finalmente, regista-se ainda um outro aspecto que não queremos deixar despercebido. Trata-se da relevância dada aos *deveres pré-contratuais como meio de contribuir para uma satisfação efectiva do interesse do credor*.[125]

---

[118] Por exemplo, STJ 13-Maio-2003, cit.; STJ 14-Janeiro, 2003, cit., admitindo-se a indemnização mesmo depois de o contrato ter cessado: STJ 18-Novembro-2004, cit.

[119] Por exemplo, STJ 4-Março-1982, cit., STJ 3-Outubro-1989, cit., STJ 22-Maio--1996, cit., 11-Novembro-1997, cit., 13-Maio-2003, cit.

[120] STJ 13-Maio-2003, cit.

[121] STJ 25-Junho-1985, cit.; STJ 19-Maio-1988, cit.

[122] STJ 9-Julho-1998, cit.; STJ 27-Março-2001, cit.

[123] Deve notar-se que muitas vezes a fronteira entre a ruptura das negociações e a violação do dever de informação é muito ténue. Cfr. por exemplo o acórdão STJ 9-Julho--1998, cit., onde se reconhece a existência de uma obrigação de informação quando "uma das partes sabe ou deve saber que um facto (ignorado pela outra, mas que as regras da boa fé exigem que lhe seja revelado) pode conduzir ao abortamento das negociações, impõe-se que, sem demora, preste essa informação."

[124] STJ 16-Março-1999, cit.; STJ 28-Fevereiro-2002, cit.

[125] Vd. STJ 28-Junho-2001, cit.; STJ 19-Março-2002, cit.

§ 6 Desenvolvimentos actuais do dever pré-contratual de informação. Possíveis contributos para a determinação do seu conteúdo

14. Nota prévia. O dever pré-contratual de informação como factor dinamizador da responsabilidade pré-contratual. Novas áreas jurídicas da sua manifestação

Como se verificou da breve síntese sobre a evolução doutrinária e jurisprudencial da *culpa in contrahendo*, o dever pré-contratual de informação logrou alcançar um espaço autónomo no seio dos deveres de conduta impostos pela boa fé na fase das negociações de um contrato. Foi reconhecido em vários ordenamentos jurídicos e tem sido objecto de uma aplicação crescente por parte dos tribunais. Mas a sua importância não se fica por aqui.

O dever pré-contratual de informação representa actualmente a via mais importante através da qual o instituto da *culpa in contrahendo* se tem vindo a expandir[126], talvez também por se tratar de um dever envolvente[127] que absorve em última análise a problemática da deslealdade e ruptura das negociações.

Efectivamente, em muitas outras áreas do Direito se tem admitido a necessidade de ser observado um dever de informação no processo de contratação, como meio de prosseguir determinados fins que apresentam especificidades mas que no seu âmago deparam sempre com a boa fé. Dessas áreas destacam-se o Direito dos valores mobiliários, o Direito da defesa do consumidor e o regime das cláusulas contratuais gerais.

Paralelamente, poder-se-ia encontrar no art. 97.º do CT um exemplo deste fenómeno. Ainda que seja discutível o alcance material e a utilidade da introdução desta norma no CT, o facto é que ela demonstra as pretensões de uma aplicação efectiva e de expansão do dever pré-contratual de informação.

Além disso, a pujança actual do dever pré-contratual de informação pode ainda ser comprovada pelos vários instrumentos normativos que resultam de inúmeras iniciativas de unificação do direito dos contratos,

---

[126] VOLKER EMMERICH, §311, *in* AA.VV., *Münchener Kommentar zum Bürgerlichen Gesetzbuch*, Vol. 2 a, 4.ª ed., München: Beck, 2003 (1488-1552), 1492.

[127] A expressão é de MENEZES CORDEIRO, *Manual de Direito comercial*, vol. I, Coimbra: Almedina, 2003, 388.

60 *Do dever pré-contratual de informação e da sua aplicabilidade ...*

que se têm vindo a intensificar nos últimos tempos. Nestes são consagradas normas que se lhe dedicam expressamente, motivando a análise e estudo por parte da doutrina europeia.

Nas próximas linhas vamos debruçarmo-nos brevemente sobre estes dois aspectos que constituem campos do desenvolvimento actual do dever pré-contratual de informação: as novas áreas jurídicas em que se manifesta (em especial Direito dos Valores Mobiliários, Direito da defesa do consumidor e regime das cláusulas contratuais gerais) e os instrumentos normativos de uniformização do direito dos contratos.

I. DEVER DE INFORMAÇÃO E DIREITO DOS VALORES MOBILIÁRIOS

15. Dever de informação e mercado dos valores mobiliários

Os deveres de informação no âmbito do Direito dos Valores Mobiliários são de extrema importância como bem evidenciam as inúmeras disposições do CVM[128] a eles dedicadas.[129] Com presença permanente em todo o regime, o princípio da informação é um dos princípios fundamentais do Mercado de Valores Mobiliários.[130] O seu âmbito e os problemas que encerra são de variadíssima ordem[131] e prendem-se desde logo com a necessidade de dar resposta aos riscos inerentes ao mercado dos valores mobiliários.[132]

---

[128] Aprovado pelo Decreto-Lei n.º 486/99, de 13 de Novembro.

[129] Também o art. 7.º CVM, e a sua inserção sistemática, nos ajudam a perceber essa importância.

[130] CACHÓN BLANCO, *Derecho del Mercado de Valores*, T.I, Madrid: Dykinson, 1992, 31 e ss.

[131] Como, aliás, o vasto âmbito de aplicação do art. 7.º CódMVM deixa antever: este dispõe no seu n.º 1 que 'deve ser completa, verdadeira, actual, clara, objectiva e lícita a informação respeitante a valores mobiliários, a ofertas públicas, a mercados de valores mobiliários, a actividades de intermediação e a emitentes *que seja susceptível de influenciar as decisões dos investidores* ou que seja prestada às entidades de supervisão e às entidades gestoras de mercados, de sistemas de liquidação e de sistemas centralizados de valores mobiliários'.

[132] Cfr. JOSÉ AVILLEZ OGANDO, *Os Deveres de Informação Permanente no Mercado de Capitais*, ROA, 64, Lisboa, 2004, (201-256) 208-214; PAZ FERREIRA, *A informação no mercado de valores mobiliários*, in AA.VV., *Direito dos Valores Mobiliários*, Vol. III, Coimbra, 2001, (137-159), 143 e *passim*; FREDERICO DA COSTA PINTO, *O direito de informar e os crimes de mercado*, CadMVM, 2, Lisboa: CMVM, 1998, (95-109), 98-100; MAFALDA MARQUES e MÁRIO FREIRE, *A informação no mercado de capitais*, CadMVM, 3, Lisboa: CMVM, 1998, 111-123.

Do Dever Pré-Contratual de Informação em Geral

A imposição de deveres de informação tem como finalidade primacial promover a eficiência e estabilidade do mercado[133], assim como a correcta formação dos preços[134]. Por esta razão, à primeira vista poderia parecer que os deveres de informação previstos no CVM nada têm em comum com os deveres de informação impostos pela boa fé, no período que antecede a formação do contrato.

Mas, o facto é que essa não é a única *ratio* desses deveres. Além do interesse público da estabilidade e eficiência do mercado e da correcta formação dos preços, estão presentes preocupações de tutela do investidor, que se apresenta como *parte desfavorecida perante os seus parceiros contratuais*, que gozam, na maioria dos casos, de superioridade técnica e de superioridade factual, decorrente do acesso privilegiado à informação relevante.[135]

Em parte, os deveres de informação previstos no CVM dizem respeito à prevenção de riscos assumidos por falta de informação completa no momento da contratação, *v.g.* na subscrição de valores mobiliários.[136] Trata-se da matéria dos deveres de informação no prospecto de ofertas públicas relativas a valores mobiliários, com manifesta importância prática.

Assim, sendo indiscutível que o objectivo primário dos deveres de informação no mercado de valores mobiliários é a tutela da eficiência e estabilidade do mercado, o facto é que reflexamente também está em causa a tutela da posição do investidor no processo de formação dos negócios jurídicos, quer a montante quer a jusante.

A montante porque a própria eficiência e estabilidade do mercado dependem da confiança dos investidores, factor de estímulo ao recurso aos valores mobiliários como forma de aplicação da poupança.[137] A jusante porque essa eficiência e estabilidade têm como efeitos secundários o combate à assimetria informacional entre os proponentes e o investidor,

---

[133] Cfr., entre outros, Costa Pina, *Dever de informação e responsabilidade pelo prospecto no mercado primário de valores mobiliários*, Coimbra: Coimbra Editora, 1999, 22, e 27-30; Castilho dos Santos, *O dever de informação sobre factos relevantes pela sociedade cotada*, Lisboa: AAFDL, 1998, 32.

[134] Cfr. Paulo Câmara, *Os deveres de informação e a formação dos preços no Mercado dos valores mobiliários*, CadMVM, 2, 1998, (79-93), em especial 88 e 90-91; Avillez Ogando, *Os Deveres de Informação*, 2004, 219-220.

[135] Identificando este desequilíbrio, Castilho dos Santos, *O dever de informação*, 1998, 31 e 33-34.

[136] Costa Pina, *Dever de informação*, 1999, 22-23, 44, 45, 46.

[137] Cfr. Avillez Ogando, *Os Deveres de Informação*, 2004, 209, 211.

62 *Do dever pré-contratual de informação e da sua aplicabilidade ...*

procurando contribuir para a criação das condições necessárias para que o investidor possa avaliar devidamente uma determinada operação e as suas possíveis consequências.[138]

Em suma, em determinadas ocasiões, com destaque para as ofertas públicas de distribuição, o CVM impõe certos deveres de informação como forma de garantir que o investidor possui as informações necessárias a uma tomada de decisão livre e consciente. Pretende-se, assim, que lhe sejam fornecidos os elementos necessários à formação da sua vontade contratual.

16. Os deveres de informação no prospecto como espécie do dever pré-contratual de informação

Perante este dado surge no nosso espírito a ideia de proximidade destes deveres com os deveres pré-contratuais de informação, pois também nestes a boa fé permite encontrar soluções que tutelam a parte mais fraca nas negociações, estabelecendo a igualdade material entre as partes e pugnando para que a declaração negocial coincida, o mais possível, com os interesses do declarante.

Entendimento que, aliás, é potenciado pela referência, no âmbito dos deveres de informação no mercado de valores mobiliários, a valores que se identificam na cláusula geral da boa fé, tais como a confiança e a garantia do equilíbrio e igualdade na acessibilidade subjectiva da informação[139], o que em termos gerais se pode traduzir pela ideia de igualdade material das partes contratantes.

Assim, em termos simplificados, a questão que se pode levantar é esta: é o art. 135.º do CVM, conjuntamente com o art. 149, uma norma especial face ao art. 227.º CC? Constitui aquele um desenvolvimento desta figura tendo em conta as especificidades que rodeiam o processo de

---

[138] COSTA PINA, *Dever de informação*, 1999, 20-23. Tal é particularmente evidente no art. 7.º, já referido, mas também no art. 135.º CVM, que dispõe no seu n.º 1 que o prospecto deve conter informação completa, verdadeira, actual, clara, objectiva e lícita, que permita aos destinatários *formar juízos fundados* sobre a oferta, os valores mobiliários que dela são objecto, e os direitos que lhe são inerentes e sobre a situação patrimonial, económica e financeira do emitente.

[139] Cfr. AVILLEZ OGANDO, *Os Deveres de Informação*, 2004, 209-211, 220. Para o Autor, a diferente acessibilidade subjectiva estaria relacionada com o desnível de ciência e experiência entre os sujeitos envolvidos (210).

Do Dever Pré-Contratual de Informação em Geral

formação dos contratos relativos a valores mobiliários, nomeadamente o seu carácter padronizado? Contribui o art. 135.º CVM para a emancipação e expansão dos deveres de informação perante os demais deveres pré--contratuais de conduta?[140]

---

[140] A dúvida surgiu-nos com maior intensidade perante algumas leituras: a primeira foi a de GALVÃO TELLES, *Culpa na formação do contrato, in* O Direito, 125, III-IV, 1993, 333-356. Este texto consistiu num parecer formulado no âmbito do processo que viria a dar origem ao Acórdão Arbitral de 13 de Março de 1993, publicado na RLJ 126, 1993-1994, 128-160. Nesse processo estava em causa a privatização da Sociedade Financeira Portuguesa, detida pelo Banco Pinto & Sotto Mayor, que acabaria por acontecer, tendo o Banco Mello comprado a maioria das acções representativas do capital social. Porém, aos compradores das acções foi omitida a existência de garantias bancárias de avultado valor, que a Sociedade Financeira Portuguesa havia prestado e que vieram a ser realizadas, não constando tal informação do prospecto, nem, de forma identificável, nos documentos sobre a avaliação da empresa. Colocava-se então a questão de saber quais os direitos que assistiam aos compradores, que adquiriram as acções por um preço demasiado elevado face à real situação financeira da empresa privatizada, e qual a fundamentação jurídica possível. Para um resumo e outras referências, v. MENEZES CORDEIRO e RITA AMARAL CABRAL, *Aquisição de empresas. Vícios na empresa privatizada, responsabilidade pelo prospecto, culpa in contrahendo, indemnização. Anotação ao Acórdão do Tribunal Arbitral, de 31 de Março de 1993*, Ordem dos Advogados Portugueses, Lisboa, 1995, 39-46.

No seu parecer, GALVÃO TELLES, que adoptou como solução primária a aplicação do art. 227.º CC, enquadrando a questão na *culpa in contrahendo,* escreve: 'O referido dever de informação era elementarmente imposto pelas regras da boa fé, para que remete, a propósito da formação do contrato, o já várias vezes citado artigo 227.º do CC. *E era também explicitamente afirmado* na legislação bolsista, que como sabemos manda elaborar e divulgar um prospecto que proporcione conhecimento fundamentado sobre o património, situação financeira, resultados e perspectivas da sociedade emitente das acções a vender.' (347) Ou seja, o Autor trata indiscriminadamente de diferentes fontes: o art. 227.º CC e as normas de Direito dos Valores Mobiliários. Todavia, não é possível tirar conclusões quanto à eventual ligação entre o dever pré-contratual de informação e o dever de informação no prospecto, pois o Autor não se refere expressamente ao tema, nem o refere tão pouco para além desta transcrição.

Outras leituras contribuíram para o surgimento da questão sobre a eventual ligação referida: assim a de EVA MOREIRA DA SILVA, *Da responsabilidade pré-contratual por violação dos deveres de informação,* Coimbra: Almedina, 2003. Neste estudo, que corresponde à dissertação de mestrado da Autora, a Autora defendeu que a responsabilidade pré-contratual, através dos deveres de informação, tem como função a protecção da autonomia privada (85-89, 249). No mesmo sentido, foi determinante a leitura de BARBARA GRUNEWALD, *Aufklärungspflichten ohne Grenzen?,* AcP, 190, 1990, (609-623), 611-612, 623, que destaca o papel do dever de informação na protecção do contraente débil.

Independentemente de concordarmos ou não com este entendimento (questão a que teremos oportunidade de regressar) ele leva-nos a questionar sobre a semelhança da *ratio* dos dois institutos. Ou seja, tanto os deveres pré-contratuais de informação como os

64 *Do dever pré-contratual de informação e da sua aplicabilidade ...*

A questão não é recente e foi objecto de estudo no espaço jurídico alemão, cuja discussão nasceu por força de um acórdão do BGH de 24 de Abril de 1978[141], no qual se discutiu o caso de um investidor que se tornou sócio de uma sociedade em comandita, criada por uma sociedade por quotas, influenciado por um prospecto que não continha informação completa. Vindo depois a sociedade a falir, o investidor pretendeu ser indemnizado pelos danos. O Tribunal condenou os administradores da sociedade por quotas com fundamento em *culpa in contrahendo*, por serem os representantes da sociedade que criou a confiança nos investidores.[142]

Por ocasião do Acórdão do Tribunal Arbitral de 13 de Março de 1993, o tema foi tratado entre nós por vários Autores, de entre eles RITA AMARAL CABRAL. Partindo da tese defendida pelo Tribunal, que pugnou pela distinção entre a responsabilidade pelo prospecto e a responsabilidade pré-contratual prevista no art. 227.º CC, a Autora questionava se o art. 2.º, n.º 3, do Decreto-Lei 8/88, de 15 de Janeiro, aplicável ao caso em juízo, que previa o dever de informação imposto para a admissão dos valores mobiliários à cotação oficial em bolsa de valores, era uma "mera especificação" do instituto da *culpa in contrahendo*, e se o art. 227.º CC era aplicável à informação optativa.[143]

Acompanhando a posição assumida pelo Tribunal, a Autora respondeu a esta questão de forma negativa, invocando argumentos que pensamos poder resumir em dois.

O primeiro, considerado essencial, seria o de que a *culpa in contrahendo* pressupõe a existência de uma *relação específica, recíproca*, entre os potenciais contraentes individualizados ou individualizáveis, ao passo que na responsabilidade pelo prospecto se prescinde de quaisquer contactos negociais, sendo os destinatários da informação indeterminados e visando-se apenas tutelar os investidores contra os efeitos negativos de uma informação deficiente.[144]

---

deveres de informação a observar no prospecto teriam a mesma finalidade: tutelar o processo de formação da vontade, contribuindo para uma vontade livre e esclarecida dos contratantes, especialmente daquele que se encontra numa situação de desvantagem.

[141] Relatado em MENEZES CORDEIRO e RITA AMARAL CABRAL, *Aquisição de empresas*, 1995, 117-118.

[142] MENEZES CORDEIRO e RITA AMARAL CABRAL, *Aquisição de empresas*, 1995, 118.

[143] MENEZES CORDEIRO e RITA AMARAL CABRAL, *Aquisição de empresas*, 1995, 116.

[144] MENEZES CORDEIRO e RITA AMARAL CABRAL, *Aquisição de empresas*, 1995, 120 e 123.

Do Dever Pré-Contratual de Informação em Geral

O segundo argumento seria encontrado nas diferenças de regime que aliás viriam confirmar o primeiro. Entendeu a Autora que a disciplina da responsabilidade pelo prospecto "*vai mais longe* do que aquela que sanciona a violação dos deveres de boa fé"[145], em especial no domínio do círculo de responsáveis e no domínio dos fundamentos admitidos na exclusão da responsabilidade.

Quanto ao círculo de responsáveis o art. 160.º do então vigente CódMVM[146] dispunha que pelos prospectos eram responsáveis a entidade emitente, os membros dos seus órgãos de administração e de fiscalização, as pessoas que com o seu consentimento sejam nomeadas como tendo preparado ou verificado qualquer informação nele incluída, ou qualquer estudo, previsão ou avaliação em que essa informação se baseie, os auditores que hajam realizado auditoria à sociedade, e os intermediários financeiros.

Actualmente rege sobre esta matéria o art. 149.º do actual CVM, que em termos semelhantes prevê um círculo bastante alargado de responsáveis.

Quanto aos fundamentos que justificam o afastamento da responsabilidade o então art. 163.º não permitia a exclusão do dever de indemnizar com base na prova da ausência de culpa, como acontece ao abrigo do art. 227.º CC.

Analisando os argumentos invocados, pensamos que o segundo não tem um peso decisivo. O regime jurídico é diferente, sendo bem mais agravado no âmbito da responsabilidade pelo prospecto, concedendo portanto uma protecção mais eficaz ao investidor, ou se quisermos ao "credor" da informação. Mas essa é justamente a razão de ser das normas especiais: estatuir um regime diferente do constante da norma geral, tendo em conta as particularidades da situação. Assim, pensamos que não podemos usar a diferença de regimes como argumento para defender a distinção total dos dois institutos. Essa diferença não obsta a que se possa concluir pela existência de uma raiz comum.

Inversamente, essa diferença pode vir a constituir prova da *emancipação* dos deveres de informação no mercado de valores mobiliários a

---

[145] MENEZES CORDEIRO e RITA AMARAL CABRAL, *Aquisição de empresas*, 1995,122.

[146] Aprovado pelo Decreto-Lei 142-A/91, de 10 de Abril, alterado pelos Decretos-Leis 89/94, de 2 de Abril, 186/94, de 5 de Julho, 204/94, de 2 de Agosto. Este código não era aplicável ao caso em litígio, que como dissemos caia na alçada do Decreto-Lei 8/88, de 15 de Janeiro, mas a Autora argumentou a partir dele, que entretanto tinha entrado em vigor e que, segundo sua opinião, reforçaria a sua posição já defensável perante o anterior regime jurídico (121).

66   *Do dever pré-contratual de informação e da sua aplicabilidade ...*

partir da *culpa in contrahendo*, motivada pelas particularidades da contratação naquele mercado, para as quais o regime da *culpa in contrahendo* se mostrasse inadequado.

Ainda quanto às diferenças de regime, deve notar-se que com as alterações introduzidas pelo novo CVM o regime relativo à exclusão da responsabilidade pelo prospecto se aproximou do regime do art. 227.º CC, uma vez que no art. 149.º do CVM se prevê a admissibilidade de exclusão da responsabilidade mediante a prova de ausência da culpa[147], ainda que a culpa seja, nos termos do n.º 2 do mesmo preceito, apreciada de acordo com elevados padrões de diligência.

Já quanto ao primeiro argumento avançado pela Autora, da inexistência de qualquer relação específica de negociações entre os investidores e os sujeitos que podem vir a ser responsabilizados, pensamos que ele é decisivo. Efectivamente, a responsabilidade pré-contratual, *conforme está definida no art. 227.º CC*, pressupõe a existência de uma relação específica entre sujeitos, impondo-lhes deveres de conduta que estes devem acatar sob pena de responderem pelos danos causados. Na responsabilidade pelo prospecto está em causa um dever de conduta – o dever de informação – mas que não se insere em qualquer relação de negociações. Além disso, esse dever é imposto apenas de forma unilateral ao proponente[148] ou a outros sujeitos com ele relacionados, sem que estejam determinados os eventuais "credores" desse dever.[149]

---

[147] Estamos perante uma presunção de culpa, que aliás é reconhecida de forma expressa no art. 314.º, n.º 2, do CódMVM, relativamente à responsabilidade do intermediário financeiro. Isto significa que, caso se defenda a natureza obrigacional da *culpa in contrahendo* prevista no art. 227.º do CC, como faz a maioria da doutrina entre nós: VAZ SERRA, *Culpa do devedor*, 1957, 130-133; MOTA PINTO, *Cessão da posição*, 1970, 351; GALVÃO TELLES, *Culpa na formação*, 1993, 346; *idem, Direito das Obrigações*, 1997, 75; ANTUNES VARELA, *Das Obrigações*, 2005, 271-272; RIBEIRO DE FARIA, *Direito das Obrigações*, vol. I, Coimbra: Almedina, 2001, 310, nota 2; MENEZES CORDEIRO, *Da Boa fé*, 2001, 585; *idem, Tratado*, 2005, 521; DÁRIO MOURA VICENTE, *Da Responsabilidade Pré-Contratual*, 2001, 316; ANA PRATA, *Notas sobre responsabilidade*, 2002, 143, 155, 163, 213; na jurisprudência, por exemplo, Ac. RL de 29-Outubro-1998 (Ana Paula Boularot), CJ, XXIII, IV, 1998 (132-135), 133; o regime jurídico da responsabilidade por violação do dever de informação no âmbito das ofertas de valores mobiliários e o regime jurídico por violação do dever de informação enquanto dever imposto pela boa fé é idêntico no que toca à presunção de culpa.

[148] Utilizamos o conceito de proponente para abranger quer o oferente, quer o emitente, a que se refere o art. 149.º do CVM.

[149] Também CARNEIRO DA FRADA, *Teoria da Confiança e Responsabilidade Civil*, Coimbra: Almedina, 2004, 190-192, refere que a dificuldade de reduzir dogmaticamente

Do Dever Pré-Contratual de Informação em Geral 67

Mais, no regime da *culpa in contrahendo* procura-se responsabilizar aquele que agiu de forma contrária aos valores básicos do sistema veiculados pela boa fé, enquanto no regime da responsabilidade pelo prospecto se procura responsabilizar aquele que esteve na origem da circulação de informação falsa ou incompleta, *na qual o investidor confiou*, só assim se justificando que nos termos da alínea *f)* do art. 149.º do CVM sejam também responsáveis pessoas que tenham certificado ou, de qualquer outro modo, apreciado os documentos de prestação de contas em que o prospecto se baseia.

A existência dessa relação específica é essencial: aliás foi através dela que a jurisprudência alemã foi construindo a *culpa in contrahendo* como hoje a conhecemos[150], é ela que torna tão difícil a discussão do problema da natureza jurídica da responsabilidade pré-contratual e é ela, também, que constitui pressuposto da própria boa fé, enquanto critério normativo do art. 227.º do CC[151].

Verificando-se que, ao abrigo do art. 149.º do CVM, é possível responsabilizar, pelas informações contidas no prospecto, sujeitos que nunca mantiveram qualquer contacto com os investidores, então somos obrigados a concluir que a responsabilidade pelo prospecto é uma responsabilidade *diferente* daquela que resulta do regime comum da culpa na formação dos contratos.[152]

---

a responsabilidade pelo prospecto ao instituto da *culpa in contrahendo* reside exactamente na inexistência de qualquer relação específica de negociações e na prescindibilidade de qualquer contacto entre o responsável e o lesado.

[150] Cfr. supra n.º 5.

[151] Cfr. Menezes Cordeiro, *Da boa fé*, 2001, 646, onde o Autor afirma que para a boa fé funcionar é necessário que exista 'um *relacionar entre duas ou mais pessoas*, através de uma dinâmica que pressupõe uma conjugação de esforços que transcende o estrito âmbito individual'. No mesmo sentido, o Ac. STJ 26-Janeiro-1994 (Ferreira da Silva), CJ-STJ, 1994, I, 63 e ss., entendeu que a boa fé se aplica sempre que seja possível identificar uma "especial relação de vinculação".

[152] Foi essa a conclusão da Autora, tal como a do Acórdão do Tribunal Arbitral de 13 de Março de 1993, que, no entanto, aplicou os dois institutos (*culpa in contrahendo* e responsabilidade pelo prospecto) por entender que no caso concreto estavam preenchidos os requisitos de ambos. Efectivamente, tal verifica-se quando o sujeito que é considerado responsável pelo prospecto, nos termos da legislação relativa a valores mobiliários, estabelece igualmente com os investidores uma relação específica de negociações, no âmbito da qual é considerado culpado pelo não cumprimento do dever de informação que lhe é imposto pela boa fé. Nesse caso as partes terão entrado em negociações, o que justifica a aplicação do art. 227.º CC se os demais requisitos estiverem preenchidos.

Mas *diferente não significa oposta*: num caso (art. 227.º do CC) a existência de uma relação específica de negociações é essencial para a constituição da responsabilidade, no outro (art. 149.º do CVM) tal relação é dispensável, não sendo por isso requisito da constituição da obrigação de indemnizar.

Chegados a este ponto, dele podemos concluir que estamos perante uma diferença de grandeza relativa ao âmbito de aplicação: a responsabilidade pelo prospecto é mais alargada e por isso mais agravada que aquela que resulta da aplicação do regime comum.

Mas será que a esta diferença de grandeza corresponde uma diferente natureza?

Na verdade, há muito que se tem admitido a responsabilidade pré-contratual de terceiros, que não participam nas negociações na qualidade de futuros sujeitos da relação contratual em processo de constituição.[153]

Disso constitui exemplo a aplicabilidade da *culpa in contrahendo* aos negócios jurídicos unilaterais.[154]

---

[153] O alargamento da eficácia subjectiva da responsabilidade pré-contratual a terceiros é devida a KURT BALLERSTEDT, *Zur Haftung für culpa in contrahendo bei Geschäftsabschluss durch Stellvertreter*, AcP 1950-1951, (501-531), em especial 507 e ss., onde defendeu que estes deveriam responder sempre que criassem uma situação de confiança das partes interessadas. Cfr., ainda, nesse sentido, CARNEIRO DA FRADA, *Teoria da Confiança*, 2004, 117 e ss.; CLAUS-WILHELM CANARIS, *Autoria e participação na culpa in contrahendo*, Raúl Guichard Alves (trad.), RDE, XVI-XIX, 1990-1993, 5-42; especificamente quanto ao dever de informação vd. REINER SCHULZE, *Grundprobleme der Dritthaftung bei Verletzung von Auskunfts– und Beratungspflichten in der neueren Rechtsprechung*, JuS, 1983, 81-88.

[154] Entre nós, essa aplicabilidade foi defendida por MOTA PINTO, *A responsabilidade pré-negocial*, 1966, 162; mas o Autor parece pressupor, mesmo nesses casos a existência de uma relação específica entre dois sujeitos, em que um deles, através de falsas declarações, induz o outro a celebrar certos negócios jurídicos unilaterais, como por exemplo o repúdio da herança. Neste caso como em outros apontados pelo Autor (162), existe um relacionar entre dois sujeitos, embora estes não actuem na qualidade de futuros contratantes. No mesmo sentido, cfr. ALMEIDA COSTA, *Responsabilidade civil por ruptura*, 1983-1984, 89; ANA PRATA, *Notas sobre responsabilidade*, 2002, 25, que defende a aplicabilidade do art. 227.º CC aos negócios jurídicos unilaterais e mesmo a actos jurídicos, desde que tenham um destinatário.

MACHADO DRAY, *O princípio da igualdade no direito do trabalho. Sua aplicabilidade no domínio específico da formação de contratos individuais de trabalho*, Coimbra: Almedina, 1999, parece defender a aplicação da responsabilidade pré-contratual aos concursos públicos com vista à formação de contratos individuais de trabalho, pois afirma que 'a abertura do concurso e o seu regime não deixam de ser dominados e limitados, também, pelo princípio geral da boa fé pré-contratual' (218). Em geral, quanto à res-

Do Dever Pré-Contratual de Informação em Geral

Vamos trabalhar agora na base da hipótese da sua aplicabilidade. Ela teria como corolário a aplicação da responsabilidade pré-contratual a situações em que não são identificados os (eventuais) destinatários do negócio, v.g. nos concursos públicos, em que não é possível identificar uma relação de negociação, nem a imposição de deveres recíprocos.[155]

Mas, ainda assim, é possível identificar nessas situações, em especial nos concursos públicos, um comportamento de um sujeito, que se traduz numa série encadeada de actos, que, perante um conjunto indeterminado de outros sujeitos, se manifesta num determinado sentido. Na medida em que esses comportamentos possam influenciar futuras decisões, e provocar reflexamente danos em esferas jurídicas alheias, devem obedecer a certas regras.[156]

Então, a *ideia de relação específica seria deslocada*: já não seria entre sujeitos concretos[157] mas entre comportamentos humanos, quando um deles fosse apto a influenciar, ou mesmo determinar, a vontade contratual de um outro sujeito. Numa palavra, essa relação existiria sempre que

---

ponsabilidade pré-contratual no âmbito de um concurso público, v. PALANDT / HEINRICHS, § 311, 2005, 478.

Também, FRANCESCO BENATTI, *A responsabilidade*, 1970, 33-34, admite essa possibilidade, mas restringida aos negócios jurídicos unilaterais, entre vivos, de conteúdo patrimonial e receptícios. ANNA DEL FANTE, *Buona fede prenegoziale*, 138-139, admite a aplicabilidade do art. 1337.º do *Codice Civile*, independentemente de os negócios unilaterais serem ou não receptícios.

[155] Na verdade, a reciprocidade dos deveres pré-contratuais não é uma característica essencial. Razões impostas pela boa fé podem levar à defesa de *deveres unidireccionais*, como acontece quando os deveres pré-contratuais, em especial o dever de informação, aparecem associados à necessidade de repor o equilíbrio contratual possível entre as partes e, consequentemente, a justiça contratual. Assim ocorre nos casos em que um dos sujeitos se apresenta como contraente débil nas negociações, como vimos ser o caso do investidor. Cfr. SOUSA RIBEIRO, *O princípio da transparência no direito europeu dos contratos*, EDC, 2002, (137-163), 137-138. O Autor refere-se ao princípio da transparência, que seria um sub-princípio da boa fé (151-156), aplicável por excelência às relações de consumo, mas extensível a todas as relações contratuais nas quais se verifique um desequilíbrio e assimetria informacional (158-159), que impõe a adopção de determinados comportamentos no decurso de toda a relação contratual, de entre eles o dever de informar no processo de formação do contrato.

Em suma, o carácter unilateral do dever de informação pode ser imposto pela boa fé e é perfeitamente compatível com a ideia de relação específica de negociações.

[156] Cfr. CARNEIRO DA FRADA, *Uma 'terceira via' no Direito da responsabilidade civil?*, Coimbra: Almedina, 1997, 98.

[157] Cfr. KARL LARENZ e MANFRED WOLF, *Allgemeiner Teil des Bürgerlichen Rechts*, 9.ª ed., München: Beck, 2004, 607.

70   *Do dever pré-contratual de informação e da sua aplicabilidade ...*

fosse possível estabelecer um nexo de confiança entre a vontade contratual e o comportamento humano de outro sujeito[158], isto é, sempre que se demonstrasse que uma determinada vontade só foi formada na base do pressuposto da veracidade, *rectius*, da confiabilidade daquele outro comportamento humano.[159]

Ora, também isto se observa relativamente aos responsáveis pelo prospecto, e mesmo em relação àqueles que causariam mais dificuldades como os auditores, por exemplo, ou outras pessoas que tenham certificado, ou de qualquer modo apreciado, os documentos de prestação de contas em que o prospecto se baseia (art. 149.°, n.° 1, al. *f*), do CVM). Na medida em que por sua culpa as informações constantes do prospecto não respeitem o art. 135.° CVM e os investidores se tenham baseado nelas, eles são responsáveis por terem adoptado um comportamento humano que constituiu a base da confiança para a formação da vontade contratual de um outro sujeito, independentemente de não fazerem parte de qualquer relação negocial e de nunca virem a ser parte do contrato em questão.

A necessidade desse nexo de confiança é, aliás, expressamente reconhecida no CVM, não só no art. 7.° e 135.°, mas em especial no art. 149.°, n.° 3 que prevê que "a responsabilidade é excluída se algumas das pessoas referidas no n.° 1 provar que o destinatário tinha ou devia ter tido conhecimento da deficiência de conteúdo do prospecto à data da emissão da sua declaração contratual ou em momento em que a respectiva revogação ainda era possível".[160]

Em suma, quer na responsabilidade pré-contratual por negócios jurídicos unilaterais quer na responsabilidade pelo prospecto o dever de

---

[158] Cfr. KURT BALLERSTEDT, *Zur Haftung*, 1950 -1951, 507 e ss.

[159] Cfr. LARENZ e WOLF, *Allgemeiner Teil*, 2004, 607-608: os Autores falam de uma *typisiertes vertrauen anknüpft*. Esta ideia manifesta-se igualmente na jurisprudência do BGH: cfr. REINER SCHULZE, *Grundprobleme*, 1983, 81, 86-87; CHRISTIAN VON BAR, *Vertragliche Schadensersatzpflichten ohne Vertrag*, JuS, 1982, (637-645), 642-643. Cfr., ainda, CARNEIRO DA FRADA, *Uma 'terceira via'*, 1997, 99-100: repare-se que para este Autor, no entanto, e se bem lemos *idem, Teoria da Confiança*, 2004, 189, a situação de confiança exige um relacionar específico entre sujeitos determinados: no *loc. cit.* pode ler--se que "requerer que o responsável se dê a conhecer é uma condição natural do ponto de vista da doutrina da confiança, uma vez que esta opera com expectativas concretas, referíveis a um sujeito especificado (...)", argumento que direcciona num sentido contrário àquele que estamos a defender.

[160] Parece estar aqui em causa uma presunção do investimento de confiança a favor do investidor, que havia sido defendida por CARNEIRO DA FRADA, *Uma 'terceira via'*, 1997, 105.

Do Dever Pré-Contratual de Informação em Geral 71

indemnizar encontra justificação não na relação específica de negociações mas sim num nexo de confiança entre um comportamento humano e a formação da vontade contratual de um outro sujeito.

Com isto não estamos a defender que o art. 227.º do CC é aplicável directamente a ambas as situações: não podemos esquecer que o intérprete só pode ir até onde o mínimo de correspondência com a letra da lei o permita (art. 9.º, n.º 2 do CC). E, efectivamente, o art. 227.º do CC limita a sua aplicação a *'quem negoceia com outrem* para a conclusão de um contrato'*, exigindo portanto a relação específica de negociações.

Além disso, a boa fé e os institutos dela derivados só devem aplicar--se supletivamente se não existir um regime específico[161], como acontece relativamente à responsabilidade pelo prospecto.[162]

Sem prejuízo, a responsabilidade civil por informações no prospecto deve ser enquadrada dogmaticamente no instituto da responsabilidade pré-contratual por violação do dever de informação.[163]

Se a responsabilidade por certos danos no âmbito dos negócios jurídicos unilaterais pode ser integrada no instituto da *culpa in contrahendo*, por maioria de razão o mesmo deve ocorrer relativamente à responsa-

---

[161] MENEZES CORDEIRO, *Banca*, I, 1990, 40.

[162] Cfr., em sentido diverso, CARNEIRO DA FRADA, *Uma 'terceira via'*, 1997, 97; O Autor entende que a existência de um regime específico contemplado no Código de Mercado de Valores Mobiliários, que em muitos casos não é mais do que uma especificação da boa fé, não afasta a aplicação *autónoma e directa* do instituto da *culpa in contrahendo*. Repare-se, todavia, que a aplicação autónoma e directa da *culpa in contrahendo* não equivale a aplicação directa do art. 227.º do CC. De todo o modo, mais adiante (100-101) o Autor refere que a letra do preceito não é concludente, permitindo integrar na relação de negociação os sujeitos que intervêm com autonomia no processo de formação do contrato. Salvo o devido respeito, pensamos que tal entendimento não é permitido pelo artigo. Participar com autonomia no processo de formação do contrato não significa, necessariamente, participar nas negociações (*negociar com outrem*, como refere a norma). É por esta razão que nós entendemos que a expansão que o dever pré-contratual de informação registou para outras áreas jurídicas, de entre elas o Direito dos Valores Mobiliários, funcionou como verdadeiro catalizador do alargamento do âmbito do instituto da *culpa in contrahendo* no nosso ordenamento jurídico. Não obstante, parece que o Autor acaba por dar preferência a uma interpretação teleológica e a um desenvolvimento *praeter legem*, em vez de uma aplicação directa da norma (cfr. 101-102). Todavia, mais tarde, especificamente quanto à responsabilidade pelo prospecto, o Autor veio alertar para as dificuldades de enquadrar dogmaticamente o instituto na *culpa in contrahendo*, cfr. *idem, Teoria da confiança*, 2004, 190-192.

[163] Cfr. MENEZES CORDEIRO, *Tratado*, 2005, 520.

72 Do dever pré-contratual de informação e da sua aplicabilidade ...

bilidade pelo prospecto, que tem o mesmo fundamento: o nexo de confiança ou confiabilidade.[164] Tal como ocorre na responsabilidade civil por informações no prospecto, também os deveres pré-contratuais baseados na boa fé têm como um dos seus fins prevenir que uma das partes possa frustar a confiança, a que deu origem, da outra parte, causando-lhe danos.[165]

Mas isto não basta, devendo ainda ser considerados para além do nexo de confiança dois outros aspectos.

Efectivamente, do regime estabelecido no CVM parece resultar a imposição de certas soluções a que poderíamos igualmente chegar através da concretização da cláusula geral da boa fé, focada no dever de informação.

Não nos vamos alongar no ponto, pois ele pressupõe considerações sobre essa concretização a que ainda não procedemos. Vamos tão só evidenciar os aspectos em causa e remeter para momento posterior o seu tratamento. Estão em causa dois factores: em primeiro lugar, a disparidade de tratamento que, em matéria de dever de informação, a lei concede ao proponente e às pessoas com ele relacionadas (ou seja, aos responsáveis pelo prospecto) e os investidores e, em segundo lugar, o critério de aferição da culpa.

Quanto ao primeiro aspecto verifica-se que os deveres de informação são impostos unilateralmente: o investidor não tem qualquer dever de informação. Esta diferença de tratamento justifica-se pela diferente acessibilidade à informação. É uma forma de tutelar o investidor, compensando a desigualdade material dos sujeitos, já que ao investidor será difícil, se não mesmo impossível, recolher a informação necessária para as suas decisões de investimento.[166]

Quanto ao segundo aspecto, queremos apenas destacar que o critério de aferição da culpa não é o critério em abstracto, tomando em consi-

---

[164] No ordenamento jurídico alemão a integração da responsabilidade pelo prospecto no instituto da *culpa in contrahendo*, que havia sido anteriormente defendida pela jurisprudência, conta actualmente com acolhimento legal no § 311, n.º 3 do BGB: VOLKER EMMERICH, *§311, MünchKomm*, 2003, 1525; LARENZ e WOLF, *Allgemeiner Teil*, 2004, 608. Como já anteriormente demos conta, este dispõe que "uma relação obrigacional com os deveres do §241, n.º 2, pode também surgir para pessoas que não devam, elas próprias, ser partes num contrato. Uma tal relação obrigacional surge, em especial, quando o terceiro tenha assumido um determinado grau de confiança e com isso tenha influenciado consideravelmente as negociações contratuais ou a conclusão do contrato".

[165] Cfr. MENEZES CORDEIRO, *Tratado*, 2005, 507.

[166] Naturalmente que um potencial investidor não pode, invocando essa qualidade, requerer uma auditoria às contas de uma determinada empresa.

Do Dever Pré-Contratual de Informação em Geral

deração o caso concreto, como está previsto no art. 487.º do CC, mas sim o critério de elevados padrões de diligência profissional (art. 149.º, n.º 2 do CVM). O que significa que, atendendo à qualidade dos sujeitos obrigados à informação, e à desigualdade que esta provoca, se entendeu ser--lhes exigível uma especial diligência no cumprimento dessa obrigação.

Estes aspectos, a registarem-se igualmente como soluções impostas pela boa fé no âmbito das negociações de um contrato (o que defenderemos mais adiante), evidenciam a identidade de soluções nas duas áreas jurídicas.

Assim, quer a hipótese que formulámos acima quer estes dois aspectos nos levam a pensar na existência de uma relação de especialidade entre a *culpa in contrahendo* e a responsabilidade pelo prospecto: embora com um regime próprio, trata-se de um caso de responsabilidade pré-contratual por violação do dever de informação[167], justificada em duas ideias básicas: tutela da confiança e protecção do contraente débil.[168]

---

[167] Neste sentido, VOLKER EMMERICH, *Das Recht*, 2005, 85 e ss., em especial 111-119, arruma dogmaticamente a responsabilidade pelo prospecto na responsabilidade pré-contratual por deveres de esclarecimento (*Aufklärungspflichten*). Em sentido contrário, FERREIRA DE ALMEIDA, *Contratos*, 2005, 187: o Autor entende que a responsabilidade pelo prospecto pertence ao âmbito da responsabilidade contratual, por entender que o prospecto se insere na proposta ao público que vincula o emitente e que vem a integrar o conteúdo do contrato caso o destinatário aceite, embora mais adiante (192) aponte como exemplo de dever pré-contratual de informação o dever do intermediário financeiro, previsto no art. 314.º, n.º 2 do CVM. Salvo o devido respeito, não concordamos com este entendimento. Não vamos discutir se a informação veiculada no prospecto é ou não vinculativa e se integra o conteúdo dos contratos, pois pensamos que as questões são diversas e não se confundem. Colocada nestes termos, esta concepção não cobre os problemas gerados pela omissão de um dever pré-contratual, que no caso ocorreria pela inclusão no prospecto de informação falsa ou incorrecta. A própria formulação do prospecto, que segundo o Autor equivale a proposta ao público, pode assentar num comportamento desleal digno de censura. Mas mais importante do que isso é o facto de assim se deixarem de fora os danos eventualmente sofridos pelo investidor. Tome-se em consideração o exemplo do investidor que, confiando num determinado prospecto, deixou de investir os seus capitais noutros produtos financeiros que lhe seriam muito mais vantajosos. Nestes casos, por exemplo, os mecanismos contratuais e de responsabilidade contratual não permitem alcançar soluções justas de reparação dos danos.

Por outro lado, muito dificilmente se entende que efeitos práticos tem a integração no contrato de informações tais como as relativas à estrutura de administração e fiscalização do emitente (art. 136.º, al. e) do CVM), à composição dos órgãos do emitente e do oferente (art. 136.º, al. f) do CVM), ou nos casos de oferta pública de distribuição, as relativas ao património, situação financeira e resultados do emitente (art. 137.º, n.º 1, al. a) do CVM) ou à conclusão do relatório ou parecer do auditor (art. 137.º, n.º 1, al. b) do CVM), entre outros. Não vemos como essa informação possa vir a ser útil no campo do

74 *Do dever pré-contratual de informação e da sua aplicabilidade ...*

O que significa que o dever pré-contratual de informação, primeiramente sediado na boa fé, se teria emancipado e expandido para esta área jurídica, a pontos de contar actualmente com um regime jurídico próprio.

Assim, pensamos que o Direito dos Valores Mobiliários constitui uma das áreas jurídicas na qual o dever pré-contratual de informação se desenvolveu, e na qual podemos procurar ensinamentos, soluções e critérios de concretização do dever de informação, sempre que o carácter especial das normas não o impeça.

II. DEVER DE INFORMAÇÃO E DIREITO DA DEFESA DO CONSUMIDOR

17. O dever pré-contratual de informação como factor dinamizador da emergência de um regime especial de responsabilidade pré-contratual

Menos dúvidas coloca o Direito da defesa do consumidor que, como a terminologia indica, tem como finalidade a protecção do consumidor.[169]

---

cumprimento das prestações ou, em alternativa, no campo da responsabilidade pelo incumprimento das obrigações. No entanto, ela é essencial para uma formação correcta e livre da vontade contratual. Razão que justifica a imposição do dever de informação, cuja violação acarreta responsabilidade pré-contratual.

Por isso, o carácter vinculativo da informação não pode significar adstrição ao seu conteúdo, principalmente quando ele não corresponde de todo à realidade ou quando se dirija a factos pertencentes a esferas jurídicas alheias, sobre os quais não é possível estabelecer qualquer controlo. Diferentemente, esse carácter vinculativo apenas pode significar, uma vez preenchidos os demais requisitos da responsabilidade pré-contratual pelo prospecto, a adstrição a uma obrigação de indemnizar.

Também num sentido contrário àquele que estamos a defender, outros Autores enquadram dogmaticamente a responsabilidade pelo prospecto na responsabilidade delitual, assim HEINZ-DIETER ASSMANN, *Prospekthaftung: als Haftung für die Verletzung Kapitalmarktbezogener. Informationsverkehrspflichten nach deutschem und US-amerikanischem Recht*, Köln *et al.*: Heymanns, 1985, 252 e ss.; entre nós, COSTA PINA, *Dever de informação*, 1999, 184; HENRIQUE MESQUITA, *Oferta pública de venda de acções e violação dos deveres de informar (Comentário a uma operação de privatização)*, Coimbra: Coimbra Editora, 1996, 117-118.

[168] Cfr. VOLKER EMMERICH, *Das Recht*, 2005, 75-76.

[169] Cfr. art. 1.º da Lei 24/96, de 31 de Julho, conhecida como Lei de defesa do consumidor: LDC.

Do Dever Pré-Contratual de Informação em Geral 75

Na verdade, esta *ratio* não é uma novidade: insere-se na problemática geral da protecção do contraente débil[170], que se encontra presente no Direito Civil e que contrapõe valores essenciais: de um lado a autonomia privada e do outro a justiça contratual.[171]

Todavia, os quadros do Direito Civil têm-se mostrado insuficientes perante as especificidades da relação de consumo[172], o que motivou a emergência de um ramo de direito privado especial – Direito da Defesa do Consumidor – no qual se tem assistido à proliferação de um largo número de legislação avulsa sobre a matéria.[173] De entre essas especificidades destacam-se o carácter massificado dos contratos, mas especialmente a diferente qualidade que os sujeitos ocupam na relação contratual: um deles é um profissional e o outro, nos casos típicos, é um leigo.[174] Esta circunstância faz presumir uma maior vulnerabilidade do consumidor na

---

[170] Cfr. Lucas de Leyssac, *L'obligation de renseignements*, 1978, 321; Machado Dray, *Breves Notas sobre o ideal de justiça contratual e a tutela do contraente mais débil*, in AA.VV., *Estudos em homenagem ao Professor Doutor Inocêncio Galvão Telles*, Vol. I, Coimbra: Almedina, 2002, (75-105), 77 e 80.
Também o art. 9.º, n.º 1 LDC dá mostras de que uma das preocupações da lei é a igualdade material dos intervenientes.

[171] Cfr. Claus-Wilhelm Canaris, *A liberdade e a justiça contratual na 'sociedade de direito privado'*, in Pinto Monteiro (coord.), *Contratos: actualidade e evolução*, Porto: UCP, 1997, 49-66.

[172] Pinto Monteiro, *Sobre o Direito do Consumidor em Portugal*, in EDC, 2002, (121-135), 125; Machado Dray, *Breves Notas*, 2002, 81-82, 88.

[173] Cfr. Pinto Monteiro, *Sobre o Direito do Consumidor*, 2002, 128. Essa legislação extravagante afecta a unidade, e dificulta a aplicação, do direito da defesa do consumidor, pelo que o Autor (128 e ss.) defende a necessidade de um Código de Defesa do Consumidor. A questão não é nova e alguns ordenamentos jurídicos contam com a existência de um Código de Defesa do Consumidor, por exemplo o brasileiro, o francês e o belga. Mas ganhou recentemente protagonismo no âmbito do processo de modernização do BGB: cfr. Heinrich Dörner, *Die Integration des Verbraucherrechts in das BGB*, in Reiner Schulze e Hans Schulte-Nölke (org.), *Die Schuldrechtsreform vor dem Hintergrund des Gemeinschaftsrechts*, Tübingen: Mohr, 2001, (177-188),em especial 178-179. A solução pelo Código foi posta de lado, já que se optou pela integração das leis de defesa do consumidor no BGB, por exemplo nos §§ 312 *a)* a 312 *f)*, constantes do subtítulo 2 '*Besondere Vertribsformen*' da secção 3 '*Schuldverhältnisse aus verträgen*': cfr. Stephan Lorenz e Thomas Riehm, *Lehrbuch zum neuen*, 2002, 63 e ss.

[174] Cfr. a definição de consumidor dada no art. 2.º, n.º 1, LDC: considera-se consumidor todo aquele a quem sejam fornecidos bens, prestados serviços ou transmitidos quaisquer direitos, destinados a uso não profissional, *por pessoa que exerça com carácter profissional uma actividade económica que visa a obtenção de benefícios*.

76   Do dever pré-contratual de informação e da sua aplicabilidade ...

relação contratual, razão que justificou o surgimento de um regime específico.[175]

Mas repare-se que ao nível da formação dos contratos de fornecimento de bens e prestação de serviços ao consumidor o regime da *culpa in contrahendo* seria aplicável[176] e por via interpretativa, através do dever de informação, seria possível chegar às mesmas soluções de tutela da parte fraca.[177]

No entanto, o legislador entendeu dar um passo em frente na concretização da boa fé[178]: não deixando essa tarefa ao intérprete, atribuiu uma maior estabilidade ao dever de informação através da sua consagração na LDC.

Aliás, esta solução é a mais adequada face à natureza do direito de informação do consumidor que, consagrado no art. 60.º da CRP, é um verdadeiro direito fundamental.

Assim, o art. 3.º da LDC estabelece que o consumidor tem direito à informação. Este direito, aqui tratado em termos genéricos, engloba na verdade realidades muito distintas, como se comprova pelo confronto do art. 7.º e 8.º da LDC.[179] O primeiro preceito rege sobre o direito à informação em geral, que não é um verdadeiro direito de conteúdo positivo que possa ser exercido contra o outro sujeito da relação contratual. Trata-se de uma regra que impõe ao Estado a adopção de determinadas condutas que visam permitir a disponibilização de informação que, em geral, pode

---

[175] NETTO LÔBO, *A informação como direito fundamental do consumidor*, in EDC, 2001, (23-45), 25; PINTO MONTEIRO, *Sobre o Direito do Consumidor*, 2002, 127; JACQUES GHESTIN, *Traité de Droit Civil*, 1993, 53-54. Já no 'Programa preliminar da CEE para uma política de protecção e informação dos consumidores', aprovado por Resolução do Conselho de Ministros de 11 de Abril de 1975, publicado no JOCE C92/1, de 25 de Abril de 1975, se afirmava que os consumidores deveriam ser protegidos contra os abusos de poder do vendedor, através de disposições legislativas e regulamentares: cfr. GALVÃO TELLES, *Das condições gerais dos contratos e da directiva europeia sobre as cláusulas abusivas*, Separata de 'O Direito', 127, 1995, III-IV, (297-339), 298.

[176] Cfr. MENEZES CORDEIRO, *Tratado*, 2005, 215 e 657.

[177] Essa via foi seguida pela jurisprudência portuguesa (cfr. supra n.º 13) e é uma constante na doutrina: MENEZES LEITÃO, *Direito das Obrigações*, I, 2005, 337; MENEZES CORDEIRO, *Da Boa fé*, 2001, 551, nota 91 e 581; *idem, Banca*, 1990, 40-42; ANA PRATA, *Notas sobre responsabilidade*, 2002, 44, 51-52. Em sentido contrário, FERREIRA DE ALMEIDA, *Negócio Jurídico de consumo. Caracterização, fundamentação e regime jurídico*, BMJ 347, 1985, (11-38), 22-23.

[178] Cfr. NETTO LÔBO, *A informação*, 2001, 33.

[179] MENEZES CORDEIRO, *Tratado*, 2005, 655-656.

Do Dever Pré-Contratual de Informação em Geral 77

ser útil ao consumidor e contribuir para que este esteja mais consciente e alerta no momento de cada contratação em concreto. Porém, não se trata de fornecer a informação necessária para a correcta formação da vontade contratual no âmbito de uma relação específica de consumo. Essa tarefa está a cargo dos deveres pré-contratuais de informação, previstos no art. 8.º da LDC.[180]

No âmbito da relação de consumo, o dever pré-contratual de informação ganhou lugar de destaque relativamente a outros deveres pré-contratuais, por exemplo o dever de lealdade, previsto no art. 9.º da LDC.[181]

Ao contrário do que se passa na *culpa in contrahendo* do direito privado comum, o legislador entendeu fornecer alguns critérios úteis para a determinação do conteúdo do dever de informação. Essa informação deve ser clara, objectiva e adequada.

O que significa informação clara, objectiva e adequada é algo que naturalmente tem de ser determinado pelo intérprete e pelo aplicador do Direito, tal o carácter igualmente indeterminado destes conceitos. Não obstante, face à boa fé, houve aqui um passo de concretização, complementado pela referência a alguns dados que devem ser objecto de informação, tais como as características, composição e preço do bem ou serviço, o período de vigência do contrato, garantias, prazos de entrega e assistência após o negócio jurídico (art. 8.º, n.º 1 da LDC).

Também os riscos para a saúde e segurança do consumidor, associados à utilização de bens ou serviços perigosos devem ser *comunicados* de forma clara, completa e adequada.[182]

Em caso de violação do dever de informação o regime desenhado na LDC apresenta algumas particularidades muito interessantes. Destacamos dois aspectos: o primeiro é o de que, se se verificar falta de informação ou se esta for insuficiente, ilegível ou ambígua e *comprometer a utilização*

---

[180] Identificando este duplo papel do dever de informação vd. FERREIRA DE ALMEIDA, *Negócio Jurídico de consumo*, 1985, 23-24; *idem, Contratos*, vol. I, 2005, 192.

[181] O art. 9.º, n.º 1 LDC estipula que 'o consumidor tem direito à protecção dos seus interesses económicos, impondo-se nas relações jurídicas de consumo a igualdade material dos intervenientes, a *lealdade e a boa fé, nos preliminares, na formação* e ainda na vigência dos contratos.'

[182] É curioso notar a diferente terminologia aqui usada: quanto a estes aspectos o legislador não previu um dever de informar, mas sim um dever de comunicar. No entanto, pensamos que está em causa a mesma realidade, já que o dever de informar apenas pressupõe a transmissão objectiva de dados.

adequada do bem ou do serviço, o consumidor tem, nos termos do n.º 4 do art. 8.º da LDC, direito de retractação, no prazo de sete dias a contar da recepção do bem ou da celebração do contrato de prestação de serviços. O que significa que se for possível identificar um nexo de causalidade entre a falta de informação, ou a prestação defeituosa dessa informação, e a não *realização dos interesses do credor* este tem direito de retractação, uma vez respeitados os requisitos temporais.[183]

O segundo aspecto tem a ver com o dever de indemnizar e o círculo de responsáveis em caso de violação do dever de informação. No n.º 5 do art. 8.º da LDC, parece que o legislador se afastou da ideia segundo a qual a indemnização por responsabilidade pré-contratual se deveria limitar ao interesse contratual negativo, prevendo que o fornecedor de bens ou o prestador de serviços responde pelos danos que causar ao consumidor. Mas mais relevante, para nós, é o facto de os intervenientes da cadeia, desde a produção à distribuição, que tenham violado o dever de informação serem solidariamente responsáveis. Ora, isto é muito interessante porque permite ao consumidor ("credor" do dever pré-contratual de informação) accionar sujeitos que não estabeleceram com ele qualquer relação específica de negociações.

Tal como vimos acontecer em relação ao investidor no âmbito do Direito dos Valores Mobiliários, são responsáveis não apenas as partes das negociações, mas também os sujeitos a quem possa ser atribuída a omissão de informações ou a circulação de informações insuficientes ou incorrectas. Também neste lugar o âmbito da responsabilidade pré-contratual por violação do dever de informação foi alargado a terceiros, não envolvidos directamente nos preliminares ou na formação do contrato.

Desta breve análise do dever de informação no âmbito de uma relação de consumo é possível concluir que o legislador, motivado pela necessidade de repor o equilíbrio material entre as partes contratantes, avançou na especificação do dever de informação. Em situações semelhantes de desequilíbrio contratual entre as partes contratantes justifica-se, a nosso ver, recorrer aos princípios evidenciados pelo legislador. Curiosamente, como verificaremos mais adiante, alguns critérios de concretização do dever de informação na LDC estão também presentes no dever pré-contratual de informação em geral, como acontece por exemplo com o critério da relevância da informação para a satisfação dos interesses da contraparte.

---

[183] O que nos remete para um dos critérios da determinação do dever de informação, a saber o critério da relevância da informação para a satisfação dos interesses da contraparte: cfr. infra n.º 32.

III. DEVER DE INFORMAÇÃO E REGIME DAS CLÁUSULAS CONTRATUAIS GERAIS

18. Os deveres de informação e o regime das cláusulas contratuais gerais. Considerações genéricas

Muito próximo do Direito da defesa do consumidor se encontra o regime das cláusulas contratuais gerais.

Essa proximidade resulta de dois factores. O primeiro é o de que também a emergência deste regime especial foi motivada pela necessidade de tutela do contraente débil e da consequente reposição das condições necessárias para que o contrato possa funcionar como garante da justiça contratual.[184]

Efectivamente, este novo modo de contratar com recurso às cláusulas contratuais gerais ou a contratos pré-formulados é imprescindível actualmente por força da evolução da sociedade e do mercado[185]. Caracteriza-se pela ausência de liberdade de estipulação de uma das partes que apenas se limita a aceitar ou não aceitar em bloco o contrato que lhe é apresentado, e cujo conteúdo foi previamente definido por um modelo padronizado de cláusulas contratuais gerais, destinadas a um número

---

[184] Cfr. GEORGES RIPERT, *La règle morale dans les obligations civiles*, Paris: LGDJ, 1949, 97, 100, 102-103; JOAQUIM DE SOUSA RIBEIRO, *O problema do contrato. As cláusulas contratuais gerais e o princípio da liberdade contratual*, Coimbra: Almedina, 1999, 323 e ss.; MACHADO DRAY, *Breves Notas*, 2002, 101-104. PEDROSA MACHADO, *Sobre cláusulas contratuais gerais e conceito de risco*, Separata da Revista da Faculdade de Direito, Lisboa, 1988, 12 e 25. MENEZES CORDEIRO, *Direito das Obrigações*, Vol. I, Lisboa: AAFDL, 1994, 100; *idem*, *Tratado*, 2005, 599, considera que a desigualdade das partes é uma característica normal das cláusulas contratuais gerais.

Na verdade, essa tutela foi inicialmente tentada nos institutos e princípios gerais do negócio jurídico (em especial no regime do erro: cfr. JOSÉ TAVARES, *Os princípios fundamentais do Direito Civil*, Vol.I, *Teoria geral do Direito Civil*, 2.ª ed., Coimbra: Coimbra Editora, 1929, 446), mas tal via veio a revelar-se insuficiente na protecção do destinatário das cláusulas contratuais gerais: cfr. VAZ SERRA, *Fontes das Obrigações. O contrato e o negócio jurídico unilateral como fontes de obrigações*, BMJ, 1958, (127-219), 171 e 181; MOTA PINTO, *Contratos de adesão. Uma manifestação jurídica da moderna vida económica*, RDES, n.º 2, 3 e 4, XX, 1973 (119-148), 140-146; OLIVEIRA ASCENSÃO, *Direito Civil. Teoria Geral*, vol. III, *Relações e situações jurídicas,* Coimbra: Coimbra Editora, 2002, 216-217; ALMEIDA COSTA, Direito das Obrigações, 2001, 232.

[185] Cfr. ENZO ROPPO, *O Contrato*, Ana Coimbra e Januário Costa Gomes (trad.), Coimbra: Almedina, 1988, 312-316; MOTA PINTO, *Contratos de adesão*, 1973, 119-124; MENEZES CORDEIRO, *Tratado*, 2005, 593-596; *idem*, *Direito das Obrigações*,1994, 96-97.

múltiplo e indeterminado de contratos (característica da generalidade) ou pelo próprio proponente (no caso de contratos pré-formulados, que se caracterizam pela rigidez mas não pela generalidade).[186]

O aderente encontra-se, assim, numa situação desfavorável face ao domínio técnico, factual, económico ou jurídico do proponente que lhe apresenta o contrato, já fixado, não lhe dando qualquer oportunidade de negociação.

Este desequilíbrio é ainda mais agravado em situações de monopólio[187], que na verdade podem afectar materialmente a própria liberdade de celebração, sendo mais propícias ainda a *abusos* por parte do proponente e extremamente gravosas quando está em causa o fornecimento de bens imprescindíveis[188].

Mas a liberdade de celebração pode ser também afectada nas situações em que, ainda que dê o seu acordo, o aderente desconheça o conteúdo das cláusulas contratuais previamente fixadas.[189] Nestes casos, teoricamente, a liberdade de celebração é indiscutível: o aderente emite a sua vontade contratual no sentido de se vincular ao contrato. Porém, na medida em que desconheça o objecto da sua vinculação, é a própria liberdade de celebrar contratos, como manifestação da autonomia privada, que é afectada.

O risco de desconhecimento das cláusulas contratuais gerais por parte do aderente deve-se não só às condições actuais de contratação, que se processam de forma bastante célere, incompatível com uma demorada e adequada ponderação dos efeitos jurídicos da celebração do contrato, mas também a manobras engenhosas do proponente com o intuito de esconder as cláusulas abusivas, tais como a utilização de letra minúscula, sem espaço entre linhas, ou a inclusão de cláusulas fora do seu contexto normal.[190]

---

[186] Cfr. Pinto Monteiro, *O novo regime jurídico dos contratos de adesão / cláusulas contratuais gerais*, ROA, 62, 2002, (111-142), 116-117.

[187] Destacando o papel do mercado e da concorrência na atenuação da desigualdade económica ou social entre os parceiros contratuais, cfr., Claus-Wilhelm Canaris, *A liberdade e a justiça contratual*, 1997, 54, 59.

[188] Oliveira Ascensão, *Cláusulas contratuais gerais, cláusulas abusivas e boa fé*, ROA, 2000, (573-595) 574; Menezes Cordeiro, *Direito das Obrigações*,1994, 84-85.

[189] Cfr. Karl Larenz, *Derecho Civil. Parte General*, Madrid: Editorial Revista de Derecho Privado, 1978, 74.

[190] Cfr. Pinto Monteiro, *O novo regime jurídico*, 2002, 120-121; e art. 8.º, al. c) LCCG.

Do Dever Pré-Contratual de Informação em Geral

Por isso, o dever de comunicação e informação, presente no regime das cláusulas contratuais gerais[191], é de extrema importância para responder ao desequilíbrio contratual e ao risco de desconhecimento do conteúdo do contrato.[192] Não é, no entanto, eficaz para responder a um dos maiores problemas levantados pela utilização de cláusulas contratuais pré-fixadas, como seja a protecção contra cláusulas iníquas ou abusivas.[193]

O segundo factor de proximidade do regime das cláusulas contratuais gerais com o Direito da defesa do consumidor encontra-se no próprio cruzamento de regimes que já era visível na versão original da LCCG, aprovada pelo DL 446/85, de 25 de Outubro, mas que se tornou ainda

---

[191] No regime jurídico português esses deveres estão consagrados nos arts. 5.º e 6.º do DL 446/85, 25 de Outubro, alterado pelo DL 220/95, 31 de Agosto e DL 249/99, 7 de Julho. No ordenamento jurídico alemão esses deveres, que anteriormente figuravam no AGBG, aprovado em 12 de Novembro de 1976, estão hoje regulados no § 305, 2, do BGB. Em Itália, a questão é resolvida no art. 1341.º do *Codice Civile*, mas de forma um pouco diversa, pois neste não se estabelece um dever do proponente informar o aderente, estipulando-se tão só que as cláusulas apenas são eficazes se o aderente as conhecer, ou se as devesse conhecer, no momento da conclusão do contrato, o que na verdade acaba por funcionar como um verdadeiro ónus do proponente que, se quiser ter a certeza da eficácia das cláusulas, terá de informar o aderente acerca do conteúdo das mesmas ou tão simplesmente torná-las cognoscíveis: cfr. Francesco Galgano, *El negocio jurídico*, Blasco Gascó e Prates Albentosa (trad.), Valencia: Tirant lo Blanch, 1992, 70. Em Espanha tais deveres encontram-se previstos no art. 5.º da *Ley sobre condiciones generales de la contratación*, aprovada pela Ley 7/1998, de 13 de Abril, alterada pela L 24/2001, de 27 de Dezembro e pela Ley 39/2002, de 28 de Outubro, considerando-se que a aceitação, pressuposto da incorporação das cláusulas contratuais no contrato, só se verifica se o proponente tiver informado expressamente o aderente. Numa formulação menos garantística, prevê diferentes formas de comunicação, dependendo da forma de celebração do contrato, acabando, porém, por referir que se deve criar uma possibilidade efectiva de conhecimento (n.º 3).

[192] Reconhecendo a obrigação de informação como factor de melhoria da liberdade efectiva das partes e, como consequência, da realização da justiça contratual, vd. Claus-Wilhelm Canaris, *A liberdade e a justiça contratual*, 1997, 62. Também Karl Larenz, *Derecho Civil*, 1978, 61-62 nos informa que os perigos associados à ideia de equivalência objectiva das prestações aconselham a que a mesma não seja usada como factor de busca da justiça contratual, devendo esta ser substituída pela ideia de equivalência subjectiva: a contraprestação seria justa sempre que a parte assim o considerasse. Naturalmente que esta equivalência subjectiva só se verifica no pressuposto de uma correcta formação da vontade, para a qual o dever de informação é imprescindível. Cfr. também Jacques Ghestin, *Perspectives pour l'avenir le Droit des contrats*, in AA.VV., *Um Código Civil para a Europa*, Coimbra: Coimbra Editora, 2002, (181-196), 193-195.

[193] Mota Pinto, *Contratos de adesão*, 1973, 138; Pinto Monteiro, *O novo regime jurídico*, 2002, 122, 132.

82 Do dever pré-contratual de informação e da sua aplicabilidade ...

mais evidente com as alterações ocorridas por força da directiva 93/13/
/CEE do Conselho, de 5 de Abril, relativa às cláusulas abusivas nos contratos celebrados com os consumidores.[194]

Embora não se restrinja a essa problemática[195], a LCCG tem como
uma das suas finalidades a protecção do consumidor contra os abusos de
que este possa ser alvo na celebração de contratos de consumo sem prévia
negociação, ou seja, quando esteja em causa um contrato de consumo por
adesão[196]. Acresce que a especial vulnerabilidade do consumidor, a que

---

[194] Publicada no JOCE n.º L 95/29, de 21 de Abril de 1993, 29-34. Para um estudo
da Directiva, com indicação de inúmeras referências bibliográficas, vd. ALMENO DE SÁ,
Cláusulas contratuais gerais e Directiva sobre cláusulas abusivas, Coimbra: Almedina,
2001.

[195] Cfr. PINTO MONTEIRO, *O novo regime jurídico*, 2002, 118.

[196] A questão de saber se a LCCG se aplicava a todos os contratos de adesão foi
bastante discutida por causa da Directiva 93/13/CEE.

A noção de contrato de adesão abrange todos os contratos nos quais não exista
negociação e as cláusulas sejam previamente fixadas por uma das partes, ficando à outra
apenas a possibilidade de aderir ou não aderir: cfr. FERREIRA DE ALMEIDA, *Contratos*, vol.
I, 2005, 158-159. O que significa que abarca não só os contratos que integram cláusulas
contratuais gerais mas também os contratos compostos de cláusulas rígidas, embora a
terminologia 'contratos de adesão' fosse inicialmente identificada com as cláusulas contratuais gerais: cfr. RAYMOND SALEILLES, *De la déclaration de volonté: contribuition a
l'étude de l'acte juridique dans le code civil allemand: art. 116 à 144*, Paris: LGDJ, 1929,
229-230.

O problema que a directiva veio colocar encontrava-se exactamente no seu âmbito
de aplicação: do seu art. 3.º podia concluir-se que a Directiva seria aplicável a todos os
contratos que não fossem objecto de negociação individual, considerando-se como tal
aqueles que tenham sido redigidos previamente, sem que o consumidor tenha podido
influir no seu conteúdo, ou seja aplicar-se-ia às cláusulas contratuais gerais e às cláusulas
rígidas, nos contratos de consumo. Em sentido contrário: GALVÃO TELLES, *Das condições
gerais*, 1995, 304-305.

Do confronto da Directiva com a LCCG então em vigor, cujo art. 1.º dispunha que
o diploma se aplicava às cláusulas contratuais gerais elaboradas de antemão, que proponentes ou destinatários indeterminados se limitem, respectivamente, a subscrever ou aceitar,
ficava a dúvida de saber se a LCCG se podia aplicar igualmente aos contratos pré-
-formulados, ou seja, aos contratos individualizados que integram cláusulas rígidas. Em
sentido positivo: MENEZES CORDEIRO, *Tratado*, 2005, 615; ALMEIDA COSTA, *Direito das
Obrigações*, 2001, 238-239; PINTO MONTEIRO, *O novo regime jurídico*, 2002, 136-139. No
sentido oposto, cfr. OLIVEIRA ASCENSÃO, *Cláusulas contratuais gerais*, 2000, 577, que aliás
entende que a introdução do n.º 2, do art. 1.º LCCG, que estende o regime aos contratos
pré-formulados, sem ter sido acompanhada de uma alteração conforme do próprio regime
virá levantar problemas de interpretação (cfr. 591-593); ALMENO DE SÁ, Cláusulas contratuais,
2001, 34, 99-100.

De todo o modo, esse problema está actualmente resolvido no art. 1.º, n.º 2 da LCCG.

Do Dever Pré-Contratual de Informação em Geral 83

anteriormente nos referimos, levou a que o legislador tomasse cautelas suplementares, prevendo um regime específico de controlo das cláusulas nos contratos com consumidores[197], nos arts. 20.º a 23.º[198].

Por outro lado, também a LDC prevê expressamente, no seu art. 9.º, que os contratos pré-elaborados ficam sujeitos ao regime das cláusulas contratuais gerais.

Ainda no campo das observações de ordem geral, e antes de passarmos à análise de aspectos regimentais que revestem para o dever de informação especial relevância, cumpre assinalar que o regime das cláusulas contratuais gerais é um regime especial de direito privado: as suas raízes situam-se no direito privado comum, pelo que corresponde à concretização de princípios gerais[199]. Razão pela qual se pode afirmar que, mesmo que não tenha aplicação directa, a LCCG pode servir como *instrumento auxiliar de aplicação*[200].

Estas características são para nós muito importantes uma vez que a LCCG estipula certos deveres de comunicação e informação, que devem ser observados numa fase prévia à celebração do contrato (cfr. art. 4.º da LCCG), podendo vir a contribuir para a tarefa da determinação do conteúdo do dever pré-contratual de informação, em termos gerais, e da própria cláusula geral da boa fé (art. 16.º da LCCG).[201]

---

[197] Dizemos específico e não especial para não entrarmos na querela de saber se o regime das relações com os consumidores é afinal o regime comum, por força do disposto no art. 20.º LCCG, como defende OLIVEIRA ASCENSÃO, *Cláusulas contratuais gerais*, 2000, 582.

[198] A LCCG estabelece regimes diferentes quanto ao controlo do conteúdo das cláusulas, consoante se trate de relações entre empresários ou entidades equiparadas (arts. 17.º e ss.) e relações com consumidores (arts. 20.º e ss.). Certamente, assim acontece por se entender que nas segundas há um maior desequilíbrio entre os parceiros contratuais: cfr. OLIVEIRA ASCENSÃO, *Cláusulas contratuais gerais*, 2000, 582. No entanto, há doutrina que se manifesta contra esta dualidade de regimes: GALVÃO TELLES, *Das condições gerais*, 1995, 306-307. Na verdade, não é de descurar que mesmo nas relações entre empresários a desigualdade do poder de contratação das partes pode ser bastante significativa, tal como acontece nos contratos em que uma das partes depende economicamente da outra: cfr. JACQUES GHESTIN, *Traité*, 1993, 47-53.

[199] Cfr. FERREIRA DE ALMEIDA, *Contratos*, vol. I, 2005, 167.

[200] MENEZES CORDEIRO, *Tratado*, 2005, 616: a expressão é do Autor.

[201] Além disso esta lei aplica-se directamente à formação de determinados tipos de contratos de trabalho: cfr. art. 96.º do CT.

19. O regime das cláusulas contratuais gerais: consagração de um verdadeiro dever pré-contratual de informação?

Quando se fala de cláusulas contratuais gerais é necessário ter em atenção que esta temática abrange dois planos distintos: o plano abstracto, no qual as cláusulas contratuais gerais são tomadas em consideração fora de qualquer contrato singular, ou seja, são tratadas como modelos padronizados, que visam ser aplicados a contratos em número variável e indeterminado, e o plano concreto, no qual se consideram as cláusulas contratuais gerais integradas num determinado contrato singular.[202]

Para que as cláusulas contratuais gerais alcancem a máxima relevância jurídica devem ser integradas num contrato singular, só assim cumprindo o desígnio para que foram criadas: modelar o conteúdo dos contratos. Essa integração só acontece se as mesmas forem propostas ao aderente e este as aceitar (art. 4.º da LCCG).[203]

Porém, a aceitação não é suficiente. Não esqueçamos que, como referimos anteriormente, a simples aceitação só permite afirmar a liberdade de celebração em termos formais e não em termos materiais. Para uma efectiva liberdade de celebração, e para que em última análise se possa defender a natureza contratual dos contratos de adesão, reconduzindo os seus efeitos jurídicos à vontade das partes, é necessário que o aderente tenha consciência e queira os efeitos de tal vinculação. Isso só acontece se previamente o aderente tiver conhecimento das cláusulas contratuais gerais.[204] É assim que a LCCG prevê, no art. 5.º, que as cláusulas contratuais gerais devem ser comunicadas na íntegra, de forma adequada e oportuna, para que, tendo em conta a importância do contrato e a extensão e complexidade das cláusulas, *se torne possível* o seu conhecimento completo e efectivo para quem use de comum diligência.

Visa-se, portanto, garantir que o proponente crie as condições para que um aderente de tipo médio possa efectivamente conhecer o conteúdo das cláusulas contratuais gerais.

---

[202] Cfr. OLIVEIRA ASCENSÃO, *Cláusulas contratuais gerais*, 2000, 583-585.

[203] Cfr. JOAQUIM DE SOUSA RIBEIRO, *O problema do contrato*, 1999, 378.

[204] Cfr. JOAQUIM DE SOUSA RIBEIRO, *O problema do contrato*, 1999, 380. A alegação do desconhecimento das cláusulas foi, precisamente, uma das vias usadas pela Jurisprudência de vários países como forma de negar a existência de acordo e assim reagir contra as cláusulas abusivas, numa altura em que ainda não se contava com um regime específico sobre a matéria: cfr. MOTA PINTO, *Contratos de adesão*, 1973, 135; MENEZES CORDEIRO, *Direito das Obrigações*, 1994, 108.

Do Dever Pré-Contratual de Informação em Geral   85

Mais do que isso, no art. 6.º da LCCG prevê-se um dever de informar de acordo com as circunstâncias e um dever de prestar os esclarecimentos razoáveis solicitados.

As semelhanças com o dever pré-contratual de informação fundado na boa fé são evidentes: impõe-se a um dos contraentes que comunique, informe e esclareça o outro, num momento prévio ao da celebração do contrato.

Na doutrina encontram-se vozes no sentido de defender que tanto o dever de comunicação como o dever de informação, aqui previstos, são concretizações do dever pré-contratual de comunicação e informação, impostas pelas especificidades do recurso às cláusulas contratuais gerais.[205]

Verifica-se, então, que também nesta área concreta o dever de informação se destacou gozando de um regime específico mais alargado do que o que resultaria da *culpa in contrahendo* e do art. 227.º do CC, já que este tem como requisito de aplicação a existência de uma relação específica de negociações sendo que, como é sabido, negociações é algo que não existe nos contratos de adesão.

Posto isto, cabe questionar: não tendo sido observado o dever de informação imposto no art. 6.º da LCCG a consequência é clara: não inclusão das cláusulas contratuais gerais no contrato singular.[206] Mas e se

---

[205] ALMEIDA COSTA e MENEZES CORDEIRO, *Cláusulas Contratuais Gerais. Anotação ao Decreto-Lei n.º 446/85, de 25 de Outubro*, Coimbra: Almedina, 1995, 24-25. Porém, MENEZES CORDEIRO, *Tratado*, 2005, 619, 621-622, sublinha que não obstante os vectores serem comuns aos do art. 227.º do CC, eles são estruturalmente diversos: os deveres pré--contratuais de informação são verdadeiros deveres, dirigidos ao comportamento dos sujeitos, cuja violação culposa acarreta responsabilidade civil, enquanto os deveres de informação e comunicação previstos na LCCG são encargos, mais próximos dos requisitos de validade dos negócios, sendo a sua não verificação cominada com a não integração das cláusulas contratuais gerais no contrato (art. 8.º LCCG). FERREIRA DE ALMEIDA, *Contratos*, vol. I, 2005, 166, defende que se trata de concretização ou especialização das regras gerais sobre a formação dos contratos, mas apenas relativamente ao dever pré-contratual de informação, já que o *ónus* da comunicação, imposto na LCCG, não traz nada de novo, pois a comunicação integral, oportuna e adequada é requisito de eficácia de qualquer declaração contratual (167). O Autor entende que a comunicação é um ónus (167), mas já quanto à informação entende que se trata de um verdadeiro dever (167 e 168). Não percebemos a razão desta diferente qualificação, tanto mais que a consequência da sua não verificação é a mesma (cfr. art. 8.º). Igualmente, ALMENO DE SÁ, *Cláusulas contratuais*, 2001, 61. MENEZES LEITÃO, *Direito das Obrigações*, I, 2005, 34-35, entende que a comunicação e a informação são ónus, já que o seu não cumprimento, mesmo que não culposo, implica sempre a exclusão das cláusulas do contrato singular.

[206] RAUL VENTURA, *Convenção de arbitragem e cláusulas contratuais gerais*, Separata da ROA, 46, 1986, 37.

86 *Do dever pré-contratual de informação e da sua aplicabilidade ...*

dessa situação resultarem danos para o aderente e o proponente tiver agido com culpa, será que há lugar a indemnização?

A resposta positiva encontra-se na doutrina.[207] Todavia, a aplicação directa do art. 227.º do CC não nos é tão evidente por não existirem negociações no contrato com recurso às cláusulas contratuais gerais.[208] É certo que sempre se pode partir da referência feita no artigo a dois momentos distintos, dos *preliminares* e da *formação* do contrato, para se defender a sua aplicabilidade àqueles casos em que é possível encontrar uma relação específica mínima entre dois sujeitos motivada pela formação do contrato, i.e., pelo encontro da proposta e da aceitação. É uma via possível, mas o facto é que o artigo exige como requisito de avaliação de condutas a existência de uma relação de negociações entre dois ou mais sujeitos, sendo, no nosso modo de ver, um pouco forçoso defender que essa relação existe mesmo nos casos em que os sujeitos apenas se encontram no momento da formação do contrato. Não esqueçamos que por detrás desta exigência de relação de negociações se encontra, *em parte*, a ideia da confiança dos sujeitos, que constitui aliás um dos vectores fundamentais da concretização da boa fé. Não cremos que uma confiança digna de protecção legal se estabeleça por ocasião da mera emissão da proposta contratual.

O regime das cláusulas contratuais gerais fornece alguns dados novos que se devem reter. Em primeiro lugar, encontra-se na LCCG a referência a três conceitos distintos: comunicação, informação e esclarecimentos.

Em segundo lugar, qualifica-se o dever de comunicação, devendo esta ser íntegra, adequada e atempada. Além disso, verifica-se que o dever de comunicação consiste numa "obrigação" de meios na medida em que apenas se exige que o proponente desenvolva as actividades necessárias para que um aderente de comum diligência possa ter um conhecimento completo e efectivo das cláusulas.[209] No entanto deve notar-se que a lei se preocupa também com o resultado já que no art. 6.º impôs ao contraente que faz uso das cláusulas contratuais gerais um dever de informar a outra parte. De qualquer modo, o facto é que, em algumas situações, a lei

---

[207] Menezes Cordeiro, *Tratado*, 2005, 622; Menezes Leitão, *Direito das Obrigações*, I, 2005, 35.

[208] Vimos supra ser esse o caso também da responsabilidade pelo prospecto, mas como para esta existe actualmente um regime específico, a questão da aplicabilidade directa do art. 227.º do CC não se coloca.

[209] Almeida Costa e Menezes Cordeiro, *Cláusulas Contratuais*, 1995, 25.

admite a convivência da eficácia das cláusulas contratuais gerais com o desconhecimento, pelo menos parcial, do aderente sobre o conteúdo das mesmas. Tal acontece sempre que perante a comunicação o aderente seja especialmente negligente, nada fazendo no sentido de tomar conhecimento dos aspectos *cuja aclaração não fosse exigível*.[210]

Da conjugação do dever de comunicar e informar, previstos no art. 5.º e 6.º, parece resultar a intenção de acautelar que, *relativamente aos aspectos essenciais do contrato*, o aderente tenha – *rectius* possa ter – um conhecimento efectivo, pois mesmo que este não use da comum diligência e não solicite esclarecimentos como previsto no art. 6.º, no 1, o dever de informação sempre seria exigível ao proponente, já que se trataria certamente de aspectos cuja aclaração se justifica, como prevê o art. 6.º.[211]

No entanto, esta conclusão não é isenta de dúvidas porque este artigo prevê que na constituição do dever de informação sejam ponderadas as circunstâncias. Ou seja, o proponente só deve informar se as circunstâncias o exigirem e se a aclaração se justificar. Posto isto, a questão que surge é esta: na circunstância de o aderente não usar de comum diligência para conhecer o conteúdo das cláusulas contratuais gerais que lhe foram

---

[210] Cfr. FERREIRA DE ALMEIDA, *Contratos*, vol. I, 2005, 167-168; ALMENO DE SÁ, *Cláusulas contratuais*, 2001, 234. Foi essa a situação do Ac. RL de 28 de Junho de 1995 (Carlos Horta), CJ, XX, III, 1995, 192-194. No litígio estava em causa um contrato de trabalho por adesão, que continha duas cláusulas ambíguas relativas à retribuição e ao período normal de trabalho, sobre cuja interpretação as partes divergiam. O tribunal considerou cumprido o ónus de informação a cargo da entidade empregadora – proponente – por ter ficado provado que o contrato foi dado a ler à trabalhadora, que não solicitou quaisquer esclarecimentos (193). Não obstante a comunicação à trabalhadora, o facto é que esta não ficou efectivamente informada, dado o carácter ambíguo das cláusulas em questão. Porém, o tribunal considerou a conduta da entidade empregadora suficiente e, em consequência, aceitou a integração das cláusulas no contrato e resolveu o litígio à luz das normas sobre interpretação das cláusulas. Discordamos desta decisão. Além da comunicação, o proponente tem, nos termos do art. 6.º, de informar sobre os aspectos cuja a aclaração se justifique ou sobre os esclarecimentos solicitados. No caso concreto, pensamos que aclaração das informações constantes das cláusulas em causa se justificava uma vez que as cláusulas versavam sobre elementos essenciais do contrato (como a retribuição) e tinham um sentido ambíguo. Além disso, o artigo manda ainda atender às circunstâncias. No caso concreto a trabalhadora tinha dezasseis anos o que nos leva a defender uma especial intensificação desse dever de informar.

[211] Claro que a questão de saber quais os aspectos que justificam uma aclaração é de difícil concretização. ALMENO DE SÁ, *Cláusulas contratuais*, 2001, 62, entende que essa aclaração deve existir em relação ao objecto da regulação em jogo, que possa ter uma relevância decisiva para a formação de uma vontade racional do aderente.

88 *Do dever pré-contratual de informação e da sua aplicabilidade ...*

comunicadas, o proponente deve informá-lo do conteúdo dessas cláusulas? Trata-se da questão do ónus de auto-informação, a que voltaremos mais adiante.

Em terceiro lugar, o ónus da prova da comunicação adequada e efectiva cabe ao contratante que submete a outrem as cláusulas contratuais gerais. Aqui o legislador entendeu atribuir o ónus da prova àquele que goza de uma posição favorecida na relação contratual: o proponente das cláusulas contratuais gerais.

20. Segue: a cláusula geral da boa fé

Um outro aspecto do regime das cláusulas contratuais gerais que importa analisar prende-se com a concretização do princípio geral da boa fé, conceito central na *culpa in contrahendo* uma vez que é ele que constitui o critério normativo de determinação dos deveres pré-contratuais.

A LCCG reporta-se à boa fé, entre outros, nos arts. 15.º e 16.º a propósito do controlo do conteúdo das cláusulas contratuais gerais. Estas são proibidas sempre que forem contrárias à boa fé. O art. 16.º fornece algumas pistas úteis para a concretização desse conceito indeterminado.

Como afirmámos, a LCCG pode servir como instrumento auxiliar de aplicação, mas em que medida pode ela ser útil para os nossos propósitos se o que está em causa é a apreciação do conteúdo das cláusulas e o dever pré-contratual de informação respeita à apreciação de condutas humanas?

De facto é possível encontrar críticas a este preceito que se situam exactamente neste plano.[212] Entende-se que a referência à boa fé nestes preceitos é deslocada porque o que está em causa é a apreciação objectiva do conteúdo das cláusulas contratuais gerais e não comportamentos humanos.[213] E que, quanto à questão essencial de saber quando é que uma cláusula contratual geral é proibida, a boa fé nada adianta na determinação daquele que seria o factor decisivo, a saber, o desequilíbrio contratual.[214]

---

[212] Cfr. OLIVEIRA ASCENSÃO, *Cláusulas contratuais gerais*, 2000, 585-591, em especial quanto ao art. 16.º, 587-591, *idem, Teoria Geral,* III, 2002, 236.

[213] Cfr. JOAQUIM DE SOUSA RIBEIRO, *O problema do contrato,* 1999, 542-543, 549; OLIVEIRA ASCENSÃO, *Cláusulas contratuais gerais,* 2000, 587-588.

[214] OLIVEIRA ASCENSÃO, *Cláusulas contratuais gerais,* 2000, 588 e 591; Em sentido contrário, ALMENO DE SÁ, *Cláusulas contratuais,* 2001, 71-74. Relativamente a este aspecto é curioso notar que mesmo na ordem jurídica alemã onde primeiro se previu a contrariedade à boa fé como critério de invalidade das cláusulas, que constava no § 9.º da antiga AGBG,

Efectivamente, se o que está em causa é a apreciação do conteúdo das cláusulas contratuais gerais, provoca alguma estranheza a referência

---

onde parece ter-se inspirado o legislador português, se dá relevância ao desequilíbrio desrazoável das partes como critério suplementar da invalidade: cfr. actualmente §307 BGB. Inspirada nesta ordem jurídica, também a Directiva 93/13/CEE, no art. 3.º, n.º 1, prevê que uma cláusula é abusiva quando, a despeito da boa fé, der origem a um desequilíbrio significativo, em detrimento do consumidor, entre os direitos e obrigações das partes. Como ALMENO DE SÁ, *Cláusulas contratuais*, 2001, 71, nota 83, chama a atenção, a tradução portuguesa não foi a mais acertada devendo ler-se 'contra a boa fé' e não 'a despeito da boa fé', como figura no art. 3.º, n.º 1 da versão portuguesa. E esta não é uma nota meramente formal, já que as disparidades nas traduções podem afectar o sentido das normas e, em consequência, o objectivo de harmonização. Um exemplo flagrante encontra-se nas traduções oficiais da Directiva 97/7/CE, do Parlamento de do Conselho, de 20 de Maio de 1997, relativa à protecção dos consumidores em matéria de contratos à distância, publicada no JOCE L 144, de 4/6/1997, 19-27, em especial do seu art. 4.º, n.º 2. Este artigo diz respeito às informações que devem ser prestadas ao consumidor antes da celebração do contrato: depois de especificar os elementos a informar, no n.º 2 prevê-se que 'as informações referidas no n.º 1, cujo objectivo comercial deve ser inequivocamente explicitado, devem ser fornecidas de maneira clara e compreensível por qualquer meio adaptado à técnica de comunicação à distância utilizada, respeitando, designadamente, *os princípios da lealdade* em matéria de transacções comerciais e os princípios de protecção de pessoas com incapacidade jurídica em virtude da legislação dos Estados-membros, como os menores.' À semelhança da versão portuguesa, a versão alemã fala em *Grundsätze der Lauterkeit*, e a versão francesa em *principes de loyauté*. Mas, num sentido diverso, na versão inglesa consta *principles of good faith*, bem como na versão espanhola que se refere aos *principios de buena fe*. É que um comportamento contrário ao princípio da lealdade é sempre contrário à boa fé, mas a inversa já não é verdadeira. Destacando a contribuição das traduções para a ambiguidade terminológica e conceptual das Directivas, vd. GUIDO ALPA, *Les nouvelles frontières du droit des contrats*, Michele Dassio (trad.), RIDC, 1998, (1015-1030), 1023.

O recurso à cláusula geral da boa fé nas directivas comunitárias é criticável, desde logo pelo diferente alcance e significado desse conceito indeterminado nos vários países europeus, cfr. OLIVEIRA ASCENSÃO, *Cláusulas contratuais gerais*, 2000, 585; como o comprovam as críticas dirigidas pela doutrina britânica à Directiva: cfr. EWAN MCKENDRICK, *Contract Law and Codification: a view from England, in* AA.VV., *Um Código Civil para a Europa*, Coimbra: Coimbra Editora, 2002, (197-210), 209. Isso mesmo foi, aliás, reconhecido na Informação do Comité Económico e Social, de 27 de Abril de 2000, acerca do papel da Comissão na aplicação da Directiva 93/13/CEE do Conselho e pela Comissão Europeia na Comunicação ao Conselho e Parlamento Europeu sobre Direito contratual europeu, de 11 de Julho de 2001. Este facto tem levado alguns Autores a defender, no nosso modo de ver mal, que os juizes nacionais deveriam, na aplicação das normas de transposição, seguir uma interpretação autónoma do conceito da boa fé, desagarrado do sentido que lhe é dado no direito interno procurando ao invés um sentido europeu: cfr. MARTÍNEZ SANZ, *Buena Fe, in* CÁMARA LAPUENTE (coord.), *Derecho Privado Europeu*, Madrid: COLEX, 2003, (481-500) 485-488 e 497-498.

90 *Do dever pré-contratual de informação e da sua aplicabilidade ...*

à boa fé, que como é pacífico aparece aqui em sentido objectivo.[215] No seu sentido objectivo a boa fé é uma regra de conduta, um princípio normativo, que dificilmente, pelo menos no seu sentido tradicional no nosso ordenamento jurídico, se coaduna com a qualificação de critério de apreciação objectiva das cláusulas contratuais gerais.

Estas observações são pertinentes, mas devemos observar que elas assentam numa premissa segundo a qual estes preceitos (art. 15.º e 16.º da LCCG) estariam situados no plano abstracto, a que nos referimos anteriormente, ou seja no plano da consideração das cláusulas contratuais gerais em si, tomadas fora de qualquer contrato singular.[216]

Temos, no entanto, dúvidas quanto a este entendimento, por três motivos. Em primeiro lugar, porque o art. 16.º manda atender à situação considerada, situando a apreciação da contrariedade à boa fé no plano do caso concreto.[217]

Em segundo lugar, o mesmo art. 16.º manda atender à confiança, como vector essencial para a concretização do princípio geral da boa fé. A remissão para a confiança, só por si, implica a necessidade de considerar a posição dos sujeitos afastando-se da ideia de que estaria aqui em causa apenas a apreciação objectiva das cláusulas contratuais gerais. Por outro lado, ao remeter para a confiança o legislador dá enfoque à posição subjectiva do aderente, já que a confiança que merece tutela (neste caso, através da proibição das cláusulas contratuais gerais) só pode ser uma confiança legítima, não contrária a outros valores jurídicos ou deveres.[218]

Mas vai-se mais longe pois o legislador exemplifica quais são os factores susceptíveis de gerar confiança no aderente. De entre eles destaca--se o processo de formação do contrato singular celebrado. Esta referência tem duas consequências: a primeira é a de tornar evidente que o preceito se localiza no plano concreto, a segunda é a de que o que está aqui em causa é a remissão para o comportamento das partes, indo-se assim ao encontro do conceito de boa fé enquanto regra de conduta.

Em terceiro lugar, também a al. b) do art. 16.º ao mandar atender ao objectivo que as partes visam atingir negocialmente, procurando-se a sua efectivação à luz do tipo de contrato utilizado, situa o preceito no plano

---

[215] Cfr. MENEZES CORDEIRO, *Tratado*, 2005, 630.

[216] OLIVEIRA ASCENSÃO, *Cláusulas contratuais gerais*, 2000, 584.

[217] Em sentido contrário, OLIVEIRA ASCENSÃO, *Cláusulas contratuais gerais*, 2000, 584, considera que a referência à situação considerada corresponde à situação típica ou abstracta, mas não à singular.

[218] Cfr. ALMEIDA COSTA e MENEZES CORDEIRO, *Cláusulas Contratuais*, 1995, 41.

Do Dever Pré-Contratual de Informação em Geral 91

concreto, desde logo, por se referir ao objectivo das partes, aludindo à relação contratual singular na qual se faz uso das cláusulas contratuais gerais.

Desta feita, está aqui em causa uma avaliação do conteúdo das cláusulas contratuais gerais que é feita, não em termos abstractos, mas perante a conduta do proponente no momento da celebração do contrato singular.[219] Efectivamente, uma cláusula contratual geral pode ser admitida quando vista em abstracto, por não contrariar o regime dos arts. 18.º e ss., mas no âmbito do contrato singular revelar-se contrária à boa fé. A boa fé serve como corrector de cláusulas contratuais gerais em princípio admitidas, mas que por força do comportamento do proponente possam vir a ter efeitos lesivos para o aderente ou possam ser atentatórias da justiça contratual.[220]

Esta apreciação leva a uma conclusão muito interessante: o regime das cláusulas contratuais gerais registou um avanço em relação ao regime comum, já que permite o controlo do conteúdo dos contratos em situações em que a conduta das partes contratantes é contrária à boa fé. Ao lado da tradicional solução de indemnização surge a solução de nulidade de cláusulas contratuais.[221]

Mas é preciso notar que tal pode vir a ter efeitos perigosos, na medida em que se venham a verificar abusos no recurso à cláusula geral da boa fé (que pelo seu carácter indeterminado já é geradora dos seus próprios perigos), sendo esta utilizada como pretexto para o controlo heterónomo dos contratos, situação que afectaria gravemente um valor basilar do nosso ordenamento jurídico que é a autonomia privada. Por

---

[219] Em sentido contrário, JOAQUIM DE SOUSA RIBEIRO, *O problema do contrato,* 1999, 546, 550, 553.

[220] Do mesmo modo se pode questionar se a aplicação dos arts. 18.º e ss. é automática ou se tem de passar igualmente pelo crivo da boa fé, ou seja, se se pode vir a admitir uma cláusula contratual geral que à partida fosse proibida mas da qual se venha a demonstrar a não contrariedade à boa fé, porque, por exemplo, essa cláusula foi efectivamente informada e querida pelo aderente. PEDROSA MACHADO, *Sobre cláusulas,* 1988, em especial 78, refere-se a esta questão, mas apenas parcialmente, uma vez que considera somente os casos em que há um acordo individual sobre determinada cláusula geral que seria à partida proibida. Ora, havendo acordo individual o problema nem sequer se coloca, dado a prevalência de cláusulas individualmente acordadas sobre *quaisquer* cláusulas contratuais gerais (art. 7.º LCCG).

[221] Especificamente quanto ao dever pré-contratual de informação, cfr. FERREIRA DE ALMEIDA, *Contratos,* vol. I, 2005, 168.

92   *Do dever pré-contratual de informação e da sua aplicabilidade ...*

isso, as valorações necessárias para a concretização da boa fé têm de ser rodeadas dos maiores cuidados.[222]

Dito isto, a questão que colocámos anteriormente de saber se o art. 16.º da LCCG pode ser utilizado como instrumento auxiliar está respondida. Pois, tal como no art. 227.º do CC, o art. 16.º faz referência à boa fé enquanto regra de conduta a adoptar no âmbito dos preliminares de um contrato. A concretização dessa regra de conduta faz-se, nos casos dos contratos com cláusulas contratuais gerais, atendendo aos factores enunciados no art. 16.º. Não vemos que razões impeçam que esses mesmos factores sejam ponderados quando estiver em causa outros tipos de contratos com características semelhantes como acontece em especial quando se verifica um desequilíbrio entre as partes contratantes.

IV. OS INSTRUMENTOS DE UNIFORMIZAÇÃO DO DIREITO EUROPEU DOS CONTRATOS

21. Princípios Unidroit e PECL

A actualidade jurídica europeia encontra-se actualmente marcada por um aceso debate sobre a unificação do direito civil, em especial do direito dos contratos.

Esse debate, que foi encorajado pela própria Comissão Europeia através da Comunicação que fez ao Conselho e Parlamento Europeu, em 11 de Julho de 2001, relativa ao direito europeu dos contratos[223], parte da

---

[222] Cfr. GEORGES RIPERT, *La règle morale*, 1949, 103.

[223] COM (2001), 398, final, de 11 de Julho de 2001, disponível em http://europa.eu.int. Esta iniciativa teve continuidade na Comunicação da Comissão Europeia ao Parlamento e ao Conselho, de 12 de Fevereiro de 2003, onde a Comissão traçou o plano de acção para um Direito europeu dos contratos mais coerente, disponível em http://www.europa.eu.int/ comm/consumers/cons_int/ safe_shop/ fair_bus_ pract / cont_law/com_2003_68_en.pdf. Quanto a esse plano de acção pode consultar-se ainda REINER SCHULZE, *Der Acquis communautaire und die Entwicklung des europäischen Vertragsrechts, in idem et al.*(org.), *Informationspflichten und Vertragsschluss im Acquis communautaire*, Tübigen: Mohr Siebeck, 2003, (3-14), 3-5. Este plano de acção está a ser em grande parte desenvolvido pelo *"Acquis Group"*, que consiste num grupo de professores juristas de vários países europeus e que tem como objectivo a apresentação dos princípios do direito privado europeu: cfr. HANS SCHULTE-NÖLKE, *Functions of contracts in EC Private Law, in* AA.VV., *Informationspflichten und Vertragsschluss im Acquis communautaire*, Tübigen: Mohr Siebeck, 2003, (85-101), 86, nota 1.

Do Dever Pré-Contratual de Informação em Geral 93

ideia de que a unificação seria necessária à realização eficiente do mercado único europeu[224], o que significa que por detrás do impulso unificador estão razões práticas e económicas, no sentido de favorecer a troca de bens, serviços e capitais e não razões sediadas numa eventual ordem valorativa comum.[225] O contrato apareceria, então, neste processo de unificação e harmonização como mera *veste jurídica* das operações económicas[226] e não como meio de realização jurídica das pessoas.

Por outro lado, sublinha-se também o carácter insuficiente dos meios legislativos utilizados pela União Europeia no processo de harmonização das normas jurídicas, em especial das Directivas, que muitas vezes contribuem para pôr em crise a própria coerência interna dos sistemas jurídicos nacionais.[227]

Várias iniciativas têm sido adoptadas e delas têm surgido vários instrumentos normativos que contêm regras gerais e que preconizam como objectivo comum a uniformização do direito dos contratos.

Sem prejuízo, naturalmente, das Directivas relativas à uniformização em matéria de contratos[228], que vinculam os Estados-Membros, esses instrumentos são os Princípios Europeus de Direito dos Contratos

---

[224] Cfr. REINER SCHULZE, *Der Acquis communautaire*, 2003, 5.

[225] Cfr. HANS SCHULTE-NÖLKE, *Functions of contracts*, 2003, 89-92; GUIDO ALPA, *Les nouvelles*, 1998, 1019; *idem*, *Il Codice Civile Europeo: "E Pluribus Unum"*, EDC, 2, 2000, (141-158), 147; com indicações, MOURA VICENTE, *Da responsabilidade*, 2001, 373.

[226] A expressão é de GUIDO ALPA, *Les nouvelles*, 1998, 1019.

[227] JACQUES GHESTIN, *Perspectives pour l'avenir*, 2002, 182-183.

[228] Das quais se destacam a Directiva 85/577/CEE, relativa à protecção dos consumidores nos contratos negociados fora de estabelecimentos comerciais (JOCE L 372, de 31 de Dezembro de 1985, 31); a Directiva 90/314/CEE, relativa aos contratos de viagens, férias e circuitos organizados (JOCE L 158, de 23 de Junho de 1990, 59), da qual destacamos o art. 3, n.º 1, que proíbe a prestação de informação enganadora, quanto aos elementos do contrato, na fase negocial; a Directiva 93/13/CEE, relativa às cláusulas abusivas nos contratos celebrados com os consumidores (JOCE L 95, de 21 de Abril de 1993, 29); a Directiva 94/47/CE, relativa à protecção dos adquirentes quanto a certos aspectos de aquisição de um direito de utilização a tempo parcial de bens imóveis (*time-sharing*) (JOCE L 280, de 29 de Outubro de 1994, 83); a Directiva 97/7/CE, relativa aos contratos celebrados à distância (JOCE L 144, de 4 de Junho de 1997, 19); a Directiva 1999/44/CE, relativa a certos aspectos da venda e garantia de bens de consumo (JOCE L 171, de 7 de Julho de 1999, 12); a Directiva 2000/31/CE, sobre comércio electrónico (JOCE L 178, de 17 de Julho de 2000, 1). Cfr. THOMAS WILHELMSSON, *Private Law remedies against the breach of information requirements of EC law*, in AA.VV., *Informationspflichten und Vertragsschluss im Acquis communautaire*, Tübigen: Mohr Siebeck, 2003, 245-265.

94 Do dever pré-contratual de informação e da sua aplicabilidade ...

(PECL)[229], os Princípios relativos aos Contratos Comerciais Internacionais (UNIDROIT)[230] e a Convenção de Viena sobre a Compra e Venda Internacional de Mercadorias[231-232]

---

[229] Os PECL são um conjunto de princípios da autoria da Comissão de Direito Europeu dos contratos, dirigida por OLE LANDO. Esta comissão teve a sua origem em 1974, num simpósio em Copenhaga, cujo objectivo era desenhar o '*draft*' da convenção aplicável às obrigações contratuais e não contratuais, ocasião na qual surgiu nos membros fundadores a ideia de que uma verdadeira uniformidade do direito dos contratos exigia um código europeu dos contratos. Sobre a história e as várias comissões: vd. THE COMMISSION ON EUROPEAN CONTRACT LAW, *Principles of European Contract Law (PECL)*, Parts I and II, Hague, London, Boston: Kluwer Law International, 2000, xi e ss.; GUIDO ALPA, *I "Principles of European Contract Law" predisposti dalla Commissione Lando*, in AA.VV., *Um Código Civil para a Europa*, 2002, (333-347), 333-337, nota (**); ainda, REINHARD ZIMMERMANN, *Konturen eines Europäischen Vertragsrechts*, JZ, 50, 1995, (477-491), 477-479.

Portanto, o objectivo de estes princípios virem a integrar um futuro Código Europeu dos Contratos (cfr. xxiii) ficou bem explícito logo no momento da constituição da comissão. Objectivo que tem vindo a seguir o seu caminho, já que, em Julho de 1999, foi criado um grupo de estudo de um Código Civil Europeu sob a direcção de CHRISTIAN VON BAR (cfr. deste autor, *Le groupe d'études sur un code civil européen*, RIDC, 2001, 127-139) que constitui uma espécie de sucessor daquela Comissão, mas com ambições mais alargadas já que o objectivo deste grupo é a elaboração de um código civil europeu e não apenas de um código europeu dos contratos. Este grupo de estudo actua no quadro da União Europeia, fazendo parte, desde Maio de 2005, de uma '*joint network on european private law*' fundada pela Comissão Europeia. Em princípio, relativamente à matéria contratual, as regras dos PECL serão incorporadas no eventual Código Civil Europeu: cfr. OLE LANDO, *Contract law in the UE – The Commission Action Plan and the Principles of European Contract Law*, 6, consultado em http://frontpage.cbs.dk/law/ commission_on_european_contract_law /literature/lando/response%2016%20 may%2003.doc, em 25 de Julho de 05.

É esta, aliás, a razão que justifica que alguns autores se refiram a 'um projecto de um código europeu dos contratos', que equivale aos PECL: por exemplo, GUIDO ALPA, *Les nouvelles*,1998, em especial 1022.

[230] Estes princípios foram elaborados pelo Instituto Internacional para a Unificação do Direito Privado (UNIDROIT) e foram publicados em 1994 e alterados em 2004. Não obstante apresentarem grandes semelhanças, ao nível do seu conteúdo, com os PECL, distinguem-se destes com base num critério geográfico, já que estes limitam-se a vigorar no espaço jurídico europeu enquanto aqueles têm um cariz universal, mas também porque, ao contrário dos PECL, os princípios UNIDROIT não pretendem constituir a base de qualquer codificação.

[231] Esta convenção, da qual Portugal não é parte, foi concluída no quadro das Nações Unidas, em Viena em 1980. Porque Portugal não ratificou esta Convenção e porque dela está excluída a matéria da responsabilidade pré-contratual não iremos analisá--la. No entanto, deve notar-se que alguma doutrina, partindo de uma interpretação alargada

Do Dever Pré-Contratual de Informação em Geral 95

Além do objectivo de harmonização e unificação das regras sobre contratos, estes instrumentos têm ainda em comum um outro aspecto: não são fontes legislativas que vinculem as partes e os tribunais à sua aplicação. São instrumentos normativos que visam servir de modelos contratuais e legislativos, ou que visam ser aplicados sempre que as partes os designem expressamente ou remetam para a *lex mercatoria*.[233]

Isso mesmo se encontra previsto nos PECL (art. 1:101) e nos princípios UNIDROIT (preâmbulo).

Por esta razão poderia pensar-se que não teria muito interesse procurar saber quais as regras que estes instrumentos prevêem em matéria de responsabilidade pré-contratual e de dever de informação em especial.

Porém, esses instrumentos não deixam de ter uma relevância significativa quer por força do papel que podem vir a desempenhar na unificação e harmonização legislativa e jurisprudencial, quer pelo peso argumentativo que podem ganhar na resolução de casos concretos.[234]

Mas mais do que indagar acerca destes aspectos, bem como da bondade do objectivo de unificação[235], pretendemos verificar em que medida estes instrumentos nos podem ser úteis para deixar perceber qual

---

do art. 7.º da Convenção, defende que a boa fé impõe nas negociações certos deveres de conduta: cfr. Moura Vicente, *Da responsabilidade*, 2001, 359-363. Não deve esquecer-se que ainda assim ela pode ser aplicável no nosso ordenamento jurídico se as normas de conflitos assim o determinarem: *idem, ibidem,* 359, nota 1287, ou se as partes de um contrato declararem aplicáveis as normas da Convenção: Menezes Leitão, *Negociações e responsabilidade pré-contratual nos contratos comerciais internacionais*, ROA, 60, 2000, (49-71), 52.

[232] Estes textos podem encontrar-se compilados em Reiner Schulze e Reinhard Zimmermann, *Textos básicos de Derecho Privado Europeu.* Madrid, Barcelona: Marcial Pons, 2002. Todavia, deve notar-se que quanto aos Princípios Unidroit esta publicação encontra-se desactualizada, já que, como referimos, estes sofreram alterações em Abril de 2004: cfr. UNIDROIT, *Principles of International Commercial Contracts*, Unidroit, 2004, que também podem ser consultados em www.unilex.info.

[233] Cfr. Moura Vicente, *Da responsabilidade*, 2001, 365 e 369-370; Guido Alpa, *Les nouvelles*, 1998, 1022-1023.

[234] Moura Vicente, *Da responsabilidade*, 2001, 370.

[235] A literatura neste domínio é vasta: cfr., a título de exemplo, as referências bibliográficas em Ruffini Gandolfi, *Problèmes d'unification du droit en Europe et le Code Européen des Contrats*, RIDC, 2002, (1075-1103), 1078, nota 6. Para uma visão crítica deste objectivo, vd. Pierre Legrand, *Sens et non-sens d'un Code Civil européen*, RIDC, 1996, 779-812; entre nós, Moura Vicente, *Um código civil para a Europa? Algumas reflexões, in* AA.VV., *Estudos em homenagem ao Prof. Doutor Galvão Telles*, vol. I, Coimbra, 2002, 47-73.

96   *Do dever pré-contratual de informação e da sua aplicabilidade ...*

o lugar que os deveres pré-contratuais ocupam naquela que pretende ser uma visão comum do direito dos contratos.

Ao compulsarmos estes documentos verificamos que, quer os princípios UNIDROIT, quer os PECL, estabelecem um princípio geral de boa fé a observar no âmbito contratual. Nos primeiros tal princípio encontra--se no art. 1.7, sendo que a responsabilidade pelo seu não cumprimento se encontra no art. 2.1.15, n.º 2 e 3. De forma semelhante esta matéria está regulada nos PECL, respectivamente nos arts. 1:201 e 2:301, n.º 2 e 3.

Este princípio tem várias manifestações ao longo das várias disposições[236], mas não se encontra nos princípios UNIDROIT, diferentemente do que acontece nos PECL, uma previsão autónoma que imponha directamente o dever de informação[237], ao contrário daquilo que vimos ser a tendência no direito civil português.

As previsões específicas de responsabilidade pré-contratual referem-se à ruptura das negociações contrária à boa fé e à violação do dever de confidencialidade, respectivamente arts. 2.1.15 e 2.1.16 nos princípios UNIDROIT, e 2:301 e 2:302 nos PECL.

No entanto, nos princípios UNIDROIT encontram-se pelo menos três disposições onde o dever de informação parece estar subentendido: art. 3.5, a)[238], 3.8[239] e 3.18[240]. Nestes preceitos o critério para determinar quando é que uma das partes deve informar a outra é o '*reasonable commercial standards of fair dealing*', isto é, um critério objectivo.[241]

---

[236] Cfr. Moura Vicente, *Da responsabilidade*, 2001, 367-369.

[237] *Idem, ibidem*, 368.

[238] *Art. 3.5 (Relevant Mistake): (1) A party may only avoid the contract for mistake if, when the contract was concluded, the mistake was of such importance that a reasonable person in the same situation as the party in error would only have concluded the contract on materially different terms or would not have concluded it at all if the true state of affairs had been known, and (a) the other party made the same mistake, or caused the mistake,* or knew or ought to have known of the mistake and it was contrary to reasonable commercial standards of fair dealing to leave the mistaken party in error; (...)

[239] *Art. 3.8 (Fraud): A party may avoid the contract when it has been led to conclude the contract by the other party's fraudulent representation, including language or practices,* or fraudulent non-disclosure of circumstances which, according to reasonable commercial standards of fair dealing, the latter party should have disclosed.

[240] *Art. 3.18 (Damages): Irrespective of whether or not the contract has been avoided,* the party who knew or ought to have known of the ground for avoidance is liable for damages *so as to put the other party in the same position in which it would have been if it had not concluded the contract.*

[241] Cfr. THE COMMISSION ON EUROPEAN CONTRACT LAW, *Principles*, 2000, 115-116, onde em comentário ao art. 1:201 escreve: '*Good faith' means honesty and*

Do Dever Pré-Contratual de Informação em Geral

Além disso, embora o art. 3.18 preveja a responsabilidade pelos danos, a não prestação da informação aparece no art. 3.5 e 3.8 como critério de invalidade do contrato por erro ou dolo, o que de certa forma poderá pôr em causa a defesa de que nestes preceitos estão previstos deveres de informação e não meros requisitos de validade do contrato. Diferentemente, nos PECL o dever de informação aparece tratado de forma mais intensa, nos arts. 4:103[242], 4:106 e 4:107[243].

A grande diferença com os princípios UNIDROIT encontra-se, justamente, no art. 4:106, pois este regula de forma autónoma a matéria da informação incorrecta estabelecendo que aquele que celebrou um contrato confiando em informação incorrecta prestada culposamente pela outra parte deve ser indemnizado pelos danos, mesmo que essa informação não seja considerada fundamental para efeitos de invalidade por erro[244], o que significa que a prestação de informação incorrecta aparece aqui como fundamento da responsabilidade e não apenas como requisito da invalidade do contrato.

Além do art. 4:106, os PECL contêm ainda um outro artigo (o art. 4:107) que é extremamente útil uma vez que fornece pistas para a concretização do dever de informar. O art. 4:107 rege sobre a possibilidade de anular o contrato por dolo e determina que tal pode ocorrer em duas situações: quando uma das partes presta dolosamente informação incorrecta à contraparte, ou quando não lhe presta determinada informação que

---

fairness in mind, which are subjective concepts. (...) 'Fair dealing' means observance of fairness in fact which is an objective test.

[242] O art. 4:103, tal como o art. 3.5 dos princípios UNIDROIT, trata da invalidade por erro, mas neste é dado um maior destaque à prestação da informação pela outra parte. Dispõe o artigo– *(Fundamental Mistake): (1) A party may avoid a contract for mistake of fact or law existing when the contract was concluded if* (a)(i) the mistake was caused by information given by the other party; or (ii) the other party knew or ought to have known of the mistake and it was contrary to good faith and fair dealing to leave the mistaken party in error (...). Deste preceito pode concluir-se que haverá dever de informar sobre as circunstâncias fundamentais do contrato: cfr. HANS CHRISTOPH GRIGOLEIT, *Irrtum, Täuschung und Informationspflichten in den European Principles und in den Unidroit-Principles, in* AA.VV., *Informationspflichten und Vertragsschluss im Acquis communautaire*, Tübigen: Mohr Siebeck, 2003, (201-230), 215-217.

[243] Este artigo regula a invalidade do contrato por dolo: cfr. nota 245.

[244] *Art. 4:106 (Incorrect Information): A party who has concluded a contract relying on incorrect information given it by the other party may recover damages in accordance with Article 4:117 (2) and (3) even if the information does not give rise to a fundamental mistake under Article 4:103, unless the party who gave the information had reason to believe that the information was correct.*

98 *Do dever pré-contratual de informação e da sua aplicabilidade ...*

segundo o princípio da boa fé devia ter sido prestada. O n.º 3 esclarece quais os critérios para determinar em que casos a boa fé impõe que uma das partes preste informação à parte contrária. É necessário ter em conta (a) se a contraparte tem conhecimentos especiais sobre a matéria, (b) o custo na obtenção da informação, (c) se a outra parte podia razoavelmente obter a informação pelos seus próprios meios, e (d) a importância que objectivamente a informação tem para a contraparte.[245]

O que se acaba de expor sucintamente permite chegar a quatro conclusões. A primeira é a de que o princípio geral da boa fé nos contratos é reconhecido e tem diversas aplicações. Embora não se encontre uma autonomização da fase pré-contratual e da necessidade de respeitar a boa fé nessa fase, tal não invalida a possibilidade da sua construção pela doutrina e jurisprudência, dado os termos amplos em que a boa fé é consagrada.

A segunda conclusão é a de que estes instrumentos, especialmente os PECL, permitem defender a existência de um dever de informação, cuja violação acarreta responsabilidade.[246]

A terceira é a de que esse dever aparece associado, na fase da formação dos contratos, às figuras do erro e do dolo embora vá para além delas.

Por fim, pensamos poder afirmar que estes instrumentos, em particular os PECL, não podem ser tidos como fruto da convergência dos aspectos comuns do direito dos contratos dos vários países europeus, desde logo porque, como é sabido, os sistemas de *common law* não reconhecem o princípio geral da boa fé a observar no âmbito dos contratos, nem tão pouco qualquer dever geral de informação[247], como parece estar consagrado no art. 4:106 e 4:107, n.º 3 dos PECL.

---

[245] *Art. 4:107 (Fraud): (1) A party may avoid a contract when it has been led to concluded it by the other party's fraudulent representation, whether by words or conduct, or fraudulent non-disclosure of any information which in accordance with good faith and fair dealing it should have disclosed. (2) A party's representation or non-disclosure is fraudulent if it was intended to deceive. (3) In determining whether good faith and fair dealing required that a party disclose particular information, regard should be had to all circumstances, including (a) whether the party had special expertise; (b) the cost to it of acquiring the relevant information; (c) whether the other party could reasonably acquire the information for itself; and (d) the apparent importance of the information to the other party.*

[246] Cfr. HANS CHRISTOPH GRIGOLEIT, *Irrtum, Täuschung und Informationspflichten*, 2003, 219-221, que entende que além dessa consequência, a prestação de informação incorrecta pode também, nos termos do art. 4:105, levar à adaptação equitativa do contrato.

[247] Como é reconhecido em anotação ao art. 1:201 dos PECL, embora aí se defenda que as mesmas soluções são alcançadas pela jurisprudência: cfr. THE COMMISSION ON

Por outro lado, tendo em conta que, como se referiu, o objectivo deste movimento de harmonização do direito dos contratos, de que estes instrumentos normativos são representativos, é a realização eficiente do mercado único europeu, somos levados a concluir que a existência de um dever de informação, construído a partir das normas referidas nunca poderia encontrar justificação em factores de ordem ético-jurídica, tais como a realização da pessoa projectada numa efectiva liberdade contratual, mas sim em factores de ordem económica, nomeadamente o de permitir uma maior transparência do mercado, necessária à livre concorrência. Quer dizer, a *ratio* do dever de informação nos princípios UNIDROIT e nos PECL é maioritariamente de natureza económica.[248-249]

EUROPEAN CONTRACT LAW, *Principles*, 2000, 117, nota 3; cfr., também, Ewan Mckendrick, *Contract Law*, 2002, 205; Menezes Leitão, *Negociações*, 2000, 69-70.

[248] Cfr. Sousa Ribeiro, *O princípio da transparência*, 2002, 147: aí o Autor refere-se ao princípio da transparência, que é uma realidade mais ampla que o dever de informação. Todavia, porque o Autor considera que este é uma projecção daquele (140--141, 147) pensamos que as suas observações são cabíveis *mutatis mutandis* no que toca ao dever de informação.

[249] Gostávamos de aproveitar o ensejo para nos referirmos, ainda, a um outro texto que aparece neste influxo de harmonização e unificação do direito civil na Europa. Trata-se de um Anteprojecto de um Código Civil Europeu, apresentado pela Academia de Privatistas Europeus, de Pavia, presidida por Giuseppe Gandolfi, e que se encontra publicado em ACADÉMIE DES PRIVATISTES EUROPÉENS, *Code Européen des Contrats. Avant-projet*. Livre I. Milano: Giuffrè, 2004, e, também em AA.VV., *Código Europeu de contratos. Academia de Iusprivatistas Europeus*, T.I, *Comentários em homenaje al Prof. Doutor Mozos y de los Mozos*, Madrid: Dykinson, 2003. Pode também consultar-se, Giuseppe Gandolfi, *Pour un code européen des contrats*, RTDCiv, 1992, 707-736; Ruffini Gandolfi, *Problèmes d'unification*, 2002, 1075-1103. Para um crítica deste anteprojecto, entre nós, vd. Marques dos Santos, *Sur une proposition italienne d'élaboration dún Code européen des contrats (e des obligations)*, in idem, *Estudos de Direito Internacional Privado e de Direito Processual Civil Internacional*, Coimbra: Almedina, 1998, 159-166.

Este Anteprojecto teve em conta na sua elaboração o Livro IV do *Codice Civile* e o projecto do *Contract Code*, de harmonização do direito inglês e escocês, de Harvey Mcgregor, aspecto que permite a alguns Autores defender o seu carácter transnacional: assim, Ruffini Gandolfi, *Problèmes d'unification*, 2002, 1077. Não obstante, por ser considerada impraticável, a Academia optou por não seguir uma via compromissória de unificação, evitando, no entanto, o recurso a figuras e institutos jurídicos estranhos a determinados ordenamentos jurídicos nacionais, apenas a eles recorrendo sempre que tal fosse tido como indispensável: *idem, ibidem,* 1091.

Ora, atendendo a que no sistema de *common law* não se reconhece um princípio geral de boa fé nos preliminares do contrato nem qualquer dever geral de informação (cfr. Ewan Mckendrick, *Contract Law*, 2002, 205; Menezes Leitão, *Negociações*, 2000, 69-70; Holger Fleischer, *Vorvertragliche Pflichten im Schnittfeld von Schuldrechtsreform und*

100 *Do dever pré-contratual de informação e da sua aplicabilidade ...*

Gemeinschaftsprivatrecht. Dargestellt am Beispiel der Informationspflichten, in SCHULZE e SCHULTE-NÖLKE, *Die Schuldrechtsreform vor dem Hintergrund des Gemeinschaftsrechts*, Tübingen: Mohr, 2001, (243-267), 246; embora em alguns casos a omissão de informações no direito inglês possa vir a constituir uma situação de *misrepresentation*: MOURA VICENTE, *Da responsabilidade*, 2001, 277-278; para maiores desenvolvimentos sobre o dever pré--contratual de informação no sistema anglo-saxónico vd., entre outros, FRIEDRICH KESSLER, GRANT GILMORE, ANTHONY KRONNMAN, *Contracts*, Boston, Toronto: Little, Brown and company, 1986, 201 e ss.; BARRY NICHOLAS, *L'obligation précontractuelle de renseignements en droit anglais, in* DENIS TALLON e DONALD HARRIS, *Le contrat aujourd'hui: comparaisons franco-anglaises*, Paris: LGDJ, 1987, 185-205; NILI COHEN, *Pre-contractual duties: two freedoms and the contract to Negociate, in* JACK BEATSON e DANIEL FRIEDMANN, Oxford: Clarendon Press, 1997, 25-56; MICHAEL TREBILCOCK, *The limits of freedom of contract*, Cambridge, Massachusetts, London: Harvard University Press, 1997, em especial 102 e ss.), e atendendo a que no Anteprojecto esse princípio se encontra presente no Título II, dedicado à formação do contrato, Secção I, que versa sobre a relação pré-contratual, concretamente nos seus arts. 6.º e 7.º, onde se prevê, respectivamente, um dever de correcção e informação nos preliminares do contrato, as considerações anteriores levam--nos a crer que a previsão desse regime foi considerada indispensável pelos redactores do Anteprojecto.

Fica portanto a nota da relevância que este grupo de juristas atribuiu ao dever pré--contratual de informação, através da previsão do art. 7.º do Anteprojecto, onde se estabelece que no decurso das negociações cada uma das partes tem o dever de informar a outra parte sobre as circunstâncias de facto e de direito, de que tenha ou deva ter conhecimento, e que permitam à outra parte avaliar da validade do contrato e do seu interesse em concluí--lo. No n.º 2 estipula o regime da extensão da indemnização e estabelece também um outro critério para a constituição da responsabilidade. Se a omissão da informação ou prestação de informação falsa ou insuficiente causar a não conclusão válida do contrato, a parte que agiu contra a boa fé responde pelo interesse contratual negativo. Se o contrato se chegar a concluir, a parte que agiu contra a boa fé deve restituir a quantia recebida e pagar uma indemnização a determinar equitativamente pelo juiz, esclarecendo-se, ainda, que o direito à indemnização não afasta a direito de impugnar o contrato por erro.

Ora, isto significa que acaba por estar aqui consagrada a solução expressa na norma do art. 1337.º do *Codice Civile*. Pois, ainda que no n.º 1 do art. 7.º do anteprojecto se tenha tentado fixar critérios concretos para a constituição e determinação do conteúdo do dever de informação, tais como o conhecimento ou cognoscibilidade da informação e a relevância dessa informação para a apreciação da validade e do interesse na conclusão do contrato, o facto é que no n.º 2 se prevê que a responsabilidade só existe se a parte agir contra a boa fé, ou seja, a violação do dever de informação, relevante para efeitos jurídicos, é determinada por referência ao princípio da boa fé. Acaba-se, por isso, por desembocar no princípio geral da boa fé, numa solução contrária à vontade da Academia que, antevendo dificuldades na aplicação uniforme das normas do Anteprojecto nas várias jurisdições nacionais, pretendeu afastar-se de um estilo de redacção que recorresse a cláusulas gerais: cfr. RUFFINI GANDOLFI, *Problèmes d'unification*, 2002, 1086-1091.

§ 7 Síntese e conclusões

22. Síntese e conclusões

Dever pré-contratual de informação é sinónimo de vinculação das partes, que se encontram em negociações para a celebração de um contrato, à adopção de determinado comportamento que tem por conteúdo a transmissão objectiva de informação à contraparte.

Por estar em causa a adstrição a certas condutas no momento das negociações, as raízes do dever pré-contratual de informação devem ser procuradas no momento em que se concebeu juridicamente a necessidade de as partes observarem certos deveres de conduta no momento dos preliminares.

Essa necessidade foi tratada com autonomia científica por JHERING em 1861, que percebeu que, por serem susceptíveis de causar danos à parte contrária, determinadas condutas deviam ser proibidas, sob pena de responsabilidade pelo interesse contratual negativo. Nasce o instituto da *culpa in contrahendo* que, de forma negativa, determina que as partes se devem abster de praticar, nas negociações, actos que possam vir a originar a invalidade do contrato, em especial a divergência entre a vontade real e a vontade declarada.

A doutrina e jurisprudência germânica subsequentes conferem outros contornos aos deveres pré-contratuais. Deixa de estar em causa apenas a ideia segundo a qual as partes não devem provocar a invalidade do contrato para se sediar a análise na questão de saber o que devem as partes fazer no decurso das negociações.

Na resposta a essa questão identificam-se vários deveres, de entre eles o dever de informação: as partes devem informar-se mutuamente sobre os aspectos essenciais do contrato.

Embora seja pacificamente aceite na doutrina a existência deste dever pré-contratual de informação, e lhe seja mesmo conferido lugar de destaque, o facto é que os vários Códigos não o reconhecem de forma autónoma e com carácter geral.

À excepção do *Codice Civile* que prevê parcelarmente o dever de informação sobre as causas de invalidade do contrato (art. 1338.º), os ordenamentos jurídicos que aceitam com autonomia o instituto da *culpa in contrahendo* (donde se excluem o francês e o espanhol) não discriminam os vários deveres pré-contratuais de conduta, especificamente o dever de informação. Essa tarefa é deixada ao intérprete-aplicador, para o momento

102 _Do dever pré-contratual de informação e da sua aplicabilidade ..._

da concretização dos conceitos indeterminados que os vários códigos usam como critérios normativos (cfr. §§ 311 e 241 (2) do BGB, art. 1337.º do _Codice Civile_ e art. 227.º do CC).

Em Portugal o critério normativo de determinação dos deveres pré--contratuais de conduta é a boa fé. Na tarefa de concretização deste princípio geral a doutrina e a jurisprudência portuguesas chegaram a algumas ideias interessantes, das quais destacamos três:

- a necessidade de imposição de certas condutas, no momento dos preliminares, justifica-se na necessidade de observância de uma conduta honesta e leal, na qual a parte contrária _possa legitimamente confiar;_
- o dever de informação constitui-se quando a outra parte _não pode por si só obter o respectivo conhecimento;_
- o dever de informação tem uma especial intensidade a _favor da parte mais fraca._

A breve análise do _percurso originário_ do dever pré-contratual de informação demonstra que o reconhecimento do mesmo foi fruto do labor doutrinário e jurisprudencial em torno do princípio da boa fé, aplicado à relação específica que se estabelece entre os sujeitos que negoceiam para a celebração de um contrato.

Actualmente esse reconhecimento é também levado a cabo pelo _direito escrito._

O dever pré-contratual de informação amadureceu e está na base de regimes especiais de responsabilidade pré-contratual. Assim acontece no Direito dos Valores Mobiliários (em especial no regime da responsabilidade pelas informações contidas no prospecto) e no Direito da defesa do consumidor.

No regime das cláusulas contratuais gerais também é possível encontrar normas expressas sobre dever de informação. Porém, não é possível afirmar com toda a certeza que se trata de um verdadeiro _dever_ pré--contratual dado a consequência prevista para a sua violação.

De todo o modo, nestas três áreas jurídicas, há um vector comum em todas estas previsões autónomas do dever de informar: a imposição legal expressa de um dever de informação é feita de forma unidireccional. Ao contrário do que acontece no regime comum da _culpa in contrahendo_ (art. 227.º CC), que prevê deveres para ambas as partes sem fazer qualquer distinção, no regime específico do Direito dos valores mobiliários, do Direito da defesa do consumidor e no regime das cláusulas contratuais

Do Dever Pré-Contratual de Informação em Geral   103

gerais apenas se impõe o dever de informar à parte que ocupa uma posição de supremacia nas negociações. Tal demonstra uma finalidade comum presente neste movimento de expansão, autonomização e reconhecimento legal do dever pré-contratual de informação: trata-se da *tutela da parte mais fraca*, especificamente, do investidor, do consumidor e do aderente.

Da análise do regime específico da responsabilidade pré-contratual por violação do dever de informação no âmbito do Direito da defesa do consumidor podemos retirar, ainda, outra conclusão interessante: ao lado da tradicional solução de indemnização surge a possibilidade de *retractação* do contrato quando a violação do dever de informação seja susceptível de comprometer a *realização dos interesses da contraparte*.

Da análise do regime das cláusulas contratuais gerais podemos concluir que através da concretização do princípio geral da boa fé é possível corrigir os contratos, nomeadamente através da declaração de nulidade de cláusulas abusivas.

Estes aspectos regimentais confirmam a seguinte conclusão: o dever pré-contratual de informação permite recuperar, *pelo menos em parte*, o contrato enquanto mecanismo de realização da justiça contratual.

Talvez esta sua apetência não seja alheia à evidente pujança que o dever pré-contratual de informação regista actualmente, como se pode comprovar pelo lugar de destaque que lhe é dado nos instrumentos de unificação do direito dos contratos e na consequente doutrina.

Este primeiro capítulo – da origem e evolução do dever pré-contratual de informação – conduziu-nos até à formulação de algumas questões que serão o nosso ponto de orientação na análise que vamos empreender seguidamente.

Tendo em atenção que o dever pré-contratual de informação foi igualmente reconhecido com autonomia no CT (art. 97.º) ficam as questões: qual o fundamento desta autonomia sistemática? Será que, tal como aconteceu no Direito dos valores mobiliários, no Direito da defesa do consumidor e no regime das cláusulas contratuais gerais, o que está em causa é a tutela da parte mais fraca – o trabalhador – e a recuperação do contrato enquanto meio de realização de justiça contratual, outrora relegado para segundo plano pelas normas legais imperativas e pelo princípio do tratamento mais favorável do trabalhador? Será que a determinação do conteúdo e o regime do dever pré-contratual de informação no contrato de trabalho apresenta especificidades face ao dever de informação no âmbito da formação de qualquer contrato?

Naturalmente que a resposta a estas questões pressupõe a análise do dever de informação na formação dos contratos em geral, tarefa à qual nos vamos dedicar nas próximas linhas.

CAPÍTULO II

DA CONSTITUIÇÃO E CONTEÚDO DO DEVER PRÉ-CONTRATUAL DE INFORMAÇÃO. EM BUSCA DE CRITÉRIOS

23. Nota prévia: possibilidade e utilidade da determinação do conteúdo do dever de informação

No ordenamento jurídico português o art. 227.º do CC, que, como já concluímos, é a sede legal geral do dever pré-contratual de informação, fixou como fundamento jurídico dos deveres pré-contratuais de conduta a boa fé no seu sentido objectivo.

Efectivamente, o comando normativo aí expresso remete para a boa fé enquanto critério de conduta.

Face a este dado, cabe perguntar da utilidade, e mesmo possibilidade, de empreender uma tarefa de determinação do conteúdo prescritivo do dever de informação.

A indagação tem toda a pertinência perante as características da cláusula geral da boa fé e da técnica jurídica que ela exige para se alcançar um nível de concretização que permita a resolução de casos concretos. De facto, pode entender-se que o recurso ao princípio da boa fé, como critério normativo, reflecte uma opção legislativa, ou um estado de maturidade da Ciência Jurídica que não se coaduna com a prévia determinação do seu conteúdo.[250]

---

[250] Cfr. UMBERTO MORELLO, *Obblighi di informazione*, Giur. It., 1985, IV, 204-205, que destaca o desinteresse da doutrina em analisar, em geral, o problema da determinação do dever de informar, o que se explica pela multiplicidade e mutabilidade dos interesses em jogo. No mesmo sentido, FEDERICO FERRO-LUZZI, *L'imputazione precontrattuale. Il preliminare, le trattative*, Padova: CEDAM, 1999, 79-80 e ALBERTO RAVAZZONI, *La Formazione*, II, 1974, 52-53, chegando mesmo a manifestar-se contra a discriminação, comummente aceite, de deveres de lealdade, informação e conservação (145 e ss.).

106   *Do dever pré-contratual de informação e da sua aplicabilidade ...*

Naturalmente que não nos propomos com este trabalho fixar de forma rígida o conteúdo desses deveres: mais do que pretensão tal seria revelador de uma grande ingenuidade. Pois, como ensina VON TUHR[251], o campo de aplicação da boa fé não pode desvendar-se a partir de regras taxativas. Como se sabe, a boa fé é avessa à pré-determinação do seu conteúdo. Ela é uma cláusula geral de conteúdo normativo flexível que apenas tem como limite a Ciência do Direito[252], sendo sempre útil e actual nos diversos momentos históricos da sua aplicação.[253]

Por estas razões, não pretendemos discriminar o conteúdo do dever de informação, identificando as várias circunstâncias sobre as quais as partes deveriam informar a parte contrária, por tal se mostrar inútil e redutor das próprias potencialidades da cláusula geral da boa fé.[254]

Porém, a flexibilidade e mobilidade fornecida pela cláusula geral da boa fé não pode significar imprevisibilidade das decisões.[255]

Assim, na medida em que permita criar vectores de sindicância que diminuam a potencial arbitrariedade e subjectivismo jurisprudencial, sempre possível na aplicação de cláusulas gerais, pensamos que pode ser útil e vantajoso encontrar e discutir critérios norteadores da concretização da cláusula geral da boa fé no que respeita ao dever de informação, que tanto podem ser valores do sistema como situações típicas concretas.[256-257]

Embora seja tarefa de extrema dificuldade pensamos ser pertinente, essencialmente por duas razões. Em primeiro lugar, permite procurar e compreender aqueles que são os valores fundamentais e os vectores que

---

[251] ANDREAS VON TUHR, *La buena fe en el Derecho romano y en el Derecho actual*, RDP, XII, 146, 1925, (337-342), 341-342.

[252] MENEZES CORDEIRO, *Da Boa Fé*, 2001, 575.

[253] Cfr. DELIA FERREIRA RUBIO, *La Buena Fe – el Principio General en el Derecho Civil*, Madrid: Editorial Montecorvo, 1984, 334-335.

[254] Nesse sentido ARNDT TEICHMANN, *Nebenverpflichtungen*, 1984, 548.

[255] FRANZ WIEACKER, *El principio general de la buena fé*, José Luis Carro (trad.), Madrid: Cuadernos Civitas, 1982, 30.

[256] Destacando a necessidade de a dogmática jurídica fornecer ao aplicador do direito critérios que permitam decidir de forma metódica, *idem, ibidem,* 25; ALMEIDA COSTA, *Intervenções fulcrais da boa fé nos contratos*, RLJ, 113, 2000/2001, 3919 e 3920, (297-303), 299. Também CARNEIRO DA FRADA, *Teoria da Confiança*, 2004, 103, chama a atenção para a importância da concretização da *culpa in contrahendo*, que é feita as mais das vezes através do agrupamento de casos típicos.

[257] Distinguimos estes dois critérios apenas por razões de clareza expositiva, já que eles são inseparáveis, pois o próprio equacionar das situações típicas concretas atende a determinados valores jurídicos que se pretende prosseguir.

Do Dever Pré-Contratual de Informação em Geral 107

marcam a área jurídica em que se insere o caso concreto a resolver, no caso do nosso estudo o Direito do Trabalho, uma vez que a expressão jurídico positiva da boa fé não é mais do que um apelo do legislador para a aplicação do correspondente princípio normativo na regulamentação de certos domínios[258], já que ela permite veicular para cada decisão concreta os dados básicos do sistema.[259]

Em segundo lugar, a tarefa da determinação do conteúdo dos deveres de informação é essencial para a aplicação do regime da responsabilidade civil pré-contratual que não opera se não houver facto ilícito, ou seja, se não houver violação de um dever pré-contratual, em particular do dever de informação.

Posto isto, nas próximas linhas vamos tentar encontrar e discutir critérios valorativos que possam servir de pontos de apoio na tarefa de concretização do dever pré-contratual de informação imposto pela boa fé.

§ 8. Linhas norteadoras fornecidas pelo enquadramento dogmático do dever pré-contratual de informação. Consideração do fundamento jurídico

24. A boa fé: enclave

Na busca de critérios valorativos que sejam úteis na tarefa de densificação do conteúdo do dever de informação, o fundamento jurídico deste dever aparece como um dos primeiros aspectos a considerar.

Alguns Autores encontram na boa fé o fundamento jurídico da responsabilidade pré-contratual, instituto que acolhe o dever de informação.[260]

---

[258] ALMEIDA COSTA, *Intervenções*, 2000/2001, 298.

[259] MENEZES CORDEIRO, *A boa fé nos finais do século XX*, ROA, 56, III, Lisboa: 1996, (887-912), 898.

[260] Nesse sentido, e especificamente quanto ao dever de informação, ALBERTI, *Mitteilungspflicht*, 1920, 150-151, 157; ARNDT TEICHMANN, *Nebenverpflichtungen*, 1984, 545-548. Também, VAZ SERRA, *Culpa do devedor*, 1957, 124-125; SINDE MONTEIRO, *Responsabilidade por Conselhos, Recomendações ou Informações*, Coimbra: Almedina, 1989, 358 e 360; OLIVEIRA ASCENSÃO, *Teoria Geral*, II, 2003, 442; GÓMEZ CALLE, *Los deberes*, 1994, 12 e ss.; LLOBET I AGUADO, *El deber de información*, 1996, 40; PALANDT / HEINRICHS, *§ 123*, 97 e *§242*, 250-251, 2005. Na jurisprudência, destacando o sentido ético da boa fé, vd. o Ac. STJ 3-Julho-2003, cit.; Ac. STJ 22-Maio-2003, cit..

Muitas vezes, a ideia de fundamento confunde-se com a de teleologia, isto é, dizer que os deveres pré-contratuais de conduta se fundamentam na boa fé ou dizer que eles pretendem prosseguir a realização da boa fé acaba por desembocar no mesmo.[261]

A partir desta consideração poder-se-ia pensar que através da descoberta dos fins visados com a construção jurídica do dever de informação se alcançariam as situações típicas em que esse dever se constitui, concluindo-se a final que o dever de informação existiria sempre que fosse necessário, e apenas na medida do necessário, para a realização de tais fins.

Todavia, tal caminho não se apresenta como promissor, essencialmente por duas razões.

Em primeiro lugar, o *apelo directo* à boa fé só deve ser feito quando a maturidade doutrinária e jurisprudencial não tenham alcançado um patamar capaz de fornecer critérios específicos de solução para os casos concretos, o que não acontece relativamente à *culpa in contrahendo*, cuja autonomia está actualmente consolidada.[262]

Em segundo lugar, o recurso ao princípio normativo da boa fé permite veicular em simultâneo valores fundamentais do sistema que são contraditórios e por isso inúteis. [263]

---

[261] Cfr. nesse sentido, ALMENO DE SÁ, *Responsabilidade bancária. Dever de informação. Corte de crédito,* Coimbra: Coimbra Editora, 1998, 56, que se refere ao *núcleo intencional* do princípio da boa fé. É claro que em termos conceptuais fundamentos e funções de um dever são realidades distintas. Com a terminologia fundamentos pretende-se abarcar essencialmente a questão de saber quais as razões que justificam que a conduta de informar a contraparte nas negociações de um contrato seja imposta como um dever jurídico ou, de outro modo, quais os princípios que justificam a específica configuração do dever de informação num determinado sentido.

Já quanto às funções do dever de informação trata-se de saber quais os objectivos que o direito pretende alcançar com a consagração e institucionalização deste dever.

Não obstante, pensamos existir uma conexão funcional estreita entre estes dois fenómenos pois muitas das vezes é possível identificar uma relação dialéctica entre eles: a justificação da imposição de um dever encontra-se nos fins que se visa alcançar com essa imposição, assim como, simultaneamente, o objecto desses fins se justifica nos princípios ou valores fundamentais que informam a ordem jurídica. Este aspecto leva-nos a pensar que a temática dos fundamentos e das funções do dever de informação é susceptível de ser reconduzida a uma mesma questão: o que é que justifica que o cumprimento do dever pré-contratual de informação seja considerado, num determinado ordenamento jurídico, como essencial para a realização da justiça (cfr. CLAUS-WILHELM CANARIS, *Autoria e participação*, 1990-1993, 10-11).

[262] Cfr. MENEZES CORDEIRO, *A boa fé nos finais*, 1996, 900.

[263] Cfr. ALMEIDA COSTA, *Responsabilidade civil por ruptura*, 1983-1984, 148-151, que chama a atenção para os interesses em conflito em jogo na temática da responsabilidade

Do Dever Pré-Contratual de Informação em Geral

Por exemplo, por um lado a boa fé, ao apelar para a ideia de solidariedade ou cooperação activa entre os sujeitos[264], para a imposição de uma conduta honesta e leal, e para a necessidade de as partes evitarem a ocorrência de danos que possam lesar os interesses da contraparte, aponta no sentido da existência de um dever geral de informação[265]. A boa fé justificaria, então, um dever de transmitir a informação sobre a qual a contraparte nas negociações tivesse interesse em conhecer.

Mas por outro lado, outros factores apontam exactamente no sentido oposto. Pois, a boa fé (que não se confunde com moral) não permite defender que um sujeito está obrigado a agir de forma a proteger interesses alheios em detrimento dos seus próprios interesses.[266] Basta pensar na célebre questão de saber se o vendedor estaria obrigado a informar o

---

pré-contratual. De igual modo, cfr. FRANCESCO BENATTI, in PAOLO CENDON (dir.), *Commentario al Codice Civile*, Vol. IV, Torino: UTET, 1991, (502-508), 505, que defende que a contraposição da solidariedade e liberdade impossibilitam a fixação do objecto do dever de informar.

[264] Cfr. PALANDT / HEINRICHS, *§242*, 2005, 250; ALMEIDA COSTA, *Intervenções*, 2000/2001, 301; ANNA DEL FANTE, *Buona fede*, 1983, 156 e 159: esse espírito de colaboração recíproca permitiu à Autora defender que a boa fé deriva do princípio geral da solidariedade (expressamente, 157); FRANCESCO BENATTI, *A responsabilidade*, 1970, 58 e 61; MASSIMO BIANCA, *Diritto Civile*, 1984, 166, entende que a boa fé exprime o princípio da solidariedade contratual. Também CARNEIRO DA FRADA, *Contrato e deveres de protecção,* Coimbra, 1994, 265, para explicar certo tipo de deveres de protecção (por exemplo o dever de o locatário avisar o locador dos perigos que ameaçam a coisa (art. 1038 (h) do CC) defende que os mesmos se baseiam numa ideia de solidariedade, e que a estratégia competitiva das partes não é incompatível com a criação de uma zona envolvente do contrato onde avultam deveres de solidariedade e cuidado.

No Ac. STJ 8-Julho-2003, cit., entendeu-se que a boa fé "impõe um comportamento recíproco de sentido ético, leal, transparente, *cooperativo* (...) quer durante a negociação, quer no cumprimento do que se combina" (sublinhado nosso).

[265] Cfr. por exemplo, IGNAZIO TARDIA, *Buona fede ed obblighi di informazione tra responsabilità precontrattuale e responsabilità contrattuale*, RDC, 3, 2004, (724-776), 737; todavia, como conclui GIUSEPPE GRISI, *L'obbligo precontrattuale*, 1990, 82, é necessário algum cuidado na determinação do que seja dever *geral* de informação: no pensamento do Autor o carácter geral diz respeito aos sujeitos obrigados e não ao conteúdo do dever de informação.

Embora não se referindo expressamente à boa fé, por razões que se compreendem face ao exposto supra (cfr. n.º 8), também MICHEL DE JULGART, *L'obligation*, 1945, entende que a imposição de um dever de informação se justifica nas ideias de solidariedade (1) e estimula a cooperação entre os contratantes (2-3).

[266] Cfr. FRANÇOIS HERZFELDER, *L'obligation de renseigner et de rendre des comptes. Étude comparative*, RIDC, 24, 1972, (563-586), 571, onde o Autor considera a boa fé como limite do dever de informar.

comprador de que, na loja ao lado, está disponível o mesmo produto a um preço mais baixo.

Acresce que a boa fé permite ponderar um outro valor basilar do sistema jurídico – a autodeterminação – ao abrigo do qual os sujeitos se devem abster de intervir de forma não solicitada em esferas jurídicas alheias, mesmo que sejam motivados por um espírito de solidariedade, como bem o demonstra o carácter excepcional e o regime jurídico da gestão de negócios.

Por sua vez, essa autodeterminação manifesta-se no campo obrigacional enquanto *liberdade contratual*, valência que pode ser usada precisamente como argumento para defender, em simultâneo, a inexistência de um dever *geral* de informação[267] bem como a existência desse dever.[268] De facto, a negação do dever pré-contratual de informação pode basear--se na ideia de que antes da assunção do vínculo contratual as partes são totalmente livres, não devendo ser obrigadas à observância de qualquer comportamento – incluindo um dever de informar – em benefício de outrem. Porém, também é possível partir da liberdade contratual para afirmar que uma verdadeira autonomia só é exercida se a vontade contratual do sujeito for esclarecida. Razão pela qual a transmissão da informação relevante à contraparte se mostraria como condição de realização da liberdade contratual, uma vez que não há liberdade na ignorância.[269]

---

[267] Cfr., por exemplo, NORBERT REICH, *Schuldrechtliche Informationspflichten gegenüber Endverbrauchern*, NJW, 1978, (513-519), 514; ARNDT TEICHMANN, *Nebenverpflichtungen*, 1984, 546; HOLGER FLEISCHER, *Informationsasymmetrie*, 2001, 298--299.

[268] Cfr. LUCAS DE LEYSSAC, *L'obligation de renseignements*, 1978, 309-310; FRANÇOIS TERRÉ, PHILIPPE SIMLER, YVES LEQUETTE, *Droit Civil: les obligations*, 5.ª ed., Paris: Dalloz, 1993, 197.

De forma mais genérica, cfr. ainda, MASSIMO BIANCA, *Diritto Civile*, 1984, 159, 161, que define a responsabilidade pré-contratual como responsabilidade pela lesão da liberdade negocial de outrem; CLAUS-WILHELM CANARIS, *Wandlungen des Schuldvertragsrecht – Tendenzen zu seiner "Materialsierung"*, AcP 200, 2000 (273-364), 304 e ss., em especial 320, onde considera que o instituto da *culpa in contrahendo* (onde se insere o dever pré--contratual de informação) constitui meio de protecção da liberdade contratual.

[269] Não partilhamos, pois, do entendimento expresso por GEORGE LOWENSTEIN e DOM MOORE, *When ignorance is bliss: information exchange and inefficiency in bargaining*, Legal Studies, 33 (1), 2004, 37-58. Os Autores defendem em certas situações a ignorância, por consideram que pode ser vantajosa na obtenção do acordo e da rapidez na celebração do contrato. Assim, aconteceria sempre que a informação fosse susceptível de várias interpretações.

Estas breves considerações permitem concluir que a vaguidade que caracteriza a cláusula geral da boa fé impossibilita que desta se retire *em abstracto* linhas norteadoras conclusivas na determinação da constituição e do conteúdo do dever de informação[270], seja para encontrar uma regra geral, seja para encontrar os contornos dessa regra, porque a falta de referência a outros valores, a um caso concreto, ou a um problema típico[271], que equacione uma posição de força entre os diferentes interesses em jogo, dá azo a que se chamem à colação em pé de igualdade valores e princípios contraditórios.[272] O caminho tem de ser procurado noutros quadrantes.

---

[270] Cfr. Hein Kötz, *Precontractual duties of disclosure: a comparative and economic perspective*, EJLE, 9 (1), 2000, (5-19), 5. O Autor considera que a questão de saber quais as condições que devem estar reunidas para se concluir pela existência de um dever de informação é respondida pelos vários sistemas europeus com base em *cláusulas vagas de pouca ou nenhuma operatividade*.

Encontramos um bom exemplo da situação de enclave a que o recurso directo à boa fé pode conduzir em Llobet i Aguado, *El deber de información*, 1996, 38-41. O Autor começa por defender que o dever de informação se fundamenta na boa fé objectiva, mas, no que se refere à sua função, entende que o mesmo tem a sua razão de ser no desequilíbrio de conhecimentos entre os contratantes (40), posição que havia sido desenvolvida por Lucas de Leyssac, *L'obligation de renseignement*, 1978, 21 e 321-322 ; e Jacques Ghestin, *L'obligation précontractuelle*, 1987, em especial 176. Acaba por defender que o objectivo essencial é a anulação desse desequilíbrio como forma de tutelar o consentimento livre, logo a autonomia privada. Pensamos que esta forma de perspectivar o problema não é correcta já que nos parece inútil não só o recurso directo à boa fé, que é feito inicialmente, assim como a distinção entre fundamento e função, como referimos anteriormente (cfr. n.º 24).

[271] Cfr. Menezes Cordeiro, *A boa fé nos finais*, 1996, 903 e ss., em especial 907- -909, depois de afastar o conteúdo ético e o relevo da economia enquanto proposições úteis para a concretização da boa fé, o Autor encontra no *problema típico* um factor decisivo da metodologia dogmática necessária à concretização da boa fé. Igualmente salientando a importância dos grupos típicos de casos na tarefa de concretização da boa fé, vd. Karl Larenz, *Derecho Justo. Fundamentos de Etica Juridica*, Díez-Picazo (trad.), Madrid: Civitas, 1985, 97-98.

[272] Por isso, e salvo o devido respeito, não vemos qual a utilidade de se afirmar que "o dever de informação só existirá quando o princípio da boa fé o impuser": Eva Moreira da Silva, *Da responsabilidade*, 2003, 79. A Autora, apoiando-se em alguns Autores alemães, conclui que não existe um dever geral de informação, sendo que este apenas existe quando a boa fé assim o determinar. Do que afirmámos anteriormente é claro que não comungamos deste modo de ver, pois pensamos que da própria cláusula geral da boa fé se podem tirar argumentos igualmente válidos para afirmar quer a existência quer a inexistência de um dever geral de informação.

112   *Do dever pré-contratual de informação e da sua aplicabilidade ...*

25. A confiança: insuficiência para explicar cabalmente o instituto

Avançando um pouco na concretização da cláusula geral da boa fé, muitos Autores encontram o fundamento da responsabilidade pré-contratual não directamente na boa fé mas numa das suas valências materiais: a confiança[273]. Esta posição tem igualmente acolhimento na jurisprudência.[274]

---

[273] Embora KURT BALLERSTEDT, *Zur Haftung*, 1950-1951, em especial 507 e ss., seja apontado normalmente como o Autor a quem é devida esta orientação, o facto é que essa ideia já tinha sido formulada anteriormente por alguma doutrina e pela jurisprudência, como o próprio Autor reconhece (506-507). Também em BERNARD WINDSCHEID, *Diritto delle Pandette*, Vol. II, 1930, 186-188, se encontrava a ideia de que a indemnização pelos danos decorrentes da revogação da oferta se justifica porque a outra parte *confiou* na celebração do contrato. Do mesmo modo, a ideia de que a responsabilidade por comportamentos adoptados no momento prévio à celebração do contrato (em concreto a recusa de contratar com base em considerações sobre a pessoa da contraparte) se justifica na frustração da confiança da contraparte encontra-se em RENÉ-LUCIEN MOREL, *Le refus de contracter*, 1908, 302-303. Cfr. ainda, no sentido de fundamentar a responsabilidade pré--contratual na ideia de confiança, HANS STOLL, *Tatbestände und Funktionen*, 1978, *passim;* CLAUS-WILHELM CANARIS, *Geschäfts– und verchuldensfähigkeit bei haftung aus 'culpa in contrahendo', gefährdung und Aufopferung*, NJW, 1964, (1987-1993), 1987; *idem, Schutzgesetze – Verkehrspflichten – Schutzpflichten, in* AA.VV., *FS für Karl Larenz zum 80. Geburtstag*, München: Beck, 1983, (27-110) 90 e ss.; *idem, Autoria e participação*, 1990-1993, 11; REINER SCHULZE, *Grundprobleme*, 1983, 87-88; KARL LARENZ, *Schuldrechts*, 1987, 106; MENEZES CORDEIRO, *Da Boa fé*, 2001, 583-584; *idem, Tratado*, 2005, 507; no entanto, o Autor não se cinge à confiança e encontra na base da responsabilidade pré--contratual outros factores, tais como a primazia da materialidade subjacente e a culpa, razão pela qual defende que o ordenamento jurídico português consagrou um subsistema misto (*Da Boa fé*, 2001, 584); BAPTISTA MACHADO, *Tutela da confiança e venire contra factum proprium, in idem, Obra dispersa*, vol.I, Braga: Scientia Iuridica, 1991, (345-423), 396; MOTA PINTO, *A responsabilidade*, 1966, 152-153 e *idem, Da cessão*, 1971, 350; ALMEIDA COSTA, *Direito das Obrigações*, 2001, 271-272 e *idem, Intervenções*, 2000/2001, 300, embora o Autor em *Responsabilidade civil por ruptura*, 1983-1984, 89 afirme que "também a defesa do interesse público da facilidade e segurança do comércio jurídico constitui um significativo fundamento teleológico desta disciplina"; ANA PRATA, *Notas*, 2002, 42-43; FRANCESCO BENATTI, *A responsabilidade*, 1970, 33; MARIO BESSONE, *Rapporto precontrattuale e doveri di correttezza (Osservazioni in tema di recesso dalla trattativa)*, RTDPC, XXVI, 1972, II, Milano: Giuffrè, (962-1026), 1004 e 1007, embora reportando-se apenas ao caso específico de responsabilidade pré-contratual por ruptura das negociações; FERRO-LUZZI, *L'imputazione*, 1999, 80.

Especificamente no que respeita ao domínio da formação do contrato de trabalho, cfr. por exemplo, ARTHUR NIKISCH, *Arbeitsrecht. I, Allgemeine Lehren und Arbeitsvertragsrecht*, 3.ª ed., Tübigen: Mohr, 1961, 186.

[274] Cfr., por exemplo, BGH, NJW 1966, 498-499; entre nós, Ac. STJ, 4-Julho-1991, cit., em especial 749; Ac. STJ, 22-Maio-1996, cit., em especial 312; Ac. STJ, 27-Março-

Do Dever Pré-Contratual de Informação em Geral

Independentemente da posição que se adopte relativamente à controvérsia que existe em torno da questão de saber se o princípio da confiança permite ser erigido em teoria jurídica autónoma, capaz de fundamentar um novo 'tipo' de responsabilidade civil[275], a recondução da responsabilidade pré-contratual à confiança significa, em termos simples, que a tutela que é conferida a um determinado sujeito através da indemnização que lhe é concedida justifica-se nas legítimas expectativas que este criou e foi desenvolvendo ao longo da relação pré-contratual.

-2001, cit.; Ac. STJ 28-Fevereiro-2002, cit.; Ac. STJ 13-Maio-2003, cit.; Ac. STJ 23--Janeiro-2003, cit., reportando-se ao conceito de confiança legítima; Ac. STJ 14-Janeiro--2003, cit., onde pode ler-se: "Há uma identidade entre relação pré-contratual e relação de confiança, emergindo os deveres pré-contratuais dessa relação basilar que estrutura o conteúdo do contrato que se pretende outorgar". Nesta decisão o Supremo Tribunal seguiu a posição que foi defendida inicialmente pela doutrina alemã referida na nota anterior, e também expressamente por, FRANCESCO BENATTI, *A responsabilidade*, 1970, 30; e, entre nós, por ANA PRATA, *Notas*, 2001, 42-43, que defende que a relação de confiança serviria não só como fundamento da tutela indemnizatória, mas mais do que isso, como critério de determinação da constituição dos deveres pré-contratuais, que só nasceriam no momento em que fosse possível identificar a existência de uma relação de confiança. Como teremos oportunidade de defender em seguida, não concordamos com esta posição. A constituição desses deveres não pode depender (apenas) da existência de uma relação de confiança. Aliás, a exigência de deveres de informação, ou outros deveres pré-contratuais, coloca-se ainda com mais acuidade em situações de desconfiança, sejam elas motivadas por circunstâncias objectivas ou subjectivas, sob pena de o contrato não se chegar a concluir e de assim se frustrar o fim que os contactos negociais visam alcançar, com prejuízo evidente para o comércio jurídico.

Em sentido um pouco diferente, referem-se ao *dano de confiança*, como dano indemnizável, o Ac. STJ 9-Novembro-2004, cit. e o Ac. STJ 26-Outubro-2004, cit.

[275] Esta questão, de grande complexidade, não será por nós tratada. Deixamos apenas a nota de que ela surge no seguimento da teoria da responsabilidade pela confiança, baseada na violação de uma relação unitária de protecção, devida a CLAUS-WILHELM CANARIS, plasmada em especial em *Vertrauenshaftung im Deutschen Privatrecht*, München: Beck, 1971. Entre nós, o grande mentor de tal teoria é CARNEIRO DA FRADA, que se dedicou a ela com profundidade em *Teoria da Confiança*, 2004. Em momento anterior este Autor havia defendido que a responsabilidade por *culpa in contrahendo* se enquadra dogmaticamente num terceiro género de responsabilidade: cfr. *idem, Contrato e deveres de protecção*, Coimbra, 1994, 257-258, e *Uma 'terceira via'*, 1997, 95. No entanto essa posição parece ter sido abandonada na sua tese de doutoramento onde o Autor procedeu à 'depuração' da responsabilidade pela confiança, encontrando uma teoria pura autónoma que não se confunde com os casos de violação de deveres contratuais, dos deveres aquilianos mas também dos deveres específicos derivados da boa fé: cfr. *Teoria da Confiança*, 2004, *passim* e em especial 452 e ss.

Evidentemente que a questão que surge neste ponto é a de saber quais as expectativas merecedoras de tutela. Ou, doutra forma, que características deve revestir a confiança para que seja digna de tutela. Certamente não está aqui em causa uma concepção subjectiva de confiança, pois doutro modo contribuir-se-ia para a protecção dos sujeitos especialmente negligentes ou ingénuos. Parece claro que não merece tutela o sujeito que, especialmente desatento às circunstâncias do processo negocial, confiou, por exemplo, que um determinado contrato se celebraria quando todos os factores indicavam objectivamente no sentido contrário.

É por isto que se encontra muitas vezes a referência à ideia de que um estado de confiança, digno de tutela, ocorre quando o sujeito tenha formado *legitimamente* a convicção de que o seu parceiro negocial agirá de acordo com os padrões de honestidade, lealdade e probidade tidos como exigíveis no tráfico jurídico.[276]

Todavia, estas considerações não representam um grande avanço na tarefa de concretização da boa fé[277], tanto mais que o critério da legitimidade dessa convicção será naturalmente um critério objectivo, necessariamente normativo, que acaba por ser uma projecção da cláusula geral da boa fé e dos valores que ela permite importar para o caso concreto.[278] De facto, não está em causa um estado de confiança subjectiva. Enquanto fundamento do instituto, a confiança deve ser vista como necessária previsibilidade de condutas humanas dentro de certos parâmetros. É necessário identificar um estado de confiança legítima do sujeito que parta de um padrão de expectativa normal de honestidade, formado perante o caso concreto.[279]

O critério normativo da legitimidade, e portanto da relevância jurídica, da confiança decompõe-se em quatro requisitos[280]. Assim, para que a

---

[276] Cfr. Karl Larenz, *Schuldrechts*, 1987, 106; Baptista Machado, *Tutela da confiança*, 1991, 398; Almeno de Sá, *Responsabilidade bancária*, 1998, 48; Ana Prata, *Notas*, 2002, 43; Almeida Costa, *Intervenções*, 2000/2001, 300: o Autor entende que é legítima a confiança fundada de que a outra parte conduzirá as negociações segundo a boa fé. Na jurisprudência cfr., por exemplo, Ac. STJ, 22-Maio-1996, cit.

[277] Em sentido contrário, cfr. Eva Moreira da Silva, *Da responsabilidade*, 2003, 44--45.

[278] Nesse sentido, Oliveira Ascensão, *Teoria*, II, 2003, 447-448, considera inútil o recurso à ideia de confiança.

[279] Ultrapassam-se assim as críticas segundo as quais a confiança seria de muito difícil indagação e prova por fazer parte do foro psicológico, muito propícia por isso a arbitrariedades: cfr. Anna Del Fante, *Buona fede*, 1983, 131.

[280] Neste ponto seguimos, Menezes Cordeiro, *Da boa fé*, 2001, 1243-1251 e, *idem, Tratado*, 2005, 411-412; cfr., também, em termos semelhantes, Baptista Machado, *Tutela da confiança*, 1991, 414-419; Carneiro da Frada, *Uma 'terceira via'*, 1997, 103 e ss.

Do Dever Pré-Contratual de Informação em Geral   115

confiança seja digna de tutela é necessário que se verifique uma situação de confiança, a justificação para essa confiança, um investimento de confiança e a imputação da confiança ao sujeito que se visa responsabilizar.

A situação de confiança existe quando o sujeito confiou no comportamento ou na declaração de outro sujeito. O que significa que está em causa a avaliação de um estado subjectivo, que deve atender à eventual violação de deveres de cuidado do sujeito.[281]

Essa confiança não só não pode resultar de uma especial negligência do sujeito que confiou como deve encontrar uma justificação baseada em critérios objectivos, idóneos, em abstracto, para despertar essa confiança.[282]

O terceiro requisito diz respeito ao investimento de confiança, ou seja, a uma manifestação exterior e jurídica da confiança. Para que seja relevante, é necessário que a confiança tenha sido a causa de uma determinada actuação jurídica, que no confronto com a situação real se mostre danosa.

Finalmente, deve ser possível imputar a situação de confiança ao sujeito em cuja esfera jurídica se pretende fazer repercutir os danos sofridos pelo sujeito que confiou. O nexo de imputação não tem de ser necessariamente a culpa bastando que seja possível identificar uma acção ou omissão do sujeito, susceptível de gerar a situação de confiança. De todo o modo, a imputação não ocorre com base apenas em critérios naturalísticos: é necessária uma ponderação normativa que é encontrada na vontade do sujeito ao qual se pretende efectivar a imputação. De alguma forma tem de identificar-se um elo de ligação entre a situação de confiança e um comportamento do sujeito, que ainda que não seja dirigido directamente à criação do estado de confiança contenha o risco de suscitar a confiança da contraparte e de com isso colocar os bens jurídicos da contraparte numa situação de maior vulnerabilidade e perigo.[283]

---

[281] Ou seja, trata-se da boa fé subjectiva e ética, na terminologia de MENEZES CORDEIRO, *Tratado*, 2005, 411. CARNEIRO DA FRADA, *Uma 'terceira via'*, 1997, 104, entende que, para tornear as dificuldades de prova deste requisito, que se situa no foro interno e psíquico, deve ser tida em consideração a existência típica de uma situação de confiança no caso concreto. Todavia, parece-nos que esse aspecto cai na alçada do segundo requisito, que se refere à justificação dessa confiança.

[282] Tal ideia está presente desde há longa data na jurisprudência: cfr. Ac. STJ 23--Maio-1975, cit., onde se lê (161) "o que pode interessar não é o que a autora temerariamente conjecturou, sim o que das contrapropostas do recorrido e das negociações preliminares poderia legitimamente concluir".

[283] BAPTISTA MACHADO, *Tutela da confiança*, 1991, 414-415; CARNEIRO DA FRADA, *Uma 'terceira via'*, 1997, 106.

Estes requisitos da relevância jurídica da confiança, em geral, quando aplicados à fundamentação da tutela indemnizatória por *culpa in contrahendo* sugerem duas observações.

A primeira é a de que no âmbito da responsabilidade pré-contratual, consagrada no direito comum (art. 227.º CC), estes requisitos têm de ser adaptados. Referimo-nos ao requisito da imputação da confiança que neste particular terá um âmbito mais reduzido, já que apenas haverá lugar a indemnização se o agente agiu com culpa. Isto significa que a imputação da situação de confiança ao sujeito que se visa onerar tem de ser feita com base na culpa.[284]

A segunda é a de que no âmbito de algumas situações particulares de responsabilidade pré-contratual, como acontece no Direito de defesa do consumidor, podem estar em causa outros valores a justificar a imposição de um dever de indemnizar.[285] Compulsando, por exemplo, o art. 8.º, n.º 5 da LDC, parece que a tutela indemnizatória é conferida ao sujeito tendo em atenção não a confiança que o sujeito (consumidor) depositou numa situação criada pelo fornecedor de bens ou serviços, mas sim a qualidade de contraente débil que este ocupa na relação contratual.[286]

---

[284] Razão pela qual MENEZES CORDEIRO, *Da Boa Fé*, 2001, 584, entende que no sistema português está consagrado um "subsistema misto", que não visa proteger apenas a confiança ou a materialidade subjacente.

[285] Nesse sentido, VOLKER EMMERICH, *Das Recht*, 2005, 75-76.

[286] Considere-se o seguinte exemplo: um consumidor, sem que tenha sido informado pelo fornecedor acerca das características do bem que adquiriu, e sem que tenha questionado o vendedor sobre elas, comprou um aparelho eléctrico que, por ser incompatível com o sistema eléctrico da sua casa, veio a provocar um incêndio. Não tendo sido informado, o art. 8.º, n.º 5 da LDC impõe que o fornecedor indemnize o consumidor pelos danos causados. Coloca-se então a questão de saber se é admissível afirmar que a indemnização se justifica porque o consumidor confiou que o bem era adequado para os fins que pretendia. Tal linha de argumentação parece-nos pouco promissora, pois se tal estado de confiança existiu ele não pode ser tutelado juridicamente já que traduziria uma flagrante violação de deveres de cuidado por parte do consumidor, que seria tanto mais evidente no caso de a instalação eléctrica da sua casa ter características especiais, pouco usuais. O consumidor não deveria ter confiado, sem mais, na aptidão do bem para a satisfação das suas necessidades. Se estivesse apenas em causa a protecção da confiança, o direito à indemnização dependeria de o consumidor informar o fornecedor dos bens dos seus interesses, e nomeadamente colocar questões, para que aquele lhe pudesse transmitir os dados relevantes. Só assim se poderia defender que o consumidor estava numa situação de confiança, e que essa confiança seria fundamentada em critérios objectivos, e seria imputável ao fornecedor de bens e serviços.

Pensamos, por isso, que num caso como o descrito outros valores (tais como a necessidade de protecção do contraente débil), que terão de ser compatíveis mesmo com

Do Dever Pré-Contratual de Informação em Geral   117

Finalmente, a terceira observação é a de que a confiança é insuficiente para explicar a tutela indemnizatória nos casos em que não é possível estabelecer um elo de ligação entre a situação de confiança e o comportamento do agente (ou seja, do sujeito a quem se devem imputar os danos). Isso é particularmente evidente nos casos em que a responsabilidade surge pela omissão do dever de informar e elucidar o sujeito acerca de indevidas expectativas, quando essas expectativas foram formadas na base de critérios alheios ao sujeito. Assim, nestes casos da violação por omissão do dever de informar e elucidar o agente acerca da confiança injustificada formada com base em critérios alheios ao controlo do agente, parece incorrecto defender que a imputação dos danos ao agente se justifica na confiança do lesado. O dever de indemnizar tem de ser explicado através de outros critérios valorativos que a boa fé permite veicular.

Para além destes aspectos específicos ligados á justificação da tutela indemnizatória, pensamos existirem ainda outros factores que indicam no sentido de que a ideia de confiança não permite explicar *cabalmente* o instituto da *culpa in contrahendo*. A confiança não constitui critério valorativo suficiente na tarefa da determinação do conteúdo dos deveres pré--contratuais, embora, como veremos mais adiante[287], em algumas situações possa contribuir para determinar a constituição do dever de informação. A ideia da protecção da confiança situa-se no *plano do lesado* e dirige--se à questão de saber porque é que um determinado sujeito deve ter direito a receber uma indemnização. Sem dúvida que para responder a esta questão a ideia de protecção da confiança se apresenta, *em regra*, apta. O lesado tem direito a uma indemnização porque confiou objectivamente numa situação criada ou imputável a outro sujeito e agiu na base dessa confiança.

Mas, se deslocarmos o nosso ângulo de análise para a questão de saber o que justifica a imposição de certos deveres de conduta nos preliminares do contrato, a ideia de confiança perde eficácia.[288]

---

a negligência do consumidor, deverão ser avançados como justificativos da tutela indemnizatória.

[287] Cfr. infra n.º 26, 33 e 34.

[288] Admitindo que a análise da responsabilidade pré-contratual centrada nos deveres de conduta traz algumas dificuldades ao princípio da confiança, cfr. CARNEIRO DA FRADA, *Teoria da confiança*, 2004, por exemplo, 124, 126, 131-132, 156, 175, 188-189, e *passim*. O Autor acaba por concluir que no seu estado puro a responsabilidade pela confiança não abrange as situações em que a imputação é devida à violação de um dever específico imposto pela boa fé.

118 *Do dever pré-contratual de informação e da sua aplicabilidade ...*

Com isto não contestamos a importância do valor confiança e da necessidade da sua tutela no comércio jurídico. As actuações humanas são finais sendo necessário que se possa antever, perante fins determinados pelo sujeito, as condutas que, sob critérios de normalidade, são adequadas à realização desses fins. Além disso, o instituto da responsabilidade pré--contratual ao mandar atender aos deveres de conduta impostos pelo princípio da boa fé, como acontece no nosso ordenamento jurídico, manda, em consequência, atender às manifestações desse princípio, onde se inclui o princípio da tutela da confiança. Só por si a norma constante do art. 227.º do CC permite criar nos parceiros negociais a expectativa de que a outra parte irá conformar-se com tal norma, agindo de forma honesta.[289] Esta expectativa pode tornar-se mais ou menos intensa com o decorrer das negociações.

Mas questiona-se: será que o facto de um dos parceiros negociais se comportar, no âmbito das negociações, de modo a que não seja possível prever que o mesmo se pautará por critérios de honestidade e probidade, justifica que fique desvinculado de qualquer dever pré-contratual de conduta e mesmo do eventual dever de indemnizar em caso de danos? Poderia responder-se a esta questão defendendo que, neste caso, o sujeito lesado não merece tutela porque estava ciente da desconformidade da conduta do seu parceiro negocial com a regra da boa fé e mesmo assim resolveu continuar as negociações e até mesmo, por hipótese, concluir o negócio. O que nos poderia levar à afirmação de que se trata de um risco que o sujeito, livre e conscientemente, decidiu correr. Além disso, não se verificaria o pressuposto essencial da situação de confiança, que justifica a tutela indemnizatória.

Quanto a nós, este é um entendimento defensável mas o facto é que há casos que nem sempre se mostram tão evidentes. Por exemplo, e se o sujeito não confia na honestidade da conduta do seu parceiro negocial mas, por razões que são alheias à sua vontade, mesmo assim celebra o contrato[290], vindo-se a verificar danos decorrentes, por hipótese, da omissão

---

[289] Cfr. Menezes Cordeiro, *Manual de Direito das Sociedades*, I, 2004, 185.

[290] Por exemplo, uma compra e venda de um automóvel usado, em que o comprador não confia no vendedor mas ainda assim, por razões de insuficiência financeira e / ou de falta de concorrência de outros vendedores, celebra o contrato. A referência ao comércio de automóveis usados foi retirada de Dieter Medicus, *Allgemeiner Teil das BGB*, 8.ª ed., Heidelberg: Müller, 2002, 179: neste local o Autor admite que é válido argumentar contra a tese da confiança como fundamento do dever pré-contratual de informação, afirmando que a constituição deste dever não pode depender da confiança depositada no sujeito.

Do Dever Pré-Contratual de Informação em Geral 119

do dever de informação. Este sujeito, embora não tendo a expectativa de que o seu parceiro negocial iria agir de forma honesta, nomeadamente prestando-lhe de forma correcta todas as informações relevantes, não merece tutela?

A vinculação dos sujeitos aos deveres pré-contratuais de conduta não pode, naturalmente, depender da confiança que outro sujeito deposita na sua conduta, sob pena da constituição desses deveres variar na base de uma maior ou menor diligência e previdência do sujeito que confiou. E mesmo que a base da confiança fosse alicerçada apenas em padrões objectivos, ultrapassando-se este problema, tal situação teria potencialmente como resultado (inaceitável) a desoneração dos parceiros negociais "menos honestos".

Por outro lado, para que a responsabilidade pré-contratual possa ser accionada é necessário que os seus pressupostos estejam preenchidos e um deles é exactamente a verificação de um facto ilícito, que no caso corresponderá à violação de um dever pré-contratual de conduta.[291] O apuramento do facto ilícito é tarefa que tem de ocorrer prévia e independentemente da consideração da confiança que o lesado depositou na conduta do agente.[292]

Para surpreender a ilicitude do facto há que apurar previamente se existe um dever jurídico de actuação do agente e se ele foi violado sem justificação[293]. Ou seja, a análise da ilicitude do facto tem de desenrolar-se no campo do sujeito que deveria ter observado certo comportamento, e não no campo da pessoa que teria a expectativa da verificação desse comportamento. Este é um aspecto a ponderar, que nem sempre é focado com autonomia pela doutrina.

Efectivamente, pensamos que na responsabilidade pré-contratual está em causa algo mais do que a mera imputação de danos[294]. Ao figurar como regra de conduta, a boa fé prevista no art. 227.º do CC reveste um carácter impositivo.[295] No instituto da *culpa in contrahendo* não está em

---

[291] Cfr. Moura Vicente, *Da Responsabilidade pré-contratual*, 2001, 300 e ss; na jurisprudência, Ac. STJ de 24 de Outubro de 1995, cit., 466.

[292] Cfr. Carneiro da Frada, *Teoria da Confiança*, 2004, 484, onde afirma que "não pode alicerçar-se uma responsabilidade pela confiança na infracção a uma vinculação que se apresenta como prévia ao surgimento dessa confiança".

[293] Ac. STJ de 24 de Outubro de 1995, cit., 466.

[294] Assim, Menezes Cordeiro, *Da Boa Fé*, 2001, 562 e 574; Vincenzo Cuffaro, *Responsabilità precontrattuale*, 1988, 1267.

[295] Ou seja, não encontramos no art. 227.º do CC apenas a estatuição da obrigação de indemnizar, caso estejam preenchidos certos pressupostos. O âmbito de previsão da

120 *Do dever pré-contratual de informação e da sua aplicabilidade ...*

causa apenas a conformação do exercício da liberdade contratual das partes, condicionado à não produção de danos. Aliás, tal objectivo seria alcançado, sem necessidade da norma expressa no art. 227 do CC, pelo instituto do abuso de direito, impondo-se o dever de indemnizar pelos danos causados pelo exercício abusivo de um direito ou posição jurídica, no caso pelo exercício abusivo da liberdade contratual. Mais do que isso, impõe-se aos sujeitos uma determinada conduta. Claro que como corolário dessa imposição a liberdade de actuação dos sujeitos fica limitada, mas não é essa limitação o objecto aqui em causa. Mais do que estipular o que as partes não podem fazer no âmbito das negociações (*maxime*, causar danos à outra parte) o instituto da *culpa in contrahendo*, e mais especificamente o preceito em questão, visam chamar a atenção para a necessidade de determinar *o que as partes podem e devem fazer no âmbito das negociações*.

Assim, é possível identificar dois campos distintos: o campo dos deveres pré-contratuais de conduta, que equivale ao comportamento das partes nos preliminares, independentemente dos seus efeitos lesivos no caso concreto, e o campo da imputação de danos por violação desses deveres, que se refere parcialmente aos efeitos, no caso concreto, desses comportamentos.[296]

---

norma não é coincidente com o seu âmbito de estatuição. Num primeiro momento a norma estabelece que as partes na formação de um contrato, assim como no momento da sua celebração, devem actuar de acordo com as regras da boa fé. No momento seguinte prevê-se que, em determinadas situações, o não acatamento desse dever pode vir a gerar na esfera jurídica do prevaricador a obrigação de indemnizar o lesado pelos danos causados, se aquele tiver actuado com culpa. Também através da comparação entre a técnica legislativa do art. 227 do CC, por um lado, e os arts. 483 do CC e 798 do CC, por outro, chegaríamos a tal conclusão. Nestes últimos preceitos, diferentemente do que acontece no primeiro, o âmbito da previsão e estatuição são coincidentes, não sendo possível neles identificar qualquer regra específica de conduta mas tão só a previsão dos requisitos que dão origem à obrigação de indemnizar.

[296] Naturalmente que não devemos esquecer que ao Direito interessam os comportamentos humanos que tenham manifestações no mundo social pelo que o intento desta distinção não é possibilitar o estudo do dever em si mesmo, visto fora da vida em relação. Contudo, se é verdade que o Direito no caso particular da responsabilidade pré--contratual actua de forma repressiva impondo a obrigação de indemnizar a quem viole certo dever de conduta, o facto é que o estudo centrado nos deveres pré-contratuais de conduta também tem um papel a desempenhar no campo da prevenção de factos não queridos pelo Direito, permitindo encontrar, na medida do possível, critérios que possibilitem aos sujeitos saber o que podem e o que não podem fazer no decurso das negociações. Ainda que não cause danos ou não tenha sido derivado de um comportamento

Do Dever Pré-Contratual de Informação em Geral

Ou seja, a par com a questão da imputação de danos é essencial determinar quais os comportamentos que o Direito quer que os sujeitos adoptem no decurso das negociações, temática que se reporta à constituição e conteúdo dos deveres pré-contratuais de conduta.

Em nossa opinião, se a confiança permite explicar em parte a tutela indemnizatória, ela já não se revela tão útil na tarefa de determinação dos deveres pré-contratuais de conduta.[297]

Assim, pelas razões que temos vindo a aduzir pensamos poder afirmar que a ideia de confiança, embora útil em muitos casos, não é todavia suficiente para isoladamente explicar o instituto da *culpa in contrahendo*.[298]

Por isso, não partilhamos da opinião dos Autores que entendem que a relação pré-contratual, e com ela os deveres de conduta, se constitui no momento em que se estabelece uma relação de confiança.[299] A boa fé,

---

culposo, a violação de um dever de conduta tem relevância jurídica. Ela representa um acto anti-jurídico que pode pôr em causa certos valores gerais do comércio jurídico, desde logo a segurança no tráfico jurídico. Cfr. OLIVEIRA ASCENSÃO, *Teoria Geral, II*, 2003, 443, chama a atenção para a necessidade de centrar o estudo da responsabilidade pré-contratual no ilícito e não apenas no estudo do regime da responsabilidade. Também CARNEIRO DA FRADA, *Contrato e Deveres de Protecção*, 1994, 258-259, destaca a necessidade de perspectivar o estudo dos deveres de protecção em duas frentes: a do recorte das *factispecies* envolvidas e a das particularidades ao nível da estatuição no caso de desrespeito daqueles deveres.

Além disso, a análise perspectivada nos deveres pré-contratuais de conduta atenua a observação feita por MENEZES CORDEIRO, *A boa fé nos finais*, 1996, 910, de que falta um equivalente moral para aquilo que a boa fé representa ao nível patrimonial.

[297] Neste sentido, VINCENZO CUFFARO, *Responsabilità precontrattuale*, 1988, 1269.

[298] Nesse sentido, cfr., entre outros, VOLKER EMMERICH, *Das Recht*, 2005, 75-76, e *idem, MünchKomm, 2, § 311*, 2003, 1493; DIETER MEDICUS, *Allgemeiner Teil*, 2002, 179; EDUARD PICKER, *Positive Forderungsverletzung*, 1983, 418-429; HOLGER FLEISCHER, *Vorvertragliche Pflichten*, 2001, 254-257; ANNA DEL FANTE, *Buona fede*, 1983, 160; ALBERTO RAVAZZONI, La Formazione, II, 1974, 55-57; CARNEIRO DA FRADA, *Teoria da Confiança*, 2004, *passim* e em especial 425 e ss. e 904.

[299] Cfr. expressamente, por exemplo, FRANCESCO BENATTI, *A responsabilidade*, 1970, 30, e nota 5; MARIO BESSONE, *Rapporto precontrattuale*, 1972, 1025 (limitado ao problema da ruptura de negociações); ANA PRATA, *Notas*, 2001, 42-48.

A qualificação da relação pré-contratual como relação de confiança foi muito defendida na doutrina germânica: entendia-se que entre as partes contratantes se estabelece uma *vertragsähnliches Vertrauensverhältnis* da qual nascem deveres de conduta: cfr. Autores referidos supra, nota 273. Como a terminologia indica, tal corrente estava associada e justificou-se pela necessidade de encontrar um vínculo específico, próximo da relação contratual, que justificasse a aplicação das regras da responsabilidade contratual à *culpa in contrahendo,* pelas razões a que já aludimos anteriormente. Face ao novo §311 do BGB esta necessidade perdeu justificação, já que este vem a colocar a responsabilidade pré-

122   *Do dever pré-contratual de informação e da sua aplicabilidade ...*

munida de força impositiva, não pode estar na contingência de factores subjectivos, tais como o estado de confiança do sujeito[300], sendo possível conceber uma relação pré-contratual, constitutiva de deveres de conduta, independentemente da confiança entre os sujeitos[301]. Aliás, é nos casos em que essa confiança não se verifica que a actuação honesta conforme com a boa fé se mostra imprescindível como forma de motivar essa confiança, essencial ao prosseguimento das negociações e à celebração do negócio jurídico.[302]

-contratual no campo obrigacional, e além disso enuncia os requisitos da constituição da relação pré-contratual: quanto a estes cfr. PALANDT/ HEINRICHS, *§ 311*, 2005, 476.

[300] VINCENZO CUFFARO, *Responsabilità precontrattuale*, 1988, 1269. Mesmo que se entenda que a confiança, enquanto critério para fundamentar a relação pré-contratual assume características diferentes da confiança enquanto critério justificativo da tutela indemnizatória, prescindindo nomeadamente da situação de confiança do sujeito, respeitando apenas a padrões objectivos, tal visão, entre nós defendida por ANA PRATA, *Notas*, 2001, 43, é susceptível de críticas, uma vez que muitos dos critérios objectivos, apontados pela Autora como factores a ponderar na questão de saber se existe ou não uma relação de confiança, e portanto uma relação pré-contratual entre os sujeitos, afastam-se da ideia de confiança ou não se mostram verdadeiramente úteis. Assim, ao invocar a natureza profissional das partes (44) a Autora está a fazer apelo à qualidade das partes que, mais do que suscitar um problema de confiança, suscita um problema de desigualdade material dos sujeitos nas negociações. O critério da respeitabilidade do sujeito (*loc. cit.*) acaba por poder ter efeitos perversos tratando de forma desigual o cidadão respeitável e o menos respeitável, onerando mais vigorosamente o primeiro. A existência de anteriores relações contratuais entre as partes (45) pode em alguns casos mostrar-se inútil, já que a existência da relação de confiança será anterior à constituição da relação pré-contratual.

Também a ponderação do tipo de contrato (*loc. cit.*) sugere a consideração de elementos que resultam da própria concepção do tipo contratual em causa e não tanto do estado de confiança dos sujeitos, embora neste caso possa ser um critério útil já que da análise das características de certos tipos contratuais é indiscutível o surgimento de uma relação de confiança, que poderá por si só gerar certos deveres de conduta ou conferir maior intensidade a esses deveres.

Os dois últimos factores avançados pela Autora – formulação concreta da declaração de iniciar negociações e concreta configuração dos contactos negociais (46) – servem apenas para determinar se existe um processo negocial tendente à celebração do contrato e não se existe uma relação de confiança entre os sujeitos.

Posto isto, pensamos que maior utilidade do que a recondução de todos estes critérios valorativos à noção de confiança terá o seu tratamento isolado, procurando neles casos típicos que possam ajudar o intérprete e aplicador do Direito na tarefa de determinar o conteúdo dos deveres pré-contratuais.

[301] Cfr. ANNA DEL FANTE, *Buona fede*, 1983, 154-155; ALMEIDA COSTA, *Responsabilidade civil por ruptura*, 1983-1984, 151-152

[302] Cfr. DIETER MEDICUS, *Allgemeiner Teil*, 2002, 179. Destacando a defesa do interesse público da facilidade e segurança do comércio jurídico como fundamento teleológico da

26. A confiança como geradora do dever de informar. Necessidade de colaboração de outros critérios valorativos

Todavia, sendo regra que a constituição de deveres de conduta nos preliminares não depende da confiança dos sujeitos, o facto é que em determinadas situações a confiança acarreta o nascimento do dever de informação na esfera de determinado sujeito.

Tais situações ocorrem sempre que seja possível identificar uma especial relação de confiança entre os sujeitos, que justifique que estes possam legitimamente esperar que a sua contraparte os informará espontaneamente sobre todos os aspectos relevantes para a celebração do contrato, em termos que possam satisfazer os fins que visa alcançar com a celebração do mesmo.[303]

Como defenderemos adiante, pensamos que o postulado do qual se deve partir em matéria de dever pré-contratual de informação é o de que esse dever não existe, devendo cada uma das partes procurar obter as informações que considere necessárias à formação da sua vontade contratual. Todavia, em certos casos, a especial relação de confiança justifica o afastamento desta ideia, ficando o "credor" da informação desonerado da sua obtenção, podendo legitimamente esperar ser bem informado pela contraparte. O que significa que nestes casos a especial relação de confiança faz nascer entre as partes um dever de informar a contraparte.

Mas não apenas no que toca à constituição do dever a confiança se mostra útil. Também no que toca ao conteúdo do dever de informação ela pode contribuir, na medida em que possa servir de critério para aferir da sua extensão. A extensão do dever de informar será tanto maior quanto mais intensa for a confiança mútua dos sujeitos.

Assim, surge o problema de saber quando é que existe uma relação de confiança. Para obviar à dificuldade no apuramento da existência de uma relação de confiança entre os sujeitos, deve recorrer-se a critérios objectivos que, em termos de razoabilidade, permitam afirmar a existência dessa relação. A necessidade de recurso a esses critérios valorativos, que extravasam o campo da especial relação de confiança e apelam, em deter-

---

responsabilidade pré-contratual, cfr. ALMEIDA COSTA, *Responsabilidade civil por ruptura*, 1983-1984, 89.

[303] Cfr., entre outros, HEIN KÖTZ, *Precontractual duties of disclosure*, 2000, 8-9; PALANDT / HEINRICHS, *§ 123*, 2005, 97; entre nós, EVA MOREIRA DA SILVA, *Da responsabilidade*, 2003, 115. Mais adiante desenvolveremos a questão: cfr. infra n.º 33 e 34.

124 *Do dever pré-contratual de informação e da sua aplicabilidade ...*

minados casos, para a ponderação de outros valores, demonstra que *para efeitos de constituição do dever de informar* é irrelevante que no *caso concreto* as partes confiassem ou não na sua contraparte.[304] Ou seja, se desses critérios se puder concluir que a confiança é um elemento característico do caso típico em análise, então o dever de informar constitui-se mesmo que, em concreto, entre as partes não se estabeleça essa relação de confiança como seria normal, pois a constituição do dever é anterior ao surgimento da confiança entre os sujeitos.

Este modo de ver reforça a ideia que defendemos segundo a qual a confiança, isoladamente, não permite explicar de forma cabal o instituto da *culpa in contrahendo*, devendo no momento da concretização do dever pré-contratual de informação dar espaço à consideração de outros critérios valorativos[305], tais como a concepção de contrato, em geral, o tipo contratual em particular, a qualidade das partes contratantes e a relação que se estabelece entre elas.[306] Nos próximos parágrafos discutimos em que medida estes critérios podem contribuir.[307]

---

[304] Repare-se na diferença que se regista neste campo face aos requisitos da confiança que justificam a tutela indemnizatória: para que haja lugar à indemnização é necessária em regra uma situação de confiança mas ela já não é exigida para a constituição do dever de informar.

[305] Ou, na terminologia de MENEZES CORDEIRO, *Manual de Direito comercial*, 2003, 388, "vectores abstractos actuantes"; e na de GIUSEPPE GRISI, *L'obbligo precontrattuale*, 1990, 83, "modelos operativos".

[306] A exemplificação torna evidente o que acabamos de afirmar. Imaginem-se negociações entre familiares. Nestas, dada a qualidade dos sujeitos, que além de próximos se encontram unidos por relações até de intimidade, é legítimo que as partes se despreocupem da obtenção de informação por esperarem legitimamente ser informados pela sua contraparte. Assim acontecerá, também, quando estiver em causa um contrato que por natureza se defina como gerador de uma relação de confiança: naturalmente que o tratamento da questão da constituição e conteúdo do dever de informação terá um tratamento diferenciado consoante se esteja perante um contrato de execução instantânea ou continuada, e de entre estes, conforme se trate de um contrato de fornecimento ou de um contrato de trabalho. Ainda neste âmbito serão diferentes as soluções consoante estejamos perante um trabalhador indiferenciado de uma fábrica ou de um director financeiro.

Assim se percebe que perante a especial e diferente configuração da relação que se estabelece entre os sujeitos as soluções jurídicas sejam diferentes: cfr. LARENZ e WOLF, *Allgemeiner Teil*, 2004, 590; também IGNAZIO TARDIA, *Buona fede*, 2004, 743.

[307] Apenas por razões de facilidade expositiva tratamos de forma estanque estes critérios, deixando, no entanto, a nota de que as fronteiras entre eles são fluídas e os mesmos se encontram numa relação de influência mútua. Em especial, o tipo contratual tem um carácter decisivo na aplicação de todos os outros critérios, sendo possível da sua

§ 9. Linhas norteadoras fornecidas pela concepção de contrato e tipo contratual

I. O CONCEITO DE CONTRATO E A AUTONOMIA PRIVADA

27. O postulado da auto-informação

Neste momento vamos focar a nossa análise na concepção de contrato, para perceber em que medida desta se podem extrair factores de ponderação para o apuramento do dever de informação.[308]

Claro que, como já referimos[309], a temática do dever pré-contratual de informação não se cinge aos negócios jurídicos bilaterais. Contudo, vamos limitar a nossa análise a estes por duas razões: em primeiro lugar porque é no âmbito dos contratos que este dever ganha maior protagonismo e coloca as questões mais interessantes[310], e em segundo porque toda esta análise que temos vindo a desenvolver pretende ser instrumental face à questão que temos em mira, que é a que se refere ao dever de informação na formação do *contrato* de trabalho.

O contrato pode definir-se como o acordo de vontades de duas ou mais pessoas, que encerra a convergência de interesses contrapostos numa disciplina jurídica comum, através da qual os sujeitos regulam juridicamente os seus interesses. Trata-se portanto da composição jurídica de interesses privados. Desta simples definição ressalta o elemento da vontade dos sujeitos: como é sabido a essência do contrato encontra-se justamente na autonomia privada.

A autonomia privada significa que as partes são livres de conformar a regulação jurídica dos seus interesses, escolhendo, nomeadamente, os

---

análise em abstracto retirar conclusões quanto ao objecto do contrato, quanto aos interesses das partes, quanto à qualidade em que actuam e à relação que se estabelece entre elas. De todo o modo, a sua análise individualizada sempre pode ser útil, permitindo uma maior solidificação das soluções, já que os critérios se complementam entre si.

[308] Cfr. GEBHARD REHM, *Aufklärungspflichten im Vertragsrecht*, München: Beck, 2003, 105 e ss., e em especial 117 e ss., que de forma semelhante procura na liberdade contratual e autonomia privada critérios de avaliação do dever de informação.

[309] Cfr. supra n.º 16.

[310] Cfr. ALMEIDA COSTA, *Responsabilidade civil por ruptura*, 1983-1984, 89, que encontra neste facto a justificação para a preferência que é dada pelos Autores à designação 'responsabilidade pré-*contratual*' em detrimento da designação 'responsabilidade pré--negocial'.

126   *Do dever pré-contratual de informação e da sua aplicabilidade ...*

seus parceiros contratuais e o tipo contratual que melhor se coaduna com a realização dos seus interesses[311], razão pela qual devem suportar o risco de uma escolha errada.[312]

Além disso, a autonomia privada manifesta-se ao nível da liberdade contratual num aspecto muito importante: a vinculação dos sujeitos a determinada conduta depende da sua declaração de vontade nesse sentido[313], que, mais do que um simples comportamento externo, representa um verdadeiro *querer* do sujeito.[314]

Mas além do elemento liberdade, a autonomia privada assenta também na ideia de igualdade das partes.[315] A efectiva liberdade contratual depende de as partes se encontrarem numa situação paritária, que não permita a nenhuma delas impor à outra uma determinada disciplina jurídica.

Destas considerações destacamos, então, os seguintes aspectos. O primeiro é o de que antes da emissão da declaração negocial (respectiva proposta e aceitação, cujo encontro dará origem ao contrato) as partes são livres, não sendo devido, *em princípio*, qualquer comportamento específico, obviamente sem prejuízo das obrigações legais. O segundo é o de que a liberdade contratual tem como pressuposto a igualdade das partes. O terceiro é o de que o contrato, por definição, é um instrumento de realização dos interesses diferenciados e contrapostos de cada sujeito, sendo certo que a consideração em abstracto desses interesses leva a concluir que, em muitos casos, a sua realização é mesmo inversamente proporcional.[316]

Posto isto, pensamos que estes elementos essenciais do contrato nos permitem fixar como *postulado* o seguinte: no decurso das negociações, cada sujeito deve *informar-se* de todos os aspectos e circunstâncias que considere essenciais para a correcta, livre e consciente formação da *sua* vontade contratual.[317]

---

[311] Cfr. HEINRICH EWALD HÖRSTER, *A parte geral do Código Civil Português. Teoria Geral do Direito Civil*. Coimbra: Almedina, 2003, 52-55.

[312] Cfr. ARNDT TEICHMANN, *Nebenverpflichtungen*, 1984, 546.

[313] Cfr., por exemplo, FRANCESCO GALGANO, *El negocio jurídico*, 1992, 66 e ss.

[314] Cfr. MANUEL DOMINGUES DE ANDRADE, *Teoria Geral da Relação Jurídica*, Vol. II, *Facto jurídico, em especial negócio jurídico*, Coimbra, 1983, 125 e ss.

[315] Cfr. MENEZES CORDEIRO, *Direito das Obrigações*, 1994, 51; EWALD HÖRSTER, *A parte geral*, 2003, 55.

[316] Assim acontece em muitos contratos de natureza patrimonial: pense-se no caso paradigmático da compra e venda, no qual o comprador tem o maior interesse em comprar ao menor preço possível.

[317] Cfr. ALMENO DE SÁ, *Responsabilidade bancária*, 1998, 50-51, para quem a ideia de conflito de interesses e a ideia de liberdade afasta a afirmação de um dever geral de

Do Dever Pré-Contratual de Informação em Geral

Não só porque cada um é o melhor juiz dos seus interesses, sabendo exactamente quais os aspectos a valorar[318], mas também porque, por outro lado, a fase das negociações se caracteriza pela liberdade e igualdade dos sujeitos, que investem primeiramente na realização dos seus interesses, o que justifica que as partes não possam contar, em princípio, com qualquer comportamento devido – no caso a prestação de informação – da outra parte.[319]

Numa palavra, a autonomia privada impõe uma distribuição igualitária do risco de informação por cada uma das partes interessadas.[320] Sobre cada uma das partes recai o risco de encontrar o parceiro negocial mais adequado bem como o objecto contratual mais adequado à realização dos seus interesses.[321]

---

informação. De igual modo, recorrendo ao elemento da liberdade contratual, SINDE MONTEIRO, *Responsabilidade por Conselhos*, 1989, 357 e 383; LORENZ e RIEHM, *Lehrbuch zum neuen*, 2002, 195; ARNDT TEICHMANN, *Nebenverpflichtungen*, JA, 1984, 545-548.

[318] GEBHARD REHM, *Aufklärungspflichten*, 2003, 128.

[319] Sublinhamos que estamos a encontrar um postulado, do qual partir na análise do dever de informação, e não uma regra, pois, como veremos seguidamente, são tantas as situações nas quais faz sentido impor um dever de informação que seria legítimo concluir que tal regra, a ser enunciada, não seria mais do que a excepção: cfr. GÓMEZ CALLE, *Los deberes*, 1994, 14. No entanto, na p. 87 a Autora escreve que 'a regla de la que se parte' é a de que cada um se deve auto-informar.

Num sentido semelhante ao que estamos a defender, VOLKER EMMERICH, *MünchKomm*, 2, 2003, 1503, entende que, não obstante existir um dever geral de informação, em primeiro lugar o sujeito deve informar-se dos riscos, oportunidades e condições gerais do mercado, na medida em que essa informação seja disponível para todos, nas mesmas condições. Em sentido contrário ao defendido por este Autor, cfr. PATRICE JOURDAIN, *Le devoir de se renseigner (Contribuition à l'étude de l'obligation de renseignement)*, Rec. Dalloz, Chronique XXV, 1983, (139-144), 139, considera que o princípio é o de que cada um se deve informar, e o dever de informar é a excepção.

[320] GEBHARD REHM, *Aufklärungspflichten*, 2003, 117 e ss., em especial 128: o Autor, partindo da autonomia privada e da liberdade contratual, em especial de duas das suas manifestações, a saber a autodeterminação e autoresponsabilização, chega a este princípio de distribuição recíproca do risco da informação. Esse parece ser, de igual modo, o entendimento de MOURA VICENTE, *Da responsabilidade*, 2001, 309; *idem, A responsabilidade pré-contratual no Código Civil Brasileiro*, 2004, 37, pois o Autor entende que só existe um dever de informar quando "o padrão de diligência exigível ao comum das pessoas não requeira que o contraente se acautele contra o referido risco, obtendo, designadamente da contraparte, as informações e explicações necessárias a fim de se esclarecer. O contraente que omitir semelhantes cautelas age por sua conta e risco."

[321] Cfr. ARNDT TEICHMANN, *Nebenverpflichtungen*, 1984, 546.

128 Do dever pré-contratual de informação e da sua aplicabilidade ...

Esta ideia de ónus de auto-informação não é nova e constitui quase um lugar comum nos textos que se referem ao tema.[322]

A ideia é simples: o sujeito que, negligentemente, nada fez para obter a informação necessária não merece a tutela que lhe seria conferida através da consagração do "direito" a ser informado[323], sob pena de se promover a negligência de uma das partes à custa da oneração da outra, que é tanto mais gravosa quanto é certo que esta deve informar não só sobre os factos que conhece mas também sobre os factos que devia conhecer.

Não obstante, ao colocarmos esta ideia como postulado do dever de informação, e em especial da procura de critérios para a sua determinação, posicionamo-nos de forma diferente em relação à doutrina que trata o ónus da auto-informação ora como pressuposto[324], ora como limite[325] do dever de informar.[326]

---

[322] A terminologia é de GIUSEPPE GRISI, *L'obbligo precontrattuale*, 1990, 84, nota 80; também utilizada em EVA MOREIRA DA SILVA, *Da responsabilidade*, 2003, 121 e ss.

Na verdade, parece poder afirmar-se que as raízes desta ideia se encontram em HEINZ HILDEBRANDT, no seu estudo de 1931, intitulado *Erklärungshaftung, ein Beitrag zum System des bürgerlichen Rechtes*. Segundo nos dá conta ALBERTO RAVAZZONI, *La Formazione*, II, 1974, 145, nota 83, aquele Autor terá defendido a existência de um genérico *Erklärungspflicht*, que se decompunha num dever de verdade (*Wahreitspflicht)* e um dever de informação (*Anzeigepflicht)*. Por sua vez, estes deveres teriam como corolários um *Prüfungspflicht*, um *Untersuchungspflicht* e um *vorbereitende Sorgfaltspflicht*. A ideia de auto-informação reconduz-se justamente ao *Untersuchungspflicht*, que impõe aos sujeitos a recolha da informação necessária, como pressuposto da realização do dever de verdade e informação. Do mesmo modo, também em ENNECCERUS e LEHMANN, *Derecho de Obligaciones*, I, 1933, 226, se encontra esta ideia: os Autores identificam como deveres pré-contratuais de conduta os deveres de comunicação e explicação e os deveres de conservação. Ao explicarem aqueles escrevem *"cada una de las partes viene obligada a explicar y manifestar a la outra aquellos hechos que son de importancia para la decisión de esta última, y de los cuales no puede procurarse conocimiento de otra manera"*.

[323] IGNAZIO TARDIA, *Buona fede*, 2004, 738.

[324] Nesse sentido, GIUSEPPE GRISI, *L'obbligo precontrattuale*, 1990, 83 e ss. Também VAZ SERRA, *Anotação*, RLJ, 110, 276, parece entender que a auto-informação é um pressuposto da constituição do dever de informar, uma vez que entende que o sujeito só pode esperar a comunicação dos factos relativamente aos quais não se pode informar. Na mesma linha, FRANCESCO BENATTI, *Commentario*, 1991, 506. Na jurisprudência cfr. Ac. STJ de 14-Novembro-1991, cit., 541.

[325] Assim, ALMENO DE SÁ, *Responsabilidade bancária*, 1998, 52. Todavia, do excurso que é feito anteriormente parece que o Autor entende que o princípio será o da inexistência, à partida, de um dever de informar. Não obstante nas pp. seguintes é inequívoco ao afirmar que 'como directriz geral, poderá dizer-se que cada uma das partes deve informar

a outra sobre circunstâncias que possam frustrar o fim do contrato ou que reconhecidamente se revelem de essencial importância para o dever de contratar.' (54). Jacques Ghestin, *L'obligation précontractuelle*, 1987, 178; *idem, Traité de Droit Civil*, 1993, 623; Lucas de Leyssac, *L'obligation de renseignement*, 1978, 321 e 326. Note-se que o pensamento do Autor acaba por se compatibilizar com o nosso modo de tratar a questão. O Autor entende que o dever de informação nasce de um facto – a desigualdade de informação das partes – e é excluído se não for cumprido o *'devoir de se renseigner'*. Ora, isto significa que, em última análise, no pressuposto da igualdade das partes não existe qualquer dever de informação. Encontra-se neste ponto com o que estamos a defender, ou seja, partir das características do contrato, entre elas a igualdade das partes, para fixar o postulado da inexistência de um dever de informação. Gómez Calle, *Los deberes*, 1994, 127; Ignazio Tardia, *Buona fede*, 2004, 738;

Já a posição de Eva Moreira da Silva, *Da responsabilidade*, 2003, é dúbia, pois se na p. 123 escreve "Na verdade, o dever de se informar a si próprio, enquanto tal permaneça possível, é o limite do dever de informar outrem", na p. 130 escreve o contrário, parecendo tratar o ónus de auto-informação como requisito do dever de informação.

[326] Modernamente tem se defendido o princípio de que cada sujeito se deve informar sob o ponto de vista da análise económica do direito (cfr. Fabre-Magnan, *De l'obligation*, 1992, 199-200) concluindo-se que razões de eficiência económica levam a que se defenda que, em princípio, as partes não estão obrigadas a informar a outra parte, devendo cada qual correr os riscos da não obtenção de informação relevante. A análise económica do dever pré-contratual de informação desenvolve-se num quadro bastante mais amplo: em vez de se considerar apenas a distribuição equitativa de bens jurídicos no âmbito de uma relação jurídica, procura-se avaliar à luz do interesse geral a conformação desse dever de forma a contribuir para uma distribuição mais justa e racional dos bens escassos disponíveis. Por outro lado, considera-se também a medida da contribuição do dever pré-contratual de informação para a transparência e competitividade do mercado, essenciais à realização da distribuição equitativa dos bens. De qualquer forma, a análise económica do dever de informação não se fica por esta perspectiva generalista, pois considera-se que a afirmação de um dever geral de informação pode tornar-se perversa por ser susceptível de provocar o desincentivo no empenho de cada um na obtenção da informação, levando-se também em consideração o custo da obtenção da informação e o incremento que ela causou no valor da coisa. É uma perspectiva interessante, mas na qual optámos por não entrar por considerarmos que a mesma impõe um estudo prévio sobre a análise económica do direito em geral, que seria despropositado empreender neste trabalho. Para maiores desenvolvimentos sobre a análise económica do dever de informação, vd., entre outros, Fabre-Magnan, *De l'obligation*, 1992, 49 e ss.; *idem, Duties of disclosure and French contract law: contribution to an economic analysis, in* Jack Beatson e Daniel Friedmann (dir.), *Good faith and fault in contract law*, Oxford: Clarendon Press, 1997, 99-120; Gómez Calle, *Los deberes*, 1994, 18 e ss.; Robert Cooter e Thomas Ulen, *Law and economics*, 2.ª ed., Boston, San Francisco: Addison-Wesley, 1997, 245 e ss.; Michael Trebilcock, *The limits of freedom of contract*, Cambridge et al.: Harvard University Press, 1997, 102 e ss.; Anthony Kronmam, *Errore e informazione nell'analisi economica del diritto*

130   *Do dever pré-contratual de informação e da sua aplicabilidade ...*

Na nossa opinião, em termos metodológicos, é mais vantajoso fixar a ideia da auto-informação como ponto de partida. Com efeito, ainda que se pretenda defender de início um dever geral de informação, a auto--informação mostra-se essencial mesmo do ponto de vista do "devedor" da informação. Como é sabido, o dever de informação não depende de um conhecimento efectivo dos factos por parte do obrigado. Ele não pode fixar-se na base de critérios meramente naturalísticos, factor que justifica a afirmação de que o dever de informar abrange os factos conhecidos, mas também os factos que *deviam* ser conhecidos.[327] Numa palavra, o critério é a cognoscibilidade dos factos e não o conhecimento efectivo.[328]

Daqui decorre que, ao colocar a tónica na necessidade de cada um se informar, a fixação do postulado da auto-informação permite apelar para a necessidade da adopção de comportamentos que irão contribuir para o próprio cumprimento do dever de informar, nos casos em que ele se justifique, já que evidentemente para que uma pessoa possa informar outrem tem de estar previamente bem informada.[329-330]

---

contrattuale, in GUIDO ALPA (dir.), *Analisi economica del Diritto Privato*, Milano: Giuffrè, 1998, 172-195; HEIN KÖTZ, *Precontractual duties of disclosure*, 2000, 5-19; HOLGER FLEISCHER, *Informationsasymmetrie*, 2001, 93 e ss.; GEBHARD REHM, *Aufklärungspflichten*, 2003, 23 e ss.; EVA MOREIRA DA SILVA, *Da responsabilidade*, 2003, 177 e ss.;

[327] Cfr., por exemplo, FRANCESCO BENATTI, *Commentario*, 1991, 506. GÓMEZ CALLE, *Los deberes*, 1994, 82 e 136; EVA MOREIRA DA SILVA, *Da responsabilidade*, 2003, 140. A ideia encontra-se também presente na jurisprudência: cfr. Ac. STJ 29-Janeiro-2004, cit.

[328] Além da cognoscibilidade dos factos, é ainda necessário que o sujeito tenha conhecimento do seu *carácter essencial* para a formação da vontade contratual do seu parceiro negocial: cfr. ALMENO DE SÁ, *Responsabilidade bancária*, 1998, 56-57; JACQUES GHESTIN, *L'obligation précontractuelle*, 1987, 176; *idem, Traité de Droit Civil*, 1993, 616 e 621-623. Assim descrito, este pressuposto do dever de informar revelar-se-ia bastante prejudicial para a segurança jurídica, desde logo pela dificuldade de aplicação prática, especialmente de prova, que acarreta. Por isso, e porque efectivamente é o próprio interessado na informação que se encontra nas melhores condições para a avaliar, FABRE--MAGNAN, *De l'obligation*, 1992, 142, afirma de forma certeira que a utilidade da informação a prestar (que aliás constitui, no parecer da Autora, critério de determinação do dever) não pode ser apreciada subjectivamente pelo detentor da informação, mas em alternativa deve ser apreciada com base em critérios objectivos. De igual modo, para VOLKER EMMERICH, *Das Recht*, 2005, 86, é necessário que o sujeito conheça *ou deva conhecer* o carácter essencial da informação para a formação da vontade contratual da sua contraparte.

[329] Cfr. IGNAZIO TARDIA, *Buona fede*, 2004, 738, que considera que a obtenção de todos as informações relevantes é imposta aos sujeitos pela boa fé, em paralelo com a obrigação de informar sobre os dados disponíveis. Não obstante, como temos vindo a referir trata-se de um ónus, embora este possa constituir também condição de um correcto cumprimento do dever de informar a outra parte. Por isso, pensamos não estar aqui em

28. O dever de informar em relação a factos conhecidos da contraparte

A fixação do postulado de que cada um se deve informar sobre os aspectos que considere essenciais para a formação da sua vontade contratual, em termos adequados à realização dos seus interesses, transporta-nos para uma outra questão que é a de saber se, nos casos em que seja possível identificar um dever de informar, existe um dever de informar sobre os factos relativamente aos quais a outra parte tenha conhecimento.

---

causa uma verdadeira *obrigação de se informar para informar*, como defendem Jacques Ghestin, *Traité de Droit Civil*, 1993, 617 e Fabre-Magnan, *De l'obligation*, 1992, 192. Os Autores referem-se a uma obrigação contratual de se informar a que nada temos a opor, pois efectivamente as partes são livres de estipular as obrigações que quiserem. A questão é que a Autora defende que, para além destas obrigações contratuais, existiria uma verdadeira obrigação de se informar para informar relativamente aos factos que digam respeito a qualidades substanciais do objecto do contrato ou quando o devedor da informação seja um profissional. Em nossa opinião, não se justifica individualizar uma obrigação de se informar e uma subsequente obrigação de informar. Das duas uma, ou a obrigação de informar é cumprida ou não é cumprida. Naturalmente que para ser cumprida o devedor tem de observar a verdade e correcção, o que pressupõe uma certa diligência na obtenção da informação a transmitir.

[330] Lateralmente, há ainda uma outra vantagem na fixação deste postulado na medida em que ele permite também chamar a atenção para a necessidade de preservar a autonomia privada, isto é, a liberdade e igualdade como valores essenciais impreteríveis do contrato. O tratamento da matéria nestes moldes compatibiliza-se com uma ideia que pensamos ser de manter, não obstante os ataques que lhe têm sido dirigidos a partir da generalização da concepção segundo a qual a igualdade das partes é uma ficção, causadora de contratos injustos: cfr., por exemplo, Machado Dray, *Breves notas*, 2002, 80 e ss. Essa ideia resume-se à presunção de que o acordo entre sujeitos *livres e responsáveis* faz nascer um contrato justo (Jacques Ghestin e Christophe Jamin, *Le juste et l'utile dans les effets du contrat*, in Pinto Monteiro (coord.), *Contratos: actualidade e evolução*, Porto: UCP, 1997, (123-165), 125). Claro que o afastamento do dogma da vontade, que marcou o liberalismo do século XIX e ficou plasmado no Código Napoleão, como meio de realizar a justiça contratual, é um dado conhecido e indiscutível. Não obstante, pensamos que a tutela tem de ser feita ao nível da liberdade e igualdade das partes (onde o dever de informação marca um lugar importantíssimo) e não ao nível do controlo da justiça do contrato (cfr. Canaris, *A liberdade e a justiça contratual*, 1997, 58-60), que inevitavelmente desagua na heterónoma imposição de efeitos jurídicos nas relações entre privados, propícia a perigos evidentes para a própria segurança jurídica (Ghestin e Jamin, *Le juste*, 1997, 126). Numa palavra, deve procurar actuar-se no campo da prevenção (lutando pela manutenção de uma efectiva igualdade e liberdade das partes no momento da contratação) e não no campo do controlo e repressão de contratos injustos, por se aceitar como inevitável a ideia de que a vontade não é mais um veículo de realização da justiça contratual.

132 *Do dever pré-contratual de informação e da sua aplicabilidade ...*

Numa primeira análise a resposta seria negativa pois não se dizem as horas a um relógio.[331] Se as partes individualmente conseguiram reunir os elementos necessários para que possam criar uma esfera de decisão representativa da realidade então não se justifica a imposição de qualquer intervenção da outra parte, sobre a qual não impenderá qualquer dever de informação.[332] Pareceria inútil estipular que o sujeito tem de informar outrem sobre factos que este já conhece, pois o escopo da imposição do dever já estaria realizado.

Todavia, se aprofundarmos um pouco mais a análise vamos encontrar algumas dificuldades, dependendo da *ratio* do instituto.

Se se considera que o escopo último do dever de informar é assegurar a correcta formação da vontade contratual[333], então faz sentido afirmar que o dever de informação não existe se a outra parte conhece, ou devia conhecer, todas as circunstâncias que lhe permitem tomar uma decisão esclarecida.[334]

Não contestamos que no dever de informação este aspecto se manifeste com especial intensidade mas, como referimos, pela porta da boa fé outros princípios e valores são convidados a entrar no jogo da determinação dos deveres de comportamento a adoptar nos preliminares. De facto, com a imposição de deveres de conduta na fase da formação de um contrato, a ordem jurídica pretende que os sujeitos adoptem uma conduta honesta e leal, de acordo com os usos do tráfico jurídico. Como dissemos, o carácter impositivo da boa fé não pode ser negligenciado.[335]

Posto isto, somos da opinião de que a avaliação do comportamento dos sujeitos deve ser feita por referência aos critérios normativos que a

---

[331] A expressão foi retirada de Júlio Gomes, *O Dever de Informação do Tomador de Seguro na Fase Pré-contratual, in II Congresso Nacional de Direito dos Seguros,* Coimbra: Almedina, 2001, 75-113, p. 91.

[332] No sentido de que o conhecimento do "credor" da informação afasta o dever de informar, cfr. Almeno de Sá, *Responsabilidade bancária,*1998, 56-57.

[333] Assim, por exemplo, Eva Moreira da Silva, *Da responsabilidade,* 2003, 85-89, 249; Ignazio Tardia, *Buona fede,* 2004, 726.

[334] Almeno de Sá, *Responsabilidade bancária,*1998, 56-57. Também Júlio Gomes, *O Dever de Informação,* 2001, 91 e *passim,* defende a propósito do dever pré-contratual de informação do tomador de seguro que o tomador do seguro não tem de informar o segurador dos factos ou circunstâncias que este já conhece, pois a finalidade da obrigação de informação do tomador do seguro é a de permitir ao segurador o conhecimento e avaliação das circunstâncias do risco (p. 84). Se o segurador já está na posse dessa informação então a imposição de uma obrigação de informar perde sentido.

[335] Cfr. supra n.º 25.

Do Dever Pré-Contratual de Informação em Geral

boa fé permite veicular, e não por referência ao comportamento ou conhecimento do outro sujeito da relação. O regime da culpa do lesado previsto no art. 570.º do CC, aplicável em geral a todas as situações de responsabilidade civil, constitui argumento nesse sentido. A conduta do lesado (que no caso se reportaria ao conhecimento ou desconhecimento do "credor" da informação) deve ser ponderada: é um facto. Mas apenas num segundo momento para efeitos de aplicação da consequência jurídica desencadeada pela verificação, entre outros pressupostos, de um facto ilícito.[336-337] O dever de informação não deve depender do (des)conhecimento da outra parte.[338]

No entanto existem excepções: não se pode negar que existem casos nos quais não é legítimo esperar, mesmo do sujeito excepcionalmente honesto, a prestação espontânea da informação, por ela ser totalmente inútil, por representar uma concepção paternalista incompatível com a definição de contrato, e por poder mesmo vir a configurar uma conduta ofensiva para a outra parte. Referimo-nos aos factos notórios e do conhecimento público. Quanto a estes não existe qualquer dever de informar.[339]

---

[336] Cfr. Vaz Serra, *Culpa do devedor*, 1957, 137; Antunes Varela, *Anotação ao Ac. 29 de Janeiro de 1973*, RLJ, 108, 1976, 3541, (54-60), 57-58; Henrique Mesquita, *Oferta pública de venda de acções*, 1996, 97, nota 1. Também a PGR, no seu parecer n.º 138/ /79, de 20 de Dezembro de 1979, BMJ, 298, 1980, (5 e ss.), 21, entendeu que o conhecimento ou a obrigação de conhecer do "credor" da informação gera situações de conculpabilidade.

[337] Este aspecto constitui mais um argumento a favor da forma como estamos a colocar o problema, já que além de contribuir para o correcto cumprimento do dever de informar, a auto-informação mostra-se igualmente útil para apurar a possibilidade de uma eventual redução ou mesmo exclusão da indemnização, nos casos de incumprimento do dever de informação, quando sobre o lesado impendia o ónus de se auto-informar.

[338] Neste sentido, expressamente, Menezes Cordeiro, *Da Boa Fé*, 2001, 581.

[339] A diferente solução a que chegámos relativamente aos factos notórios e de conhecimento público tem, também, uma justificação prática que se prende com questões probatórias. O entendimento segundo o qual o dever de informar apenas se constitui se a outra parte não tem conhecimento dos factos coloca a apreciação da inexistência do facto ilícito no terreno da prova de que a outra parte tinha conhecimento dos factos, o que se apresenta como tarefa de extrema dificuldade. Essa dificuldade não se verifica quanto aos factos notórios e de conhecimento público, já que nem sequer são objecto de prova (art. 514.º do CPC), pelo que a conclusão a que chegámos não acarreta qualquer prejuízo para a segurança jurídica.

134 *Do dever pré-contratual de informação e da sua aplicabilidade ...*

29. Diligência exigível. A possibilidade de formular e colocar questões à contraparte

Uma vez fixada a ideia de que, em primeiro lugar, as partes devem informar-se sobre os factos relevantes, surge a questão de saber quais os esforços que as partes devem desenvolver para obter tal informação.

Obviamente que o critério não poderá ser estabelecido com base numa ideia de possibilidade, pois na grande maioria dos casos será sempre possível obter a informação, tudo dependendo dos esforços empregues. Todavia, uma solução deste tipo iria afectar o curso normal do comércio jurídico. É impensável, por exemplo, que as pessoas antes de celebrarem qualquer negócio contratem técnicos especializados para os apoiarem na respectiva decisão.

Esse critério tem de ser encontrado, em abstracto, na diligência razoável de uma pessoa média. Ou seja, apenas será de exigir ao sujeito em concreto a realização dos actos tendentes à obtenção de informação que uma pessoa normal *colocada nas mesmas circunstâncias* realizaria.[340]

É, então, necessário valorar as *circunstâncias do caso concreto* tais como a qualidade em que as partes actuam, a relação que se estabelece entre elas e a complexidade técnica do objecto do contrato.[341]

No critério da diligência razoável de uma pessoa média cabe a *possibilidade de formular e colocar questões à contraparte.*[342] Esta

---

[340] Cfr. Patrice Jourdain, *Le devoir de se renseigner*, 1983, 142.

[341] Cfr. Sinde Monteiro, *Responsabilidade por Conselhos*, 1989, 362: o Autor entende que para determinar se é exigível a um determinado sujeito que obtenha informações, através da colocação de questões, é necessário ponderar o grau de necessidade de protecção social ou individual, a medida em que pode ser posto em perigo o fim contratual e o risco para a esfera dos bens jurídicos do parceiro no momento da execução do contrato. Este diferente tratamento que é dado à questão justifica-se no facto de que o Autor entende que a obtenção de informação pelo sujeito interessado, através da colocação de questões à contraparte, é uma forma de compensar a posição de contraente débil daquele.

Aqui nos distanciamos do Autor, já que em nossa opinião a obtenção de informações pelo próprio interessado resulta do postulado de que partimos, e os aspectos referidos pelo Autor são por nós enquadrados como factores de exclusão, e não como factores constitutivos, da necessidade da auto-informação. Não obstante deve notar-se que o Autor defende que, dependendo da intensidade, esses factos (necessidade de protecção social ou individual, perigo para o fim contratual e risco para os bens jurídicos) podem, em certas situações, justificar a imposição de um dever de informação espontânea mesmo que o sujeito esteja em condições de poder perguntar.

[342] Gómez Calle, *Los deberes*, 1994, 88-89; Volker Emmerich, *Das Recht*, 2005, 87, vai mais longe e considera que a colocação de questões releva para a própria determinação do conteúdo do dever de informação.

Do Dever Pré-Contratual de Informação em Geral 135

configura-se como um dos meios razoáveis ao dispor dos sujeitos para obterem a informação de que necessitam, principalmente nos casos em que essa informação diga respeito a factos que se inscrevem na esfera jurídica da contraparte, como acontece com especial intensidade nos contratos de prestação de serviços e de trabalho em que as qualidades das partes são essenciais.

Quanto a essa possibilidade não existem dúvidas. O problema que aqui se tem necessariamente de levantar é o de saber se essas questões são ou não legítimas, sendo certo que só haverá um dever de responder correctamente às questões que podem ser legitimamente formuladas pela contraparte.[343] São ilegítimas todas as questões que ultrapassem os limites impostos ao dever de informar, desde logo, como é natural, aquelas que *sem razão justificativa* se reportam à vida íntima e privada dos sujeitos[344].

30. Distinção entre dever de responder e dever de informar espontaneamente

Verificámos que a formulação de questões se justifica na ideia de auto-informação[345] e que, caso estas sejam legítimas, dão origem a um dever de responder que se baseia não só na autonomia privada mas no factor cooperação também presente na própria concepção de contrato.[346]

Estas considerações levam-nos à distinção entre dois fenómenos: a prestação provocada de informações e a prestação espontânea de informações, ou doutra forma, a um dever de responder e a um dever de informar espontaneamente.

Também no Ac. STJ de 14-Novembro-1991, cit., 541, se reconhece expressamente essa possibilidade, afirmando-se que "cada uma das partes tem um dever de carácter geral, de bem se esclarecer, com vista à formação daquela vontade [esclarecida]. *Um dos modos admissíveis para obter esse esclarecimento será o de a parte dele carecida se dirigir directamente à outra parte*, quando esta última se encontre com a possibilidade efectiva de o prestar".

[343] Cfr. VOLKER EMMERICH, *Das Recht*, 2005, 89; LARENZ e WOLF, *Allgemeiner Teil*, 2004, 599; PALANDT / HEINRICHS, *§ 123*, 2005, 99.

[344] LARENZ e WOLF, *Allgemeiner Teil*, 2004, 599. Os Autores dão o exemplo das perguntas sobre a gravidez a candidatas, no âmbito de um contrato de trabalho. Trataremos da questão mais adiante.

[345] Nesse sentido, LARENZ e WOLF, *Allgemeiner Teil*, 2004, 599. Diversamente, cfr. SINDE MONTEIRO, *Responsabilidade por Conselhos*, 1989, 362.

[346] Cfr. infra n.º 31 e 32.

136 · *Do dever pré-contratual de informação e da sua aplicabilidade ...*

O conceito de dever de informação tem por conteúdo a *transmissão objectiva de factos*[347], independentemente de o facto gerador dessa transmissão residir ou não na vontade de quem a efectue. Portanto, *o dever de informar abrange quer a resposta a questões quer a comunicação espontânea de dados.*[348]

Não obstante, esta distinção é pertinente na medida em que as soluções jurídicas podem ser diferentes, nomeadamente por ser possível delinear uma relação de subsidariedade entre elas, já que *em princípio* a resposta às questões formuladas pela contraparte deve surgir como primeira solução, *apenas se registando um dever de informar por iniciativa própria quando se verifique a impossibilidade de auto-informação*[349], sem prejuízo de específicas previsões legais sobre a matéria.[350]

---

[347] FABRE-MAGNAN, *De l'obligation*, 1992, 8. É justamente esse carácter objectivo que permite distinguir informação de conselho e recomendação: cfr. SINDE MONTEIRO, *Responsabilidade por Conselhos*, 1989, 14 e ss.; JACQUES GHESTIN, *Traité de Droit Civil*, 1993, 577-578.

[348] Justifica-se fazer uma chamada de atenção no sentido de esclarecer que a ideia de informação espontânea abrange, na verdade, duas realidades muito diferentes: por um lado, pode referir-se à prestação da informação que é determinada pela vontade do sujeito que presta a informação; por outro lado, pode referir-se à prestação da informação que é juridicamente imposta ao sujeito mas que não depende de uma actuação prévia daquele que pretende receber a informação. É este o sentido do *dever* de informação *espontânea*. Não deve, pois, causar estranheza a conjugação de dois termos em abstracto inconciliáveis: dever e espontaneidade. Dever de informação espontânea significa dever de informar a parte contrária sem que previamente seja necessária qualquer actuação do "credor" da informação no sentido da obtenção dessa informação.

[349] Razão que permite, justamente, encontrar no dever de informação uma função correctiva das vicissitudes que podem ocorrer no paradigma contratual, em especial a desigualdade das partes: cfr. ARNDT TEICHMANN, *Nebenverpflichtungen*, 1984, 547.

[350] Também na doutrina se encontra essa distinção, embora em geral os Autores não lhe concedam lugar de destaque. Assim, FABRE-MAGNAN, *De l'obligation*, 1992, 8, distingue entre *obligation de renseignements* e *obligation d'information*, sendo a primeira reservada para os casos em que se responde a uma questão previamente colocada e a segunda para aqueles em que há espontaneidade na prestação da informação.

Alguns Autores, embora não procedam expressamente à distinção, parecem pressupô-la: cfr., por exemplo, SINDE MONTEIRO, *Responsabilidade por Conselhos*, 1989, por exemplo, 358 e 362; LARENZ e WOLF, *Allgemeiner Teil*, 2004, 599; PALANDT / HEINRICHS, *§ 123*, 2005, 97.

De igual modo, também a jurisprudência discrimina várias manifestações do dever de informação, sem no entanto se dedicar a elas expressamente. Assim, cfr. Ac. STJ 29-Janeiro-2004, cit., 1 e 4; Ac. STJ 13-Maio-2003, cit., 4; que se referem a deveres de *comunicação, informação* e *esclarecimento*.

Do Dever Pré-Contratual de Informação em Geral 137

Cabe, então, agora dedicar a nossa atenção à questão de saber quando é que existe um dever de uma das partes informar espontaneamente a outra.

II. O CONCEITO DE CONTRATO E A TELEOLOGIA DAS NEGOCIAÇÕES: NECESSIDADE DE COOPERAÇÃO DAS PARTES

31. O dever de informar sobre as circunstâncias que afectam a validade do contrato

Para responder à questão de saber quando é que existe um dever de uma das partes informar espontaneamente a parte contrária, pode recorrer-se à concepção de contrato e em especial à teleologia das negociações, para verificar que nela se identifica, como decorrência da autonomia privada, um outro elemento essencial: *a cooperação.*[351]

Como referimos, no contrato está em causa antes de mais a realização dos interesses de cada uma das partes, sendo certo que esses interesses se encontram numa relação de contraposição, mas também de interdependência.[352] Por isso é necessário encontrar um ponto de equilíbrio que satisfaça as expectativas das partes e permita a formulação do acordo. As negociações têm, justamente, como escopo a procura desse compromisso.[353]

A celebração de um contrato não é possível, em regra, se as partes adoptarem uma atitude de intransigência procurando apenas a realização dos seus interesses, mesmo que isso implique um maior prejuízo para a

---

Por fim, como vimos supra (cfr. n.º 19), essa distinção encontra-se também presente em instrumentos legais, em particular no art. 6.º LCCG, que distingue entre dever de informar sobre os aspectos cuja aclaração se justifique (n.º 1) e os esclarecimentos razoáveis *solicitados* (n.º 2).

[351] Cfr. CARNEIRO DA FRADA, *Contrato e Deveres de Protecção,* 1994, 265. O Autor entende que certo tipo de deveres de protecção (por exemplo o dever de o locatário comunicar ao locador os perigos que ameaçam a coisa) se justifica numa ideia de solidariedade das partes, e afirma que a estratégia competitiva do contrato não é incompatível com a criação de uma zona envolvente do contrato onde avultam deveres de solidariedade e cuidado.

[352] Cfr. ALMENO DE SÁ, *Responsabilidade bancária,* 1998, 51, que afirma de forma expressiva que o contrato é um instrumento de recíproca cooperação, mas *cooperação antagónica.*

[353] ENZO ROPPO, *O contrato,* 1988, 105.

138 *Do dever pré-contratual de informação e da sua aplicabilidade ...*

parte contrária. O funcionamento da autonomia privada, *se verificada uma situação de liberdade e igualdade das partes contratantes*, leva subjacente a ideia de mútuas concessões tendentes à conciliação de interesses, o que naturalmente exige a consideração dos interesses da contraparte. Ele permite, por isso, explicar a afirmação do contrato enquanto meio de realização da justiça contratual[354] e, quanto a nós, ele constitui também garantia de que as partes se comportarão nas negociações de forma a cooperar na prossecução do objectivo comum da celebração válida de um contrato que permita satisfazer os interesses de ambas as partes.

Claro que contra este entendimento se poderia argumentar que em muitas situações não é possível identificar qualquer relação de cooperação: basta que uma das partes se encontre numa posição de supremacia para que a celebração do contrato não dependa da natural participação conjunta das partes na busca do acordo contratual, mas tão só dessa mesma situação de supremacia ou poderio, que permite a imposição unilateral de determinada regulamentação jurídica contratual (como acontece claramente, por exemplo, num contrato de adesão).[355] Este é um aspecto verdadeiro

---

[354] Cfr. Walter Schmidt-Rimpler, *Grundfragen einer Erneuerung des Vertragsrechts*, AcP, 1941, 130-197, onde defende pela primeira vez que do mecanismo contratual e da liberdade contratual, pressupostos do consenso, nasce uma garantia de justeza (*Richtigkeitsgewähr*), que tem um sentido ético, mas também um sentido de utilidade para a regulamentação contratual (132). Construção que foi seguida por Werner Flume, *Rechtsgeschäft und privatautonomie, in* AA.VV., *Hundert Jahre Deutsches Rechtsleben – FS zum Hundertjährigen Bestehen des Deutschen Juristentages*, vol. I, Karlsruhe: Müller, 1960, 135-238. Para uma crítica deste entendimento: Gebhard Rehm, *Aufklärungspflichten*, 2003, 110 e ss; entre nós, Sousa Ribeiro, *O problema do contrato*, 1999, 75 e ss.

Claro que essa garantia de justeza pressupõe que a celebração do contrato seja *efectiva e materialmente livre*. Como refere Schmidt-Rimpler, *Grundfragen,* 165, a garantia tem limites: desde logo, é necessário que as partes tenham a possibilidade de recusar a celebração de um contrato que considerem desvantajoso.

Além disso, uma liberdade efectiva e material dos sujeitos exige uma consciência clara dos efeitos da emissão da sua declaração negocial. O dever pré-contratual de informação tem aqui um papel importante a desempenhar. De facto, o mecanismo contratual só pode oferecer esta garantia de justeza na medida em que os seus pressupostos de *igualdade e liberdade* das partes estejam assegurados. Se assim não acontecer o contrato poderá constituir meio de viabilização da imposição unilateral de efeitos jurídicos de uma das partes àquele que se encontra em situação de desvantagem (ou porque não goza do mesmo poder negocial da sua contraparte ou porque não está informado sobre o objecto do contrato e as consequências da sua celebração).

[355] Aliás, este mesmo argumento do desequilíbrio do poder negocial das partes é usado como argumento por Sousa Ribeiro, *O problema do contrato*, 1999, 82 e ss., para

Do Dever Pré-Contratual de Informação em Geral 139

mas não afecta a ideia avançada uma vez que ela assenta no pressuposto da liberdade e igualdade das partes. Mais adiante iremos considerar as situações em que se verifica uma situação de desigualdade, nas quais o dever de informação não nasce da própria dinâmica contratual mas deve ser imposto *de fora*, de modo a permitir compensar a sua ausência resultante justamente da situação de crise que a desigualdade das partes representa para o normal funcionamento da dinâmica contratual.

Não oferece dúvidas que, salvo os casos em que as partes iniciam as negociações de má fé sem qualquer intenção de celebrar o contrato[356], ao iniciarem as negociações as partes comungam de um mesmo objectivo: conseguir alcançar o consenso necessário à *válida* celebração do contrato[357], em moldes que permitam satisfazer os seus *interesses*.[358]

---

criticar a tese de SCHMIDT-RIMPLER e defender que o mecanismo contratual não contém em si qualquer apetência para garantir a justeza do conteúdo contratual, sendo que essa mesma garantia só pode ser encontrada ao nível dos pressupostos do contrato e em especial da concreta configuração da autodeterminação das partes. É, também, com base neste argumento que o Autor afirma que a ideia de garantia de justeza do conteúdo do contrato mais do que constituir fundamento da liberdade contratual que a lei confere aos sujeitos é a razão de ser dos regimes que limitam essa mesma liberdade, onde se pode incluir a imposição de um dever pré-contratual de informação.

A análise do dever pré-contratual de informação no Direito dos valores mobiliários, no Direito da defesa do consumidor e no regime das cláusulas contratuais gerais permitiu concluir que nessas situações a imposição unilateral de um dever pré-contratual de informação à parte forte da relação negocial tem como finalidade a própria restauração dos pressupostos do contrato.

Porém, neste momento, com a afirmação de um dever de informação resultante da relação de cooperação nascida das negociações estamos a identificar um dever de informação mesmo quando os pressupostos da liberdade e igualdade das partes estejam reunidos. Aqui o dever pré-contratual de informação não aparece como corrector das condições necessárias para que o contrato funcione como garante da justiça mas sim como elemento natural e inerente à própria mecânica contratual.

[356] O que daria origem a responsabilidade pré-contratual por ruptura injustificada das negociações.

[357] Cfr. Ac. STJ 22-Maio-2003, cit., que identifica vários comportamentos a observar nas negociações de um contrato, entre eles, *"o sério empenho na realização do negócio"* (6); no entanto, o Ac. vai num sentido diverso daquele que estamos a delinear, na medida em que justifica esses comportamentos apelando *directamente* ao prinípio geral da boa fé, ao passo que nós estamos a partir da própria concepção de contrato e da finalidade das negociações.

[358] MENEZES CORDEIRO, *Da Boa Fé*, 2001, 583-584, considera que o sentido substancial das negociações é a busca de um consenso na formação de um contrato válido apto a realizar os interesses das partes, facto que permite afirmar que o princípio da primazia da

140   Do dever pré-contratual de informação e da sua aplicabilidade ...

Desta feita, tendo em conta que o contrato se define como o acordo de vontades e que este só existirá, na normalidade dos casos, se as partes alcançarem nas negociações um estádio que permita a ambas considerar que o futuro contrato é apto a realizar os seus interesses (ou pelo menos a colocá-las numa posição mais vantajosa do que a anterior), é legítimo afirmar que durante a fase das negociações se estabelece uma relação de cooperação *limitada ao fim das negociações*[359], a saber, a celebração válida do contrato em moldes que permitam realizar o escopo *legitimamente* pretendido pelas partes.[360-361]

---

materialidade subjacente, presente na cláusula geral da boa fé, leva a concluir que haverá responsabilidade pré-contratual sempre que as partes através da violação de um dever pré-contratual originem o esvaziamento desse sentido substancial.

[359] Repare-se que o facto de estarmos a partir da concepção de contrato e da teleologia das negociações nos leva à afirmação de uma concepção instrumental de cooperação, direccionada a esses dois elementos e, por conseguinte, mais restrita mas segundo pensamos mais realista. Não vamos por isso ao ponto de defender, como os Autores que recorrem directamente ao princípio da boa fé, que o que está em causa na responsabilidade pré-contratual é a exigência de colaboração e cooperação no sentido da satisfação e promoção das expectativas recíprocas ou do cumprimento da expectativa alheia (cfr. Francesco Benatti, *A responsabilidade*, 1970, 61-62). Pois, como ensina Holger Fleischer, *Informationsasymmetrie*, 2001, 299, uma concepção de cooperação contratual que impusesse um amplo dever de informação sobre todas as circunstâncias relevantes seria contrária ao princípio da autonomia privada.

[360] Cfr., também, Herbert Wiedemann, *Zur culpa in contrahendo*, 1982, 466-467. Embora não enquadre a questão como nós o fazemos (partindo do princípio da cooperação nas negociações) o Autor chega à conclusão de que as partes nas negociações devem comportar-se de forma honesta e leal de modo a alcançar um contrato válido que seja apropriado à realização dos seus fins.

[361] Poder-se-ia pensar que uma tal conclusão vai contra a liberdade contratual na sua vertente negativa de ninguém ser obrigado a concluir qualquer contrato, não estando por isso adstrito a qualquer comportamento com vista a essa finalidade: cfr. Arndt Teichmann, *Nebenverpflichtungen*, 1984, 546. Segundo o Autor, a intenção de celebrar o contrato permite explicar a prestação de informação favorável à conclusão do contrato (*abschlussfördernden Informationen*), sob pena de as negociações se romperem caso a contraparte não forme a convicção de que a celebração do contrato, com aquele parceiro contratual, é vantajosa para a realização dos seus interesses, mas não permite que se veja aqui um *dever*, na medida em que a liberdade contratual confere aos sujeitos a possibilidade de assumirem o risco da não celebração do contrato e de dirigirem as negociações conforme lhes parecer mais adequado. O entendimento do Autor assenta na distinção entre informação vantajosa e desvantajosa para a celebração do contrato. Explica que a prestação da primeira, embora não seja verdadeiramente imposta, se pode fundamentar no próprio funcionamento das negociações. Já quanto à segunda entende que a mesma só pode fundamentar-se num comando normativo que a exija e apenas quando os interesses da parte contrária o justificarem e quando a informação em causa não deva cair na esfera de risco da parte

Estas breves considerações permitem concluir que o dever de informação é algo inerente à própria mecânica do contrato.

Deste modo, afasta-se a afirmação de um dever de informar sobre todas as condições conhecidas[362] e, em simultâneo, identifica-se a necessidade de ponderação dos elementos necessários à celebração válida do contrato e aos fins prosseguidos pelas partes, sem o que, em situações normais, seria impossível a obtenção do necessário consenso. Ou seja, destas considerações chegamos à distinção entre dois tipos de informação que deve ser prestada espontaneamente: a informação relativa às *condições de validade* do negócio e a informação relativa à *satisfação dos interesses da contraparte*.

Assim justifica-se um dever de informar espontaneamente sobre todas as circunstâncias que possam vir a determinar a invalidade ou ineficácia do contrato[363]. Nessas circunstâncias inserem-se situações previstas na lei[364], e

---

contrária (546-547). Neste ponto nos distanciamos do Autor. Quanto a nós a própria dinâmica das negociações permite explicar a imposição de um dever de informar sobre as circunstâncias favoráveis à celebração do contrato e sobre aquelas que lhe possam ser desfavoráveis. Pois, o escopo das negociações não é apenas a celebração de um contrato mas a celebração de um contrato que possa produzir o fim a que se destina sem que possa vir a ser invalidado por qualquer razão decorrente das negociações.

Por isso mesmo, a imposição de um dever de informar justificado na relação de cooperação que se estabelece na fase da formação do contrato não constitui negação da liberdade contratual na sua vertente de não celebrar contratos, podendo mesmo mostrar-se essencial para fundamentar a decisão de não contratar.

[362] GEBHARD REHM, *Aufklärungspflichten*, 2003, 117e ss. O Autor entende que da *Richtigkeitsgewähr* não se pode extrair um dever de informar sobre *todas* as circunstâncias conhecidas, devendo esse dever ser ancorado na ideia de liberdade contratual, identificando nas pp. 120 e ss. os critérios que este conceito permite veicular para a tarefa da determinação do conteúdo do dever de informação.

[363] Cfr. GÓMEZ CALLE, *Los deberes*, 1994, 118-199; ANA PRATA, *Notas*, 2002, 49 e 61. Na ordem jurídica italiana a questão foi expressamente resolvida pelo art. 1338.º *Codice Civile* que estipula que a parte que conhecendo ou devendo conhecer a existência de uma causa de invalidade do contrato que não comunica esse facto à outra parte deve indemnizar o dano que esta sofreu por ter confiado sem culpa sua na validade de negócio. Cfr. FRANCESCO BENATTI, *A responsabilidade*, 1970, 71 e ss.; GIUSEPPE GRISI, *L'obbligo precontrattuale*, 1990, 94-95.

[364] Por exemplo, o sujeito menor deve informar a contraparte nas negociações do seu estado de menoridade, para evitar a aplicação do regime do art. 125.º do CC; nos termos do art. 266.º, n.º 1 do CC, a parte em negociações deve ser informada acerca das modificações ou revogação da procuração, para evitar a aplicação do regime do art. 268.º do CC; por força do art. 892.º do CC a parte que pretende vender um bem que ainda não se encontra na sua disponibilidade deve informar a contraparte dessa eventualidade.

142   *Do dever pré-contratual de informação e da sua aplicabilidade ...*

em geral quaisquer elementos que possam vir a desencadear a aplicação do regime dos vícios da vontade, nomeadamente aqueles elementos que sejam essenciais, determinantes da formação da vontade contratual, como tal conhecidos ou cognoscíveis pela outra parte[365], em especial quando se refiram à pessoa do declaratário ou ao objecto do negócio.[366-367]

---

[365] Cfr. art. 247.º do CC por remissão do art. 251.º. Também reconhecendo a existência de um dever de informar sobre as circunstâncias reconhecidamente essenciais para a decisão de contratar, cfr. HANS STOLL, *Tatbestände und Funktionen*, 1978, 455 (que identifica uma situação de responsabilidade por *culpa in contrahendo* se uma das partes culposamente não informa a parte contrária das condições essenciais do contrato); LORENZ e RIEHM, *Lehrbuch zum neuen*, 2002, 195; LARENZ e WOLF, *Allgemeiner Teil*, 2004, 600. Todavia, enquanto estes últimos Autores reúnem todas essas circunstâncias debaixo da ideia de frustração do fim contratual (*vertragszweck vereiteln*), nós damos um enquadramento diferente, já que individualizamos as circunstâncias que obstam à celebração válida do contrato e deixamos a ideia de frustração do fim contratual para as considerações relacionadas com os interesses que as partes visam prosseguir com a celebração do contrato. Devemos, no entanto, sublinhar que a distinção que fazemos visa apenas objectivos de clareza expositiva já que, naturalmente, na avaliação da essencialidade das condições para a formação do contrato vai subjacente o fim que as partes visam alcançar com o mesmo.

Cfr. ainda, FABRE-MAGNAN, *De l'obligation*, 1992, 228 e ss.; entre nós, com outras indicações, ALMENO DE SÁ, *Responsabilidade bancária*, 1998, 54, que se refere, sem se deter sobre a questão, a "circunstâncias que possam frustrar o fim do contrato" e "circunstâncias que se revelem de essencial importância para a decisão de contratar".

[366] Cfr. art. 251.º do CC.

[367] Este constitui o ponto de intersecção entre o instituto da *culpa in contrahendo*, em especial por violação do dever de informação, e o regime do erro. De facto, a omissão de informação ou prestação de informação incorrecta pode desencadear a aplicação dos dois regimes: a invalidade do contrato e a indemnização pelos danos causados. Porém, a relação entre dever pré-contratual de conduta e o regime do erro não é assim tão simples, em especial por força do regime do art. 253.º do CC. De qualquer modo, pensamos ser defensável a ideia segundo a qual, em muitas situações, a prévia determinação de um dever pré-contratual de informação é essencial para a aplicação do regime do dolo. Pois, da conjugação do art. 253.º e 254.º do CC resulta que sempre que exista um dever de elucidar por força da lei (no caso o art. 227.º do CC) abre-se a possibilidade de dolo ilícito que gera anulabilidade. Claro que essa anulabilidade só ocorre se existir intenção ou consciência de induzir ou manter em erro a parte contrária nas negociações, o que significa que, quando estejam em causa circunstâncias que não atinjam a pessoa do declaratário, o objecto do negócio ou os motivos reconhecidamente essenciais, os pressupostos para a admissibilidade da indemnização são menos exigentes do que os pressupostos da admissibilidade da anulação do contrato porque na responsabilidade pré-contratual admite-se também a negligência.

Muitas outras questões poderiam ser levantadas quanto à relação entre dever pré-contratual de informação e regime do erro. Porém, deliberadamente não empreendemos

32. O dever de informar sobre as circunstâncias que afectam os interesses da contraparte

Se pensamos não surgirem grandes dúvidas quanto ao dever de informar a contraparte, por iniciativa própria, sobre os factos que podem vir a constituir causa de invalidade do negócio[368], o mesmo já não se verifica em relação ao dever de informar sobre as circunstâncias que se referem aos interesses prosseguidos pelas partes.

Embora nos pareça clara a ideia de que na determinação do dever de informação se deve ter em conta a necessidade de salvaguarda dos interesses da contraparte[369] ou, doutro modo, do fim contratual[370], o facto é que alguns problemas se levantam nesta sede.

---

essa tarefa por considerarmos que ela exigiria um estudo mais aprofundado do regime do erro que seria, quanto a nós, despropositado neste lugar. Além disso, tal análise não é essencial para o nosso objecto de estudo e para os problemas para os quais procuramos resposta.

[368] Embora seja sempre possível equacionar algumas questões, nomeadamente a questão de saber se existe um dever de informar a contraparte acerca dos requisitos legais de validade de um contrato, como acontece, por exemplo, relativamente à exigência de forma escrita. FRANCESCO BENATTI, *A responsabilidade*, 1970, 75, levanta esta questão e conclui pela existência de um dever de informar a contraparte mesmo acerca dos requisitos legais de validade dos negócios jurídicos (77). Neste ponto divergimos do Autor. Pensamos que estas circunstâncias caem no âmbito do ónus de auto-informação, na medida em que se tratam de informações disponíveis de igual modo a todos os sujeitos, e mais do que isso do conhecimento público, que só por si afastariam o dever de informar. No entanto, poderão verificar-se desvios a esta regra se algum outro interesse justificar a imposição desse dever, tal como acontece nos casos em que seja imperioso a protecção do contraente débil, como veremos mais adiante.

[369] Aqui está, em concreto, uma manifestação da ideia a que chegámos no primeiro capítulo segundo a qual o dever pré-contratual de informação está vocacionado para proporcionar uma nova leitura do contrato enquanto garante da realização da justiça contratual.

[370] Cfr. GIUSEPPE GRISI, *L'obbligo precontrattuale*, 1990, 81, 106; ANTUNES VARELA, *Anotação*, RLJ, 1976, 57; VAZ SERRA, *Anotação*, RLJ, 1977-78, 276-277; ALMENO DE SÁ, *Responsabilidade bancária*, 1998, 48 e 54; ANA PRATA, *Notas*, 2002, 49-50; CARVALHO MARTINS, *Responsabilidade pré-contratual*, Coimbra: Coimbra Editora, 2002, 39; FRANCESCO BENATTI, *A responsabilidade*, 1970, em especial, 57; ARNDT TEICHMANN, *Nebenverpflichtungen*, 1984, 546-547; LARENZ e WOLF, *Allgemeiner Teil*, 2004, 600; PALANDT / HEINRICHS, *§ 123*, 97, 2005. A necessidade de no decurso de uma relação pré-contratual os sujeitos atenderem aos interesses da contraparte encontra-se expressamente prevista na ordem jurídica alemã, resultando da aplicação conjugada dos §§311 e 241 II: LORENZ e RIEHM, *Lehrbuch zum neuen*, 2002, 194.

Também na ordem jurídica portuguesa se encontra uma referência legal ao interesses das partes. Tendo em conta as considerações que tecemos supra (cfr. n.º 18), o carácter

144 *Do dever pré-contratual de informação e da sua aplicabilidade ...*

O primeiro problema resulta, desde logo, da regra da irrelevância jurídica dos fins mediatos que os sujeitos visam alcançar com a celebração de determinado negócio jurídico.[371] Como se sabe, é possível distinguir entre fins imediatos e fins mediatos[372]: os primeiros dizem respeito à própria intenção e manifestam-se inevitavelmente na actuação do sujeito (por exemplo, se alguém emite uma declaração negocial, que constitui aceitação de uma proposta, o fim imediato é a celebração do contrato). Os segundos dizem respeito aos objectivos que o sujeito se propõe alcançar com a prática da acção (por exemplo, um sujeito celebra um contrato de compra e venda porque pretende receber dinheiro).

No contexto da formação de um contrato, os fins imediatos dizem respeito à celebração válida do contrato – a que nos acabámos de referir – e os fins mediatos dizem respeito aos interesses das partes. Mas se estes são em regra irrelevantes cabe perguntar em que medida podem eles ser determinantes para a constituição do dever de informar.

Em princípio, só os interesses objectivamente conhecidos ou cognoscíveis são relevantes[373]. Ou seja, as partes só têm o dever de informar sobre as circunstâncias susceptíveis de afectar a realização dos interesses da contraparte, quando esses interesses possam ser determinados com base em padrões objectivos.[374] Aqui se incluem, naturalmente, aquelas circunstâncias que dizem respeito à função social ou típica do negócio.[375]

---

de instumento auxiliar de aplicação da LCCG permite chamar aqui à colação o seu art. 16.º, que fornece critérios para a determinação do conceito de boa fé, destacando na al. b) a necessidade de ponderar *o objectivo que as partes visam atingir negocialmente.*

[371] Cfr. OLIVEIRA ASCENSÃO, *Teoria Geral,* II, 2003, 132.

[372] Cfr. *idem, ibidem,* 130 e ss.

[373] Assim, GIUSEPPE GRISI, *L'obbligo precontrattuale,* 1990, 94.

[374] Cfr. FABRE-MAGNAN, *De l'obligation,* 1992, 142-143. Um exemplo interessante pode encontrar-se no Ac. STJ de 28-Fevereiro-2002, cit. A situação em litígio resume-se ao seguinte: uma associação de escolas de condução organizou um curso de preparação para os exames de examinadores de condução, fazendo publicar num jornal essa abertura e os requisitos para a admissão a tal exame.

O facto é que essa informação foi prestada de forma negligente, com base em anteriores actuações ilegais da DGV, sendo os requisitos estabelecidos na lei mais exigentes do que aqueles que foram anunciados. Os Autores, reunindo os requisitos publicados pela associação, inscreveram-se no curso. Mais tarde veio a verificar-se que os mesmos não foram admitidos ao exame por não reunirem os requisitos legais.

O Tribunal confirmou a condenação da associação por considerar que o seu comportamento se traduziu numa "grave negligência na violação do dever de informação a que estava adstrita" (6).

Posto isto, pode afirmar-se que existe um dever de informar sobre os factos que possam vir a frustrar o aproveitamento das utilidades que um determinado bem jurídico permite retirar em termos de normalidade, já que o conhecimento dos mesmos terá um peso decisivo na decisão de contratar e na configuração da relação de mútuas concessões, necessária à obtenção do acordo[376].

Mas mesmo em relação aos interesses das partes que resultem apenas de considerações subjectivas do sujeito pode existir um dever de informar. Tal ocorre quando esses interesses sejam conhecidos da contraparte, nomeadamente porque lhe foram comunicados pela parte interessada, eventual "credor" da informação.[377] Neste caso o critério será apenas o do

---

Os referidos requisitos legais constituíam, pois, circunstâncias que respeitavam aos interesses das partes, determináveis objectivamente, pelo próprio conteúdo do contrato uma vez que se tratava de cursos de preparação para os exames.

[375] Cfr., OLIVEIRA ASCENSÃO, *Teoria Geral*, II, 2003, 132-133. Assim, por exemplo, se as partes estão em negociações para a celebração de um contrato promessa de compra e venda de um bem que o promitente vendedor pretende vir a adquirir, esta circunstância da indisponibilidade actual do bem em causa, embora não afecte a validade do contrato, deve ser informada à contraparte uma vez que ela pode vir a afectar os fins típicos do contrato, que seriam a celebração do contrato definitivo tendente à transmissão da propriedade.

[376] Cfr. LARENZ e WOLF, *Allgemeiner Teil*, 2004, 600. Pela influência que estas circunstâncias têm na decisão de contratar e nos termos em que ela ocorre, GIUSEPPE GRISI, *L'obbligo precontrattuale*, 1990, 94, qualifica-as de elementos essenciais. De facto, este percurso trouxe-nos à afirmação de que em relação a *determinados aspectos decisivos* para a formação da vontade contratual existe um dever de informar. O que, no entanto, é coisa diferente da afirmação de que existe um dever de informar sobre *todos os dados determinantes* da vontade negocial de celebrar ou não celebrar o negócio, ou de fazê-lo em termos diferentes: cfr. FABRE-MAGNAN, *De l'obligation*, 1992, 132; GÓMEZ CALLE, *Los deberes*, 1994, 100 e ss.; EVA MOREIRA DA SILVA, *Da responsabilidade*, 2003, 131. Na verdade, pensamos que um tal posicionamento permite um alargamento excessivo do âmbito do dever de informação, já que em última análise todas as circunstâncias directa ou indirectamente relacionadas com o contrato podem vir a ter uma influência determinante, se não na decisão de celebrar ou não o contrato, pelo menos na modelação do seu conteúdo, tudo dependendo da variedade de contratantes e diversidade de interesses em causa: cfr. LUCAS DE LEYSSAC, *L'obligation de renseignements*, 1978, 324.

[377] Cfr. FABRE-MAGNAN, *De l'obligation*, 1992, 143; GÓMEZ CALLE, *Los deberes*, 1994, 117; GIUSEPPE GRISI, *L'obbligo precontrattuale*, 1990, 98. Todavia, este Autor entende que, além de deverem ser conhecidas pelo sujeito, as circunstâncias subjectivamente essenciais só são objecto do dever de informar se constituírem a razão exclusiva ou principal da celebração do contrato. Também na jurisprudência encontramos a consagração de um dever de informar sobre as circunstâncias relativas aos interesses subjectivamente determinados pelas partes. Isso aconteceu, por exemplo, no Ac. STJ de 29-Janeiro-2004,

conhecimento efectivo e não já o da cognoscibilidade, pois não é razoável exigir aos sujeitos que conheçam os interesses determinados subjectivamente pela contraparte.

Todavia, algumas cautelas são necessárias neste ponto. Não devemos esquecer que o fundamento de que partimos para encontrar a relação de cooperação, que justifica a imposição de um dever de informar espontaneamente sobre as circunstâncias relevantes para a salvaguarda dos interesses da contraparte, está preso à concepção de contrato e limitado ao fim das negociações. O que significa que o sujeito não tem de fazer tudo o que estiver ao seu alcance para garantir a satisfação dos interesses da outra parte, como acontece por imposição da boa fé no âmbito do cumprimento de uma obrigação[378], mas tão só fornecer de forma objectiva os elementos que permitam à contraparte avaliar a aptidão do contrato para a realização dos seus fins. Em nome da autonomia privada, e de tudo quanto ela implica, essa avaliação deverá ser feita pelo sujeito interessado. Nomeadamente, não existe um dever de informar sobre a oportunidade do contrato, mas tão só sobre as circunstâncias que possam levar a contraparte à conclusão da sua inoportunidade.[379] De facto, o que está em causa no dever pré-contratual de informação é a prestação de informação com o

---

cit. Estava em causa a negociação de um contrato de arrendamento de uma fracção autónoma de um prédio urbano, sendo do conhecimento de ambas as partes que o arrendatário tinha como único objectivo a exploração da actividade da restauração. O locador prestou falsas informações ao arrendatário, garantindo-lhe que a fracção autónoma era apta à realização daquele fim. Acontece, porém, que a fracção se destinava ao uso do comércio e não da indústria hoteleira e afins, havendo necessidade de obter o acordo de todos os condóminos para se poder alterar o destino da fracção. Tal acordo não veio a ser alcançado, tendo sido o arrendatário sujeito a uma ordem de despejo da Câmara Municipal. O tribunal veio a confirmar a condenação do locador ao pagamento de uma indemnização pelos danos porque o réu não informou devidamente o autor de que não estavam verificadas as condições para que a fracção autónoma pudesse satisfazer os interesses que o arrendatário (subjectivamente) visava prosseguir, em particular, o exercício da actividade de restauração.

[378] MENEZES CORDEIRO, *Direito das Obrigações*, I, 1994, 147-149.

[379] A questão de saber se existe um dever de informar sobre a oportunidade do contrato surge referida em SINDE MONTEIRO, *Responsabilidade por Conselhos*, 1989, 366, e, com maior desenvolvimento, em GIUSEPPE GRISI, *L'obbligo precontrattuale*, 1990, 104 e ss. O Autor chega à conclusão de que apenas existe um dever de informar acerca da inoportunidade do negócio (112). Concordamos em geral com esta posição, mas julgamos ser necessária uma precisão: o dever de informar abrange apenas a transmissão objectiva de factos e não quaisquer juízos valorativos por parte de quem a presta. Se tal se verificar saímos fora do âmbito deste dever para entrar na problemática da responsabilidade por conselhos e recomendações.

Do Dever Pré-Contratual de Informação em Geral

intuito de evitar que a contraparte aja de forma contrária aos seus interesses e não de influenciar a decisão do sujeito num determinado sentido.[380] Ou seja, o dever de informação deve ser visto como pressuposto para o exercício efectivamente livre da autonomia privada e não como meio de influenciar decisões.

Finalmente, ainda quanto a esta questão dos interesses das partes há um aspecto essencial que merece lugar de destaque, não obstante o seu carácter evidente. Trata-se da *legitimidade* dos interesses. Isto é, só existe dever de informar sobre as circunstâncias que possam afectar os interesses legítimos da contraparte.[381]

Portanto, o sujeito que tem conhecimento de factos que podem obstar à realização de fins ilegítimos não está obrigado a comunicar tais factos, podendo quanto a eles remeter-se ao silêncio.[382]

Interesses ilegítimos são, desde logo, aqueles que nos termos do art. 281.º do CC podem gerar a nulidade do negócio jurídico, caso sejam comuns a ambas as partes, isto é contrários à lei, à ordem pública ou ofensivos dos bons costumes.

---

[380] Cfr. FRANÇOIS HERZFELDER, *L'obligation de renseigner*, 1972, 564.

[381] Cfr. FABRE-MAGNAN, *De l'obligation*, 1992, 143 e ss.; *idem, Duties of Disclosure and French Contract Law*, 1997, (99-120), 103. A Autora entende que não existe qualquer dever de informar sobre os factos que não possam ser ponderados na tomada de decisão, e dá o exemplo do estado de gravidez de uma candidata a emprego, concluindo que tais factos não podem integrar a base da decisão, sob pena de se violar o princípio fundamental da não discriminação. Concordamos com a ideia, mas não com o seu enquadramento. Na nossa opinião, a problemática do dever de informar sobre tais factos deve-se reconduzir à questão da legitimidade dos interesses das partes. Pois, na verdade a permissão de ponderar certos factos na decisão depende apenas dos interesses que as partes visam prosseguir, não sendo possível determinar em absoluto se as circunstâncias são ou não juridicamente irrelevantes para a tomada de decisão. Pegando no exemplo da gravidez, pode ser justificado o dever de informar sobre esse estado se, por hipótese, o trabalho em questão for perigoso para a saúde da mãe ou do feto e se a finalidade de conhecimento visar salvaguardar a segurança e saúde daqueles.

Paralelamente, extraindo directamente da boa fé um dever de salvaguarda dos legítimos interesses da contraparte, cfr. ALMENO DE SÁ, *Responsabilidade bancária*, 1998, 48; e na jurisprudência, por exemplo, Ac. STJ 22-Maio-2003, cit., 6.

[382] Aliás, o conhecimento do fim ilegítimo que a outra parte visa prosseguir levanta a questão interessante de saber se nesse caso a boa fé não imporia ao sujeito a obrigação de interromper as negociações, surgindo eventualmente uma responsabilidade por não interrupção das negociações, em caso de lesão de bens jurídicos. A formulação de tal hipótese parece-nos possível já que a lei, no art. 281.º do CC, só prevê a nulidade do contrato se o fim ilícito for comum a ambas as partes.

148 *Do dever pré-contratual de informação e da sua aplicabilidade ...*

Mas para além destes critérios é preciso conferir um carácter mais aberto a esta ideia de legitimidade, devendo a mesma ser construída a partir do critério da razoabilidade[383], de forma a se conseguir uma maior estabilidade e capacidade de concepção de novas soluções para novos casos. Pois, como veremos, em especial no contrato de trabalho, é possível configurar situações em que o interesse de uma das partes não é contrário à lei, ordem pública ou ofensivo dos bons costumes, mas ainda assim deve ser considerado ilegítimo.[384]

III. O TIPO CONTRATUAL

33. Contributos: em especial a relação de confiança

Para além dos aspectos genéricos extraídos do conceito de contrato e da teleologia das negociações, o tipo contratual é um indicador essencial da constituição do dever de informar espontaneamente a outra parte.

É indiscutível que na difícil tarefa de concretização da boa fé, e dos deveres laterais a partir dela construídos, se deve ter em consideração as particularidades da relação contratual em causa.[385] De facto, assim deve acontecer na determinação do dever de informação. A sua constituição bem como a determinação do seu conteúdo não podem alhear-se das características do contrato em causa.[386] Desde logo porque existe um nexo funcional entre as negociações e o negócio visado[387], que torna aquelas

---

[383] A ideia de que só os interesses razoáveis das partes têm relevância aparece em GIUSEPPE GRISI, *L'obbligo precontrattuale*, 1990, 94.

[384] Por exemplo, o interesse do comprador em ser informado de que o bem que pretende comprar está disponível noutro local a um preço mais baixo não é contrário à lei, à ordem pública, ou ofensivo dos bons costumes, mas em termos de razoabilidade, e para efeitos da determinação do dever de informação, deve ter-se por ilegítimo porque em regra essa informação está disponível a todos, e por isso cai na alçada do ónus da auto-informação.

[385] HANS BROX, *Allgemeines Schuldrecht*, 18.ª ed., München: Beck, 1990, 54.

[386] Reconhecendo a importância do tipo contratual para a determinação do conteúdo do dever de informação, cfr., entre outros, GIUSEPPE GRISI, *L'Obbligo Precontrattuale*, 1990, 95; MENEZES CORDEIRO, *Manual de Direito das Sociedades*, I, 2004, 388-389; FRANCESCO BENATTI, *A Responsabilidade*, 1970, 58-59; ANA PRATA, *Notas*, 2002, 45; VOLKER EMMERICH, *Das Recht*, 2005, 87; HOLGER FLEISCHER, *Informationsasymmetrie*, 2001, 573 e ss.

[387] MOTA PINTO, *A Responsabilidade*, 1966, 181; também ANTUNES VARELA, *Das Obrigações*, I, 2005, 271, reconhece a existência de um "nexo teleológico" entre a relação

Do Dever Pré-Contratual de Informação em Geral 149

instrumentais em relação a este e que coloca o tipo contratual no papel de centro delimitador a partir do qual se traça o diâmetro do âmbito de aplicação do dever de informar. Através do tipo contratual é possível determinar quais os factores que dizem respeito ao fim contratual[388] e ao objecto do contrato, mas ele permite também incluir no âmbito do dever de informação aspectos que em princípio seriam acessórios mas que, perante o tipo de contrato em causa, podem alcançar uma grande importância, como acontece por exemplo no caso da informação sobre os prazos no âmbito de um contrato de fornecimento.

Mas, quanto a nós, o aspecto mais relevante que podemos retirar da análise do tipo contratual diz respeito à relação que se estabelece entre as partes. Efectivamente, alguns contratos fazem nascer uma relação jurídica que se prolonga no tempo, que assenta numa base de confiança mútua e que reclama por uma maior colaboração das partes. Assim acontece, por exemplo, no contrato de sociedade e, justamente, no contrato de trabalho.[389]

Ora, atendendo ao nexo teleológico que existe entre a relação contratual futura e as negociações, é legítimo afirmar que as características da relação contratual que se visa constituir – entre elas a relação de confiança – se projectam na fase das negociações e no comportamento devido dos sujeitos, o que pode vir a originar uma intensificação dos deveres pré-contratuais de informação.[390]

Olhando para o exemplo do contrato de sociedade esta afirmação torna-se evidente. Da descrição deste tipo de contrato, feita no art. 980.º do CC, é possível verificar que o mesmo se caracteriza pela contribuição de todas as partes para o exercício comum de uma certa actividade económica. Sendo o fim comum a todas as partes será de esperar que no

---

pré-contratual e a relação contratual, o que aliás justificaria, na opinião do Autor, a aplicação das regras sobre a responsabilidade contratual ao instituto da *culpa in contrahendo*.

[388] Cfr. art. 16.º, al. b) da LCCG, que considera o tipo de contrato como critério de determinação do objectivo que as partes visam atingir negocialmente, e em consequência como instrumento da concretização da cláusula geral da boa fé.

[389] Cfr. VOLKER EMMERICH, *Das Recht*, 2005, 87; RAÚL VENTURA, *Teoria da Relação Jurídica de Trabalho. Estudo de Direito Privado*, Porto: Imprensa portuguesa, 1944, 82. No entanto, deve notar-se que nem sempre se pode encontrar no contrato de trabalho uma relação de confiança. Este elemento tende a estar presente em certas situações laborais, como no caso de trabalhadores dirigentes, mas não pode ser erigida a característica comum: cfr. infra n.º 43.

[390] Cfr. HOLGER FLEISCHER, *Informationsasymmetrie*, 573-574; CARNEIRO DA FRADA, *Teoria da Confiança*, 2004, 544 e seg., em especial pp. 550-552 onde defende que os negócios de confiança implicam uma qualificação do dever de informar.

150   *Do dever pré-contratual de informação e da sua aplicabilidade ...*

decurso das negociações estas tudo farão para o alcançar, nomeadamente através da prestação de todas as informações relevantes.

Desta feita, entendem os Autores que quando do contrato projectado deva nascer uma relação de confiança entre as partes fica afastado o ónus de auto-informação, sendo de tutelar a expectativa das partes no sentido de que a contraparte prestará espontaneamente as informações necessárias.[391]

Em geral concordamos com esta concepção, mas pensamos ser necessário proceder a uma precisão. Pois, mesmo nos contratos que geram uma relação de confiança é sempre possível identificar interesses individuais e contrapostos de cada uma das partes. O dever de informar espontaneamente, justificado na legítima expectativa das partes, apenas será defensável relativamente às circunstâncias que digam respeito ao *fim comum que constitui a base da confiança.*[392]

---

[391] Nesse sentido, HEIN KÖTZ, *Precontractual Duties of Disclosure*, 2000, 8-9; EVA MOREIRA DA SILVA, *Da Responsabilidade*, 2003, 115-117. No entanto, discordamos parcialmente do entendimento da Autora na medida em que entende que uma relação de confiança se estabelece com a simples entrada em negociações "quando a informação em causa for de tal ordem importante que, esperando o contratante lealdade da contraparte, lhe seja legítimo esperar que esta o informe." Quanto a nós esta questão resolve-se à luz de outros critérios, não sendo possível ver aqui a existência de uma relação de confiança construída a partir da relevância das informações em causa. De facto, como resulta do que referimos anteriormente, nestes casos o dever de informar é imposto pela cooperação necessária para a obtenção do acordo, que obriga as partes a ter em consideração os interesses da parte contrária. Numa orientação semelhante à perfilhada pela Autora, VOLKER EMMERICH, *Das Recht*, 2005, 86-87, entende que quanto à informação que uma parte detém e sabe, ou deve saber, que é *decisiva* para a formação da vontade contratual da sua contraparte, é legítima, segundo os usos do comércio jurídico, a expectativa desta em ser informada. De todo o modo, encontra-se aqui uma diferença em relação ao pensamento daquela Autora: a expectativa em ser informado justifica-se nos usos do comércio jurídico e não no carácter essencial da informação.

Cfr. ainda, SINDE MONTEIRO, *Responsabilidade por Conselhos*, 1989, 363; JACQUES GHESTIN, *L'Obligation Précontractuelle*, 1987, 180; *idem*, Traité, 1993, 634-635; LUCAS DE LEYSSAC, *L'Obligation de Renseignements*, 1978, 326.

[392] Identificar o que seja o *fim comum que constitui a base da confiança* nem sempre será tarefa fácil, sendo necessário proceder a uma valoração cuidadosa do tipo contratual e das circunstâncias do caso concreto. Mesmo nos negócios onde seja possível identificar na estrutura contratual um elemento de fidúcia, há sempre espaço para a convivência entre uma base comum de confiança (que é sede da qualificação do dever de informar) e um espaço onde imperam os interesses individuais de cada uma das partes. O conceito de relação ou negócio de confiança abrange, por exemplo, negócios em que um dos sujeitos tenha um determinado status decorrente do exercício de uma profissão. Por exemplo, num

Do Dever Pré-Contratual de Informação em Geral 151

Está então identificado um dos casos em que a confiança, aliada ao tipo contratual, assume a qualidade de facto constitutivo (ou pelo menos facto qualificativo) do dever de informar. Mas outros existem.[393]

34. Outros factores geradores de confiança

É possível conceber situações de confiança que se geram entre as partes, no decurso das negociações, sem que tal resulte da projecção das características do contrato. Assim acontece quando entre os sujeitos existe uma relação especial resultante, por exemplo, de laços estreitos de amizade ou de sangue[394], ou de anteriores relações contratuais entre as partes[395].

Nestes casos, não é de exigir às partes que procurem por sua iniciativa obter todas as informações necessárias, já que a especial relação entre elas permite-lhes esperar a prestação da informação pela outra parte.[396] Isto verifica-se com especial acuidade nas situações em que as partes já celebraram contratos entre si, no decurso dos quais adoptaram uma conduta leal e honesta, e nomeadamente prestaram todas as informações necessárias. Nestas circunstâncias o "credor" da informação merece tutela porque a sua expectativa é justificada, já que objectivamente é previsível que a outra parte venha a adoptar o mesmo padrão de conduta observado nas relações contratuais anteriores.[397]

---

contrato de prestação de serviços médicos a qualificação do dever de informar não se estende aos aspectos patrimoniais do contrato. Se é legítimo que o paciente espere ser informado de forma criteriosa e detalhada acerca do seu estado de saúde, já não é legítimo que o paciente espere ser informado de que o preço dos serviços médicos prestados é demasiado alto quando comparado com o preço de mercado.

[393] Cfr. Palandt / Heinrichs, *§ 123*, 2005, 97.

[394] Cfr. Jacques Ghestin, *Traité de Droit Civil*, 1993, 635; Gómez Calle, *Los deberes*, 1994, 92.

[395] Considerando a existência de anteriores relações contratuais entre as partes indicador de uma relação de confiança, Ana Prata, *Notas*, 2002, 45; Gómez Calle, *Los deberes*, 1994, 92.

[396] Cfr. Eva Moreira da Silva, *Da responsabilidade*, 2003, 116.

[397] Poder-se-ia pensar, no entanto, que no nosso ordenamento jurídico a tutela indemnizatória desse sujeito está dificultada pela exigência de culpa constante do art. 227.º do CC. Uma vez que, nos termos do art. 487.º do CC, a culpa é fixada em abstracto, poder-se-ia ser levado a pensar que não age com culpa quem numa determinada situação não adopte os mesmos padrões de conduta adoptados em relações contratuais anteriores. Não obstante, como refere o art. 487.º do CC, é sempre necessário ter em conta as circunstâncias de cada caso, pelo que a existência de anteriores relações contratuais entre

152 *Do dever pré-contratual de informação e da sua aplicabilidade ...*

Finalmente, há ainda uma outra situação óbvia mas que por razões de sistematização vamos individualizar.

Na grande maioria dos casos, quando uma das partes presta espontaneamente informações à outra tal facto só por si é susceptível de criar na contraparte a confiança na veracidade da informação. Por isso, o sujeito fica desonerado da procura dessa informação[398]. A não ser assim estar-se-ia a impor ao sujeito uma espécie de ónus de confirmação, que em qualquer caso extravasaria o ónus de auto-informação que, como concluímos, apenas abrange os esforços razoáveis exigíveis a um homem médio colocado nas circunstâncias do caso concreto.

Pensamos que este aspecto não levanta dúvidas. Aquele que decide informar outrem deve fazê-lo com verdade e de forma completa, de modo a evitar que a outra parte caia em erro ou formule ideias incorrectas[399], sob pena de incorrer em responsabilidade pré-contratual por violação do dever de informação, que neste caso seria uma violação por acção.[400]

---

as partes constitui argumento para elevar a bitola da diligência de um bom pai de família. Por outro lado, a não adopção do padrão de conduta adoptado em anteriores relações contratuais pode significar a criação de expectativas indevidas que, por força de conduta posterior, se vêm a frustrar. Embora seja controversa a ideia de um dever de conformação com expectativas alheias, parece haver consenso quanto à ideia de um dever de não criar expectativas indevidas que se frustram posteriormente por força da conduta do mesmo sujeito que contribui para a criação dessas expectativas.

[398] Cfr. JACQUES GHESTIN, *Traité de Droit Civil*, 1993, 643; *idem, L'obligation précontractuelle*, 1987, 182.

[399] LARENZ e WOLF, *Allgemeiner Teil*, 2004, 599; cfr. ainda PALANDT / HEINRICHS, § *123*, 2005, 97.

[400] Cfr. MENEZES CORDEIRO, *Da Boa Fé*, 2001, 583: os deveres de informação podem ser violados por *acção* e por *omissão*. A primeira situação diz respeito à prestação de informações incorrectas, a segundo à não prestação de informação devida, que se verifica sempre que o sujeito deva responder a questões colocadas pela contraparte ou quando deva informar espontaneamente.

§ 10 Linhas norteadoras fornecidas pela qualidade das partes. Em especial a situação de desequilíbrio informacional

35. Nota prévia: do desequilíbrio informacional à negação do postulado da auto-informação e à afirmação do dever de informação como instrumento de realização da justiça contratual

Como vimos anteriormente, em algumas situações, em especial no Direito dos valores mobiliários e com maior incidência no Direito de defesa do consumidor e no regime das cláusulas contratuais gerais, a lei julgou necessário regular expressamente a imposição do dever de informação. Verificou-se também que, ao contrário do que acontece em princípio na responsabilidade pré-contratual, o dever de informar assume nesses casos um *carácter unilateral*, já que apenas se dirige a uma das partes das negociações. Isto significa que a lei considerou necessário tratar as partes de forma desigual, o que em nome do princípio da igualdade só pode encontrar justificação numa situação de desigualdade entre os sujeitos, que acarrete a necessidade de protecção daquele que ocupa uma posição desfavorecida. A intervenção do legislador permite por si só chamar a atenção para a importância da qualidade das partes na constituição e determinação do dever de informar, sempre que dessa qualidade resulte uma diferença ao nível do conhecimento dos sujeitos que possa afectar a justiça contratual.[401]

---

[401] Também pela análise da doutrina chegaríamos a essa conclusão, concluindo pela relevância deste critério, uma vez que a referência a este aspecto é presença constante nos Autores que se dedicam ao tema: cfr., entre outros, Francesco Benatti, *A responsabilidade*, 1970, 58; Lucas de Leyssac, *L'obligation de renseignements*, 1978, 322 ; Patrice Jourdain, *Le devoir de se renseigner*, 1983, 142; Jacques Ghestin, *L'obligation précontractuelle*, 1987, 174, 181; *idem, Traité de Droit Civil*, 1993, 635 e ss.; Ghestin e Jamin, *Le juste*, 1997, 133, aliás, os Autores consideram que a qualidade das partes é de tal modo relevante que a tendência actual é a de o estatuto dos sujeitos suplantar o acordo de vontades na determinação do regime jurídico aplicável (134); Giuseppe Grisi, *L'obbligo precontrattuale*, 1990, 126 e ss.; Fabre-Magnan, *De l'obligation*, 1992, 197; Sinde Monteiro, *Responsabilidade por Conselhos*, 1989, 360e ss. e 371; Gómez Calle, *Los deberes*, 1994, 89; Menezes Cordeiro e Rita Amaral Cabral, *Aquisição de empresas*, 1995, 125-126; Llobet i Aguado, *El deber de información*, 1996, 109 e ss.; Almeno de Sá, *Responsabilidade bancária*, 1998, 55 e 59; Catherine Krief-Verbaere, *Les obligations d'information dans le droit pénal des affaires. L'information, vecteur d'égalité et principe actif de fraternité*, RTDCDE, 3, 1999, (584-599), 591 e ss.; Moura Vicente, *Da Responsabilidade pré--contratual*, 2001, 309; Ana Prata, *Notas*, 2002, 44; Menezes Cordeiro, *Manual de Direito*

154 *Do dever pré-contratual de informação e da sua aplicabilidade ...*

Para avaliar a qualidade das partes é necessário ter em conta as características económicas, sociais, técnicas e pessoais dos sujeitos, no contexto das negociações, em especial no confronto com a contraparte. De facto, as diferenças económicas, sociais, técnicas e pessoais podem originar situações de supremacia de um dos sujeitos, que aproveitando a situação de vantagem impõe à contraparte determinada regulação contratual, com prejuízos evidentes para a própria autonomia privada.

Este aspecto é muito importante pois ele afecta a validade do postulado da auto-informação. Como ficou visto anteriormente, este postulado decorre da ideia de autonomia privada que, para funcionar em pleno, pressupõe necessariamente a liberdade e *igualdade* das partes. Ora, não se verificando estas condições cai por terra o fundamento da auto-informação. De facto, se as partes não se encontram numa situação paritária não se lhes pode impor uma distribuição igualitária do risco da informação.[402]

Nos casos em que as partes se encontrem numa situação de desequilíbrio informacional, aquela que goza de uma posição de vantagem deve informar espontaneamente a contraparte, como forma de repor o equilíbrio e permitir à contraparte a formação de uma vontade contratual mais livre[403]. Efectivamente, a comunicação da informação permite criar uma esfera de decisão que contribuirá tanto mais para a liberdade contratual quanto maior for a correspondência dessa esfera com a realidade. O dever de informação possibilita que os sujeitos tenham uma base de decisão mais alargada que de outro modo, devido à sua situação de desvantagem, não conseguiriam alcançar.

Desta feita, o dever de informação assume um papel importante na realização da justiça contratual[404], já que ao contribuir para uma decisão *livre* faz renascer as potencialidades do acordo de vontades enquanto vector de garantia da justiça do contrato.

Comercial, 2003, 389-390; Eva Moreira da Silva, *Da responsabilidade*, 2003, 135 e ss.; Ignazio Tardia, *Buona fede*, 2004, 740 e ss.; Gebhard Rehm, *Aufklärungspflichten*, 2003, 128 e ss., em especial 131-137; Larenz e Wolf, *Allgemeiner Teil*, 2004, 600; Volker Emmerich, *Das Recht*, 2005, 87; *idem, Münchkomm*, §311, 2003, 1504.

Mas também na jurisprudência: cfr., por exemplo, Ac. STJ 14-Novembro-1991, cit., 540-542; STJ 16-Março-1999, cit.; STJ 28-Fevereiro-2002, cit. 6; STJ 3-Julho-2003, cit., 4.

[402] Cfr. Gebhard Rehm, *Aufklärungspflichten*, 2003, 128.

[403] Cfr. Jacques Ghestin, *L'obligation précontractuelle*, 1987, 173; Claus-Wilhelm Canaris, *A liberdade e a justiça contratual*, 1997, 62; Gebhard Rehm, *Aufklärungspflichten*, 2003, 130.

[404] Menezes Cordeiro, *Manual de Direito Comercial*, 2003, 390.

36. O desequilíbrio informacional enquanto desigualdade de oportunidades de obtenção de informação

É necessário desvendar o que se deve entender por desequilíbrio informacional.

Naturalmente que é necessário que as partes se encontrem numa situação de desigualdade de conhecimentos, mas tal factor não é suficiente uma vez que há situações em que o sujeito não detêm a informação mas devia detê-la por imposição do ónus de auto-informação[405], assim como há situações em que o conhecimento da informação relevante pelo "credor" da informação não afasta necessariamente o dever de informar.[406] A desigualdade tem de ser encontrada não ao nível da detenção da informação mas ao nível da sua obtenção. É imperativo verificar se as partes se encontram *numa situação de desigualdade de oportunidades de obtenção da informação.*[407]

---

[405] Cfr. LUCAS DE LEYSSAC, *L'obligation de renseignements*, 1978, 21 e 322 ; também, JACQUES GHESTIN, *L'obligation précontractuelle*, 1987, 176. Neste ponto, distanciamo-nos do tratamento que este Autor dá à questão. Na p. 176 o Autor entende que a fonte da obrigação de informar é a desigualdade de informação, que se traduz numa situação em que um sujeito detém a informação e o outro sujeito, legitimamente, não detém essa informação. Posteriormente, nas pp.178 e ss., identifica as situações nas quais é legítimo ignorar e, em consequência, nas quais se verifica a existência de uma obrigação de informação. Assim, numa sistematização seguida entre nós por EVA MOREIRA DA SILVA, *Da responsabilidade*, 2003, 124 e ss., o Autor defende que a ignorância é legítima quando o sujeito está impossibilitado de se informar. Tal pode acontecer por razões que se prendem com critérios objectivos e subjectivos (de inaptidão pessoal, por exemplo), mas também quando o sujeito tem razões objectivas para confiar na prestação espontânea da informação, fundadas na natureza do contrato e na qualidade das partes.

Afastamo-nos deste entendimento, logo à partida, porque consideramos que a fonte da obrigação não pode ser encontrada na desigualdade de informação pois, como defendemos supra, o conhecimento dos factos pela contraparte não afasta, necessariamente, o dever de informar (cfr. supra n.º 28).

Por outro lado, a nossa metodologia é diferente pois, enquanto o Autor reconduz tudo à questão da ignorância legítima, nós entendemos ser relevante autonomizar os vários critérios que através da boa fé são chamados a justificar a imposição do dever de informação espontânea, independentemente do credor da informação e das diligências efectuadas na obtenção da informação.

[406] Como ficou visto supra (cfr. supra n.º 28), o dever de informar não se constitui apenas quando o sujeito não conhece. Regras objectivas não podem depender de estados subjectivos de outros sujeitos, nomeadamente do conhecimento ou desconhecimento de certa informação, pelo que o critério tem necessariamente de ser normativo.

[407] Razão que justifica a afirmação de VOLKER EMMERICH, *Münchkomm, §311*, 2003, 1503, também partilhada pelo BGH: cfr. nota 223, de que "vielmehr ist es zunächst

156   *Do dever pré-contratual de informação e da sua aplicabilidade ...*

A desigualdade de oportunidades de obtenção da informação verifica-se quando o acesso de uma das partes à informação está vedado ou dificultado, como acontece em relação aos dados que se inscrevem na esfera jurídica do "devedor" da informação[408], como por exemplo o estado de saúde de um tomador de um seguro de vida ou as características de um objecto que está na posse do vendedor[409]. Efectivamente, nestes casos o "credor" da informação só pode chegar ao conhecimento dos factos através da prestação espontânea (ou consentida) do detentor da informação, pois obviamente não é legítimo usar meios indirectos para a obtenção dessa mesma informação, nem tão pouco é possível obter essa informação junto de terceiros[410].

Além disso, o desequilíbrio informacional regista-se igualmente quando estejam em causa factos que, embora não se inscrevam na esfera jurídica do "devedor" da informação, apresentam uma maior proximidade com ele[411], como acontece nomeadamente nas negociações entre um profissional e um leigo. Em princípio, as informações detidas por um profissional estão disponíveis a todos, mas dada a familiaridade do profissional com as mesmas, o acesso a essa informação está muito mais facilitado para este último do que para um leigo.[412]

---

einmal die ureigenste Pflicht jeder Partei selbst, sich über die **allgemeinen** Marktverhältnisse und die sich daraus ergebenden Risiken und Chancen zu informieren, schon, *weil insoweit jeder prinzipiell über dieselben Informationsquellen verfügt"*. (sublinhado no original, itálico nosso)

No mesmo sentido, considerando que o problema se deve remeter à questão da igualdade das oportunidades de obtenção de informação, cfr. HOLGER FLEISCHER, *Informationsasymmetrie*, 2001, 296 e ss., em especial 299-301.

Um exemplo claro da desigualdade de oportunidades de obtenção de informação regista-se nas operações de *management buyout*, nas quais os gerentes ou administradores das empresas se encontram numa situação privilegiada de acesso à informação sobre a empresa, cujos títulos representativos do capital social visam adquirir: para mais desenvolvimentos, vd. HOLGER FLEISCHER, *Informationspflichten der Geschäftsleiter beim management buyout im Schnittfeld von Vertrags-, Gesellschafts– und Kapitalmarketrecht*, AG, 45, 2000, 309-321.

[408] GÓMEZ CALLE, *Los deberes*, 1994, 90.

[409] JACQUES GHESTIN, *Traité de Droit Civil*, 1993, 625.

[410] GEBHARD REHM, *Aufklärungspflichten*, 2003, 133.

[411] GÓMEZ CALLE, *Los deberes*, 1994, 90.

[412] Não é por acaso que, no seu art. 2.º, n.º 1, a LDC considera como consumidor todo aquele a quem são fornecidos bens, prestados serviços, ou transmitidos quaisquer direitos destinados a uso não profissional, por pessoa que exerça com *carácter profissional* uma actividade económica que vise a obtenção de benefícios. Pensamos que a LDC ao

Do Dever Pré-Contratual de Informação em Geral

A desigualdade de oportunidades de obtenção de informação pode ainda resultar de factores subjectivos[413] que dificultam o acesso à informação por parte de um dos sujeitos da relação negocial, como acontece por exemplo com os estrangeiros devido às dificuldades de compreensão linguística[414] ou com sujeitos com deficiências cognitivas[415].

Para que, do ponto de vista da constituição do dever de informação, este desequilíbrio informacional seja relevante é necessário que ele dê origem a uma situação de superioridade intelectual de uma das partes[416], que se caracteriza pelo conhecimento vantajoso de informação relativa ao objecto do contrato e à regulação contratual.[417]

37. O desequilíbrio informacional como requisito do dever de informar. Regra e excepção

Uma situação de desequilíbrio informacional não faz nascer automaticamente um dever da parte em situação de supremacia informar a parte mais fraca sobre *todos os dados* em relação aos quais seja possível identificar o desnível. Uma solução deste tipo iria contra tudo o que temos vindo a defender, seria atentatória do princípio fundamental da autonomia privada, e seria propícia ao aproveitamento abusivo de situações de inferioridade.[418]

Em consequência, tem-se entendido que além do desnível de informação é necessário que se observem outros critérios para que surja um dever de informar, tais como uma especial necessidade de protecção do

---

impor, no seu art. 8.º, um dever de informação ao fornecedor de bens ou prestador de serviços, o faz justamente por se verificar um desequilíbrio informacional, resultante de uma das partes se encontrar numa situação de proximidade com os dados relevantes e consequentemente numa posição de vantagem informacional. Aliás, é este factor da proximidade que justifica igualmente que, nos termos do art. 8.º, n.º 5, sejam solidariamente responsáveis todos os intervenientes da cadeia de produção e distribuição que tenham violado o dever de informação.

[413] Cfr. SINDE MONTEIRO, *Responsabilidade por Conselhos*, 1989, 361; JACQUES GHESTIN, *Traité de Droit Civil*, 1993, 627; GÓMEZ CALLE, *Los deberes*, 1994, 91.

[414] O exemplo é de GÓMEZ CALLE, *Los deberes*, 1994, 91.

[415] MICHAEL TREBILCOCK, *The limits of freedom*, 1997, 118.

[416] A terminologia é de GEBHARD REHM, *Aufklärungspflichten*, 2003, 132 e ss.

[417] GEBHARD REHM, *Aufklärungspflichten*, 2003, 132.

[418] Cfr. GEBHARD REHM, *Aufklärungspflichten*, 2003, 133.

158   *Do dever pré-contratual de informação e da sua aplicabilidade ...*

sujeito em desvantagem[419], ou a especial relevância do desequilíbrio relativamente aos aspectos fundamentais do contrato[420].

Justificam-se algumas observações quanto a esta posição segundo a qual a constituição do dever de informação requer uma especial necessidade de protecção do sujeito em desvantagem. Efectivamente o dever de informar a parte que se encontra em situação de desvantagem informacional é um instrumento para compensar o desequilíbrio entre as partes[421] e permite, como já observámos, uma maior liberdade contratual. De qualquer forma, são necessárias algumas cautelas quanto a este entendimento. O que está em causa *em princípio* é a protecção do próprio mecanismo contratual, assente na igualdade e liberdade das partes. Por isso, não haverá necessidade de protecção especial sempre que o sujeito tenha, tal como a contraparte, capacidade para se informar[422], o que significa que a necessidade de protecção do sujeito não implica considerações complementares e acaba por coincidir com a própria situação de desequilíbrio informacional como nós a definimos.[423]

Além disso, a referência à necessidade de protecção do contraente débil pode ser enganadora por se mostrar irrealista. Nos casos em que a debilidade dos sujeitos seja acompanhada de falta de alternativas, como acontece por exemplo em situações de monopólio, e em especial relativamente aos contratos de trabalho quando a taxa de desemprego seja

---

[419] Nesse sentido, SINDE MONTEIRO, *Responsabilidade por Conselhos*, 1989, 360; EVA MOREIRA DA SILVA, *Da responsabilidade*, 2003, 136.

[420] Assim, GEBHARD REHM, *Aufklärungspflichten*, 2003, 133.

[421] Cfr. BARBARA GRUNEWALD, *Aufklärungspflichten*, 1990, 611-612.

[422] HOLGER FLEISCHER, *Informationsasymmetrie*, 2001, 300.

[423] Em sentido contrário SINDE MONTEIRO, Responsabilidade por Conselhos, 1989, 360, afirma que "se o princípio da boa fé constitui o fundamento jurídico, o fundamento material – nessa medida a fonte – reside na desigualdade ou desnível da informação, o qual, por si só, não basta (...) é necessário que exista uma particular necessidade de protecção" para que exista um dever de informar espontaneamente. Tendo em conta a nossa definição de desequilíbrio informacional, essa protecção resume-se em última análise à protecção do mecanismo contratual que permite às partes exercerem a sua autonomia privada de forma mais livre e justa, e não à protecção do próprio sujeito. De acordo com a nossa definição, o desequilíbrio informacional não se resume a uma situação fáctica em que uma das partes detém certa informação e a outra não. Além disso, é necessário identificar um carácter objectivo / normativo no desequilíbrio informacional que corresponde à existência de desigualdade de oportunidades de obtenção da informação, o que significa que a existência de desequilíbrio informacional é suficiente para fundamentar juridicamente, por si só, o dever de informar espontaneamente, não sendo necessário outros requisitos ou critérios adicionais.

Do Dever Pré-Contratual de Informação em Geral 159

bastante elevada[424], o dever de informação não pode fazer muito pelo contraente débil.[425] Nestes casos, a sua utilidade será permitir uma maior consciencialização dos efeitos do contrato[426] e, dependendo das circunstâncias, uma maior facilidade de prova de factos constitutivos do direitos das partes, mas não permitirá evitar a celebração de um contrato que origina efeitos negativos e injustos para uma das partes.[427]

---

[424] Com efeito, a taxa de desemprego numa determinada sociedade é um vector essencial a ter em consideração na conformação dos deveres das partes nas negociações de um contrato de trabalho, na medida em que se trata de um factor potenciador do desequilíbrio entre os sujeitos.

[425] Cfr. BARBARA GRUNEWALD, *Aufklärungspflichten*, 1990, 612-614, 623, que identifica outras situações nas quais o dever de informação não é susceptível de cumprir eficazmente a finalidade de protecção da parte em desvantagem. Isso acontece, nomeadamente, quando o sujeito não compreende a informação ou quando a sua vontade contratual já está formada. Também SOUSA RIBEIRO, *O problema do contrato,* 1999, 365 e ss., em especial 367-368, 372, 377, chama a atenção para a insuficiência da prestação da informação enquanto meio de garantir a auto-tutela de interesses da parte débil, no caso específico dos contratos de adesão, facto que aliás justificaria o sistema de controlo do conteúdo das cláusulas contratuais gerais previsto na lei que as regula.

[426] Cfr. SOUSA RIBEIRO, *O problema do contrato,* 1999, 381-382: o Autor entende que esta é a justificação do dever de comunicar e informar no âmbito do regime das cláusulas contratuais gerais.

[427] Por esta razão temos dificuldade em compreender o alcance da afirmação de SINDE MONTEIRO, *Responsabilidade por Conselhos,* 1989, 362, relativa ao critério da exigibilidade da obtenção da informação, que afastaria um dever de informar. Segundo o Autor, este dever só existe quando o sujeito não disponha de capacidade para formular as questões adequadas ou quando tal não lhe seja exigível. Na determinação da exigibilidade, tarefa que teria uma função correctora, devem ser tomados em consideração vários critérios valorativos, de entre eles o grau de *necessidade de protecção social.* Na verdade, pensamos que para que o dever de informação possa ter um papel efectivo a desempenhar na protecção de determinadas categorias de sujeitos é necessária a ajuda do mercado, oferecendo alternativas ao sujeito. Pois, conhecendo as condições de um contrato que se encontra em fase de negociação, o sujeito pode avaliar as vantagens e desvantagens que a contratação com terceiros lhe poderia oferecer, possibilidade que acabaria por si só por lhe conferir um maior poder no seio da relação negocial. Mas, claro, é necessário que essa possibilidade exista. Nesse sentido, GEBHARD REHM, *Aufklärungspflichten*, 2003, 131; aliás, são estas considerações que depois levam este Autor a defender que em situações de dependência económica e psicológica-económica (*wirtschaftliche und wirtschaftlich-psychologische Abhängigkeit*) não se justifica a imposição de um dever de informação (132).

Ainda realçando a importância do mercado e da concorrência na atenuação da desigualdade económica e social entre os parceiros contratuais e na realização da liberdade contratual, cfr. CLAUS-WILHELM CANARIS, *A liberdade e a justiça contratual*, 1997, 54, 59.

160   *Do dever pré-contratual de informação e da sua aplicabilidade ...*

Nestas situações, mais do que desigualdade informacional verifica-se um verdadeiro desequilíbrio do poder de negociação das partes, ao qual o dever de informação não parece apto a dar uma resposta plenamente eficaz, por não ser suficiente para repor a paridade entre os sujeitos, tão necessária à liberdade contratual.

Em todo o caso, pensamos que ainda assim ele se justifica na medida em que permite uma maior consciencialização dos efeitos jurídicos do contrato, e em especial permite (em certas circunstâncias) uma maior facilidade de prova dos factos constitutivos dos direitos da parte fraca[428].

Em suma, o raciocínio deve seguir os seguintes trâmites: definir a regra e a excepção. A *regra* é a de que havendo uma situação de desequilíbrio informacional o dever de informação constitui-se sempre que seja fundamental para garantir a autonomia privada, isto é sempre que ele se apresente como condição necessária para uma efectiva auto-determinação das partes. Isto significa que quando se constata o referido desequilíbrio, automaticamente o dever de informação surge como instrumento de reposição da paridade entre as partes.

Embora possa parecer que esta formulação é demasiado ampla, dando espaço a aproveitamentos abusivos dos negligentes, o facto é que não é assim. Em primeiro lugar porque, segundo a nossa opinião, o desequilíbrio informacional define-se como desigualdade de oportunidades de obtenção de informação e não, meramente, como desigualdade material de conhecimentos. Em segundo lugar, ao colocar a autonomia privada como critério afastam-se, necessariamente, do âmbito do dever de informação todas as circunstâncias supérfluas não relevantes para a decisão de contratar.[429]

Mas verificam-se também *situações excepcionais* nas quais o dever de informação se constitui sem que seja fundamental para garantir a autonomia privada. Tal ocorre quando, para além do desequilíbrio informacional, se verifique um grave desequilíbrio do poder negocial das partes, inultrapassável por falta de alternativas. Nestes casos, o dever de informação não protege directamente a autonomia privada mas tem um papel a desempenhar na prevenção de abusos da parte mais forte.

---

[428] Diferentemente, GEBHARD REHM, *Aufklärungspflichten*, 2003, 132. Este aspecto é muito importante, especialmente no contrato de trabalho, para responder a situações de abuso no decurso da relação contratual derivadas justamente da situação de dependência registada no momento da celebração do contrato. Teremos ocasião de desenvolver esta questão, quando tratarmos do dever de informação do empregador.

[429] O que confirma a inutilidade de se afirmar, como critério autónomo, que o dever de informar motivado pelo desequilíbrio informacional apenas abrange os aspectos essenciais do contrato.

Do Dever Pré-Contratual de Informação em Geral 161

§ 11 A diligência devida pelo "devedor" da informação

38. O critério da diligência razoável de um homem médio colocado nas circunstâncias do caso concreto

Do excurso feito até este momento é possível concluir que, em determinadas situações, seja no âmbito de aplicação do postulado da auto-informação seja fora dele, se justifica um dever de uma das partes informar a sua contraparte nas negociações.

Pois bem, para encerrar este capítulo resta tecer algumas considerações sobre a questão de saber qual o grau de diligência que é exigível ao "devedor" da informação.[430]

Esta questão surge com especial acuidade porque o "devedor" da informação está *obrigado a informar sobre os factos que conhece mas também sobre os factos que deveria conhecer*, sendo certo que a situação é bem diferente nestas duas circunstâncias. As dificuldades surgem apenas naqueles casos em que aquele que deve prestar a informação não a detém, colocando-se a questão de saber que esforços deve esse sujeito realizar para obter informação no interesse alheio.[431] Para desvendar o problema deve distinguir-se entre a prestação provocada e a prestação espontânea da informação. Se a contraparte coloca uma questão ao sujeito no âmbito do seu ónus de auto-informação e este não sabe responder, este não terá de ir procurar essa informação. Porém, a resposta será diversa se estivermos perante o dever de informar espontaneamente (ainda que a questão tenha sido colocada). O "devedor" não pode pura e simplesmente escusar-se da sua obrigação alegando que não sabe[432] e deverá realizar diligências no sentido de obter a informação. Todavia, não se deve onerar excessivamente o sujeito.[433] O critério para determinar a diligência devida no ónus de

---

[430] A questão é tratada em especial por HOLGER FLEISCHER, *Informationsasymmetrie*, 2001, 450 e ss., e referida por LUCAS DE LEYSSAC, *L'obligation de renseignements*, 1978, 323; JACQUES GHESTIN, *L'obligation précontractuelle*, 1987, 176 e ss. e *idem, Traité de Droit Civil*, 1993, 616 e ss.

[431] HOLGER FLEISCHER, *Informationsasymmetrie*, 2001, 451.

[432] Se, por exemplo, uma agência de viagens não tem informação disponível sobre as condições dos quartos de um determinado hotel, não pode simplesmente dizer àquele que compra uma viagem turística que não conhece o hotel.

[433] Cfr. HOLGER FLEISCHER, *Informationsasymmetrie*, 2001, 451. O autor, apoiado em alguma jurisprudência, defende, por exemplo, que só excepcionalmente existe um dever

162 *Do dever pré-contratual de informação e da sua aplicabilidade ...*

auto-informação é aqui aplicável: apenas é exigível uma diligência razoável que um homem médio, colocado nas circunstâncias do caso concreto, adoptaria.[434]

Aliás, quando o dever de informar espontaneamente tenha resultado da situação de desequilíbrio informacional verifica-se que outra não poderia ser a resposta. Pois se para obter a informação o potencial "devedor" da informação tem de realizar esforços para além do razoável isso significa, que tal como a outra parte, o sujeito se encontra numa situação de difícil acesso à fonte da informação. Neste caso, existe uma igualdade na ignorância[435] que deita por terra o pressuposto do desequilíbrio informacional justificativo do dever de uma das partes informar espontaneamente a outra.

---

de investigar e de informar sobre as condições de um automóvel usado num contrato de compra e venda ou sobre um direito de passagem quando esteja em causa um contrato de transmissão de propriedade de um imóvel.

[434] Perfilhando um critério menos exigente cfr. HOLGER FLEISCHER, *Informationsasymmetrie*, 2001, 451-452, e também 583-584. O Autor entende que só será legítimo criar a expectativa de que uma das partes procura obter informação no interesse da contraparte se tal for posteriormente recompensado. Sem entrarmos numa análise económica da questão, pensamos contudo que essa recolha de informação, quando feita em termos razoáveis, é vantajosa para o sujeito. De facto este tem interesse em celebrar um contrato válido, apto à realização dos seus fins, e não um contrato que possa ser invalidado por erro. O que significa que a recolha e prestação de informação relevante para a vontade contratual da contraparte pode ser vantajosa na medida em que contribua para evitar a celebração de um contrato inválido, que venha a frustrar os interesses prosseguidos com as negociações e com a celebração do contrato.

[435] LUCAS DE LEYSSAC, *L'obligation de renseignements*, 1978, 323.

§ 12 Síntese e conclusões

39. Síntese e conclusões

O segundo capítulo da primeira parte tem como objectivo alcançar critérios para aferir da constituição e do conteúdo do dever pré-contratual de informação.

A *pergunta* que serviu de guia foi a seguinte: quando é que se justifica e quais os fundamentos para considerar que a realização da justiça exige que uma das partes contratantes preste informação à parte contrária? Mais simplesmente: quando e porque é que existe um dever pré-contratual de informação?

Uma conclusão ficou clara logo à partida: não é possível pré-determinar de *forma rígida* o conteúdo do dever pré-contratual de informação. A boa fé – critério normativo deste dever – assim o impõe. De qualquer modo, é útil e necessário procurar critérios de solução de casos concretos. Neste capítulo fomos à procura de *critérios valorativos* que possam contribuir para a tarefa de concretização da boa fé, essencial para lhe conferir um nível de operatividade que permita a resolução de casos concretos.

Em primeira linha esses critérios valorativos foram procurados no *fundamento jurídico* do dever pré-contratual de informação. Considerámos a própria *boa fé* e concluímos que a mesma não é susceptível de fornecer *em abstracto* linhas norteadoras que permitam alcançar o nível de operatividade procurado. Então, especificámos a análise e considerámos a ideia da *confiança*. Porém, embora a confiança se mostre bastante útil no que respeita à tutela indemnizatória em caso de incumprimento do dever pré-contratual de informação, ela não é totalmente eficaz na tarefa de determinação deste dever. Por se movimentar apenas no plano do lesado, a confiança não é apta a explicar o carácter impositivo da boa fé. Se a confiança fosse erigida a pressuposto essencial da constituição do dever pré-contratual de informação tal teria como resultado (inaceitável) a dependência desse dever da maior ou menor ingenuidade ou negligência do sujeito que confiou e a potencial desoneração dos sujeitos menos honestos.

De todo o modo, a confiança apresenta-se como relevante quer para a constituição quer para o conteúdo do dever pré-contratual de informação. Tal verifica-se quando esteja em causa uma *relação de confiança*. Esta relação de confiança deve, contudo, ser determinada *objectivamente*, com recurso a outros critérios valorativos tais como a *concepção de contrato em geral,* o *tipo contratual,* a *qualidade em que as partes actuam* e a *relação que se estabelece entre elas.* O que acaba por confirmar a insuficiência da confiança enquanto critério de determinação do dever pré-contratual de informação.

Da análise da *concepção de contrato em geral* reunimos algumas características que contribuem para a realização da tarefa encetada. Em especial destaca-se a autonomia privada que assenta em dois pressupostos: liberdade e igualdade das partes.

Estes vectores levaram-nos à afirmação do *postulado da auto-informação*, que significa que sempre que as partes contratantes se encontrem numa posição de igualdade e liberdade contratual elas não estão adstritas a qualquer dever de informar a parte contrária. Em princípio, as partes apenas têm de procurar obter a informação que julgam relevante para a formação da *sua* vontade contratual. Numa palavra, a autonomia privada impõe a distribuição igualitária do risco da informação por cada uma das partes em negociações.

O postulado da auto-informação transportou-nos para várias questões. A primeira delas diz respeito à questão de saber se o conhecimento ou a cognoscibilidade dos factos pelo potencial "credor" da informação *afasta* o dever de informar. Concluímos pela *negativa* por considerarmos que o carácter impositivo da boa fé não pode ser negligenciado, assim como todos os outros critérios valorativos que ela permite veicular para a solução do caso concreto. No entanto, o conhecimento do "credor" da informação é relevante para efeitos da determinação da eventual indemnização, por aplicação do regime da culpa do lesado. No entanto, existe uma *situação excepcional* na qual o conhecimento do "credor" da informação afasta o dever de informar: trata-se das informações relativas a factos notórios ou de conhecimento público.

A segunda questão colocada pelo postulado do ónus da auto-informação diz respeito à *diligência exigível* ao sujeito, nomeadamente à questão de saber quais os esforços que as partes contratantes devem realizar na procura da informação que consideram relevante.

As partes devem realizar os esforços que seriam exigíveis a uma pessoa média colocada nas circunstâncias do caso concreto. O que significa que na determinação do dever pré-contratual de informação é necessário considerar essas circunstâncias, nomeadamente a qualidade das partes (por exemplo se se trata de um profissional ou leigo), a relação que se estabelece entre elas (por exemplo se se trata de uma relação de confiança ou não), e a complexidade técnica do objecto do contrato.

Do Dever Pré-Contratual de Informação em Geral 165

No âmbito dos esforços que os sujeitos devem empreender na procura da informação relevante destaca-se a possibilidade de *colocar questões* à parte contrária, surgindo, assim, a necessidade de distinguir entre dever de responder e dever de informar espontaneamente. A dificuldade reside na questão de saber quando é que existe um dever de responder e quando é que existe um dever de informar espontaneamente.

Quanto ao *dever de responder* a solução é simples: o sujeito deve responder às questões legítimas que a contraparte lhe colocar, e em relação às quais *tenha ou deva ter* conhecimento.

Quanto ao dever de *informar espontaneamente* a solução é mais complexa e exige a ponderação de outros vectores. O primeiro desses vectores é a *teleologia das negociações*. É pacífico que ao entrarem em negociações as partes têm um objectivo comum: a obtenção do acordo sobre os aspectos essenciais do contrato, pressuposto da celebração válida de um contrato apto à satisfação dos seus interesses.

Subjacente à realização deste fim comum é possível identificar uma *relação de cooperação* entre as partes contratantes, que se impõe sempre que as partes se encontram numa situação de igualdade. Essa relação de cooperação constitui fundamento para defender a existência de um dever de informar espontaneamente sobre as circunstâncias que possam afectar a *validade* do contrato e sobre as circunstâncias relativas à satisfação dos *interesses* da contraparte.

Nas circunstâncias que possam afectar a validade do contrato inserem--se as informações relativas aos pressupostos contratuais e aos factos que possam vir a desencadear a aplicação do regime dos vícios da vontade.

Nas circunstâncias relativas à satisfação dos interesses da contraparte apenas relevam as que respeitam a interesses objectivamente cognoscíveis ou efectivamente conhecidos pelo "devedor" da informação. Além disso, é necessário que as circunstâncias objecto da informação respeitem a *interesses legítimos* do "credor" da informação.

De qualquer forma, porque o fundamento do dever de informar sobre as circunstâncias que respeitam aos interesses da contraparte é a própria teleologia das negociações e a relação de cooperação que a partir delas se estabelece, a prestação da informação deve limitar-se à transmissão objectiva dos factos que possam ser relevantes na determinação da *inoportunidade* do negócio ou da falta de apetência do contrato para a satisfação dos interesses que o "credor" da informação visa legitimamente prosseguir.

O segundo vector a que recorremos para responder à questão de saber quando é que as partes têm o dever de informar espontaneamente

166 *Do dever pré-contratual de informação e da sua aplicabilidade ...*

foi o *tipo contratual*. Este ocupa o papel de centro delimitador a partir do qual se avança para a determinação do dever pré-contratual de informação. Em especial ele permite averiguar a existência de uma eventual relação de confiança que por si só fundamente a constituição, e uma especial intensidade, do dever pré-contratual de informação.

O terceiro vector analisado foi a *qualidade em que as partes actuam* nas negociações. Se da análise da relação contratual se concluir que as partes não se encontram numa situação de paridade o postulado da auto-informação perde validade. Consequentemente surge um dever de informar espontaneamente. A desigualdade das partes ocorre, nomeadamente, quando existe um desequilíbrio informacional. O *desequilíbrio informacional* verifica-se sempre que uma das partes se encontre numa posição de vantagem quanto à *obtenção* da informação.

Justifica-se a imposição de *um dever de a parte em vantagem informar a parte em desvantagem*, confirmando-se algo que já havíamos verificado no primeiro capítulo, que é a apetência do dever pré-contratual de informação para a protecção da autonomia privada e para a consequente restauração do contrato enquanto mecanismo de realização da justiça contratual.

Porém, o dever pré-contratual de informação não se mostra plenamente eficaz na realização deste objectivo quando, mais do que um desequilíbrio informacional, se verifique um verdadeiro *desequilíbrio de poder* nas negociações, em especial em situações de ausência de alternativas, como acontece nos casos de monopólio ou, especificamente quanto ao contrato de trabalho, em mercados com uma elevada taxa de desemprego.

Nestas situações o dever pré-contratual de informação não permite evitar a celebração de um contrato injusto ou desvantajoso para o contraente débil, mas ainda assim a sua imposição tem utilidade na medida em que permita uma maior *consciencialização* dos efeitos jurídicos do contrato e uma maior facilidade de *prova* relativamente aos direitos da parte fraca, em especial quando a informação seja prestada por escrito.

PARTE II

DO DEVER PRÉ-CONTRATUAL DE INFORMAÇÃO NA FORMAÇÃO DO CONTRATO DE TRABALHO

CAPÍTULO I

DA CONSTITUIÇÃO E CONTEÚDO DO DEVER PRÉ-CONTRATUAL DE INFORMAÇÃO. CRITÉRIOS GERAIS

§ 13 Linhas norteadoras fornecidas pelas particularidades da relação laboral

40. Da aplicabilidade das regras gerais dos contratos à necessidade de ponderação dos aspectos característicos da relação laboral

Nos capítulos anteriores dedicámos a nossa atenção à procura de critérios para determinar a existência de um dever de informação no âmbito das negociações *de um contrato*. Esses critérios foram construídos a partir da concepção geral de contrato, enquanto instrumento de composição jurídica de interesses privados, e dos valores jurídicos essenciais que ele comporta.

Sob pena de total inutilidade do trabalho desenvolvido até este momento, a metodologia por nós adoptada já faz prever que consideramos que as regras jurídicas de direito privado comum, constantes da legislação ou construídas a partir da jurisprudência e da doutrina, são aplicáveis ao contrato de trabalho.

Sem querer entrar na complexa discussão sobre a autonomia dogmática do Direito trabalho[436], não podemos, no entanto, deixar de

---

[436] Vd., por todos, MARIA DO ROSÁRIO PALMA RAMALHO, *Da Autonomia Dogmática do Direito do Trabalho*, Coimbra: Almedina, 2001.

168   *Do dever pré-contratual de informação e da sua aplicabilidade ...*

observar que as concepções comunitário-pessoais tradicionais da situação jurídica laboral que, com especial destaque para a sua versão mais radical dita institucionalista ou de incorporação, poderiam pôr em causa a aplicabilidade das regras gerais dos contratos ao contrato de trabalho, se encontram actualmente em descrédito.[437]

De facto, é indiscutível que na base de qualquer situação jurídico laboral se encontra um contrato (de trabalho)[438] de natureza obrigacional[439],

---

[437] As concepções comunitário-pessoais surgiram no primeiro quartel do século XX, como resposta à tão conhecida questão social provocada, entre outros factores, pela massificação do trabalho fabril. Motivadas essencialmente pela necessidade de protecção do trabalhador, vêm afirmar o carácter pessoal da relação jurídico laboral e em consequência negar a ideia do trabalho enquanto bem patrimonial. O conteúdo do vínculo laboral passaria a integrar como deveres principais, em substituição do dever de prestar trabalho e de pagar a retribuição, o dever de lealdade e o dever de assistência. Por sua vez, estas concepções legitimavam estes deveres na ideia de inserção do trabalhador na empresa, que visaria a realização de interesses comuns. É a afirmação do carácter comunitário, que se associa ao carácter pessoal da relação laboral.

As concepções institucionalistas ou de incorporação, associadas entre outros ao nome de ARTHUR NIKISCH, (cfr. *Arbeitsrecht*, 1961, 174) eram uma variante mais radical das concepções comunitário-pessoais na medida em que defendiam que a relação laboral se constitui pela simples integração do trabalhador na empresa, não sendo necessário qualquer contrato de trabalho. Para uma crítica da concepção perfilhada por NIKISCH vd. ALFRED HUECK e HANS NIPPERDEY, *Compendio de Derecho del Trabajo*, Rodriguez Piñero e Enrique de la Villa (trad.), Madrid: Editorial Revista de Derecho Privado, 1963, 84-86; WOLFGANG ZÖLLNER e KARL-GEORG LORITZ, *Arbeitsrecht*, München: Beck, 1998, 147-148. Para um resumo da evolução destas concepções, MENEZES CORDEIRO, *Da situação jurídica laboral; perspectivas dogmáticas do Direito do Trabalho*, ROA, Lisboa, 1982, (5-65), 13 e ss.; PALMA RAMALHO, *Da Autonomia*, 2001, 273 e ss.; *idem, Relação de trabalho e relação de emprego – contributos para a construção dogmática do contrato de trabalho, in idem, Estudos de Direito do Trabalho*, Vol. I, Coimbra: Almedina, 2003, (125-156), 131 e ss. (= *in* AA.VV., *Estudos em homenagem ao Professor Doutor Inocêncio Galvão Telles*, Vol. I, Coimbra, 2002, 651-681); *idem, Direito do Trabalho*, 2005, 371 e ss.;

[438] Cfr., por exemplo, RAÚL VENTURA, *Teoria da relação jurídica de trabalho*, 1944, 308; PALANDT / WEIDENKAFF, *§ 611*, 2005, 872; GIUSEPPE PERA, *Compendio di Diritto del Lavoro*, 5.ª ed., Milano: Giuffrè Editore, 2000, 162. Sem prejuízo, naturalmente, dos casos excepcionais em que é possível identificar uma situação jurídico laboral, à qual é aplicável o respectivo regime jurídico previsto na lei, sem que na base se encontre um contrato de trabalho válido: cfr. art. 115.º CT.

[439] A afirmação da natureza obrigacional do contrato de trabalho não significa que também a relação laboral revista um carácter meramente patrimonial, podendo nela identificar-se elementos de pessoalidade, como veremos mais adiante: cfr. PALMA RAMALHO, *Direito do Trabalho*, 2005, 385, 428; MANUEL PALOMEQUE LÓPEZ e MANUEL ÁLVAREZ DE LA ROSA, *Derecho del Trabajo*, 9.ª ed., Madrid: Editorial Centro de Estudios Ramón Areces,

Do Dever Pré-Contratual de Informação na Formação ...   169

sinalagmático e de execução continuada, que, não obstante todas as vicissitudes de que pode ser alvo, é o fundamento das obrigações recíprocas do trabalhador e empregador.[440]

A favor desta afirmação pode depor o argumento histórico, na medida em que se entenda que as origens remotas do contrato de trabalho se encontram em Roma, na *locatio conductio operarum*.[441]

Segundo alguns Autores, através desta figura, distinta da *locatio conductio rei* e da *locatio conductio operis faciendi*, os homens livres vinculavam-se consensualmente a prestar um serviço (*operae*) em troca de uma remuneração em dinheiro (*merces*), que continuava a ser devida mesmo em caso de impossibilidade da prestação do serviço.[442]

2001, 647. Por isso, não concordamos com Rui Carlos Pereira, *A garantia das Obrigações emergentes do contrato de trabalho*, O Direito, anos 106-119, 1974-1987, (225-270), 226-227, que, partindo da natureza obrigacional do contrato de trabalho, classifica automaticamente de obrigacional a situação jurídica laboral. Curiosamente, na p. 243 o Autor entende que a existência de um contrato obrigacional não é incompatível com a natureza pessoal da relação jurídica que ele origina. No mesmo sentido, Francesco Santoro-Passarelli, *Nozioni di Diritto del lavoro*, 35.ª ed., Napoli: Jovene, 1987, 136.

[440] Cfr. Palomeque López e Álvarez de la Rosa, *Derecho del Trabajo*, 2001, 645--646.

[441] Repare-se que nos estamos a referir à origem remota do contrato de trabalho e não do Direito do Trabalho ou da relação jurídica de trabalho subordinado, com os contornos actuais. Pois as raízes do Direito do Trabalho, como o concebemos modernamente, i.e., como ramo jurídico de pendor proteccionista (cfr. Alfred Hueck e Hans Nipperdey, *Compendio de Derecho del Trabajo*, 1963, 45-46) e integrando o direito colectivo do trabalho, costumam ser encontradas pela doutrina nos finais do século XIX, em especial por força do advento da questão social: cfr., entre outros, Menezes Cordeiro, *Da situação jurídica laboral*, 1982, 6-7. De todo o modo, mesmo em relação às origens do contrato de trabalho a doutrina não é unânime, já que alguns Autores entendem que a *locactio condutio operarum*, enquanto *locactio condutio*, pressupunha a coisificação do trabalho, logo o coarctar da própria liberdade do sujeito, não sendo por isso possível reconduzir o actual contrato de trabalho a essa figura, já que ele pressupõe a prestação de trabalho dependente, mas por homens livres. Neste sentido, Otto Von Gierke, *Las raices del contrato de servicios*, Barreiro González (trad.), Madrid: Civitas, 1982, 11-14, que aponta como antecedente do contrato de trabalho o contrato de serviço fiel (15 e ss.), o que aliás constituiu argumento histórico para a concepção comunitário pessoal do contrato de trabalho que perfilhou; cfr. ainda, Palma Ramalho, *Direito do Trabalho*, 2005, 35 e ss. e *idem*, *"De la servidumbre al contrato de trabajo"– Deambulações em torno da obra de Manuel Alonso Olea e da singularidade dogmática do contrato de trabalho*, in AA.VV., *Estudos em homenagem ao Professor Manuel Alonso Olea*, 2004, (529-545), 532-534.

[442] Assim, cfr. Helmut Coing, *Derecho Privado Europeu*, T. II, Pérez Martín (trad.), Madrid: Fundación Cultural del Notariado, 1996, 246-247; sobre a *locatio conductio operarum*, com maiores desenvolvimentos, vd. Reinhard Zimmermann, *The law of*

170 *Do dever pré-contratual de informação e da sua aplicabilidade ...*

De qualquer modo não são necessários grandes esforços argumentativos para defender que na base do vínculo laboral se encontra um contrato obrigacional, uma vez que essa conclusão foi reforçada recentemente no nosso ordenamento jurídico, com a entrada em vigor do CT. De facto, verifica-se que o CT, operando na base do conceito de relação jurídica[443], colocou no centro da situação jurídico laboral o contrato de trabalho e a partir dele encetou um caminho de aproximação ao direito privado comum.[444] Esta metodologia e objectivo manifestaram-se na própria sistematização do CT, com a precedência do regime jurídico do contrato de trabalho em relação ao Direito colectivo[445], mas também em vários aspectos regimentais.

Como exemplos de aspectos regimentais que denunciam a tendência de aproximação do Direito do Trabalho ao direito privado comum podem apontar-se os seguintes: o enfoque no aspecto patrimonial do contrato de trabalho; em algumas situações, o tratamento paritário entre trabalhador e empregador[446], como acontece por exemplo ao nível do dever de infor-

---

obligations. Roman foundations of the civilian tradition, Tony Weir (trad.), Oxford: Clarendon Press, 1996, 384 e ss.; entre nós, Menezes Cordeiro, *Direito do Trabalho*, 1994, 38-41; *idem, Tratado*, 2005, 181; Rui Pereira, *A garantia*, 1974-1987, 232-233; Bernardo Lobo Xavier, *Curso de Direito do Trabalho, I, Introdução. Quadros organizacionais e fontes*, 3.ª ed., Lisboa: Verbo, 2004, 31.

[443] Para uma crítica desta técnica, Palma Ramalho, *O novo Código de Trabalho. Reflexões sobre a proposta de lei relativa ao novo Código de Trabalho, in idem, Estudos de Direito do Trabalho*, Vol. I, Coimbra: Almedina, 2003, (15-67), 43.

[444] Cfr. Romano Martinez, *O Código de Trabalho (Directrizes de reforma; sistematização; algumas questões)*, separata de '*O Direito*', Coimbra, 2004, (45-67), em especial 49. É curioso verificar que essa aproximação se tem igualmente verificado na jurisprudência francesa: vd., a propósito, Xavier Lagarde, *Aspects civilistes des relations individuelles de travail*, RTDCiv, 3, 2002, 435-453.

[445] Romano Martinez, *O Código de Trabalho*, 2004, 54 e *idem, Considerações gerais sobre o contrato de trabalho*, RDES, XLIV, 1 e 2, 2003, 13 e 14, apresenta, além das razões de ordem didáctica, duas justificações para a precedência sistemática do contrato de trabalho face ao direito colectivo: por um lado, o desenvolvimento e autonomização do Direito do Trabalho a partir do Direito das Obrigações, e por outro o facto de a compreensão da intervenção colectiva pressupor a consagração do regime específico do contrato de trabalho.

[446] Para uma crítica desta perspectiva patrimonialista e igualitária, cfr. Palma Ramalho, *O novo Código de Trabalho*, 2003, 32 e ss. Esse tratamento paritário ocorre, por exemplo, ao nível dos direitos de personalidade (art. 15.º e ss. do CT), facto que é criticado pela doutrina: cfr. por exemplo, Maria Regina Redinha, *Os direitos de personalidade no Código do Trabalho: actualidade e oportunidade da sua inclusão, in* AA.VV., *A reforma do Código do Trabalho*, Coimbra: Coimbra Editora, 2004, (161-171), 170;

Do Dever Pré-Contratual de Informação na Formação ...

mação previsto no art. 97.º; a introdução de algumas alterações terminológicas substituindo conceitos sedimentados na área laboral por conceitos do direito comum, como acontece por exemplo com a substituição do termo rescisão por resolução; a preferência dada a um tratamento civilístico das questões com detrimento, em alguns casos, das particularidades e problemas que elas levantam em sede laboral, como acontece por exemplo com a sistematização e regulamentação dos contratos de trabalho a termo; a remissão para regimes de direito civil, como acontece por exemplo nos arts. 93.º e 119.º.

Não restam dúvidas de que na base da relação laboral se encontra um contrato ao qual são aplicáveis os princípios e as regras gerais, de entre elas as relativas à formação dos contratos.[447] O Direito do Trabalho é direito privado especial, que se autonomizou do Direito das Obrigações[448], pelo que se aplicam *subsidiariamente* as regras gerais, ou seja, sempre que não se tenha previsto um regime jurídico especial.[449]

Posto isto, torna-se necessário questionar qual o sentido da introdução do art. 93.º no CT. Este artigo, ao dispor que quem negoceia com outrem para a conclusão de um contrato de trabalho deve, tanto nos preliminares como na formação dele, proceder segundo as regras da boa fé, sob pena de responder pelos danos culposamente causados, não faz mais do que transpor o conteúdo do art. 227.º do CC. Trata-se da base de implementação de um regime especial ou é tão só a repetição do regime geral, justificada por razões de arrumação sistemática?

Este preceito não visa permitir a construção de um regime especial, mas tem a vantagem de chamar a atenção para a necessidade de ponderar

---

DAVID OLIVEIRA FESTAS, *O direito à reserva da intimidade da vida privada do trabalhador no Código do Trabalho*, ROA, 64, 2004, (369-458), 398-399.

[447] Cfr., por exemplo, ROMANO MARTINEZ, *Direito do Trabalho*, 2.ª ed., Coimbra: Almedina, 2005, 407; PALMA RAMALHO, *Direito do Trabalho*, 2005, 394; MANFRED LÖWISCH, *Arbeitsrecht*, 7.ª ed., Düsseldorf: Werner, 2004, 322.

[448] Este facto é evidente se tivermos em consideração o art. 1152.º CC, que enquadra sistematicamente o contrato de trabalho ao lado dos outros contratos obrigacionais. Aliás, em outros ordenamentos jurídicos, como por exemplo no alemão, essa relação entre o contrato de trabalho e outros contratos obrigacionais é ainda mais intensa, uma vez que aquele não foi objecto de uma definição autónoma, sendo reconduzido ao contrato de prestação de serviços previsto no § 611 do BGB: cfr. HANS BROX, *Arbeitsrecht*, 15.ª ed., Stuttgart: Verlag W. Kohlhammer, 2002, 13. Para mais desenvolvimentos sobre a relação entre o Direito Civil e o Direito Laboral, GIUSEPPE SANTORO PASSARELLI (org.), *Diritto del lavoro e categorie civilistichi*, Torino: G. Giappichelli, 1992.

[449] ROMANO MARTINEZ, *Direito do Trabalho*, 2005, 66.

os valores próprios do Direito do Trabalho, no momento da concretização da cláusula geral da boa fé.[450]

Não quer isto dizer que a boa fé apresenta particulares vias de concretização no domínio laboral: a sua dogmática é civil, devendo a sua concretização seguir os parâmetros fixados no âmbito civil[451]. Mas, é justamente essa dogmática que chama a atenção para a aptidão da boa fé para, no momento da sua concretização, veicular os princípios e valores jurídicos essenciais presentes na situação concreta. O art. 93.º do CT permite lembrar essa função da boa fé, alertando para o facto de que no âmbito da formação de um contrato de trabalho a constituição e conteúdo dos deveres pré-contratuais deve atender às particularidades da relação laboral.[452]

41. Da necessidade de diferenciação de categorias de trabalhadores à luz do art. 97.º do CT

Tendo em conta o que anteriormente ficou dito, torna-se relevante individualizar os aspectos característicos do contrato de trabalho e da relação jurídica que ele gera, que deverão ser ponderados na solução de casos concretos. Como concluímos, um dos critérios a ponderar no eventual afastamento do ónus de auto-informação, e na consequente constituição do dever de informar, é o tipo contratual.

---

[450] Cfr. PEDRO ROMANO MARTINEZ *et al., Código do Trabalho Anotado*, 4.ª ed. Coimbra: Almedina, 2005, 228. Segundo os Autores este preceito não introduz qualquer solução nova no âmbito do direito laboral mas justifica-se por razões de ordem sistemática e de reafirmação do princípio. Além desta justificação, a introdução do art. 93.º do CT tem ainda a vantagem de permitir o apelo aos valores essenciais do direito do trabalho no momento da conformação dos deveres pré-contratuais de conduta.

[451] Cfr. MENEZES CORDEIRO, *Direito de Trabalho*, 1994, 100-101.

[452] Cfr. MENEZES CORDEIRO, *Direito de Trabalho*, 1994, 269-270: ao tratar da formação das convenções colectivas o Autor refere-se ao então art. 22.º da LRCT [actualmente rege sobre a matéria o art. 547.º do CT] que impunha que as partes agissem de boa fé nas negociações, afirmando que o mesmo equivale a um apelo aos valores que informam o Direito laboral colectivo. Julgamos que esta observação é válida *mutatis mutandis* para as situações de formação de contratos individuais de trabalho. A remissão do art. 93.º do CT não põe em crise o carácter unitário da boa fé mas chama a atenção para a necessidade de valorar os aspectos característicos do contrato de trabalho. Cfr. ainda, na qualidade de instrumento auxiliar de interpretação, o art. 16.º LCCG.

Do Dever Pré-Contratual de Informação na Formação ... 173

É isso justamente o que está aqui em causa: verificar em que medida o tipo contratual pode fornecer dados úteis na problemática relativa à constituição e determinação do dever pré-contratual de informação.

Ao procurarmos os dados característicos do tipo contratual estamos a imprimir um cunho generalista à nossa perspectiva, aplicável a qualquer contrato de trabalho, seja um contrato de trabalho de um trabalhador indiferenciado, seja um contrato de trabalho de um director financeiro de uma empresa.

Porém, esta perspectiva deve ser complementada com uma abordagem específica de certas situações especiais nas quais o vínculo laboral tem contornos que motivam soluções diferenciadas. São frequentes os apelos da doutrina para a necessidade de diferenciação das diferentes categorias de trabalhadores. De facto, a relação de forças que se estabelece entre as várias categorias de trabalhadores e o empregador pode assumir contornos muito diferentes.[453] Um candidato a director de uma empresa pode ter um poder negocial tão grande que seja ficção considerá-lo parte débil do contrato, aplicando-lhe o mesmo regime que vigora para um trabalhador indiferenciado de uma fábrica. Não obstante, em qualquer relação de trabalho subordinado encontram-se elementos comuns que justificam a aplicação do mesmo regime. Mas para além dos aspectos identificáveis em todos os contratos de trabalho, podem existir particularidades que reclamam por soluções jurídicas diferenciadas.[454]

---

[453] Cfr. DIETER MEDICUS, *Tratado*, 1995, 522.

[454] Esta temática não é nova e insere-se numa problemática mais ampla que gravita em torno da ideia de crise do direito laboral. A denominada crise manifesta-se em várias áreas do Direito do Trabalho (cfr. BERNARDO LOBO XAVIER, *A crise e alguns institutos de Direito de Trabalho*, RDES, 1986, 517-569), de entre elas na relação individual de trabalho. Efectivamente, tem se assistido a uma degradação da relação laboral típica que esteve na base do aparecimento do Direito do Trabalho e na qual está presente a ideia de integração plena do trabalhador na empresa industrial e de um certo grau de tutela do trabalhador, em especial ao nível da estabilidade no emprego (cfr. MARIA DO ROSÁRIO RAMALHO, *Ainda a crise do Direito Laboral: a erosão da relação de trabalho "típica" e o futuro do Direito do Trabalho, in idem, Estudos de Direito do Trabalho*, Vol. I, Coimbra: Almedina, 2003, (107-121), 110; EFRÉN CORDOVA, *Las relaciones de trabajo atípicas*, Rel. Lab., I, 1986, (239-283), 241). Esta tem vindo a ser substituída por outras formas de prestação de trabalho que não assentam nos pressupostos económicos, sociais ou empresariais que sustentam a relação laboral típica, nomeadamente através de contratos de prestação de serviços, de trabalho temporário, a prazo ou a tempo parcial, de trabalho clandestino, de teletrabalho, como forma de fuga ao regime protector aplicável à relação de trabalho

típica (cfr. Harald Schliemann, *Flucht aus dem Arbeitsverhältnis – falsche oder echte Selbständigkeit?*, RdA, 1997, 322-326).

Os Autores consideram que a forma de ultrapassar a denominada crise passa pela flexibilização do Direito do Trabalho. Mantido nos moldes rígidos em que surgiu, o Direito do Trabalho continuará a oferecer uma tutela rigorosa ao trabalhador, mas aplicar-se-á a um número cada vez menor de trabalhadores. A ideia de flexibilização tem constituído linha directriz da elaboração de legislação laboral, manifesta por exemplo no regime da polivalência funcional, da mobilidade geográfica, do contrato de trabalho a prazo, e o CT não foi excepção, como se observa pela leitura da exposição de motivos, em especial n.º 1 e 3.1.

Sobre esta temática, além dos Autores referidos, vd., entre outros, Alain Supiot *et al., Transformações do Trabalho e futuro do Direito do Trabalho na Europa*, Coimbra: Coimbra Editora, 2003; *idem, Les nouveaux visages de la subordination*, DS, 2, 2000, 131-145; António Nunes Carvalho, *O pluralismo do Direito do Trabalho*, in António Moreira (coord.), *III Congresso Nacional de Direito do Trabalho. Memórias*, Coimbra: Almedina, 2001, 269-294; Arturo Pavese, *Subordinazione, Autonomia e forma atipiche di lavoro*, Padova: Cedam, 2001; Jesús Cruz Villalón, *El processo evolutivo de delimitación del trabajo subordinado*, in idem (coord.), *Trabajo subordinado y trabajo autónomo en la delimitación de fronteras del derecho del trabajo. Estudios en homenaje al Profesor José Cabrera Bazón*, Madrid: Tecnos, 1999, 169-192; Gert Griebeling, *Der Arbeitnehmerbegriff und das problem der "Scheinselbständigkeit"*, RdA, 1998, 208-216; Pedro Furtado Martins, *A crise do contrato de trabalho*, RDES, 1997, 335-368; Umberto Romagnoli, *Il lavoro in Italia: un giurista racconta*, Bologna: Il Mulino, 1995, 189-213; Miguel Rodríguez-Piñero, *La huida del Derecho del Trabajo*, Rel. Lab., T. I, 1992, 85-92; Roberto Pessi, *I rapporti di lavoro c.d. atipici tra autonomia e subordinazione nella prospettiva dell'integrazione europea*, RIDL, XI, 1992, 2, 133-151; Maria Emilia Casas Baamonde e Fernado Valdés Dal-Ré, *Diversidad y precariedad de la contratación laboral en España*, Rel. Lab., T. I, 1989, 240-258; Wolfgang Däubler, *Una riforma del Diritto del Lavoro tedesco? Prime osservazioni sul Beschäftigungsförderungsgesetz 26 aprile 1985*, Lorenzo Gaeta (trad.) RIDL, IV, 1985, 528-546.

Ao nível das diferentes categorias de trabalhadores que se afastam do modelo típico de relação laboral a flexibilização implica a diferenciação de regimes, o que tem vindo a acontecer, existindo regimes especiais para certos tipos de trabalhadores, nomeadamente no que respeita aos trabalhadores em comissão de serviço, aos trabalhadores no domicílio, aos desportistas profissionais, aos teletrabalhadores. Em alguns ordenamentos jurídicos essa diferenciação é feita de forma mais visível, como acontece por exemplo no art. 2.º do ET: cfr. António Martín Valverde, Rodríguez-Sañudo Gutiérrez, García Murcia, *Derecho del Trabajo*, 13.ª ed., Madrid: Tecnos, 2004, 182 e ss.. Alertando expressamente para a necessidade dessa diferenciação, entre outros, Menezes Cordeiro, *Direito de Trabalho*, 1994, 109-111; Dieter Medicus, *Tratado*, 1995, 522; Pedro Romano Martinez, *Os novos horizontes do Direito do Trabalho*, in António Moreira (coord.), *III Congresso Nacional de Direito do Trabalho. Memórias*, Coimbra: Almedina, 2001, (325-351), 344--350; Alain Supiot *et al., Transformações do Trabalho*, 2003, 19; ainda Clara Enrico

Do Dever Pré-Contratual de Informação na Formação ... 175

Porém, no que respeita ao dever de informação na formação do contrato de trabalho verifica-se que o legislador do CT não estabeleceu, como regra, qualquer diferenciação nem entre as partes do contrato[455], nem entre diferentes categorias de trabalhadores[456].

O art. 97.º, n.º 1 do CT estabelece que o empregador tem o dever de informar o trabalhador sobre os aspectos relevantes do contrato de trabalho, tal como (n.º 2) o trabalhador tem o dever de informar o empregador sobre os aspectos relevantes para a prestação da actividade laboral.

Não obstante este tratamento igualitário, a possibilidade de encontrar soluções diferenciadas consoante a categoria de trabalhadores não está coarctada, uma vez que as soluções jurídicas nesta matéria dependem da concretização de conceitos indeterminados, nomeadamente do que sejam os aspectos relevantes do contrato de trabalho ou os aspectos relevantes para a prestação da actividade laboral.[457] O preenchimento com valorações, necessário a essa concretização, dá espaço à consideração das particularidades da relação laboral concreta, deixando o caminho aberto a diferentes soluções.[458]

Posto isto, devemos esclarecer que não obstante a nossa análise se perspectivar nas características comuns da relação laboral, iremos proceder,

---

LUCIFREDI, *Il lavoro nell'impresa e l'obbligo di fedeltà del lavoratore*, Contratto e impresa, 14, n.º 2, 1998, (723-742), 741-742.

[455] O que é coerente com a linha orientadora que marcou a elaboração do CT, à qual nos referimos supra, no sentido da aproximação ao direito privado comum. Para uma crítica deste tratamento igualitário ao nível do dever de informação, considerando-o contrário à perspectiva personalista assumida formalmente pelo legislador na Exposição de Motivos, vd. PALMA RAMALHO, *O novo Código do Trabalho*, 2003, 34.

[456] Ao contrário do que se passa ao nível do dever de informação, em algumas situações essas diferenças foram introduzidas. Assim acontece por exemplo no regime da comissão de serviços e no regime da cessação do contrato de trabalho, em especial quanto à reintegração do trabalhador, para a qual se prevê um regime próprio para os trabalhadores de microempresas e de cargos de administração ou direcção (art. 438.º do CT). Considerando estas alterações pouco significativas, atendendo ao objectivo da flexibilização, cfr. PALMA RAMALHO, *O novo Código de Trabalho*, 2003, 53.

[457] Ainda para além destes casos, é possível a definição de regimes especiais sempre que se conclua que ao caso concreto não devem ser aplicadas as regras gerais na ausência de regras especiais, por aquele integrar uma lacuna de estatuição ou previsão: cfr. NUNES CARVALHO, *O pluralismo*, 2001, 281 e ss.

[458] Considerando que a concretização da boa fé deve atender ao posto de trabalho e à actividade concreta que o trabalhador desenvolve, cfr. GARCÍA VIÑA, *La buena fe en el contrato de trabajo. Especial referencia a la figura del trabajador*, Madrid: CES, 2001, 281 e ss.

176 *Do dever pré-contratual de informação e da sua aplicabilidade ...*

sempre que tal seja oportuno, aos acertos que se imponham, em especial quando estiver em causa um contrato de trabalho que pressuponha uma relação de confiança entre as partes, ou que pressuponha a adesão a certa ideologia.[459]

42. Enunciação das particularidades da relação laboral relevantes na conformação do dever de informação

Algumas particularidades da relação laboral, por poderem ser chamadas à colação no momento da concretização da cláusula geral da boa fé, podem mostrar-se úteis na tarefa de conformação do dever de informação na formação do contrato de trabalho.[460-461]

Os aspectos a considerar concentram-se em torno de três vectores fundamentais: a implicação da pessoa do trabalhador na prestação laboral, o carácter duradouro da relação laboral associado ao princípio da segurança no emprego e a específica distribuição do risco na relação de trabalho subordinado.

---

[459] Esta metodologia constitui manifestação da concepção segundo a qual a diversidade dos vínculos laborais e da categoria de trabalhadores não afecta a possibilidade e a necessidade de encontrar um regime comum aplicável a todas as relações de trabalho, *inclusive* às relações de trabalho autónomo, cfr. ALAIN SUPIOT, *Les nouveaux visages*, 2000, 143-145; JOSÉ JOÃO ABRANTES, *O Direito Laboral face aos novos modelos de prestação do trabalho, in* António Moreira (coord.), *IV Congresso Nacional de Direito de Trabalho. Memórias*, Coimbra: Almedina, 2002, (83-94), 89-90, que considera que o núcleo comum deve ser encontrado a partir dos direitos fundamentais e da ideia de cidadania na empresa. Também CRUZ VILLALÓN, *El processo evolutivo*, 1999, 189 e ss., considera que a partir do conceito de subordinação jurídica se deve traçar um regime unitário que terá como bitola o princípio da igualdade e da proibição de tratamentos discriminatórios.

[460] Não vamos analisar as características do contrato de trabalho, mas sim as características da relação jurídica que este origina. Isto porque, sendo o contrato de trabalho um contrato de natureza obrigacional (por exemplo, PEDRO ROMANO MARTINEZ, *As razões de ser do Direito do Trabalho, in* António Moreira (coord.), *II Congresso Nacional de Direito de Trabalho. Memórias*, Coimbra: Almedina, 1999, (129-144), 132) não há muito a acrescentar relativamente ao que se disse anteriormente sobre a concepção do contrato em geral. Quanto às características do contrato de trabalho, cfr., por exemplo, MENEZES CORDEIRO, *Direito do Trabalho*, 1994, 518-520; PEDRO ROMANO MARTINEZ, *Direito do Trabalho*, 2005, 281 e ss.; ZÖLLNER e LORITZ, *Arbeitsrecht*, 1998, 154 e ss.

[461] Igualmente, WILHELM DÜTZ, *Arbeitsrecht*, 9.ª ed., München: Beck, 2004, 47, considera que na configuração dos deveres pré-contratuais de conduta, entre eles o *Offenbarungspflichten*, se deve ter em consideração as particularidades da relação laboral.

43. Segue: Da implicação da pessoa do trabalhador na relação laboral como critério revelador do conflito de interesses

Quanto ao primeiro aspecto – implicação da pessoa do trabalhador na relação laboral – deve precisar-se que não está aqui em causa uma concepção da relação laboral enquanto relação fiduciária. Este qualificativo não constitui característica do contrato de trabalho, embora possa estar presente em algumas situações de prestação de trabalho subordinado.

De todo o modo, para além da natureza obrigacional, e portanto patrimonial, do contrato de trabalho, marcada pela troca sinalagmática de prestações (do lado do trabalhador a actividade laboral[462] e do lado do empregador a remuneração) é possível verificar que a pessoa do trabalhador está fortemente comprometida na prestação de trabalho subordinado.[463]

---

[462] Em sentido diverso, MONTEIRO FERNANDES, *Direito do Trabalho*, 11.ª ed. Coimbra: Almedina, 2002, 121-127, considera que a obrigação do trabalhador consiste na disponibilização da sua força de trabalho e não na prestação da própria actividade, o que é depois usado pelo Autor como argumento para explicar o alargamento do sinalagma no contrato de trabalho face aos quadros obrigacionais tradicionais (cfr. 127). Para uma crítica da utilização do conceito de disponibilidade na delimitação objectiva do contrato de trabalho, vd. PALMA RAMALHO, *Direito do Trabalho*, 2005, 398-401.

[463] Cfr., entre outros, ZÖLLNER e LORITZ, *Arbeitsrecht*, 1998, 155; PALMA RAMALHO, *Da autonomia*, 2001, 751 e ss., onde considera que o carácter patrimonial do contrato de trabalho é indesmentível, mas não esgota o conteúdo do vínculo jurídico-laboral (cfr. 752 e 782); *idem, "De la servidumbre al contrato de trabajo"*, 2004, 543 e *passim; idem, Direito do Trabalho*, 428; PALOMEQUE LÓPEZ e ÁLVAREZ DE LA ROSA, *Derecho del Trabajo*, 2001, 647; FURTADO MARTINS, *A relevância dos elementos pessoais na situação jurídica de trabalho subordinado. Considerações em torno de uma manifestação típica: o dever de ocupação efectiva*, RMP, ano 12.º, 47, 1991, (35-53), 35-36; MONTOYA MELGAR, *La buena fe en el derecho del trabajo*, Madrid: Tecnos, 2001, 24, que considera que a importância dos aspectos pessoais na relação laboral justifica uma especial relevância da boa fé no contrato de trabalho, que actuaria neste âmbito com uma maior intensidade (cfr. 24-25). Concordamos com o Autor na medida em que consideramos que a particularidade da incidência da relação laboral na pessoa do trabalhador é relevante para a concretização da boa fé, mas pensamos que não se pode falar de uma *boa fé mais intensa*. De facto, a boa fé na medida em que permite a valoração do caso concreto e dos valores que o informam pode levar a concluir pela existência de deveres mais rigorosos que as partes devem cumprir. Assim, o que pode ser mais intenso é o feixe e conteúdo dos deveres de conduta construídos a partir da boa fé, e não a própria boa fé, que como vimos anteriormente tem um carácter e uma dogmática unitária. Ainda, MIGUEL RODRÍGUEZ-PIÑERO e BRAVO--FERRER, *Contrato de trabajo y autonomía del trabajador, in* JESÚS CRUZ VILLALÓN (coord.), *Trabajo subordinado y trabajo autónomo en la delimitación de fronteras del derecho del trabajo. Estudios en homenaje al Profesor José Cabrera Bazón*, Madrid: Tecnos, 1999,

178 *Do dever pré-contratual de informação e da sua aplicabilidade ...*

Claro que em qualquer relação jurídica obrigacional se verifica a adstrição de um sujeito à realização de condutas que permitam a satisfação do interesse do credor, o que leva a definir a obrigação como *vínculo pessoal* entre dois sujeitos, através do qual uma das partes pode exigir da outra determinado comportamento.[464]

Tendo este aspecto em consideração, pode defender-se que no contrato de trabalho, tal como em qualquer outro contrato obrigacional, o que está em causa é a atribuição a um sujeito (empregador) do direito à actuação de outrem (trabalhador)[465] e as condutas devidas não são materialmente separáveis da pessoa do devedor, mas juridicamente podem ser consideradas como bens económicos que circulam e são objecto de troca no comércio jurídico.[466]

É um aspecto verdadeiro mas insuficiente para explicar na íntegra a relação jurídica laboral. Nos contratos obrigacionais as condutas são devidas por pessoas, consideradas como sujeitos de direito, enquanto na relação laboral a prestação da actividade é devida por pessoas, consideradas como seres humanos[467]. Razão que justifica que o devedor de qualquer relação obrigacional possa ser uma pessoa colectiva e o trabalhador seja, necessariamente, uma pessoa singular.[468]

A vinculação da pessoa à realização de certas condutas no âmbito da relação laboral tem implicações que ultrapassam o cometimento do sujeito

---

(21-38), 23; José João Abrantes, *O Código de Trabalho e a Constituição*, in António Moreira (coord.), *VI Congresso Nacional de Direito do Trabalho. Memórias*, Coimbra: Almedina, 2004, (151-162), 155; Marie-Annick Peano, *L'intuitus personae dans le contrat de travail*, DS, 2, 1995, (129-138), 130.

[464] Menezes Leitão, *Direito das Obrigações*, 2005, 86.

[465] Cfr. Menezes Cordeiro, *Tratado*, 2005, 197.

[466] Nesse sentido, Menezes Cordeiro, *Da situação jurídica laboral*, 1982, 50-52. Sobre esta ideia de trabalho abstracto vd. Palma Ramalho, *Direito do Trabalho*, 2005, 368-370.

[467] Cfr. António Monteiro Fernandes, *Sobre o objecto do contrato de trabalho*, ESC, VII, 1968, 25, (13-35), 16.

[468] Cfr. nesse sentido, por exemplo, Romano Martinez, *Direito do Trabalho*, 2005, 123; Palma Ramalho, *Direito do Trabalho, 2005*, 305-306; Monteiro Fernandes, *Direito do Trabalho*, 2002, 186-187; António da Motta Veiga, *Lições de Direito do Trabalho*, 8.ª ed., Lisboa: Universidade Lusíada, 2000, 323. Ainda Montoya Melgar, *La buena fe*, 2001, 27. Em sentido contrário, Menezes Cordeiro, *Manual de Direito do Trabalho*, 1994, 108, embora em *Tratado,* 2005, 197-198, afirme que "o trabalhador é antes de mais uma pessoa na plenitude dos seus direitos" a quem é conferida uma especial tutela dos seus direitos de personalidade.

Do Dever Pré-Contratual de Informação na Formação ... 179

no seio do vínculo jurídico que une as partes, atingindo a própria realização pessoal, familiar e social do trabalhador. Este aspecto é marcante no plano fáctico, mas conhece também manifestações no regime jurídico.

Do ponto de vista fáctico, a implicação pessoal do trabalhador na relação jurídico laboral resulta, em primeiro lugar, do facto de que com o início da prestação da actividade se encetam *relações interpessoais* com o empregador, ou pelo menos com os colegas e superiores hierárquicos[469], que se vão desenrolando ao longo do tempo e que vão condicionando a liberdade de actuação do trabalhador.[470]

Além disso, essa implicação pessoal do trabalhador na relação jurídico laboral resulta também do carácter essencial que as qualidades pessoais e a aptidão física e psíquica do trabalhador assumem na prestação laboral.[471]

Por outro lado o facto de, em regra, a única fonte de subsistência económica do trabalhador e da sua família consistir na prestação de trabalho subordinado contribui para a forte incidência da relação laboral no plano pessoal do trabalhador[472], daí advindo até uma situação de dependência psicológica que é tanto maior quanto mais alargada for a taxa de desemprego.[473]

Ainda no plano dos factos, outro factor que permite defender a forte implicação da pessoa do trabalhador na relação jurídico laboral reside no facto de a actual estrutura social colocar a realização profissional como um dos principais padrões de avaliação da realização pessoal, familiar, económica e social do indivíduo.[474]

---

[469] Naturalmente que podem existir excepções como acontece por exemplo no caso do teletrabalho.

[470] Cfr. MONTEIRO FERNANDES, *Direito do Trabalho*, 2002, 178. Trata-se no fundo da fusão de dois elementos que atribuem singularidade ao contrato de trabalho: a componente organizacional e a componente de pessoalidade, cfr. PALMA RAMALHO, *Direito do Trabalho*, 2005, 424 e ss.

[471] Assim, PALMA RAMALHO, *Direito do Trabalho*, 2005, 431; MONTEIRO FERNANDES, *Reflexões acerca da boa fé na execução do contrato de trabalho*, in António Moreira (coord.), *V Congresso Nacional de Direito de Trabalho. Memórias*, Coimbra: Almedina, 2003, 109-126, 109.

[472] MONTEIRO FERNANDES, *Reflexões acerca da boa fé*, 2003, 110.

[473] Cfr. JOSÉ JOÃO ABRANTES, *Contrato de trabalho*, 2005, 36-37.

[474] Cfr. FURTADO MARTINS, *A relevância dos elementos pessoais*, 1991, 36; MONTEIRO FERNANDES, *Reflexões acerca da boa fé*, 2003, 111; MONTOYA MELGAR, *La buena fe*, 2001, 29.

180 *Do dever pré-contratual de informação e da sua aplicabilidade ...*

Finalmente, a relação laboral reflecte-se na própria organização da vida pessoal e familiar, por exemplo, no que respeita à escolha do local de fixação de residência, da escola dos filhos, e na organização do tempo disponível para a família e actividades pessoais.

Mas o carácter pessoal da relação laboral não se manifesta apenas no plano fáctico. Ele manifesta-se igualmente no plano jurídico. Desde logo, e a título preliminar, deve observar-se que foram preocupações de ordem social e pessoal do trabalhador encarado enquanto pessoa que estiveram na base do surgimento do Direito do Trabalho. Como referimos, o Direito do Trabalho surgiu nos finais do século XIX por força do advento da questão social como forma de solucionar problemas que extravasavam em muito a concepção de trabalhador como mera parte de qualquer contrato obrigacional.[475]

Para além desta incidência genérica, podem avançar-se outras manifestações jurídicas do carácter pessoal da relação de trabalho[476], mas aquela que para o nosso tema assume uma especial relevância respeita ao carácter essencial das qualidades pessoais e da aptidão física e psíquica do trabalhador, que se repercute, no plano jurídico, na caracterização do contrato de trabalho como contrato *intuitu personae*.[477]

---

[475] Cfr. supra nota 441; ainda, MONTOYA MELGAR, *La buena fe*, 2001, 27.

[476] Exemplos de manifestações jurídicas do carácter pessoal da relação de trabalho são a inseparabilidade da actividade do trabalhador da pessoa do trabalhador, comprovada pelo grau de indeterminação da prestação, pelo conteúdo amplo dos poderes laborais e pelo dever de obediência, e o carácter dominial do vínculo laboral, comprovado pela sujeição do trabalhador ao poder disciplinar laboral: PALMA RAMALHO, *Direito do Trabalho, 2005*, 429-432.

[477] Assim, entre outros, BERNARDO LOBO XAVIER, *Curso de Direito do Trabalho*, 2.ª ed., 2.ª reimp., Lisboa: Verbo, 1999, 296; PALMA RAMALHO, *Da Autonomia*, 2001, 752; *idem, Relação de trabalho e relação de emprego*, 2003, 148; *idem, Direito do Trabalho,* 2005, 432; ROMANO MARTINEZ, *Direito do Trabalho*, 2005, 288; MOTTA VEIGA, *Lições de Direito do Trabalho*, 2000, 312; LUIS GIL SUÀREZ, *Validez e invalidez del contrato de trabajo*, REDT, Vol. Comemorativo, I, 100, 2000, (351-373), 367; MACHADO DRAY, *O princípio da igualdade*, 1999, 233, que afirma que no momento da celebração do contrato o empregador 'leva em linha de conta a *personalidade* do trabalhador' (sublinhado nosso): esta afirmação é susceptível de gerar alguma confusão nomeadamente quanto à extensão do dever de informar. De todo o modo, o que está em causa no carácter *intuitus personae* é as qualidades pessoais do trabalhador e não a sua personalidade, pelo que não será legítimo, em regra, que empregador procure obter informações acerca da personalidade do trabalhador. Realçando esta ligação entre o carácter *intuitus personae* e os poderes do empregador no momento da contratação, vd. MARIE-ANNICK PEANO, *L'intuitus personae*, 1995, 130 e 134 e ss., que chama a atenção para os limites impostos à consideração da

Por outro lado, as relações interpessoais que se estabelecem entre o trabalhador e o empregador, ou entre o trabalhador e outros trabalhadores, justificam-se na componente organizacional da relação laboral[478], que por sua vez explica a indeterminação da prestação de trabalho, que vai sendo concretizada continuamente tendo em conta os interesses do empregador e da organização[479], e também o elemento da subordinação jurídica, que constitui reverso do poder directivo e disciplinar.[480]

---

pessoa do trabalhador no momento da contratação, decorrentes da proibição de discriminação (131-132). Em sentido contrário, MENEZES CORDEIRO, *Direito do Trabalho*, 1994, 520, entende que a massificação e anonimato que marcam a relação laboral actual transforma a prestação laboral numa prestação fungível "havendo uma total substituibilidade entre os trabalhadores de *iguais habilitações*" (sublinhado nosso). Salvo o devido respeito, pensamos que esta substituibilidade não impede a afirmação do carácter *intuitus personae* do contrato de trabalho. Afirmar que o trabalhador é substituível por outro de iguais habilitações equivale a reconhecer que do universo de trabalhadores só alguns são aptos à realização da actividade. A determinação daqueles que são aptos faz-se exactamente através da ponderação das qualidades pessoais do trabalhador, onde se incluem, naturalmente, as habilitações do sujeito para a prestação de determinada actividade. Se os trabalhadores reúnem as mesmas qualidades pessoais são substituíveis, o que demonstra que essas qualidades são essenciais para o desempenho de determinada actividade.

É certo que contra o carácter *intuitus personae* do contrato de trabalho se poderia argumentar que em alguns contratos (pense-se no exemplo do funcionário da limpeza, ou controlador de entradas e saídas de veículos de uma garagem ou de um operário fabril de uma linha de montagem) essas qualidades pessoais são irrelevantes. Pensamos que não é assim e que tal posição encerraria um erro de perspectiva. As qualidades pessoais devem ser aferidas por referência à actividade a prestar e não por referência a uma eventual relação de confiança entre empregador e trabalhador, que pode até nem existir, cfr. ANTÓNIO CATAUDELLA, *Intuitus personae e tipo negoziale*, in AA.VV., *Studi in onore di Francesco Santoro-Passarelli*, Vol. I, Napoli: Jovene, 1972, (621-658), 631-635. Em sentido contrário, LOBO XAVIER, *Curso de Direito do Trabalho*, 1999, 296. O que se passa nos casos apontados é que a grande generalidade dos sujeitos reúne as qualidades pessoais necessárias para o desempenho daquelas actividades, que são menos exigentes, sendo por isso também menos exigente a sua ponderação, nomeadamente ao nível da contratação. De todo o modo, este *aspecto quantitativo* não deve levar à negação do carácter *intuitus personae* do contrato de trabalho.

[478] Quanto a esta cfr. PALMA RAMALHO, *Da Autonomia*, 2001, 716 e ss.; *idem, Direito do Trabalho, 2005*, 425-428. A componente organizacional constitui segundo a Autora uma nova leitura, compatível com o regime jurídico, do elemento de comunidade presente nas tradicionais concepções comunitário-pessoais do contrato de trabalho.

[479] Cfr. PALMA RAMALHO, *Direito do Trabalho, 2005*, 429. A Autora considera que o grau de indeterminação da prestação que existe no momento da constituição mas também ao longo de toda a execução do contrato de trabalho dificulta a separação da pessoa do trabalhador da actividade laboral.

[480] Cfr. PALMA RAMALHO, *Da Autonomia*, 2001, 753 e ss.; *idem, Relação de trabalho e relação de emprego*, 2003, 148-150; *idem, Direito do Trabalho, 2005*, 425-428.

182   *Do dever pré-contratual de informação e da sua aplicabilidade ...*

Ainda no plano jurídico, o carácter pessoal da relação laboral permite explicar muitos aspectos do regime jurídico do contrato de trabalho, que dificilmente encontram arrumação nos quadros obrigacionais tradicionais[481], dos quais se destacam as normas destinadas a proteger os direitos fundamentais do trabalhador, tais como os direitos de personalidade ou o direito à reserva da vida privada.[482]

De facto, a implicação da pessoa do trabalhador na prestação de trabalho subordinado permite uma grande exposição dos direitos de personalidade e de outros direitos fundamentais do trabalhador a riscos e vicissitudes que podem surgir ao longo da execução do contrato de trabalho, tornando-os permeáveis a abusos do empregador[483], tanto mais graves quanto maior for o grau de dependência económica e psicológica do trabalhador. Por esta razão, o legislador e a doutrina têm sentido necessidade de procurar respostas e soluções jurídicas que contrariem esta permeabilidade e que possam garantir a salvaguarda dos direitos fundamentais do trabalhador.[484] De facto, é intuitivo que a questão da tutela dos direitos

---

[481] Cfr. Monteiro Fernandes, *Reflexões acerca da boa fé*, 2003, 112-113; Palma Ramalho, *Da Autonomia*, 2001, 773 e ss.; *idem, Direito do Trabalho, 2005,* 433-434: segundo a Autora os aspectos regimentais que podem encontrar justificação na componente de pessoalidade do contrato de trabalho são os deveres de assistência não patrimoniais do empregador, a prevalência dos interesses pessoais e familiares do trabalhador sobre o acordo contratual e a ampla tutela dispensada aos direitos de personalidade do trabalhador. Cfr., ainda, Zöllner e Loritz, *Arbeitsrecht*, 1998, 155.

[482] Cfr. Monteiro Fernandes, *Reflexões acerca da boa fé*, 2003, 113; Palma Ramalho, *Direito do Trabalho, 2005,* 434; Adolfo Di Majo, *Incontro di studio civil-lavoristico, in* Santoro Passarelli (org.), *Diritto del lavoro*, 1992, (17-31), 24.

[483] Cfr. José João Abrantes, *Contrato de trabalho e direitos fundamentais, in* António Moreira (coord.), *II Congresso nacional de Direito de Trabalho. Memórias*, Coimbra: Almedina, 1999, (105-114), 105-106; Palma Ramalho, *Contrato de Trabalho e direitos fundamentais da pessoa, in idem, Estudos de Direito do Trabalho*, Vol. I, Coimbra: Almedina, 2003, (157-178), 157, 158-164. Ainda, Teresa Coelho Moreira, *Da esfera privada do trabalhador e o controlo do empregador*, Coimbra: Coimbra Editora, 2004, 45, embora não se referindo ao carácter pessoal da relação laboral, entende que a relação laboral representa um condicionalismo estrutural e permanente a grande parte dos direitos fundamentais do trabalhador; Fernando Valdés Dal-Ré, *Contrato de trabajo, derechos fundamentales de la persona del trabajador y poderes empresariales: una difícil convivencia*, Rel. Lab., II, 2003, (89-102), 90.

[484] No seu art. 16.º, o CT prevê expressamente o dever de respeito pelos direitos de personalidade e pelo direito da reserva da intimidade da vida privada, dando assim seguimento à auto proclamada perspectiva personalista: cfr. Exposição de Motivos, n.º 3.3. Quanto à doutrina vd. número seguinte.

Do Dever Pré-Contratual de Informação na Formação ... 183

fundamentais do trabalhador está intimamente implicada na temática do dever de informação na formação do contrato de trabalho[485].

A partir da característica da implicação da pessoa do trabalhador no contrato de trabalho é possível retirar duas ilações. A primeira é a de que o carácter essencial das qualidades pessoais do trabalhador para a prestação da actividade laboral justifica a afirmação de que, em princípio, o conhecimento dessas qualidades por parte do empregador seja bastante relevante. A segunda é a de que, por força desse carácter pessoal da relação laboral, os direitos fundamentais do trabalhador se encontram numa situação de maior vulnerabilidade, que é preciso rodear de especiais cautelas.

Sendo certo que o dever de informação pode levar à necessidade de revelar aspectos que se prendem com as qualidades pessoais do trabalhador, tal situação mostra-se susceptível de contribuir para a violação dos direitos fundamentais do trabalhador, em especial do direito de reserva da intimidade da vida privada.[486] Por isso, é essencial encontrar mecanismos de tutela que contenham o dever de informação nos limites do razoável.

Isto significa que, ao nível do dever pré-contratual de informação, a implicação da pessoa do trabalhador no contrato de trabalho é reveladora de uma situação de conflito de interesses: ela justifica, em simultâneo, o interesse do empregador em conhecer todos os factos relevantes que permitam formar um juízo de valor acerca das qualidades pessoais do trabalhador, e o interesse do trabalhador em não revelar quaisquer aspectos da sua vida privada, como forma de se precaver contra a violação dos seus direitos fundamentais.

A doutrina tem-se ocupado cada vez mais da questão da defesa dos direitos fundamentais do trabalhador, mas raramente põe em evidência um aspecto que para nós é muito importante e que encobre opções metodológicas de fundo que cumpre assumir. Trata-se da questão de saber se os

---

[485] Cfr. MENEZES LEITÃO, *Código de Trabalho Anotado*, Coimbra: Almedina, 2003, 93, que estabelece esse nexo entre dever de informação do trabalhador e direitos de personalidade, classificando estes como limite daquele. De uma forma mais geral, MENEZES CORDEIRO, *O respeito pela esfera privada do trabalhador*, in ANTÓNIO MOREIRA (coord.), *I Congresso Nacional de Direito de Trabalho. Memórias*, Coimbra: Almedina, 1998, (19-37), 19, afirma que a relação laboral e a esfera privada estão, ontologicamente, numa situação de conflito porque ao sujeitar-se ao poder de direcção e poder disciplinar o trabalhador aliena parte da sua personalidade.

[486] Um exemplo claro encontra-se nas relações de trabalho de praticante desportivo, na qual o trabalhador se obriga a manter a sua condição física, podendo mesmo ser sujeito a exames de controlo médico pela entidade empregadora (art. 13.º al. c) e d) do DL 68//98 de 26 de Junho): cfr. MENEZES LEITÃO, *Código de Trabalho*, 2003, 37.

184 *Do dever pré-contratual de informação e da sua aplicabilidade ...*

direitos fundamentais devem constituir ponto de partida para a determinação do dever de informação ou se, diferentemente, a análise deste dever deve ser desenvolvida no quadro contratual, recorrendo-se aos direitos fundamentais apenas como *último reduto*, capaz de limitar os contornos do dever de informação sempre que os critérios contratuais tenham originado soluções injustas.[487] Mais adiante, tomaremos posição quanto a esta questão. Por agora, para não quebrar o fio condutor que temos vindo a seguir, vamos referirmo-nos às demais particularidades da relação laboral relevantes para a temática do dever de informação.

44. Segue: do carácter duradouro do contrato de trabalho e do princípio da segurança no emprego à afirmação da especial relevância do dever de informação do trabalhador

O segundo aspecto característico da relação laboral que é necessário considerar diz respeito ao carácter duradouro do contrato de trabalho. De facto, não obstante o fenómeno da crise da relação laboral típica[488], em regra pode apontar-se como característica da relação laboral o carácter duradouro do contrato de trabalho[489], o que significa que a sua execução se prolonga no tempo e a constituição das respectivas obrigações não conhece intervalos juridicamente relevantes[490].

---

[487] É necessário sublinhar que o problema não consiste em colocar em alternativa o recurso aos direitos fundamentais, previstos na lei fundamental, e à cláusula contratual geral da boa fé: cfr. Adolfo Di Majo, *Incontro di studio civil-lavoristico*, 1992, 25, que aliás conclui pela irrelevância desta distinção. De facto, essa alternatividade seria apenas aparente, já que a boa fé permite veicular os princípios fundamentais para o caso concreto sendo aliás, na concepção daqueles que defendem que os direitos fundamentais não podem ser aplicados directamente nas relações entre privados, um dos mecanismos civis de mediação necessários à eficácia dos direitos fundamentais nas relações entre sujeitos privados: cfr. infra n.º 47. Para uma crítica desta concepção, com referência à jurisprudência italiana, vd. Giuseppe Ferraro, *Poteri imprenditoriali e clausole generali*, in Santoro Passarelli (org.), *Diritto del lavoro*, 1992, (161-176), 165, 169-174.

Diversamente, a dúvida relaciona-se com a questão de saber se, ao nível do dever de informação, o próprio contrato de trabalho oferece os quadros necessários à tutela da personalidade e reserva da intimidade da vida privada do trabalhador ou se esse escopo só pode ser alcançado através do recurso aos direitos fundamentais.

[488] Cfr. supra nota 454.

[489] Cfr. Monteiro Fernandes, *Direito do Trabalho*, 2002, 176-178; Zöllner e Loritz, *Arbeitsrecht*, 1998, 155.

[490] Menezes Cordeiro, *Manual de Direito do Trabalho*, 1994, 519.

Do Dever Pré-Contratual de Informação na Formação ...

Esta apetência para perdurar no tempo é potenciada pelo princípio da segurança no emprego. Segundo este princípio, previsto na lei fundamental (art. 53.º da CRP), uma vez celebrado o contrato de trabalho e ultrapassada a fase do período experimental, o contrato de trabalho tende a manter-se, pois o empregador apenas poderá pôr fim ao mesmo se existir justa causa. Esta limitação apenas abrange o empregador e não o trabalhador, que por força do princípio da liberdade de escolha da profissão (art. 47.º da CRP) não necessita de fundamentar a resolução do contrato de trabalho em justa causa, bastando-lhe avisar previamente a entidade empregadora.

Mas em que medida estes aspectos são pertinentes na temática do dever pré-contratual de informação? O ponto de partida para a resposta a esta pergunta encontra-se numa afirmação sugestiva de MENEZES CORDEIRO. O Autor, ao referir-se à liberdade contratual no âmbito do contrato de trabalho, conclui que esta tem como corolário o respeito pelos contratos livremente celebrados e que "desde o momento em que, ao celebrar um contrato de trabalho de duração indeterminada, *as partes saibam o que estão a fazer*, é o próprio princípio do respeito pelos contratos que implica a proibição do despedimento sem justa causa!" (sublinhado nosso).[491] Ou seja, o dever de informação mostra-se essencial para a formação de uma vontade livre e esclarecida acerca da conveniência de contratar ou não contratar. Evidentemente, este aspecto não se apresenta como exclusivo do contrato de trabalho: assim acontece em qualquer contrato. Porém, dado o carácter duradouro e as restrições impostas em especial ao empregador no que respeita à cessação do contrato de trabalho, esse dever ganha um maior peso na vida contratual.[492]

O empregador que contrata na base de informações insuficientes ou incorrectas pode ver-se vinculado, por um período de tempo indeterminado, a um contrato que na verdade não quis, com a agravante que só dele se poderá desvincular se existir justa causa.

Poder-se-ia arguir que dois aspectos colocam esta ideia em crise, nomeadamente o período experimental e o regime da anulabilidade por erro (114.º e ss. do CT e art. 251.º do CC).

---

[491] MENEZES CORDEIRO, *Liberdade, Igualdade e Fraternidade: velhas máximas e novas perspectivas do Direito do Trabalho*, in ANTÓNIO MOREIRA (coord.), *IV Congresso Nacional de Direito do Trabalho. Memórias*, Coimbra: Almedina, 2002, (25-38), 29.

[492] De forma semelhante, cfr. MONTOYA MELGAR, *La buena fe*, 2001, 24-25, que considera que o carácter duradouro do contrato de trabalho contribui para uma especial relevância da boa fé no âmbito do contrato de trabalho e explica certos direitos e deveres das partes.

186   *Do dever pré-contratual de informação e da sua aplicabilidade ...*

De facto, estes dois mecanismos podem servir para remediar a celebração de um contrato de trabalho em que o empregador não tenha tido conhecimento de todos os aspectos relevantes para a tomada de decisão, afastando-se desta forma o problema da manutenção de contratos indesejados.

No que respeita ao período experimental, o empregador que contratou na base de informações falsas ou incompletas dispõe de um período de tempo, que varia consoante a natureza da actividade e o tipo de contrato[493], para se desvincular livremente do contrato, caso entenda que o trabalhador não reúne as condições requeridas.

No que respeita ao regime da anulabilidade por erro, se a falta de informação gerar um erro determinante da vontade, que atinja a pessoa do

---

[493] Cfr. arts. 107.º, 108.º e 109.º do CT. Como se pode verificar os prazos do período experimental são mais alargados nas situações em que o grau de confiança entre as partes é superior ou nas situações em que são exigidas especiais qualidades técnicas e pessoais do trabalhador (art. 107.º, al. b) e c) e art. 109.º do CT), num fenómeno de diversificação do regime jurídico a que nos referimos supra. Esta diversificação justifica-se justamente porque se pretende dar às partes um maior período de tempo para que estas possam recolher todas as informações necessárias para aferir da aptidão do trabalhador para a prestação da actividade, nas situações em que as qualidades pessoais são mais relevantes. Além disso, o período experimental serve, também, para as partes poderem confrontar as informações obtidas durante esse período de experiência e aquelas que resultaram do processo de formação do contrato, e assim ajuizarem da manutenção do vínculo contratual, que ainda não se encontra protegido pelas limitações à cessação do contrato de trabalho (cfr. MANUEL ALONSO OLEA e M. EMILIA CASAS BAAMONDE, *Derecho del Trabajo*, 18.ª ed., Madrid: Civitas, 2000, 223). Por isso, no período experimental há como que uma continuidade dos deveres pré-contratuais de informação. Tal como na fase dos preliminares, as partes devem informar-se mutuamente dos factos que sejam relevantes para aferir dos interesses da contraparte e permitir uma experiência efectiva (MENEZES CORDEIRO, *Manual de Direito do Trabalho*, 1994, 580). Isso mesmo é previsto na lei, no art. 104.º, n.º 2 do CT, que dispõe que as partes devem, no decurso do período experimental, agir de modo a permitir que se possa apreciar o interesse de manutenção do contrato de trabalho.

Estas considerações podem levar à colocação de problemas interessantes: por exemplo, *quid iuris* se um trabalhador adopta no período experimental um certo padrão de conduta, que sabe ser adequado e correspondente às expectativas do empregador e após o período experimental começa a comportar-se de forma totalmente diferente? Será que o empregador pode invocar responsabilidade pré-contratual por violação do dever de informação? São questões interessantes mas nas quais não nos vamos deter pois elas pressupõem uma análise e uma tomada de posição quanto à natureza jurídica do período experimental, que não é adequado encetar. De todo o modo, fica a nota de que no período experimental as partes têm o dever de esclarecer e informar a contraparte sobre os aspectos relevantes para a execução do contrato de trabalho, através do desenvolvimento da actividade de acordo com a boa fé e através da informação espontânea ou provocada.

Do Dever Pré-Contratual de Informação na Formação ...

trabalhador, o objecto do negócio, ou outros motivos determinantes da vontade reconhecidos pelas partes, ou ainda se resultar de acto doloso, o empregador pode requer no prazo de um ano (art. 287.º do CC) a anulabilidade do contrato.

Não obstante estes argumentos serem válidos três notas se impõem. Por um lado, não é pelo facto de existirem mecanismos que permitem ultrapassar as desvantagens da violação do dever de informação que não se deverá actuar a nível preventivo, determinando e impondo o dever de as partes se informarem mutuamente.

Por outro lado, a violação do dever de informação pode ter consequências ao nível da formação da vontade contratual, e reflexamente da execução do contrato, e não ser detectada no prazo do período experimental, ou não poder fundamentar a invocação da nulidade ou anulabilidade do contrato, ou porque por exemplo o prazo de caducidade já expirou (no caso desta última), ou porque os respectivos requisitos não estão preenchidos.[494]

---

[494] Um exemplo claro desta situação encontra-se no Ac. STJ de 26-Abril-1995 (Dias Simão), CJSTJ, 1995, III, T.I, 288-290. Estava em causa uma situação em que uma clínica médica contratou um médico para o exercício da especialidade de pediatria. O médico tinha obtido a licenciatura no Brasil e estava inscrito na Ordem dos Médicos Portuguesa. Confiando que o médico era especialista, a clínica contratou-o. Todavia, este facto não correspondia à verdade uma vez que a especialidade depende da inscrição no respectivo colégio, e tal inscrição não tinha ocorrido. Ou seja, o médico não era especialista nem podia invocar essa qualidade, embora de acordo com o Estatuto da Ordem dos Médicos pudesse exercer qualquer actividade médica, incluindo a pediatria.

A Autora (clínica médica) fez cessar o contrato alegando nulidade por ilicitude do seu objecto, vindo a perder a acção, pois, como se referiu, segundo o Estatuto da Ordem do Médicos qualquer médico inscrito pode exercer qualquer das especialidades, apenas lhe estando vedada a possibilidade de usar o título de especialista e a possibilidade de inscrição no respectivo colégio.

Na verdade, a Autora não deu um enquadramento jurídico correcto ao litígio. O que estava em causa era a violação do dever de informação. O médico devia ter informado a clínica do facto de não poder usar o título de especialista, uma vez que essa possibilidade era algo que, evidentemente, interessava à entidade empregadora como forma de contribuir para o prestígio junto dos pacientes e, mesmo, para a fixação do preço das consultas.

Neste caso não foi possível recorrer à nulidade do contrato como forma de desvinculação de um contrato assente em informações incompletas, por não estarem preenchidos os respectivos requisitos.

Mas cabe perguntar: será que a invocação da violação do dever pré-contratual de informação poderia ter desencadeado a aplicação do regime da responsabilidade pré-contratual e a consequente fundamentação da desvinculação do contrato? A resposta afirmativa a esta questão pressupõe que se considere a celebração do contrato como dano

188 Do dever pré-contratual de informação e da sua aplicabilidade ...

Finalmente, em terceiro lugar, mesmo que seja possível recorrer à acção de nulidade ou anulabilidade e as partes se desvinculem de um contrato indesejado, os prejuízos decorrentes da violação do dever pré--contratual de informação continuam a fazer-se sentir, uma vez que nos termos do art. 115.º do CT, o contrato de trabalho nulo ou anulado produz

---

e que se admita, com base no princípio da restauração natural, a possibilidade de resolução do contrato como forma de indemnização. Admitindo essa possibilidade, cfr., entre nós, SINDE MONTEIRO, *Responsabilidade por Conselhos*, 1989, 370; ANA PRATA, *Notas sobre responsabilidade*, 2002, 130 e 188 e ss.; EVA MOREIRA DA SILVA, *Da responsabilidade pré--contratual*, 2003, 237. De igual modo, MENEZES CORDEIRO, *Da Boa Fé*, 2001, 521, parece admitir essa possibilidade. Embora não se refira directamente a esta questão, no âmbito da discussão acerca da desculpabilidade do erro, o Autor defende que, em caso de erro negligente que cause danos à outra parte, o *errans* incorre em responsabilidade pré--contratual devendo a indemnização a arbitrar ser efectivada de acordo com o princípio da restauração natural, ou seja corresponder à validade do negócio (cfr., ainda, 795-796, onde o Autor se refere à validade dos contratos formalmente nulos como forma de indemnização). Isto leva-nos a pensar que, da mesma forma, se o erro é causado dolosamente pela contraparte através da violação do dever de informação, a restauração natural levará à destratação do contrato, o que de todo o modo só assumiria relevância se o prazo para arguir a anulabilidade já tivesse caducado.

Também na jurisprudência se encontram alguns exemplos de decisões que admitem essa possibilidade: em França admitiu-se a cessação do contrato, com fundamento em culpa grave, de um trabalhador contratado na qualidade de farmacêutico que prestou à entidade empregadora a informação falsa de que estava inscrito na respectiva ordem (Montpellier, 18-janvier-2000, cit. em FRÉDÉRIQUE GUIMELCHAIN, *Contrats de Travail. Relations employeurs – salariés*, Hericy: Editions du Puits Fleuri, 2003, 53.) Na Alemanha, vd., por exemplo, BGH, NJW, 1998, 2900-2901; na doutrina, MANFRED LÖWISCH, *Arbeitsrecht*, 2004, 322, admite a via da cessação do contrato quando o trabalhador omita circunstâncias essenciais relevantes para a decisão de contratar (por exemplo, uma doença contagiosa de que padece) e dessa omissão venham a resultar custos acrescidos para o empregador.

Cfr. ainda, entre nós, JOSÉ ANDRADE MESQUITA, *Direito do Trabalho*, 2.ª ed., Lisboa: AAFDL, 2004, 476. O Autor admite que a violação do dever de informação na fase dos preliminares pode constituir justa causa de despedimento sempre que esse comportamento tenha como consequência a não exigibilidade da manutenção do vínculo contratual, nomeadamente quando se traduza numa quebra da confiança. Não partilhamos desta opinião, pois a admitir-se a cessação do contrato de trabalho com base num comportamento culposo perpetrado na fase das negociações, o fundamento jurídico dessa solução deve ser procurado no âmbito da responsabilidade pré-contratual reconhecida no art. 93.º do CT, e não no âmbito do despedimento com justa causa. A não ser assim, estar-se-ia a abrir precedente para um alargamento do conceito de justa causa, capaz de acolher situações que não apresentam uma relação directa com a prestação da actividade laboral ou com a execução do contrato.

Do Dever Pré-Contratual de Informação na Formação ...

efeitos como se fosse válido em relação ao tempo durante o qual esteve em execução.

Por estas razões, não obstante o período experimental e o regime do erro poderem ser invocados como forma de conseguir a desvinculação de um contrato que só foi celebrado, ou só foi celebrado em determinados termos, porque as partes não cumpriram o dever de informação e por isso não detinham a informação relevante, ainda há espaço para a ideia segundo a qual o carácter duradouro do contrato, aliado às restrições impostas para a sua cessação, justificam um especial cuidado na fixação do dever pré--contratual de informação.

45. Segue: da específica distribuição do risco à afirmação da regra da inexistência do dever de informar sobre as circunstâncias relativas ao risco assumido pelas partes

Para além da implicação da pessoa do trabalhador na relação laboral e do carácter duradouro do contrato de trabalho aliado à segurança no emprego, um terceiro aspecto característico do contrato de trabalho que pode influir na determinação do dever pré-contratual de informação diz respeito à distribuição do risco da prestação da actividade laboral.

No contrato de trabalho o risco da prestação da actividade corre por conta da entidade empregadora[495] o que significa que independentemente das vicissitudes da prestação da actividade, incluindo a inutilidade ou inadequação da mesma para a cabal satisfação dos interesses do empregador, este continua obrigado a remunerar o trabalhador, não podendo invocar a excepção de não cumprimento, como acontece em regra nos contratos sinalagmáticos.[496]

Mas, para além destas situações que se justificam na necessidade de não responsabilizar o trabalhador por prejuízos ocorridos no seio de uma

---

[495] WERNER FLUME, El negocio jurídico, 1998, 605. A distribuição do risco neste moldes encontrava-se já na *locatio condutio operarum*, uma vez que de acordo com o Digesta 19, 2, 38, o trabalhador tinha o direito de exigir a *merces* mesmo em caso de impossibilidade de prestar o serviço: cfr. REINHARD ZIMMERMANN, *The law of obligations*, 1996, 385; MENEZES CORDEIRO, *Manual de Direito do Trabalho*, 1994, 40.

[496] Cfr. ROMANO MARTINEZ, *Direito do Trabalho*, 2005, 284, que considera que a assunção do risco por parte do empregador permite explicar as excepções ao sinalagma no contrato de trabalho. Em sentido contrário, RUI PEREIRA, *A garantia*, 1974-1987, 237--238.

190   *Do dever pré-contratual de informação e da sua aplicabilidade ...*

organização que é controlada e serve os interesses de outrem[497], o dever remuneratório continua a existir mesmo que não tenha sido prestada qualquer actividade, como acontece por exemplo no caso das férias[498] (art. 211.º, n.º 1 do CT) ou de dispensas para consultas, amamentação e aleitação (art. 39.º e 50.º, n.º 2 do CT).

A partir destas breves indicações é possível identificar dois grupos de casos em que o empregador suporta o risco, subsistindo a obrigação de remunerar o trabalhador sem que exista da parte deste qualquer prestação correspectiva. Assim, é possível distinguir entre situações de risco contratual e situações de risco social.[499]

Nas situações de risco contratual a ausência de prestação da actividade laboral não constitui uma excepção ou vicissitude ao contrato. Ao contrário, integra-se na execução normal do contrato de trabalho, como acontece nomeadamente quanto às férias (art. 211.º, n.º 1 do CT), feriados, faltas justificadas (art. 230, n.º 1 do CT), subsídios de Natal e subsídios de férias (respectivamente art. 254.º e 255.º, n.º 2 do CT).[500] Além destes casos, é ainda possível falar de risco contratual para referir as situações de subsistência da obrigação de remunerar mesmo em caso de inutilidade da prestação.[501]

Nas situações de risco social, a responsabilidade remuneratória acrescida do empregador ocorre em situações excepcionais que impedem a prestação da actividade e que dizem respeito a valores sociais dignos de protecção. Assim acontece nos casos de doença[502], doença ou acidente de trabalho (art. 230, n.º 2, al. a) e b) *a contrario* e arts. 281.º e ss. do CT) e em todas as prestações relacionadas com a maternidade (arts. 33.º e ss. do CT).[503]

Este risco alargado do empregador não é assumido, evidentemente, numa base de altruísmo. De facto, ele pode encontrar dois tipos de justi-

---

[497] PALMA RAMALHO, *Do fundamento do poder disciplinar laboral*, Coimbra: Almedina, 1993, 438.

[498] PALMA RAMALHO, *Do fundamento*, 1993, 436.

[499] Cfr. PALMA RAMALHO, *Do fundamento*, 1993, 434 e ss., que seguimos de perto neste ponto.

[500] PALMA RAMALHO, *Do fundamento*, 1993, 436-437.

[501] PALMA RAMALHO, *Do fundamento*, 1993, 438, *idem, Direito do Trabalho*, 2005, 397.

[502] Cfr. JOÃO LEAL AMADO, *Breve apontamento sobre a incidência da revolução genética no domínio juslaboral e a lei n.º 12/2005, de 26 de Janeiro, in idem, Temas laborais,* Coimbra: Coimbra Editora, 2005 (23-33), 24.

[503] PALMA RAMALHO, *Do fundamento*, 1993, 435.

Do Dever Pré-Contratual de Informação na Formação ...   191

ficação: uma, que tem pouca relevância para o tema do dever de informação, situa-se ao nível das políticas sociais e de emprego e dos poderes públicos que, recorrendo a normas imperativas, podem impor determinadas responsabilidades ao empregador. A outra justificação pode encontrar-se na própria *estrutura do contrato* e nas vantagens que o empregador retira do facto do trabalhador assumir uma situação debitória mais alargada[504]. Esta situação debitória alargada do trabalhador traduz-se na disponibilização da sua força de trabalho para benefício do empregador[505], que de modo a servir os interesses que prossegue a direcciona com alguma liberdade, podendo mesmo chegar a impor alterações unilaterais ao contrato de trabalho, por exemplo, no caso de alteração do local de trabalho ou nas situações de *ius variandi*.[506]

Desta feita, existe um ponto de equilíbrio que permite a harmonização dos interesses antagónicos das partes.[507] Ao empregador interessa poder dispor da força de trabalho dos trabalhadores, instrumentalizando-a com alguma margem de manobra à prossecução dos seus interesses. Ao trabalhador interessa transferir para o empregador o risco da sua actividade laboral, assim como os encargos sociais e familiares a ela associados.

Este aspecto é interessante, pois embora ao celebrar um contrato de trabalho as partes assumam uma situação que individualmente considerada é desvantajosa, fazem-no porque como contrapartida a outra parte também

---

[504] Palma Ramalho, *Do fundamento*, 1993, 439.

[505] Palma Ramalho, *Os limites do poder disciplinar laboral, in idem, Estudos de Direito do Trabalho*, Vol. I, Coimbra: Almedina, 2003, (179-193), 185.

[506] Palma Ramalho, *Do fundamento*, 1993, 438, refere, ainda, que o agravamento da situação debitória do trabalhador resulta do facto de lhe poder ser exigido o cumprimento de deveres especiais fora da execução da prestação principal, exemplificando com a manutenção dos deveres acessórios em caso de suspensão do vínculo e com o dever de prestar a actividade em situações de greve, como forma de garantir os serviços mínimos necessários à satisfação das necessidades vitais ou à satisfação das necessidades da própria organização da entidade empregadora. Salvo o devido respeito, não partilhamos deste modo de ver. Qualquer prestação, seja do empregador, seja do trabalhador, é uma realidade complexa que compreende vários deveres. Ao lado do dever de cumprir a prestação principal, a boa fé impõe uma série de deveres acessórios, essenciais para um aproveitamento efectivo da prestação e para a cabal satisfação dos interesses do credor. Assim, pensamos que estes deveres acessórios estão presentes e conformam qualquer obrigação, pelo que não se pode ver aqui um verdadeiro agravamento da posição debitória do trabalhador, até porque esse agravamento verificar-se-ia também na esfera do empregador, o que lhe retiraria o marco de desvantagem que está subjacente a esta ideia.

[507] Palma Ramalho, *Os limites do poder disciplinar*, 2003, 185.

192   *Do dever pré-contratual de informação e da sua aplicabilidade ...*

assume uma posição debitória mais alargada, que permite satisfazer os seus próprios interesses.[508]

Esta particularidade do contrato de trabalho pode revelar-se bastante útil na determinação do dever de informação e constituir uma achega em casos de, por vezes, difícil resolução, como por exemplo o de saber se uma candidata a um contrato de trabalho está obrigada a responder a questões sobre o seu estado de gravidez ou sobre as suas intenções relativas à maternidade.

As considerações anteriores permitem-nos formular a seguinte *regra*: não existe qualquer dever de informar sobre as circunstâncias que dizem respeito ao risco assumido pelas partes como contrapartida do alargamento da situação debitória da contraparte.[509]

Na verdade, poder-se-ia arguir que o empregador tem todo o interesse em saber se as suas responsabilidades sociais deverão ser accionadas, uma vez que essa informação permite-lhe, em última análise, evitar gastos e efectuar uma avaliação financeira acerca da contratação de determinado candidato.

Por sua vez, o trabalhador teria todo o interesse em conhecer, no momento das negociações, eventuais alterações ao contrato que o empregador pode legitimamente vir a introduzir.

Todavia, se é certo que, como concluímos anteriormente, existe um dever de informar espontaneamente sobre as circunstâncias que permitam avaliar a aptidão do contrato projectado para a satisfação dos *interesses* da contraparte[510], também verificámos que só relevam os interesses *legítimos*.[511] Isto é, só existe um dever de informar sobre as circunstâncias

---

[508] Reconhecendo, ainda que em moldes um pouco diversos, este compromisso, cfr., Antoine Lyon-Caen, *El Derecho del Trabajo y la libertad de empresa*, Rel. Lab. T.I, 2002, (355-364), 357. O Autor não se refere expressamente a esta ideia de risco mas a um compromisso entre, de um lado, a necessidade de mão de obra estável instrumentalizada aos interesses da empresa e, do outro, a necessidade de segurança dos trabalhadores. No mesmo sentido, Wolfgang Meyer, *Arbeitsrecht*, 6.ª ed., Wörishofen: Holzmann Buchverlag, 2002, 15. Cfr., ainda, Alain Supiot *et al., Transformações do Trabalho*, 2003, 18, que consideram este compromisso como característica da relação laboral típica.

[509] Esta ideia encontra-se igualmente em Arndt Teichmann, *Nebenverpflichtungen*, 1984, 547. Embora não esteja em análise o contrato de trabalho em particular, o Autor, ao referir-se aos limites do dever de informar, entende que não há responsabilidade relativa à informação que deva cair na esfera do risco da contraparte, nomeadamente quando do próprio tipo contratual é possível determinar a imposição do risco a uma das partes.

[510] Cfr. supra n.º 32.

[511] Cfr. supra n.º 32.

que digam respeito aos interesses legítimos da contraparte. Ora, no contexto do contrato de trabalho e da específica distribuição do risco, os interesses que poderiam estar aqui em causa seriam apenas o objectivo de fuga às responsabilidades acrescidas assumidas no momento da celebração do contrato.[512] Obviamente que esse interesse não é legítimo e por isso não merece tutela legal.

É verdade que a assunção da posição debitória agravada representa uma situação de desvantagem que as partes teriam interesse em evitar. Porém, essa situação tem as suas contrapartidas próprias, pelo que a fuga ao risco assumido representaria um desequilíbrio injustificado na própria estrutura do contrato de trabalho.

Assim, pode ter-se por assente que não recai sobre as partes qualquer dever de informação sobre as circunstâncias relativas à assunção da posição debitória alargada da contraparte, que lhe permitisse furtar-se aos respectivos encargos. Essas circunstâncias não são *relevantes* para efeitos da aplicação do art. 97.º do CT, ou seja não são relevantes para o contrato de trabalho nem para a prestação da actividade laboral.

É por isso que, *em regra*, a candidata a emprego não tem de informar sobre o seu estado de gravidez tal como o empregador não tem de informar sobre as tarefas concretas a desenvolver bastando apenas a referência à categoria.

---

[512] Este objectivo é bastante evidente num exemplo retirado do parecer n.º 14/CITE/ 98, de 13 de Julho, *in* CITE, *Edição comemorativa dos 20 anos do CITE: 1979-1999. Pareceres*, Lisboa: Ministério do Trabalho e da Solidariedade, 1999, 457-468, também disponível em www.cite.gov.pt/ pareceres/P14_98.htm. Neste parecer estava em causa a avaliação de um questionário, de uma cadeia de supermercados, para admissão de trabalhadores do qual constava, entre outras questões, uma pergunta dirigida às candidatas de sexo feminino com o seguinte teor: tem fundamento para pensar que nos próximos nove meses irá *utilizar o direito à protecção da maternidade*? Quando?

Como se percebe pelo modo de formular a questão, o único objectivo da entidade empregadora é saber se as candidatas representam gastos acrescidos para a entidade empregadora, que esta não quer suportar, mas que pelo próprio jogo do equilíbrio contratual está obrigada a assumir.

§ 14 Linhas norteadoras fornecidas pelos direitos fundamentais: referência e afastamento

46. A vulnerabilidade dos direitos fundamentais do trabalhador nos preliminares do contrato como problema de desigualdade das partes e não de delimitação da subordinação jurídica

Ao analisarmos as particularidades da relação laboral concluímos que uma das mais relevantes é a implicação da pessoa do trabalhador na prestação do trabalho subordinado. Dessa particularidade chegámos à afirmação da especial vulnerabilidade dos direitos fundamentais do trabalhador, que é preciso rodear de cautelas.

No texto fundamental encontram-se consagrados vários direitos fundamentais do trabalhador, de natureza colectiva[513] e individual. Ao nosso tema apenas interessam os direitos fundamentais construídos a partir da concepção do trabalhador enquanto ser humano e cidadão.[514]

De facto, não é pela simples entrada em negociações ou pela celebração do contrato de trabalho que o trabalhador perde a sua qualidade de pessoa humana, ou de cidadão, e a inerente titularidade dos respectivos direitos fundamentais.[515] O trabalhador continua munido do direito à reserva

---

[513] Cfr. arts. 54.º e ss. da CRP.

[514] Para uma definição e caracterização dos direitos fundamentais da pessoa do trabalhador, vd. FERNANDO VALDÉS DAL-RÉ, *Los derechos fundamentales de la persona del trabajador: un ensayo de noción lógico-formal*, Rel. Lab., II, 2003, 47-54.

[515] Encontra-se na doutrina a afirmação de que o trabalhador continua a ser uma pessoa humana ou um cidadão na empresa. Todavia pensamos que não é necessário traçar esta distinção, já que a ideia base é comum aos diferentes Autores: o trabalhador é titular dos direitos fundamentais inerentes à pessoa humana e não apenas dos direitos fundamentais que lhe são conferidos enquanto trabalhador subordinado, tais como os direitos de natureza colectiva. Cfr., entre outros, WOLFGANG DÄUBLER, *Derecho del Trabajo*, Acero Serna e Acero López (trad.), Madrid: Ministerio de Trabajo y Seguridad Social, 1994, 615; JOSÉ JOÃO ABRANTES, *Contrato de trabalho e direitos fundamentais*, 1999, 107-108, 114; *idem*, *Contrato de Trabalho*, 2005, 60-61; MENEZES CORDEIRO, *Direito do Trabalho e cidadania*, in ANTÓNIO MOREIRA (coord.), *III Congresso Nacional de Direito do Trabalho. Memórias*, Coimbra: Almedina, 2001, (29-42), 39; PALMA RAMALHO, *Contrato de Trabalho e direitos fundamentais*, 2003, 172; ALFREDO MONTOYA MELGAR, *Derecho del Trabajo*, 25.ª ed., Madrid: Tecnos, 2004, 307; JOSÉ LUIS GOÑI SEIN, *El respeto a la esfera privada del trabajador. Un estudio sobre los limites del poder de control empresarial*, Madrid: Civitas, 1988, 21; RAQUEL TAVARES DOS REIS, *Liberdade de consciência e de religião e contrato de trabalho do trabalhador de tendência. Que equilíbrio do ponto de vista das relações*

Do Dever Pré-Contratual de Informação na Formação ...

da intimidade da vida privada (art. 26.º CRP e art. 80.º CC), do direito à liberdade de consciência, de religião e de culto (art. 41.º CRP), do direito a um tratamento igual e não discriminatório (art. 13.º CRP), do direito à liberdade de expressão e à imagem (art. 37.º, n.º 1, art. 26.º, n.º 1, ambos da CRP, e art. 79.º CC).

Todos estes direitos estão em perigo no decurso da relação contratual[516], mas nem todos eles têm a mesma relevância no âmbito das negociações, portanto fora da relação de subordinação jurídica. Na fase dos preliminares o candidato ainda não se encontra sujeito a qualquer poder directivo ou disciplinar do empregador, pelo que dificilmente se podem conceber violações por parte do eventual empregador do direito à imagem, ou à liberdade religiosa e de culto, por exemplo. Porém, o mesmo não acontece relativamente ao direito à reserva da intimidade da vida privada[517] e ao direito a um tratamento igual e não discriminatório[518-519].

---

individuais de trabalho?, Coimbra: Coimbra Editora, 2004, 33-34; JEAN-EMMANUEL RAY, *Fidélité et exécution du contrat de travail*, DS, 5, 1991, (376-385), 384; ainda THILO RAMM, *Grundrechte und Arbeitsrecht*, JZ, 46, 1991 (1-16), embora considerando que nem sempre foi assim (2) o Autor considera que actualmente *"Die Arbeitleistung absorbiert nicht mehr die Persönlichkeit des Arbeitnehmers"* (3).

[516] Para mais desenvolvimentos e exemplos da violação dos direitos fundamentais do trabalhador no decurso da relação laboral, vd. WOLFGANG DÄUBLER, *Derecho del Trabajo*, 1994, 616 e ss. Em particular quanto à privacidade do trabalhador, cada vez mais vulnerável pelo avanço e utilização de novas tecnologias, vd. AMADEU GUERRA, *A privacidade no local de trabalho. As novas tecnologias e o controlo dos trabalhadores através de sistemas automatizados. Uma abordagem ao Código de Trabalho*, Coimbra: Almedina, 2004.

Fora dessa relação, nomeadamente após a extinção do contrato de trabalho, o problema também se coloca, mas com menor acuidade, uma vez que por força do desaparecimento da situação de subordinação jurídica apenas será de configurar a possibilidade de violação do direito à reserva da intimidade da vida privada, por divulgação de factos pessoais do trabalhador sobre os quais, por ocasião do contrato de trabalho, o empregador tenha obtido informação.

[517] Cfr. PALMA RAMALHO, *Da autonomia dogmática*, 2001, 775; TERESA MOREIRA, *Da esfera privada do trabalhador*, 2004, 147 e ss.; MIGUEL RODRÍGUEZ-PIÑERO, *Intimidad del trabajador y contrato de trabajo*, Rel. Lab., T.I, 2004 (93-105), 94.

[518] Cfr. MACHADO DRAY, *O princípio da igualdade*, 1999, 201 e ss. O Autor estudou a problemática do princípio da igualdade no âmbito da formação do contrato de trabalho, que se manifesta na limitação da liberdade de escolha do parceiro contratual. Não obstante, este princípio tem muitos outros focos de aplicação ao longo da execução do contrato, não só ao nível salarial mas também ao nível do exercício do poder de direcção e poder disciplinar e da fixação dos usos da empresa: cfr., a respeito, MONTEIRO FERNANDES, *Observações sobre o "princípio de igualdade de tratamento" no Direito do Trabalho*, in AA.VV., *Estudos em Homenagem ao Prof. Doutor Ferrer Correia*, III, Coimbra, BFDUC

196 *Do dever pré-contratual de informação e da sua aplicabilidade ...*

É preciso notar que as situações são distintas. Existe uma diferença fundamental entre estes dois momentos da vida do contrato de trabalho, a saber a fase dos preliminares e a fase da execução.

Na fase dos preliminares a implicação da pessoa do trabalhador manifesta-se na relevância das suas qualidades pessoais para efeitos de

---

1991, (1009-1036), 1014 e ss. Valdés Dal-Ré, *Contrato de trabajo*, 2003, 90, acrescenta ainda a liberdade ideológica.

[519] É evidente que o dever de informação das partes no momento da formação do contrato de trabalho pode constituir ameaça a estes direitos fundamentais. Se se impõe ao trabalhador que informe o empregador sobre factos que se inscrevem na sua vida privada haverá violação do seu direito à reserva da intimidade da vida privada. Por outro lado, relativamente a qualquer tipo de informação que não encontre uma justificação objectiva no contrato de trabalho, haverá uma ameaça de discriminação uma vez que o empregador poderá usar essas informações, nomeadamente as relativas à religião, ideologia, orientação sexual e saúde, como único critério para afastar um trabalhador do processo de selecção. De facto, dever de informação e proibição de discriminação são temáticas que estão muito intrincadas, sendo difícil traçar a fronteira entre elas. A imposição de limites e, portanto, a conformação do dever de informação pode ser um instrumento eficaz na prevenção da arbitrariedade do empregador no processo de selecção (Wolfgang Däubler, *Derecho del Trabajo*, 1994, 526; Goñi Sein, *El respeto a la esfera privada*, 1988, 46-47). É por esta razão que é possível defender que as circunstâncias que possam justificar práticas discriminatórias não devem ser objecto do dever de informar (Wolfgang Däubler, *Derecho del Trabajo*, 1994, 527) e é também por esta razão que se justifica que os Autores tratem da questão da informação no processo de formação do contrato à luz do princípio da igualdade e da proibição de discriminação (por exemplo, Teresa Moreira, *Da esfera privada do trabalhador*, 2004, 147 e ss.)

Porém devemos notar que estes problemas são distintos: uma coisa é a prestação de informações que enquanto dever pré-contratual resulta da imposição da boa fé e inscreve-se na lógica contratual, que une as partes em torno do objectivo comum da celebração válida de um contrato que permita a satisfação dos seus interesses. Outra coisa é a motivação de celebrar ou não celebrar o contrato com um determinado sujeito.

Não negamos que a limitação do dever de informar sobre determinados factos pode constituir uma forma de diminuir práticas discriminatórias (Rodríguez-Piñero, *Intimidad del trabajador*, 2004, 94, 95), mas este não é o único critério a considerar, até porque há situações incontornáveis dada a notoriedade de factos que podem constituir base de discriminação, como acontece quanto à raça ou quanto a uma situação de gravidez já avançada. Um outro exemplo que nos parece claro diz respeito ao estado civil do candidato. Sendo este um facto da esfera pública, pensamos não existir qualquer limitação quanto à possibilidade de o empregador obter informação sobre esse estado, e no entanto ela não deverá ser usada no processo de decisão, sob pena de vir a originar uma prática discriminatória (cfr. GOÑI SEIN, *El respeto a la esfera privada*, 1988, 52-53).

Portanto, não obstante esta possível instrumentalização do dever de informação no combate contra práticas discriminatórias, o facto é que estes são problemas diversos e o que se deve procurar saber é, precisamente, porque é que a informação sobre determinadas circunstâncias ou factos constitui presumivelmente a base de práticas discriminatórias.

Do Dever Pré-Contratual de Informação na Formação ...   197

contratação e na importância que a finalização do contrato pode assumir na vida pessoal, familiar e social do trabalhador. Durante a execução do contrato de trabalho a implicação da pessoa do trabalhador resulta também deste último aspecto, agora na vertente da necessidade de manutenção do contrato, mas especialmente da subordinação jurídica do trabalhador às ordens, directivas e sanções do empregador.

Esta distinção não é feita de forma clara pela doutrina[520], e alguns Autores que se têm dedicado ao tema parecem reconduzir todos os problemas da violação dos direitos fundamentais, inclusive as violações que ocorrem na fase das negociações, a um tratamento unitário assente em última análise na ideia de limitação dos poderes do empregador e da subordinação jurídica, que encerra um problema de conflito de direitos.[521] Ou seja, o problema da tutela dos direitos fundamentais seria essencialmente um problema de delimitação da subordinação jurídica. O trabalhador não seria obrigado a cumprir qualquer ordem do empregador que pusesse em causa os seus direitos fundamentais.

Pensamos que a perspectiva é diversa no âmbito dos preliminares do contrato de trabalho. Nesse momento, a tutela dos direitos fundamentais do trabalhador em perigo (em especial o direito à reserva da vida privada e o direito à igualdade e à não discriminação) não pode ser reconduzida a um problema de delimitação da subordinação jurídica, uma vez que em rigor esta ainda não existe.[522]

O problema tem de ser encarado essencialmente à luz da *relação de poder* entre as partes contratantes e da posição de debilidade do trabalhador.[523] De facto, juridicamente, no momento das negociações o traba-

---

[520] No entanto, ela parece estar presente em MACHADO DRAY, *O princípio da igualdade*, 1999, 135-136.

[521] Cfr., entre nós, JOSÉ JOÃO ABRANTES, *Contrato de trabalho e direitos fundamentais*, 1999, 112-114; *idem, Contrato de Trabalho*, 2005, 172 e ss., em especial 174, 188, 190-191 e 195; *idem, O novo Código do Trabalho e os direitos de personalidade do trabalhador*, in AA.VV., *A reforma do Código de Trabalho*, Coimbra: Coimbra Editora, 2004, (139--160), 148, 159; ANTÓNIO GARCIA PEREIRA, *A grande e urgente tarefa da dogmática juslaboral: a constitucionalização das relações laborais*, in ANTÓNIO MOREIRA (coord.), *V Congresso Nacional de Direito do Trabalho. Memórias*, Coimbra: Almedina, 2003, (275--293), 282.

[522] Cfr. GÉRARD LYON-CAEN, *Le droit du travail. Une technique réversible*, Paris: Dalloz, 1995, 27.

[523] Cfr. VALDÉS DAL-RÉ, *Poderes del empresario y derechos de la persona del trabajador*, Rel. Lab., I, 1990, (277-294), 277, onde considera que a ameaça aos direitos fundamentais do trabalhador resulta da situação de poder "*entendiendo por tal, en el*

lhador não é obrigado a adoptar qualquer conduta, nomeadamente informar o empregador para além do que lhe é imposto pela boa fé. Mas circunstâncias factuais podem exercer um peso significativo, superior a qualquer vínculo jurídico, levando o trabalhador a sentir-se "obrigado" a adoptar certas condutas e mesmo a aceitar um contrato que lhe seja desvantajoso.[524]

No momento das negociações a procura de soluções jurídicas que permitam proteger os direitos fundamentais do trabalhador reconduz-se, no fundo, à procura de soluções que permitam contrariar o desequilíbrio contratual das partes contratantes, garantindo uma plena liberdade e autonomia privada de ambas as partes, tarefa para a qual o dever de informação apresenta uma especial vocação.

Como vimos acontecer noutros quadrantes jurídicos, essas soluções podem passar pela existência de um regime jurídico diferenciado, que imponha apenas a uma das partes (a parte forte) determinados deveres, de entre eles o dever de informação.

47. Do conflito de direitos fundamentais das partes ao problema da eficácia desses direitos no contrato de trabalho: referência. Adopção de uma perspectiva contratualista

Não são apenas os direitos fundamentais do trabalhador que podem ser chamados à colação e que se encontram numa situação de vulnerabilidade no momento da celebração de um contrato de trabalho. Do lado do empregador, também é possível identificar direitos fundamentais igualmente merecedores de tutela.[525] O empregador surge nas negociações e na relação laboral como pessoa jurídica à qual é garantido o direito à

---

sentido más primario y naturalista, una fuerza que actúa en modo causal y que expresa el sometimiento real de unos hombres sobre otros, obligados a realizar una determinada conducta". Trata-se de um poder que resulta de uma situação de desequilíbrio factual entre as partes, como foi confirmado na STC 142/1993, referida em PALOMEQUE LÓPEZ e ÁLVAREZ DE LA ROSA, *Derecho del Trabajo*, 2001, 643. Neste sentido, também, TERESA COELHO MOREIRA, Da esfera privada, 2004, 148.

[524] Cfr., por exemplo, MACHADO DRAY, *O princípio da igualdade*, 1999, 135-136; WOLFGANG DÄUBLER, *Derecho del Trabajo*, 1994, 523, que chama a atenção para o facto de que umas das circunstâncias factuais mais relevantes para criar essa situação de desequilíbrio contratual entre as partes é a existência de uma taxa de desemprego elevada, que coloca o trabalhador numa situação de *contratação económica forçada*.

[525] Colocando em evidência que no momento da celebração do contrato de trabalho tanto trabalhador como empregador "transportam" para a relação laboral direitos fundamentais, cfr. VALDÉS DAL-RÉ, *Contrato de trabajo*, 2003, 97-98.

Do Dever Pré-Contratual de Informação na Formação ...   199

liberdade de iniciativa económica e de empresa, caso se trate de uma empresa (arts. 61.º e 62.º da CRP)[526]. Na fase dos preliminares a liberdade de iniciativa económica e de empresa manifesta-se na forma de autonomia privada e na fase da execução do contrato de trabalho manifesta-se na forma de poder de direcção.[527]

No momento das negociações do contrato de trabalho a liberdade de iniciativa económica privada e de empresa significa que o empregador é, em princípio, livre de contratar ou não contratar trabalhadores e de eleger um determinado candidato entre os demais tendo em conta os interesses da empresa.[528]

Assente a ideia de que ambas as partes são titulares de direitos fundamentais que merecem tutela, pode questionar-se se é legítimo invocar no decurso da relação pré-contratual os direitos referidos, como forma de modelar os respectivos deveres pré-contratuais, em particular o dever de informação.

Poderá o empregador invocar o direito à liberdade económica, reforçado pelo princípio constitucional da segurança no emprego, para defender a existência de um dever *geral* de informação como única forma de garantir uma vontade contratual livre e esclarecida?

Poderá o trabalhador invocar o seu direito de reserva da intimidade da vida privada para se recusar a informar sobre toda e qualquer circunstância que diga respeito à sua vida pessoal?[529]

---

[526] Cfr. BERNARDO XAVIER, *A Constituição portuguesa como fonte do Direito do Trabalho e os direitos fundamentais dos trabalhadores,* in MONTEIRO FERNANDES (coord.), *Estudos de Direito do Trabalho em homenagem ao Professor Manuel Alonso Olea,* Coimbra: Almedina, 2004, 163-203; o Autor defende a paridade da tutela constitucional dos direitos do trabalhador e do empregador (178 e ss.), apela para a necessidade da garantia dos direitos e liberdades de iniciativa privada e chega mesmo a falar em "cidadania" do empregador ou empresário (181).

[527] Cfr. VALDÉS DAL-RÉ, *Contrato de trabajo,* 2003, 98.

[528] Cfr. ANTOINE MAZEAUD, *Droit du Travail,* 2.ª ed., Paris: Montchrestien, 2000, 242; JEAN PÉLISSIER, ALAIN SUPIOT e ANTOINE JEAMMAUD, *Droit du Travail,* 21.ª ed., Paris: Dalloz, 2002, 77, 148; PALOMEQUE LÓPEZ e ALVAREZ DE LA ROSA, *Derecho del Trabajo,* 2001, 743. Naturalmente que esta liberdade sofre limitações que decorrem de outros direitos constitucionalmente consagrados, com especial destaque para o direito a um tratamento igual e não discriminatório: cfr., entre outros, MANFRED LÖWISCH, *Arbeitsrecht,* 2004, 318; ainda, FRANÇOIS GAUDU e RAYMONDE VATINET, *Les contrats du travail: contrats individuels, conventions collectives et actes unilatéraux,* Paris: LGDJ, 2001, 57 e ss.; MACHADO DRAY, *O princípio da igualdade,* 1999, 233; MARIE-ANNICK PEANO, *L'intuitus personae,* 1995, 135.

[529] Identificando esta situação de conflito de direitos fundamentais ao nível das informações sobre dados pessoais do trabalhador, vd. DAVID FESTAS, *O direito à reserva da intimidade,* 2004, 405.

200 Do dever pré-contratual de informação e da sua aplicabilidade ...

A resposta a estas questões depende da posição que se adopte relativamente a um problema de ordem geral do foro do Direito Constitucional, que é o problema da eficácia privada dos direitos fundamentais. O problema da eficácia privada dos direitos fundamentais no âmbito do contrato de trabalho tem sido entre nós objecto de vários estudos[530] e parece estar na ordem do dia, uma vez que estes direitos podem desempenhar um papel muito importante na realização da liberdade no âmbito da relação laboral.[531-532]

---

[530] Assim, JOÃO CAUPERS, *Os direitos fundamentais dos trabalhadores e a Constituição*, Coimbra: Almedina, 1985, 147 e ss. MACHADO DRAY, *O princípio da igualdade*, 1999, 130 e ss.; *idem, Autonomia privada e igualdade na formação e execução de contratos individuais de trabalho, in* AA.VV., *Estudos do Instituto do Direito do Trabalho*, Vol. I, Coimbra: Almedina, 2001, (21-105), 27 e ss.; JOSÉ JOÃO ABRANTES, *Contrato de Trabalho*, 2005, 140 e ss.; PALMA RAMALHO, *Contrato de trabalho e direitos fundamentais*, 2003, 164 e ss.; TERESA COELHO MOREIRA, *Da esfera privada*, 2004, 46 e ss.; TAVARES DOS REIS, *Liberdade de consciência*, 2004, 37 e ss.; ainda, DAVID FESTAS, *O direito à reserva*, ROA, 64, 2004, 381-383.

[531] JOSÉ JOÃO ABRANTES, *Contrato de Trabalho*, 2005, 204.

[532] O problema da eficácia dos direitos fundamentais nas relações entre particulares surgiu na Alemanha, nomeadamente pela pena de WALTER LEISNER, *Grundrechte und Privatrecht*, München, Berlin: Beck, 1960, que logo destacou a importância da questão no âmbito do contrato de trabalho dado a especial relação de poder (*privatgewalt*) que ele encerra (cfr. 249 e ss.), e aí foi largamente discutido, facto que justifica a constante presença nos Autores dedicados ao tema da terminologia alemã *Drittwirkung der Grundrechte*, que se pode traduzir por *eficácia dos direitos fundamentais em relação a terceiros*. Só por si esta terminologia deixa antever que originariamente os direitos fundamentais não seriam eficazes nas relações entre privados. Os sujeitos privados seriam *terceiros* alheios à relação na qual os direitos fundamentais teriam plena eficácia. E de facto originariamente assim foi pois os direitos fundamentais surgiram como instrumento de tutela da liberdade, segurança e dignidade dos particulares face ao Estado. Segundo esta concepção liberal os sujeitos privados são iguais entre si pelo que não se impõe uma especial tutela nas relações entre privados, já que a protecção dos interesses e direitos das partes surgiria da natural e livre conformação dos interesses privados através da autonomia privada. Apenas o Estado aparecia numa posição de poder e supremacia susceptível de impor restrições aos direitos dos particulares, o que justificava que só contra este fizesse sentido a invocação dos direitos fundamentais.

No entanto, por força de determinados circunstancialismos sócio económicos (cfr. VASCO PEREIRA DA SILVA, *A vinculação das entidades privadas pelos direitos, liberdades e garantias*, RDES, XIX, 2, 1987, (259-274), 262-263), a crença na igualdade formal entre os sujeitos privados começou a dissipar-se e a ser substituída pela concepção material de igualdade, ao mesmo tempo que o advento do Estado Social de Direito ganha terreno. Os fundamentos que sustentavam a exclusividade da aplicação dos direitos fundamentais nas relações entre o Estado e os particulares caíram por terra e a ideia de que também nas

Do Dever Pré-Contratual de Informação na Formação ... 201

relações entre privados se podem estabelecer relações de poder que justificam a necessidade de tutela da liberdade e dignidade de uma das partes começou a ganhar adeptos. Um exemplo dessas relações de poder foi encontrado justamente na relação laboral, facto que levou o BAG em 1954 a afirmar que determinados direitos fundamentais tais como a liberdade de expressão, a igualdade de remuneração e a proibição de tratamentos discriminatórios são directamente aplicáveis nas relações jurídicas entre particulares (cfr. NJW, 1955, 606). A teoria da eficácia imediata dos direitos fundamentais nas relações entre privados consagrada nesta decisão do BAG encontra-se presente também na jurisprudência portuguesa, essencialmente no âmbito da temática da igualdade salarial, uma vez que os tribunais aplicam directamente o art. 59, n.º 1, al. a) da CRP às relações laborais (cfr. por exemplo Ac. RL 25 Setembro 1996, CJ, 1996, IV, 179; Ac. STJ 25 Junho 1997, AD, 433, 134; Ac. RP 7 Maio 2001, CJ, 2001, III, 251).

Porém, a teoria da eficácia imediata foi vítima de críticas baseadas essencialmente no argumento de que os direitos fundamentais foram concebidos como meio de protecção dos particulares contra intromissões do Estado e que, por essa razão, não são estruturalmente aptos a vigorar entre privados, sob pena de se gerarem consequências dogmáticas insustentáveis e grandes dificuldades de ordem prática (cfr. CLAUS-WILHELM CANARIS, *Direitos Fundamentais e Direito Privado*, Wolfgang Sarlet e Mota Pinto (trad.), Coimbra: Almedina, 2003, 53-54). Além disso, sustentou-se também que a teoria da eficácia imediata punha em causa a liberdade contratual e a autonomia privada, criando-se assim os fundamentos da teoria da eficácia mediata dos direitos fundamentais que ficou consagrada pelo BVerfGE na decisão de 15 de Janeiro de 1958 (7, 198), mais conhecida por decisão *Lüth*. Segundo esta teoria o Estado tem o dever de proteger os direitos fundamentais em todos os quadrantes jurídicos, mas no âmbito das relações entre sujeitos privados essa protecção só pode ser levada a cabo de forma mediata através dos institutos de direito privado (cfr. CANARIS, *Direitos Fundamentais*, 58; JOSÉ JOÃO ABRANTES, *A vinculação das entidades privadas aos direitos fundamentais*, Lisboa: AAFDL, 1990, 38).

Entre a teoria da eficácia imediata e a teoria da eficácia mediata é possível ainda identificar uma posição intermédia que defende a aplicabilidade directa dos direitos fundamentais nas relações de poder-sujeição, nas quais uma das partes goza de uma posição de supremacia (cfr. KONRAD HESSE, *Elementos de Direito Constitucional da República Federal da Alemanha*, Luís Afonso Heck (trad.), Porto Alegre: Sérgio Fabris, 1988, 281-285). Mesmo Autores que defendem a eficácia imediata não deixam de notar "uma especial força" da vinculação das entidades privadas aos direitos fundamentais nas relações de poder-sujeição, como acontece na relação laboral (JOSÉ JOÃO ABRANTES, *O Direito do Trabalho e a Constituição*, in idem, *Estudos de Direito do Trabalho*, 2.ª ed., Lisboa: AAFDL, 1992, (59-87), 82).

Não obstante a formulação do art. 18, n.º 1 da CRP que parece acolher a teoria da eficácia imediata, as três concepções referidas têm expressão na doutrina portuguesa. Defendem a eficácia imediata GOMES CANOTILHO e VITAL MOREIRA, *Constituição da República Portuguesa Anotada*, 3.ª ed., Coimbra: Coimbra Editora, 1993, 147-148. JOSÉ JOÃO ABRANTES parece igualmente defender esta teoria (cfr. *A vinculação*, 1990, 98-99, e *O Direito do Trabalho e a Constituição*, 1992, 81-82). Todavia, o Autor parece introduzir

202 Do dever pré-contratual de informação e da sua aplicabilidade ...

Sendo um problema de grande relevância não nos vamos deter nele por uma razão: a nossa perspectiva de análise e discussão do dever pré-contratual de informação, e das eventuais violações aos direitos fundamentais que este pode ocasionar, situa-se num plano infra-constitucional do próprio contrato de trabalho.

Não colocamos em dúvida a aplicabilidade dos direitos fundamentais à relação laboral e em especial à fase das negociações do contrato de trabalho, seja porque de facto a relação laboral se apresenta como uma relação de poder em que uma das partes (na maioria dos casos o empregador) aparece numa situação de vantagem susceptível de impor restrições

---

algumas *nuances* nesta concepção na medida em que entende que é necessário harmonizar a aplicação directa dos direitos fundamentais com a autonomia privada e os valores próprios do Direito privado (*A vinculação*, 1990, 100). Porém mais adiante escreve que "fora das situações de poder-sujeição [nas quais inclui a relação individual de trabalho], ou seja, nas relações "entre iguais", dever-se-á aceitar, em princípio, o livre jogo da autonomia privada e liberdade negocial" (*A vinculação*, 1990, 105), afirmação que nos levaria a pensar que o Autor adopta a posição intermédia referida. Mais recentemente o Autor voltou a dedicar-se à questão e uma conclusão é segura: segundo a sua opinião, os direitos fundamentais são directamente aplicáveis ao contrato de trabalho (*Contrato de trabalho*, 2005, 140-141) dado a relação de poder que se estabelece na relação laboral, e essa deverá ser sempre a solução mesmo que não se defenda em geral a teoria da eficácia imediata dos direitos fundamentais. O Autor defende a teoria da eficácia imediata (174 e *passim*) considerando que ela consiste no fundo num problema de concordância prática de direitos, ou por outras palavras de um problema de resolução de conflitos de direitos (*Contrato de trabalho*, 2005, 172 e ss. e *idem, O novo Código de Trabalho e os direitos de personalidade*, 2004, 146 e ss.). Ainda Ana Prata, *A tutela constitucional da autonomia privada*, Coimbra: Almedina, 1982, 137.

Defendendo a teoria da eficácia mediata, cfr. Menezes Cordeiro, *Tratado*, 2005, 374 e ss., em especial 379. No entanto o Autor chama a atenção para a necessidade de evitar "banalizações" no recurso aos direitos fundamentais, propondo como critérios adicionais a adequação valorativa e a limitação funcional (cfr., por exemplo, *O respeito pela esfera privada*, 1998, 31, e *idem, Contrato de Trabalho e objecção de consciência, in* António Moreira (coord.), *V Congresso Nacional de Direito do Trabalho. Memórias*, Coimbra: Almedina, 2003, (23-46), 44-45).

Situados a meio caminho entre a teoria da eficácia imediata e a teoria da eficácia mediata encontram-se Jorge Miranda, *Manual de Direito Constitucional*, T. IV, Direitos Fundamentais, 3.ª ed., Coimbra: Coimbra Editora, 2000, 320 e ss., em especial 325-327; Pereira da Silva, *A vinculação das entidades privadas*, 1987, 266-268; Vieira de Andrade, *Os Direitos Fundamentais da Constituição Portuguesa de 1976*, 3.ª ed., Coimbra: Almedina, 2004, 245 e ss., em especial 268-272; Machado Dray, *Autonomia privada*, 2001, 31; Paula Meira Lourenço, Os *deveres de informação no contrato de trabalho*, polic., Lisboa, 2000 (= RDES, 44, 2003, 29-157) afirma perfilhar a "teoria ecléctica" (14), embora na justificação pareça referir-se à teoria da eficácia mediata (15).

Do Dever Pré-Contratual de Informação na Formação ...

aos direitos da contraparte, seja porque no âmbito dos deveres pré-contratuais de conduta a boa fé, enquanto cláusula geral, permite *importar* para a relação laboral os direitos fundamentais previstos na CRP.[533]

Mas além de servir de veículo para a aplicação dos direitos fundamentais das partes na fase das negociações de um contrato de trabalho, a boa fé também dá abertura a que se ponderem todos os outros aspectos relevantes, como sejam as particularidades do contrato e da relação jurídica que a partir dele se estabelece.

Embora seja possível distinguir a perspectiva constitucional da perspectiva contratual o facto é que estas são faces de uma mesma moeda. Nota-se todavia que a perspectiva constitucional tem captado recentemente mais atenção[534], razão que nos motivou a sediar a nossa análise na perspectiva contratual. Efectivamente, a tendência actual de *constitucionalização* da relação laboral[535] vai no sentido de defender a aplicabilidade e a *integração* dos direitos fundamentais no contrato de trabalho[536] como forma de garantir a plena eficácia daqueles direitos no âmbito da relação jurídico laboral. Segundo esta corrente de pensamento, os direitos fundamentais são considerados elementos estruturantes do contrato de trabalho[537], presentes na interpretação e execução do contrato[538].

---

[533] Cfr. nota anterior. Também, MARIA EMÍLIA CASAS BAAMONDE, *La plena efectividad de los derechos fundamentales: juicio de ponderación (¿o de proporcionalidad?) y principio de buena fe*, Rel. Lab., I, 2004, (141-153), 148-149.

[534] Cfr. XAVIER LAGARDE, *Aspects civilistes*, 2002, 436-437. Na verdade, a perspectiva contratual, e portanto civil, não é incompatível com a autonomia do contrato de trabalho. Ela decorre da ideia de que o regime civil é o regime subsidiário. Além do mais, o direito civil na sua leitura renovada tem mostrado apetência para a correcção de desigualdades e de protecção do contraente débil, como bem o demonstra o Direito da defesa do consumidor ou o regime das cláusulas contratuais gerais.

[535] Cfr. MARIA EMÍLIA CASAS BAAMONDE, *¿Una nueva constitucionalización del Derecho del Trabajo?*, Rel. Lab., I, 2004, 129-140.

[536] Cfr. MIGUEL RODRÍGUEZ-PIÑERO, *Buena fe y ejercicio de poderes empresariales*, Rel. Lab., T.II, 2003, (35-46), 44.

[537] JOSÉ JOÃO ABRANTES, *O novo Código do Trabalho e os direitos de personalidade*, 2004, 149; CASAS BAAMONDE, *¿Una nueva constitucionalización*, 2004, 130.

[538] Evidentemente que a incidência dos direitos fundamentais na execução do contrato tem limites que resultam do próprio conteúdo do direito fundamental (limites imanentes), do confronto com outros direitos ou interesses da outra parte (limites extrínsecos) e da própria vontade do titular dos direitos fundamentais caso estes sejam disponíveis (limites voluntários): PALMA RAMALHO, *Contrato de trabalho e direitos fundamentais*, 2003, 174-178. Especificamente quanto aos limites extrínsecos, e quanto à forma de ultrapassar o conflito, cfr., entre outros, JOSÉ JOÃO ABRANTES, *Contrato de trabalho*, 2005, 196-201;

204   *Do dever pré-contratual de informação e da sua aplicabilidade ...*

Não contestamos este entendimento que permite aliás a recuperação do contrato de trabalho enquanto instrumento essencial da realização da liberdade e da justiça contratual[539], outrora desviado para segundo plano pelas normas legais imperativas[540] e pela negociação colectiva.

Todavia, ao lado destes "novos" elementos estruturantes do contrato de trabalho outros existem que merecem atenção. Assim como o apelo aos direitos fundamentais, o apelo ao contrato de trabalho evidencia por si só a situação de conflito de interesses e de direitos do empregador e trabalhador[541], mas também fornece critérios que permitem resolver esse conflito.[542]

CASAS BAAMONDE, *La plena efectividad*, 2004, 141-143; JUAN ESCRIBANO GUTIÉRREZ, *El derecho a la intimidad del trabajador. A propósito de la STC 186/2000, de 10 de julio*, Rel. Lab., I, 2001, 929-937; VALDÉS DAL-RÉ, *Poderes del empresario*, 1990, 277-294; idem, *Contrato de trabajo*, 2003, 89-102. Ainda, RODRÍGUEZ-PIÑERO, *Buena fe y ejercicio*, em especial 44-45, que propõe a boa fé como critério de resolução do conflito.

Quanto aos limites voluntários é necessário fazer uma nota no sentido de precisar que o que está em causa é uma manifestação de vontade *expressa* no sentido da limitação dos direitos. Não pode partir-se genericamente da celebração do contrato de trabalho para construir a ideia de auto-limitação automática de todos os direitos que possam contender com ordens ou directivas do empregador. Esta questão foi discutida na decisão do STC 170/1987, de 30 de Outubro que, julgando a questão da violação do direito à intimidade de um trabalhador despedido por não se barbear, concluiu que *"no pueden considerarse violados los derechos a la intimidad personal, cuando se impongan limitaciones a los mismos como consecuencia de deberes y relaciones jurídicas que el ordenamiento jurídico regula"* (cfr. VALDÉS DAL-RÉ, *Contrato de trabajo*, 2003, 92).

[539] CASAS BAAMONDE, *¿Una nueva constitucionalización*, 2004, 130.

[540] Cfr. GEORGES RIPERT, *La règle morale*, 1949, 103; RODRÍGUEZ-PIÑERO, *Buena fe y ejercicio*, 2003, 37.

[541] CASAS BAAMONDE, *¿Una nueva constitucionalización*, 2004, 131.

[542] Esta afirmação não significa que o contrato seja o único factor de *conciliação, pelo que não nos situamos num campo oposto ao de* JOSÉ JOÃO ABRANTES, *Contrato de trabalho*, 2005, 181, que considera que a Constituição fornece os dados jurídicos que permitem alcançar uma efectiva reciprocidade e harmonização dos interesses em jogo. Não contestamos esta afirmação, simplesmente pensamos que tal como a perspectiva contratual se pode revelar insatisfatória também a perspectiva constitucional não é suficiente, consistindo sim num *plus* ao próprio contrato. Aliás, o Autor parece ir neste sentido ao escrever (181) « não se pretende, evidentemente, destruir o contrato, nem a sua força vinculativa, mas sim obrigar a uma nova pespectivação dos deveres contratuais e, de uma forma geral, a uma reconsideração das consequências, das implicações, que o seu correcto cumprimento deve comportar ». Ao trilharmos este caminho não estamos a negar a importância da perspectiva constitucional que conta, aliás, com bastantes desenvolvimentos no seio da nossa doutrina, como já notámos, mas estamos tão só a chamar a atenção para a necessidade e a utilidade de ponderar, *em primeira linha*, o contrato e o seu regime legal.

Do Dever Pré-Contratual de Informação na Formação ... 205

O nosso objectivo é dar luz às várias componentes do contrato de trabalho e do seu regime jurídico e verificar em que medida, ao nível específico do dever pré-contratual de informação, elas podem ser úteis na conformação desse dever e na anulação ou diminuição da vulnerabilidade dos direitos fundamentais em perigo na fase das negociações.

A lógica contratual não tem de ser vista necessariamente como um entrave ao exercício dos direitos fundamentais do trabalhador.[543] É verdade que a estrutura do contrato (lógica contratual) e os poderes directivos do empregador (lógica organizativa)[544] podem ser invocados para defender a conformação e submissão dos direitos fundamentais do trabalhador ao princípio *pacta sunt servanda*, num fenómeno de interiorização dos direitos fundamentais nos esquemas contratuais de tal modo que seriam estes a conformar aqueles.[545] Este modo de ver foi acolhido pela *Cour de Cassation* francesa, no caso *Azad vs Chamsidine*.[546] No pleito estava em causa um problema de liberdade religiosa. O senhor *Azad* era muçulmano e trabalhava num matador com carne de vaca. Posteriormente o empregador ordenou-lhe que trabalhasse com carne de porco. Perante a recusa do trabalhador, o tribunal francês entendeu que o trabalhador só poderia ter recusado trabalhar com carne de porco se tais limitações tivessem sido expressamente previstas no contrato.

À primeira vista esta decisão da *Cour de Cassation* parece desrazoável já que dá prevalência ao cumprimento do contrato em detrimento do exercício de um direito fundamental. Porém, a lógica contratual, numa linha de pensamento relacionada com o dever de informação, permite explicar esta solução.

Sendo a actividade em causa, assim como o carácter duradouro do contrato de trabalho e o poder directivo do empregador, susceptíveis de provocar alterações na actividade laboral incompatíveis com os princípios religiosos do trabalhador, este tinha o dever de informar previamente o empregador sobre a sua religião e as consequentes limitações na prestação laboral. Por outro lado, se o empregador tivesse informado o trabalhador que este trabalharia exclusivamente com carne de vaca por exemplo, tal circunstância retiraria relevância à prestação da informação por parte do

---

[543] Em sentido contrário, VALDÉS DAL-RÉ, *Contrato de Trabajo*, 2003, 95.
[544] VALDÉS DAL-RÉ, *Contrato de Trabajo*, 2003, 95.
[545] VALDÉS DAL-RÉ, *Contrato de Trabajo*, 2003, 95.
[546] Retratado em VALDÉS DAL-RÉ, *Contrato de Trabajo*, 2003, 101.

206   *Do dever pré-contratual de informação e da sua aplicabilidade ...*

trabalhador acerca da sua religião e serviria de garantia como limitação a futuras alterações do contrato de trabalho.[547]

Neste caso não se pode apenas procurar a solução do problema ao nível constitucional, resolvendo o conflito de direitos (liberdade religiosa e liberdade de iniciativa económica privada) à luz dos critérios da proporcionalidade e necessidade.[548]

De facto é inadmissível que no momento da celebração do contrato um sujeito omita certas informações relevantes para depois se prevalecer delas como meio de se furtar ao cumprimento do contrato. É o que acontece num exemplo, muitas vezes referido na doutrina, de um médico católico que se candidata a uma clínica que pratica abortos para, depois de estabelecido o vínculo definitivo, manifestar a impossibilidade de praticar essa actividade.

Posto isto, só da análise do contrato e do cumprimento de um eventual dever de informação no caso concreto é que se pode ajuizar se uma decisão como a proferida no caso *Azad* pode ser considerada desrazoável.

As considerações anteriores explicam a razão pela qual temos vindo a dar relevância ao tipo contratual e às suas características e não optámos pela discussão sobre a aplicação dos direitos fundamentais à questão da constituição e delimitação do dever pré-contratual de informação na formação do contrato de trabalho.

---

[547] Claro que não desconhecemos o peso do *ius variandi*, mas a prestação de informação deste tipo não corresponderia apenas à fixação da categoria mas sim à determinação da actividade. Seria, então, uma situação em que a prestação da actividade ficaria determinada à partida, no momento da celebração do contrato de trabalho. Por outro lado, esta afirmação pressupõe a resolução do problema da eficácia e incidência na execução do contrato de trabalho da informação prestada pelo empregador nos preliminares, que será tratado mais adiante.

[548] Em sentido contrário, VALDÉS DAL-RÉ, *Contrato de Trabajo*, 2003, 101.

§ 15 Síntese e conclusões

48. Síntese e conclusões

A análise do dever pré-contratual de informação em geral e as conclusões que ela permite retirar têm igualmente *aplicabilidade* no domínio da formação do contrato de trabalho. Essa aplicabilidade justifica-se porque o contrato de trabalho é um contrato obrigacional ao qual se aplicam subsidiariamente as regras gerais de direito privado comum.

Este dado, cruzado com a disposição do art. 93.º do CT, provoca uma questão: será que existe um *regime especial* de culpa na formação do contrato de trabalho? A resposta é negativa. O art. 93.º do CT não estabelece qualquer regime especial. Não obstante, a sua arrumação sistemática no CT tem a vantagem de chamar a atenção para a necessidade de valorar as particularidades da relação laboral no momento da concretização da cláusula geral da boa fé.

Na tarefa de valoração das particularidades relevantes da relação laboral adoptámos uma perspectiva *generalista*: centrámos a nossa atenção apenas nas características comuns do contrato de trabalho, deixando para segundo plano a diversidade de vínculos laborais e de categorias de trabalhadores.

As particularidades da relação laboral que podem contribuir para a determinação do dever pré-contratual de informação no contrato de trabalho concentram-se em torno de três vectores fundamentais: *a implicação da pessoa do trabalhador na prestação laboral, o carácter duradouro do contrato de trabalho associado ao princípio da segurança no emprego* e *a específica distribuição do risco*.

A *implicação da pessoa do trabalhador* na prestação laboral tem implicações jurídicas, das quais se destacam o carácter *intuitu personae* do contrato de trabalho e a imposição de normas jurídico laborais que visam tutelar os direitos de personalidade do trabalhador. Mas em que medida a ponderação desta característica do contrato de trabalho pode ser útil na determinação do dever pré-contratual de informação?

A implicação da pessoa do trabalhador na prestação de trabalho subordinado conduz-nos ao reconhecimento de uma situação de conflito de interesses. De um lado, o interesse do empregador em conhecer as qualidades pessoais do trabalhador uma vez que, dado o carácter *intuitu personae* do contrato de trabalho, estas qualidades são essenciais para a decisão de contratar e para a avaliação da apetência do trabalhador para a satisfação dos interesses organizacionais do empregador. Do outro lado, o interesse do trabalhador em não revelar aspectos da sua vida privada como forma de se precaver contra a violação (iminente) dos seus direitos fundamentais.

Assim, verifica-se que esta característica *não é concludente* na medida em que ela pode constituir argumento para defender em simultâneo a existência de um dever geral de informação no momento das negociações de um contrato de trabalho, bem como a inexistência desse dever.

A segunda característica do contrato de trabalho com relevância para a temática do dever pré-contratual de informação diz respeito ao *carácter duradouro do contrato de trabalho aliado ao princípio da segurança no emprego*.

As limitações à liberdade de desvinculação impostas ao empregador conferem uma especial importância ao momento da contratação.

De facto, a própria autonomia privada e o consequente princípio do respeito pelos contratos livremente celebrados permitem justificar essas limitações de desvinculação. Mas, é necessário que o contrato seja *livremente* celebrado, o que pressupõe uma vontade esclarecida no momento da emissão da declaração negocial. A imposição de limitações ao empregador no que respeita à possibilidade de desvinculação do contrato de trabalho constitui fundamento para defender a existência de um dever de informação a cargo do trabalhador. Assim, o dever pré-contratual de informação aparece aqui numa outra função: permitir defender a bondade e a justeza do princípio da estabilidade no emprego.

Finalmente, a terceira característica do contrato de trabalho que importa analisar respeita à *específica distribuição do risco pelo empregador e trabalhador*.

No contrato de trabalho o empregador assume o risco pela prestação da actividade laboral (risco contratual) mas também um risco social, que engloba os encargos sociais e familiares associados à prestação de trabalho subordinado.

Como contrapartida, o trabalhador disponibiliza a sua capacidade laborativa, permitindo a sua instrumentalização à realização dos interesses do empregador.

Numa palavra, no momento da celebração do contrato tanto o empregador como o trabalhador assumem posições debitórias alargadas.

Que contributos podem estas considerações oferecer para o problema da determinação do dever pré-contratual de informação?

Estas considerações sustentam a afirmação da *regra* segundo a qual as partes não têm o dever de informar sobre as circunstâncias relativas ao risco assumido como contrapartida de uma posição debitória alargada da parte contrária.

A justificação desta regra encontra-se na seguinte ideia: uma tal informação seria justificável porque as partes, naturalmente, têm interesse em furtar-se à assunção dos riscos inerentes ao contrato de trabalho. Todavia, tal *interesse não é legítimo* por afectar a estrutura do contrato e por provocar uma situação de desequilíbrio, favorecendo a parte informada, quando é certo que o contrato já prevê os seus próprios mecanismos de contrapartida pela assunção desse risco.

Esta ideia permite justificar, por exemplo, que em regra a candidata a um emprego não tenha de informar sobre o seu estado de gravidez, assim como o empregador não tem, no momento da formação do contrato, de discriminar as tarefas que o trabalhador deverá desempenhar, bastando a mera referência à categoria.

A consideração destas particularidades do contrato de trabalho, em especial da implicação da pessoa do trabalhador na relação laboral, transportou-nos até à ideia da *vulnerabilidade dos direitos fundamentais do trabalhador*.

Essa vulnerabilidade é indiscutível e manifesta-se em todos os momentos da relação laboral. No âmbito da formação do contrato de trabalho essa vulnerabilidade reconduz-se a um problema de desequilíbrio de poder negocial das partes contratantes, enquanto no âmbito da execução do contrato essa vulnerabilidade reconduz-se a um problema de delimitação da subordinação jurídica e do poder directivo do empregador.

Desta feita, a protecção dos direitos fundamentais em perigo na fase da formação do contrato (em especial o direito à reserva da vida privada e o direito a um tratamento igual e não discriminatório) passa por soluções que invertam o desequilíbrio de poder negocial entre trabalhador e empregador. O dever pré-contratual de informação apresenta uma especial vocação para a realização desta tarefa.

O percurso que fomos adoptando encerra uma opção metodológica de fundo que diverge da tendência actual da doutrina. Trata-se de, ao nível específico do nosso objecto de estudo, procurar reagir contra a iminente violação dos direitos fundamentais do trabalhador no plano infraconstitucional, através do próprio paradigma contratual e não através da via da eficácia privada dos direitos fundamentais.

De facto, a via da eficácia privada dos direitos fundamentais pareceria a mais adequada e a que mais facilmente permitiria resolver o problema. A ideia é simples: as partes só têm o dever de informar na medida em que esse dever não contenda com os seus direitos fundamentais. Porém, essa simplicidade é enganadora porque necessariamente se desemboca num problema de colisão de direitos. Ao nível do dever pré-contratual de informação esse problema resume-se à colisão entre o direito à reserva da vida privada do trabalhador e o direito do empregador à liberdade contratual e de iniciativa económica privada. A solução tem de passar pela ponderação dos vários interesses e direitos em jogo, para se poder concluir pela cedência de um dos direitos em colisão.

Se assim é, cabe perguntar: qual a utilidade de subir ao nível constitucional quando a solução do caso concreto reclama pela ponderação de aspectos de nível inferior? Tal representaria uma inversão metodológica desnecessária, pelo que *a problemática do dever pré-contratual de informação deve ser discutida ao nível do direito privado comum e do direito laboral.* Posto isto, a análise dos limites do dever pré-contratual de informação no contrato de trabalho deve basear-se nas conclusões retiradas do dever pré-contratual em geral e nas normas do CT que regem sobre a matéria, e não nos direitos fundamentais do trabalhador e empregador.

CAPÍTULO II

DO DEVER DE INFORMAÇÃO DO TRABALHADOR

49. Nota prévia

Até este momento tem-se vindo a reunir critérios para a tarefa da conformação do dever de informação das partes na fase das negociações de um contrato de trabalho.

Recolheu-se, em primeiro lugar, os aspectos relevantes em torno da própria concepção de contrato em geral e seguidamente em torno das particularidades do contrato de trabalho.

O foco de análise situa-se no facto ilícito pré-contratual, em especial quando está em causa a violação do dever de informação. Não se pretende fixar o regime do *incumprimento* do dever de informação nem, tão pouco, fazer um estudo das implicações desse dever para os direitos fundamentais do trabalhador. Apenas se pretende perceber, afinal, qual a fronteira a partir da qual o trabalhador não pode silenciar informações, sob pena de ver o contrato anulado por erro ou de ser condenado a responder pelos danos causados.[549]

A *pergunta* é simples: quando, e em relação a que factos, está o trabalhador obrigado a informar o empregador, sob pena de invalidade do contrato ou de responsabilidade pré-contratual?

Para responder a esta questão são possíveis duas perspectivas: uma que parte dos limites constitucionais impostos ao direito do empregador ser informado[550], outra que parte da própria estrutura contratual e das

---

[549] Como se viu, dessa responsabilidade pode resultar em última análise a cessação do contrato de trabalho: cfr. supra nota 494.

[550] Adoptando essa perspectiva, cfr., por exemplo, TERESA COELHO MOREIRA, *Da esfera privada*, 2004, 147 e ss., em especial, cfr. 158, onde se encontra um exemplo claro. No que respeita ao problema de saber se o trabalhador está obrigado a informar o empregador sobre as suas ideologias e crenças, a Autora resolve o caso da seguinte forma:

212 *Do dever pré-contratual de informação e da sua aplicabilidade ...*

normas laborais e a partir delas procura descobrir em que situações existe um dever de informar. Estas duas perspectivas constituem duas faces da mesma moeda, complementando-se na resolução dos problemas levantados pelo dever de informação.

No entanto entendemos ser preferível dar prevalência à óptica contratual por duas razões muito simples. A primeira é a de que ela não tem merecido a atenção da doutrina, e a segunda é a de que, de acordo com os princípios da hierarquia das normas, o nível constitucional deve ser procurado como solução de último recurso.

A resposta à pergunta formulada, i.e. à questão de saber quando e em relação a que factos está o trabalhador obrigado a informar o empregador, tem o seu ponto de partida no CT, devendo ter-se em consideração o art. 97.º, n.º 2 e também os arts. 17.º e 19.º.

De facto, depois de reiterar a aplicação do instituto da *culpa in contrahendo* no domínio laboral (art. 93.º do CT)[551], o art. 97.º, n.º 2, estabelece a regra geral sobre o dever de informação do trabalhador na fase das negociações.[552] Este preceito estabelece a regra segundo a qual o trabalhador tem o dever de informar o empregador sobre os aspectos relevantes para a prestação da actividade laboral.

Por seu turno, os arts. 17.º e 19.º também estipulam acerca do dever de informação do trabalhador na fase das negociações. Embora estejam, ao contrário do art. 97.º, sistematicamente colocados fora da Secção III, que trata da formação do contrato de trabalho, não existem dúvidas sobre a sua aplicabilidade a esta fase, pois ambos os artigos se aplicam aos

---

"Se o art. 41.º, n.º 3 da CRP prevê que "ninguém pode ser perguntado por qualquer autoridade acerca das suas convicções ou prática religiosa, salvo para recolha de dados estatísticos não individualmente identificáveis, nem ser prejudicado por se recusar a responder", também se deve considerar que abrange as entidades privadas, não esquecendo que o trabalhador é o contraente mais débil".

[551] Cfr. supra n.º 40.

[552] Efectivamente o que está em causa neste preceito é o dever pré-contratual de informação e não a obrigação de informar no âmbito da relação laboral, ao contrário do que parece resultar da afirmação de ANDRADE MESQUITA, *Direito do Trabalho*, 2004, 474, segundo a qual *"no início da relação laboral*, tanto o trabalhador como o empregador têm obrigações recíprocas de informação, que decorrem, genericamente, do princípio da boa fé na formação dos contratos" (sublinhado nosso). De todo o modo, dado o desenvolvimento posterior, parece que esta referência à relação laboral pretende abarcar também a fase das negociações, já que o Autor centra a análise no momento anterior ao da celebração do contrato.

candidatos a emprego, e o art. 19.º refere-se expressamente à admissão ao emprego.[553]

Se confrontarmos estes preceitos verificamos que eles adoptam um diferente posicionamento relativamente ao dever de informar. O art. 97.º, recorrendo a conceitos indeterminados, impõe de forma positiva o dever de o trabalhador informar o empregador sobre determinados aspectos. Por sua vez, os arts. 17.º e 19.º regem, de forma que podemos denominar negativa, sobre os limites ao direito do empregador ser informado. Ou, para sermos mais rigorosos, sobre os limites à possibilidade de indagação ou investigação de certos factos pelo empregador.[554]

Esta primeira abordagem remete-nos para uma distinção, a que anteriormente se havia chegado[555], entre dever de informar espontaneamente e dever de responder.

Embora do art. 97.º não se possa retirar qualquer dado sobre a questão de saber se a informação é devida espontaneamente ou apenas no seguimento de indagações do empregador, já nos arts. 17.º e 19.º não há dúvidas de que estamos perante situações de dever de informação provocada. Através dos arts. 17.º e 19.º é possível encontrar regras relativas ao dever de responder às questões colocadas pelo empregador.[556]

---

[553] Cfr. ROMANO MARTINEZ *et al.*, *Código de Trabalho anotado*, 2005, 108, 112.

[554] Na verdade, desde há muito que a doutrina encara os direitos de personalidade como limite do direito do empregador colocar questões ao trabalhador: assim, HERBERT WIEDEMANN, *Zur culpa in contrahendo*, 1982, 468.

[555] Cfr. supra n.º 30.

[556] Cfr. ROMANO MARTINEZ *et al.*, *Código de Trabalho anotado*, 2005, 108, onde se considera que este preceito disciplina as situações em que o empregador solicita ao trabalhador informações sobre a sua vida privada. No mesmo sentido, o Conselheiro do TC BENJAMIM SILVA RODRIGUES, considerou no seu voto de vencido proferido no Ac. do TC 306/03, publicado no DR I-A série, n.º 164, de 18 de Julho de 2003, 4142-4187 (cfr. 4143, 4145), que o objecto material de regulação do art. 17.º é o direito do empregador exigir informação ao trabalhador, desde que se verifiquem os circunstancialismos nele descritos (cfr. 4170).

Em sentido contrário parece posicionar-se DAVID FESTAS, *O direito à reserva*, ROA, 64, 2004, 412, nota 84. Embora o Autor considere que o que está em causa no art. 17.º do CT é a exigibilidade de informações relativas à vida privada (410) na nota 84 entende que este direito de exigir informações, constante do art. 17.º, está intimamente conexo com o dever de o candidato prestar informações "embora as questões não devam ser confundidas". Desviamo-nos deste entendimento, pois pensamos que os arts. 17.º e 19.º do CT caem no âmbito da problemática do dever de informação. O dever de informação engloba situações de prestação da informação por iniciativa do trabalhador, mas também situações de prestação da informação como resultado de indagações do empregador. Todavia,

§ 16 O postulado da auto-informação do empregador

50. Ponto de partida: o trabalhador não tem o dever de informar espontaneamente o empregador

A regra geral sobre o dever de informação do trabalhador encontra-se no art. 97.º, n.º 2 do CT, que estabelece que o trabalhador tem o dever de informar o empregador sobre aspectos relevantes para a prestação da actividade laboral.

Relativamente a este preceito impõem-se duas notas. A primeira é a de que estamos perante conceitos indeterminados[557], cuja operacionalidade na resolução de casos concretos depende do seu preenchimento através de valorações. A segunda nota diz respeito à impossibilidade de dele se

---

como se defendeu, neste último caso a obrigação de informação só se constitui se a indagação for legítima. O que significa que a legitimidade ou licitude das questões é pressuposto do dever de informação. É por esta razão que afirmámos que através destes preceitos é possível encontrar regras relativas ao dever de informação.

Poder-se-ia argumentar que a letra dos preceitos contraria esta afirmação, já que se o que está em causa é o dever de informação dos trabalhadores como explicar que o âmbito subjectivo de aplicação dos preceitos se centre no empregador. Pensamos que este aspecto não causa problemas, porque o dever de prestar informações através da resposta a questões colocadas pelo empregador só se constitui se estiverem preenchidos dois pressupostos: primeiro, que o *empregador solicite* essas informações; segundo, que essa solicitação seja *legítima*, pois evidentemente não será de admitir um carácter geral a este dever.

Em segundo lugar, poder-se-ia ainda invocar a epígrafe do artigo para defender que o que está em causa no art. 17.º é apenas a protecção de dados pessoais. De facto, nos termos do art. 3.º, al. b) da Lei 67/98, de 26 de Outubro (lei de protecção de dados pessoais) a *recolha* de dados pessoais é considerada uma forma de tratamento desses dados, sujeita às regras e princípios daquela lei. Não obstante, este aspecto indiscutível não põe em causa o nosso entendimento segundo o qual estamos aqui perante a problemática do dever de informação. Uma coisa é saber quando é que o trabalhador tem de fornecer informações, que podem ou não conter dados pessoais, outra coisa é saber quais as cautelas e obrigações que o empregador tem de cumprir na recolha de dados pessoais, matéria que é regida pela Lei 67/98 e pelo próprio CT ao impor, por exemplo, a necessidade de fundamentação escrita. Parecendo admitir esta distinção, cfr. Maria Regina Redinha, *Os direitos de personalidade*, 2004, 164.

Em suma, pensamos ser justificado apontar os arts. 17.º e 19.º do CT como normas que regulam o dever de informação do candidato a emprego, já que estes preceitos estabelecem os pressupostos do dever de informação provocada, sobre certas circunstâncias, em concreto sobre a vida privada do trabalhador.

[557] Cfr. Romano Martinez *et al.*, *Código do Trabalho Anotado*, 2005, 234.

Do Dever Pré-Contratual de Informação na Formação ... 215

retirar qualquer conclusão quanto à questão de saber se a informação deve ser prestada de forma espontânea ou provocada.[558]

No silêncio da lei, pode fazer-se uso das conclusões a que se chegou quanto ao dever pré-contratual de informação em geral. Como qualquer contrato, o contrato de trabalho apresenta-se como instrumento de composição jurídica de interesses privados, marcado justamente pela autonomia privada, pela liberdade contratual[559] e pela contraposição dos interesses das partes[560].

---

[558] Em sentido contrário, cfr. ANDRADE MESQUITA, *Direito do Trabalho*, 2004, 474 e 475, que entende que o que está em causa no art. 97.º, n.º 2, é a prestação de informação por iniciativa do trabalhador.

Tal como acontece em sede geral, também no âmbito do dever pré-contratual de informação no contrato de trabalho se justifica a distinção entre um dever de responder e um dever de informar espontaneamente. Igualmente construindo a análise do dever de informação no âmbito da formação de um contrato de trabalho a partir desta distinção vd. HERBERT WIEDEMANN, *Zur culpa in contrahendo*, 1982, 466-474.

[559] Naturalmente que a liberdade contratual pode estar, e em regra está, mitigada no contrato de trabalho, não só pelas normas legais imperativas necessárias à protecção do trabalhador contra abusos do empregador (cfr. GEORGES RIPERT, *La règle morale*, 1949, 103), como pelo facto de circunstâncias exteriores poderem impor ao trabalhador uma contratação económica forçada (a terminologia é de WOLFGANG DÄUBLER, *Derecho del Trabajo*, 1994, 523). A igualdade das partes não passa a maioria das vezes do campo formal, já que o trabalhador é, em geral, um contraente débil face ao empregador (cfr., a propósito, ALAIN SUPIOT, *Critique du Droit du Travail. Essai*, Paris: PUF, 2002, 133- -136). De todo o modo, este desequilíbrio de poderes não é relevante no que respeita ao dever de informação do trabalhador, mas sim ao nível do dever de informação do empregador. Ressalvada, obviamente, a maior vulnerabilidade do trabalhador em tolerar violações aos seus direitos fundamentais, razão pela qual, como se sublinhou supra, a fase das negociações deve ser rodeada de especiais cautelas: cfr. GOÑI SEIN, *El respeto a la esfera privada*, 1988, 39.

Como se viu acontecer no âmbito do direito dos valores mobiliários, de defesa do consumidor e no regime das cláusulas contratuais gerais, o dever de informação tem sido utilizado como mecanismo de correcção do desequilíbrio entre as partes contratantes, recolocando o contrato no papel de instrumento de realização da justiça contratual,. Mas enquanto tal, o dever de informação é imposto apenas à parte forte da relação e não ao contraente débil. Quanto a este, a fundamentação de um eventual dever de informação não pode ser encontrada na necessidade de repor o equilíbrio entre as partes contratantes.

Por esta razão, a situação de debilidade do trabalhador é irrelevante no que toca à imposição do ónus de auto-informação do empregador. Ao invés, ela já será relevante quando estiver em causa o ónus de auto-informação do trabalhador, como se irá constatar infra no Capítulo III.

[560] É verdade que nem sempre assim se entendeu, já que um dos pilares das doutrinas comunitário-pessoais foi, justamente, a ideia de integração do trabalhador na empresa, sendo esta vista como uma organização social autónoma através da qual os seus membros

216　　*Do dever pré-contratual de informação e da sua aplicabilidade ...*

Foram estas características que nos levaram à afirmação do postulado da auto-informação[561], pelo que se elas estão igualmente presentes no contrato de trabalho a conclusão só pode ser a de que também no domínio laboral vigora *como ponto de partida* a ideia da auto-informação.[562]

De facto, embora quanto ao trabalhador surjam mais dificuldades, quanto ao empregador não há dúvidas de que este se encontra, em regra, em posição de exercer a sua autonomia privada e de procurar garantir a adequação do contrato à satisfação dos seus interesses. Por isso, não levanta controvérsia a afirmação de que o empregador deve procurar obter a informação que julgar pertinente para a formação da sua vontade contratual.[563] Como corolário, a ideia a fixar como ponto de partida é a de que o trabalhador não tem o dever de informar *espontaneamente* o empregador.[564]

(trabalhadores e empregador) visavam a prossecução de um objectivo unitário. Ideia que não foi abalada pelo reconhecimento da comunidade empresarial como comunidade desigual. Cfr. PALMA RAMALHO, *Da autonomia dogmática*, 2001, 284 e ss.; *idem, Direito do Trabalho*, 2005, 375. Porém, actualmente as concepções comunitário-pessoais tradicionais estão em crise (cfr. supra nota 437 e *idem, ibidem,* 459 e ss. e *idem, Relação de trabalho e relação de emprego*, 2003, 136-137) e a conflitualidade de interesses não é posta em causa mesmo pela identificação de alguns interesses secundários comuns (cfr. *idem, ibidem,* 144-145 e "*De la servidumbre al contrato de trabajo*", 2004, 542). Destacando essa contrariedade dos interesses das partes, cfr., ainda, MONTOYA MELGAR, *Derecho del Trabajo*, 2004, 263-264.

[561] Cfr. supra n.º 27.

[562] Cfr. PALANDT / HEINRICHS, *§123*, 2005, 97.

[563] Nesse sentido, JEAN-CLAUDE JAVILLIER, *Droit du Travail*, 7.ª ed., Paris: LGDJ, 1999, 246.

[564] Cfr. TERESA COELHO MOREIRA, *Da esfera privada*, 2004, 155. A Autora entende que o trabalhador não tem o dever de informar espontaneamente o empregador sobre os aspectos que "embora dotados duma certa relevância contratual, poderiam ou deveriam ter sido conhecidos pelo empregador se tivesse utilizado uma diligência comum". Nesta parte discordamos da Autora, pois entendemos, como veremos de seguida, que existem situações em relação às quais se impõe em primeira linha um dever de o trabalhador informar espontaneamente o empregador, independentemente deste poder ou dever procurar obter a respectiva informação.

No mesmo sentido defendido pela Autora, já em 1969 a *Cassazione Civile, II Sezione*, Giur. It., 1970, I, 1066-1074, tinha entendido que não existe um dever de o trabalhador informar espontaneamente o empregador para além daquilo que este lhe perguntar (1072).

51. Excepção: o dever de informar espontaneamente sobre os requisitos mínimos e circunstâncias impeditivas do exercício da actividade

Tal como em sede geral o postulado da auto-informação sofre desvios impostos pela teleologia das negociações, pelo tipo contratual (em especial quando está em causa uma relação de confiança), e pelo desequilíbrio informacional, também no âmbito do contrato de trabalho o postulado da auto-informação do empregador sofre desvios.

De facto, na maioria dos casos o processo de negociações tendente à celebração do contrato de trabalho inicia-se com a apresentação do *curriculum vitae* ou, nos casos em que os requisitos técnicos são menos exigentes ou grande o número de candidatos, com o preenchimento de um questionário através do qual o trabalhador fornece informação sobre a sua identificação, as suas habilitações literárias e o seu percurso e experiência profissional.

A prestação destas informações tem como objectivo permitir verificar se o candidato reúne as *condições mínimas exigíveis para o exercício das funções* em causa e, portanto, se se justifica a sua inclusão no processo de selecção. Trata-se da apresentação de informação preliminar que deverá ser procedida, muitas vezes, da prestação de esclarecimentos e informações adicionais.

De todo o modo, sem prejuízo de esta ser uma fase ainda muito incipiente das negociações em que os deveres das partes são ainda muito elementares[565], o facto é que a simples apresentação do *curriculum vitae* (ou o preenchimento do questionário) importa a assunção de deveres quer para o empregador quer para o trabalhador.

O empregador fica vinculado a um dever de sigilo, devendo evitar que as informações contidas no *curriculum vitae* ou questionário sejam conhecidas por terceiros, sob pena de violação do direito à reserva da vida privada do trabalhador.[566]

Por sua vez, o trabalhador está adstrito a um dever de verdade[567], o que significa que as informações constantes do *curriculum vitae* ou do

---

[565] Como se sabe, a intensificação dos deveres pré-contratuais é proporcional ao progresso das negociações, afirmação que é especialmente relevante nos casos de ruptura abusiva das negociações.

[566] Cfr. PAULA MEIRA LOURENÇO, *Os deveres de informação*, 2000, 11-12.

[567] Já nos havíamos referido ao dever de verdade, (cfr. supra n.º 34) porém, não conferimos um tratamento autónomo ao dever de verdade por pensarmos que este é

218 *Do dever pré-contratual de informação e da sua aplicabilidade ...*

questionário devem corresponder à realidade, sob pena de o trabalhador responder pelos prejuízos causados, nomeadamente pela inutilização do processo de selecção.

Posto isto, é possível formular a regra segundo a qual o trabalhador tem o dever de informar espontaneamente o empregador sobre todas as circunstâncias que digam respeito aos requisitos mínimos para a prestação da actividade.[568]

Mas é importante sublinhar o âmbito de aplicação desta regra: a informação a prestar espontaneamente só se refere à possibilidade de exercer as funções e não à melhor aptidão do trabalhador para desempenhar as funções de acordo com os objectivos e políticas empresariais traçadas pelo empregador, pois este aspecto já deve cair no âmbito do ónus de auto-informação do empregador.[569-570]

---

consumido pelo dever de informação. De facto, o dever de verdade diz respeito não à exigência de uma conduta do devedor da informação mas sim à qualidade de determinada conduta. Ou seja, se o "devedor" da informação está obrigado a levar ao conhecimento de outrem certos factos, então deve fazê-lo com verdade. No fundo, tudo se reconduz ao problema do cumprimento do dever de informação: só cumpre este dever aquele que informa de forma correspondente à realidade.

Além desta correspondência com a realidade, o dever de verdade exige, ainda, que os factos sejam transmitidos com clareza, de modo a que o credor da informação possa construir uma representação correcta da realidade. No mesmo sentido, TERESA COELHO MOREIRA, *Da esfera privada*, 2004, 157. Afastamo-nos assim do entendimento da *Cour de Cassation* (por exemplo, Cass. Soc. 16-février-1999, cit. em FRÉDÉRIQUE GUIMELCHAIN, *Contrats de Travail*, 2003, 53 e Cass. Soc. 30-mars-1999, cit.), que julga que só revelam, para efeitos de responsabilidade e invalidade do contrato, as informações falsas e não as que sejam susceptíveis de interpretações erróneas, já que ao empregador caberia investigar sobre a veracidade das informações fornecidas. Cfr., ainda, JEAN-CLAUDE JAVILLIER, *Droit du Travail*, 1999, 249.

Além disso, o dever de verdade impõe-se, ainda, fora das situações em que existe um dever de informar, quando o trabalhador *opta* por espontaneamente fornecer informações ao empregador: cfr. WILHELM DÜTZ, *Arbeitsrecht*, 2004, 50, onde escreve *"Freiwillige Auskünfte des Arbeitnehmers müssen immer wahr sein"*.

Cfr., ainda, PALANDT / WEIDENKAFF, *§ 611*, 2005, 882, que entende que o dever de verdade resulta da imposição dos deveres pré-contratuais de conduta e do regime do erro e do dolo (§§ 311, 119 e 123 do BGB).

[568] Assim, WILHELM DÜTZ, *Arbeitsrecht*, 2004, 47, clarificando ainda que esse dever existe também no decurso da entrevista e não apenas na fase prévia de apresentação do *curriculum vitae* (47). Entre nós, cfr. AMADEU GUERRA, *A privacidade no local de trabalho*, 2004, 159.

[569] Assim decidiu a Cass. Soc. no Ac. de 3 de Julho de 1990, relatado em JACQUES MESTRE, *Obligations et contrats spéciaux*, RTDCiv 90, 1991, (315-342), 316-317. Não

Do Dever Pré-Contratual de Informação na Formação ... 219

Quando essas circunstâncias digam respeito aos elementos que integram o *curriculum vitae* não existe qualquer dúvida[571]. Quanto a elas, o trabalhador deve informar voluntariamente o empregador, com verdade, sob pena de anulabilidade do contrato por erro[572], nulidade do contrato[573] ou responsabilidade pré-contratual.

Como exemplos de circunstâncias que dizem respeito aos requisitos mínimos para a prestação da actividade, podem apontar-se nomeadamente as informações relativas à inscrição numa determinada ordem[574] ou à posse de título profissional exigido para o exercício de determinada actividade (cfr. art. 113.º do CT), as informações relativas ao domínio da língua inglesa para o lugar de secretário de uma empresa inglesa[575], as

---

estava em discussão o direito à indemnização por responsabilidade pré-contratual mas sim um problema de invalidade do contrato de trabalho por erro sobre a pessoa do trabalhador. O caso era o seguinte: uma determinada empresa tinha contratado um sujeito para desempenhar o cargo de director. Mais tarde, a entidade empregadora vem a descobrir que o trabalhador tinha sido director de uma empresa que se encontrava em processo judicial de liquidação. Por desconhecer essa informação no momento da contratação, a entidade empregadora fez cessar o contrato invocando erro sobre a pessoa do trabalhador. A Cass. Soc. entendeu, com base no art. 1110.º do *Code Civil*, que o contrato não era inválido porque o erro não foi desculpável. Segundo a opinião do tribunal, uma vez que o trabalhador informou no decurso dos preliminares que tinha sido director da empresa em liquidação, o empregador deveria ter efectuado diligências no sentido de obter essa informação.

Embora o Ac. não perspective a argumentação a partir do dever pré-contratual de informação pensamos que o que está subentendido é a ideia de ónus de auto-informação do empregador. O risco da obtenção da informação corre, em regra, por conta daquele que tem o interesse nessa informação. O empregador deveria ter indagado, mesmo através de perguntas directas ao candidato, sobre o desempenho do candidato enquanto director da empresa em que trabalhava.

[570] Encontra-se aqui uma manifestação da ideia segundo a qual o dever de informar espontaneamente sobre os interesses da contraparte limita-se apenas às circunstâncias que possam levar à conclusão da inoportunidade ou falta de apetência do contrato para a satisfação dos interesses do "credor" da informação.

[571] Cfr. ANDRADE MESQUITA, *Direito do Trabalho*, 2004, 475. Porém, o Autor considera que o trabalhador deve informar sobre os factos do *curriculum vitae* com *relevo para o exercício das funções* a que concorre. Diferentemente, nós limitamos esse dever aos factos que dizem respeito às condições mínimas exigidas para a prestação da actividade.

[572] Cfr. JEAN-CLAUDE JAVILLIER, *Droit du Travail*, 1999, 249.

[573] Vd. um exemplo desta situação no Ac. da RC de 10 de Julho de 1997 (Sousa Lamas), CJ, XXII, 1997, IV, 63-66, confirmado pelo STJ no Ac. de 29 de Abril de 1998 (Vitor Devesa), CJSTJ, VI, 1998, II, 270-273.

[574] Cfr. FRÉDÉRIQUE GUIMELCHAIN, *Contrats de Travail*, 2003, 53.

[575] Cfr. ROMANO MARTINEZ, *Direito do Trabalho*, 2005, 442; idem, *Obrigação de informar*, in AA.VV., *Fundamentos do Direito do Trabalho. Estudos em Homenagem ao*

220 *Do dever pré-contratual de informação e da sua aplicabilidade ...*

informações relativas ao número de anos de experiência profissional exigido pelo empregador[576], ou as informações relativas à posse de carta de condução para o lugar de mecânico que deve conduzir os veículos para os testar[577]. Numa palavra, estão em causa informações sobre as habilitações profissionais, formação e experiência profissional do candidato.[578]

Mas, será que esta regra é aplicável quando estejam em causa circunstâncias que digam respeito à vida privada do trabalhador?

A resposta a esta questão é positiva. A circunstância que se inscreve na esfera da vida privada do trabalhador que não permita que o trabalhador reuna os requisitos mínimos exigidos ou que obste à execução da prestação deve ser comunicada ao empregador.[579]

Assim, por exemplo, um candidato com fobia a espaços fechados que se candidate à actividade de mineiro ou maquinista do metro deve informar o empregador dessa circunstância. Do mesmo modo, um trabalhador que se encontre doente deve informar o empregador dessa circunstância, *se ela for impeditiva da execução da prestação laboral.*[580-581]

Ministro Milton de Moura França, São Paulo: LTR, 2000, (34-43), 35, onde afirma que o trabalhador deve informar a entidade empregadora *sobre os conhecimentos* relativamente à actividade que vai desempenhar.

[576] Cfr. MENEZES CORDEIRO, *Manual de Direito do Trabalho*, 1994, 559; GÉRARD COUTURIER, *Droit du Travail*, I, 1990, 129.

[577] O exemplo foi retirado de uma sentença do TSJ de Galicia de 15/Abril/2000, que julgou contrário à boa fé a omissão dessa informação: cfr. MONTOYA MELGAR, *La buena fe*, 2001, 71.

[578] Para uma análise casuística vd. PAULA MEIRA LOURENÇO, *Os deveres de informação*, 2000, 16-20. Naturalmente que, por maioria de razão, o empregador tem o direito de indagar, nomeadamente de colocar questões ao trabalhador, sobre todos estes aspectos: cfr. HERBERT WIEDEMANN, *Zur culpa in contrahendo*, 1982, 470.

[579] Também ZÖLLNER e LORITZ, *Arbeitsrecht*, 1998, 148-149, identificam um dever de o trabalhador revelar informação, mas apresentam um critério menos exigente, quanto a nós demasiado abrangente, de *erheblicher Bedeutung*. Do mesmo modo, entre nós, MACHADO DRAY, *O princípio da igualdade*, 1999, 207, admite um dever de o trabalhador esclarecer o empregador quanto às reais habilitações e qualificações técnicas e quanto às situações anómalas que *eventualmente* o impeçam de exercer a actividade para que se candidata.

[580] Cfr. HERBERT WIEDEMANN, *Zur culpa in contrahendo*, 1982, 468. Este critério deve ser mantido dentro dos padrões do razoável. Naturalmente que se se trata de uma doença temporária de escassa gravidade, que implicará a ausência ao trabalho por pequenos períodos de tempo não se pode nesse caso defender que se trata de uma circunstância que obsta à prestação da actividade laboral. Ao contrário, já assim se pode entender se estiver em causa uma doença que exige um longo período de convalescença. Assim decidiu, aliás, o BAG em 7-Fevereiro-1964, ao responsabilizar uma trabalhadora escolhida que no âmbito

Do Dever Pré-Contratual de Informação na Formação ... 221

Em suma, o trabalhador tem o dever de informar espontaneamente o empregador sobre as circunstâncias que digam respeito aos *requisitos mínimos* para o exercício da actividade em questão ou que possam *obstar à prestação da actividade.*

O fundamento jurídico desta regra encontra-se em dois aspectos. Em primeiro lugar no art. 97.º, n.º 2 do CT, uma vez que parece não existir qualquer dúvida quanto ao *relevo* destes aspectos para a prestação da actividade laboral. Em segundo lugar esta regra justifica-se no facto de as referidas circunstâncias dizerem respeito a interesses legítimos do empregador, *objectivamente cognoscíveis.*[582]

Assim é porque o elemento cooperação, necessário à conciliação de interesses e consequente celebração de qualquer contrato, que se encontra também presente no contrato de trabalho[583], conduz à afirmação de um

---

do respectivo processo de selecção ocultou o seu estado de doença e a necessidade de um longo período de convalescença, vindo depois a comunicar a sua impossibilidade para a prestação do trabalho, inutilizando com isso todo o processo de selecção (cfr. MENEZES CORDEIRO, *Da Boa Fé*, 2001, 550 e *idem, Manual de Direito do Trabalho*, 1994, 559, nota 9).

Do mesmo modo, e porque o critério deve ser o da *impossibilidade* da prestação, um trabalhador com deficiência só está obrigado a revelar espontaneamente essa deficiência na medida em que ela torne impossível a prestação da actividade (cfr. decisão do BAG de 2001, cit. em WILHELM DÜTZ, *Arbeitsrecht*, 2004, 47), tal como uma candidata não tem de informar espontaneamente sobre o seu estado de gravidez, se esse estado não implica uma impossibilidade definitiva de prestar a actividade (nesse sentido, cfr. PAULA MEIRA LOURENÇO, *Os deveres de informação*, 2000, 34; DAVID FESTAS, *O direito à reserva*, ROA, 64, 2004, nota 84, 412-413). De forma menos exigente, cfr. ZÖLLNER e LORITZ, *Arbeitsrecht*, 1998, 149, entendem que a deficiência, bem como a gravidez, devem ser reveladas quando seja *provável* que essas circunstâncias *prejudiquem* a prestação.

[581] Na verdade, uma actuação honesta imporia aos candidatos que nem sequer se candidatassem. Mas se o fizerem, então impende sobre eles um dever de informação sob pena de serem chamados a responder pelos prejuízos causados.

[582] Discordamos, pois, da posição defendida por TERESA COELHO MOREIRA, *Da esfera privada*, 2004, 155, segundo a qual o trabalhador não estaria obrigado a informar espontaneamente o empregador por "poder considerar irrelevantes todas aquelas questões sobre as quais não foi interrogado ou indagado pelo empregador". Na nossa opinião, mesmo que o trabalhador não tenha sido perguntado ou indagado sobre certas circunstâncias, é razoável exigir-lhe que conheça o carácter essencial dessas circunstâncias sempre que estejam em jogo interesses objectivamente cognoscíveis ou efectivamente dados a conhecer pelo empregador. Cfr. supra as conclusões a que se chegou em sede do dever pré-contratual de informação em geral.

[583] Cfr. MONTOYA MELGAR, *Derecho del Trabajo*, 2004, 263-264, onde afirma que o contrato de trabalho, tal como qualquer contrato de troca, se estrutura como uma *concordantia discordantium.*

dever de informar sobre as circunstâncias que possam vir a determinar a invalidade ou ineficácia do contrato bem como sobre as circunstâncias que digam respeito aos interesses objectivamente cognoscíveis, ou efectivamente conhecidos, do "devedor" da informação.

Não oferece dúvidas a afirmação de que as circunstâncias relativas aos requisitos mínimos para a prestação da actividade, assim como as relativas à possibilidade da sua execução, respeitam a interesses objectivamente cognoscíveis do empregador, ou efectivamente conhecidos pelo trabalhador caso tenham sido objecto de divulgação, por exemplo, no anúncio de oferta de emprego. Essas circunstâncias dizem respeito ao interesse de celebrar um contrato de trabalho válido com um trabalhador que esteja apto a desenvolver no momento actual a actividade em causa.

52. Enunciação dos problemas colocados pelo ónus de auto--informação do empregador: os métodos de investigação e o conteúdo da informação

Em regra, impende sobre o empregador um ónus de auto-informação, o que significa que este deverá tomar as medidas necessárias para obter a informação que julga relevante para a formação da sua vontade contratual. Este ónus impõe ao empregador a realização das diligências tendentes à obtenção da informação que considera pertinente.

Desta simples afirmação surgem vários problemas que reclamam por análise. Nomeadamente, o problema de saber quais são os actos que o empregador pode efectivamente realizar. Será que o ónus de auto-informação justifica toda e qualquer diligência que se dirija a recolher informações sobre o trabalhador? Será que o empregador pode realizar testes de grafologia, de personalidade ou análises astrológicas?

Obviamente que o empregador não é livre de realizar toda e qualquer diligência no sentido de obter informações[584], não só por razões que se prendem com os próprios mecanismos de investigação utilizados, mas também por razões que dizem respeito ao tipo ou conteúdo da informação que o empregador pretende recolher através desses mecanismos.

Assim, quanto à problemática do ónus de auto-informação do empregador surgem dois campos de análise: o dos *métodos de investigação* e o do *conteúdo da informação*.

---

[584] Cfr. BERNARDO LOBO XAVIER, *O acesso à informação genética. O caso particular das entidades empregadoras*, RDES, XVII, 3 e 4, 2003, (11-49), 18.

Do Dever Pré-Contratual de Informação na Formação ... 223

Nos números que se seguem analisam-se estes aspectos, começando pela possibilidade do empregador colocar questões ao trabalhador.

I. A FORMULAÇÃO DE QUESTÕES

53. O primado deste método de indagação

Não apresenta qualquer dúvida que no exercício do ónus de auto-informação o empregador possa formular e colocar questões ao trabalhador[585]. Aliás, este mecanismo, dado o seu carácter directo, deve ser utilizado com preferência sobre os demais[586-587].

Relativamente às informações que se inscrevem na esfera jurídica do trabalhador, em especial na esfera da sua vida privada, a *regra* deve ser a de que o empregador só poderá obter a informação através da prestação espontânea da mesma ou, ainda que indague sobre essa informação, através do consentimento do trabalhador[588]. O que significa que estão vedados os

---

[585] Cfr. supra n.º 29. Além dos Autores aí indicados, cfr. especificamente no domínio laboral, CHRISTIAN EHRICH, *Fragerecht des Arbeitgebers bei Einstellungen und folgen der Falschbeantwortung*, DB, 8, 2000, 421-427; ALFRED SÖLLNER, *Grundriß des Arbeitsrechts*, 11.ª ed., München: Vahlen, 1994, 245; ZÖLLNER e LORITZ, *Arbeitsrecht*, 1998, 149; HANS BROX, *Arbeitsrecht*, 2002, 61; WILHELM DÜTZ, *Arbeitsrecht*, 2004, 49; PALANDT / WEIDENKAFF, *§ 611*, 2005, 882; HERBERT WIEDEMANN, *Zur culpa in contrahendo*, 1982, 466, 468; JEAN-CLAUDE JAVILLIER, *Droit du Travail*, 1999, 252. Entre nós, TERESA COELHO MOREIRA, *Da esfera privada*, 2004, 187-191.

[586] Nesse sentido, cfr. WOLFGANG DÄUBLER, *Derecho del Trabajo*, 536. O Autor, ao questionar-se sobre a possibilidade de obtenção da informação através de terceiros, defende que a regra deve ser a da *pergunta directa ao interessado*. Discorda-se pois da posição defendida por GOÑI SEIN, *El respeto a la esfera privada*, 1988, 53, seguida entre nós por TERESA COELHO MOREIRA, *Da esfera privada*, 2004, 174, segundo a qual o empregador pode informar-se sobre o estado civil do trabalhador mas não pode, por força do princípio da não discriminação, perguntar directamente ao trabalhador sobre esta matéria.

[587] É esta prevalência da formulação de questões ao trabalhador que justifica que se discuta neste ponto questões de ordem geral sobre o conteúdo do dever de informação do trabalhador, tais como a questão da concretização do art. 97.º, n.º 2 do CT. Pois, a informação que não pode ser perguntada não pode também ser objecto de outros métodos de investigação (cfr. HERBERT WIEDEMANN, *Zur culpa in contrahendo*, 1982, 473), pelo que ao descobrirmos qual a informação que não pode ser objecto de interrogação ficamos também a saber qual a informação que o trabalhador não tem o dever de prestar em qualquer caso.

[588] Admitem-se contudo excepções. Por exemplo, WOLFGANG DÄUBLER, *Derecho del Trabajo*, 536, considera que é possível recorrer a terceiros para obter a informação, sem

224 *Do dever pré-contratual de informação e da sua aplicabilidade ...*

métodos de investigação indirectos ou dissimulados para obtenção de informações sobre a vida privada do trabalhador.

Por outras palavras, ainda que o empregador tenha "direito" à informação sobre aspectos da vida privada do trabalhador, essa informação só deverá em regra ser recolhida com a intervenção do trabalhador, através de respostas directas ou através do seu consentimento para a realização de outras formas de indagação.

Assim, quanto a este método de indagação – formulação de perguntas ao candidato – não se levantam problemas relativamente à legitimidade do método, mas podem levantar-se problemas relacionados com o conteúdo das questões formuladas.

54. O conteúdo das questões e o critério da relevância das informações para a prestação da actividade laboral (art. 97.º, n.º 2 do CT)

O conteúdo das questões é essencial para a determinação do dever de informar uma vez que este só existe relativamente às questões legítimas.[589] Quanto às questões ilegítimas não existe qualquer dever de responder, e portanto de informar.

Posto isto, a questão que se impõe é muito simples: *o que são questões ilegítimas?*[590]

Para responder a esta questão é necessário partir do art. 97.º, n.º 2 do CT, que é a regra geral nesta matéria, aplicável tanto às situações de informação espontânea como às situações de informação provocada. Esta norma permite fixar a ideia de que o trabalhador só tem de responder às questões que sejam relevantes para a prestação da actividade laboral.[591]

---

consentimento do trabalhador, quando haja motivos para pensar que o candidato forneceu dados falsos, ou quando a informação fornecida não seja suficiente para se poder formar uma ideia clara das qualificações do candidato. Mas, em qualquer caso, o Autor considera que nunca poderá ocorrer um *intercâmbio oculto da informação*, devendo o empregador informar o candidato sobre a fonte de informação.

[589] Cfr. HANS BROX, *Arbeitsrecht*, 2002, 61.

[590] Para um resumo muito breve sobre como têm vários ordenamentos jurídicos respondido a esta questão, vd. AA.VV., *Comparative Labour Law and Industrial Relations in Industrialized Market Economies*, 7.ª ed., London, Boston: Kluwer Law International, 2001, 409-411.

[591] Igualmente nesse sentido, ALFRED SÖLLNER, *Grundriß des Arbeitsrechts*, 1994, 245.

Do Dever Pré-Contratual de Informação na Formação ... 225

Embora este dispositivo legal pareça ajudar muito pouco na resolução de casos concretos, dado o seu carácter indeterminado, o facto é que ele permite fixar sem necessidade de grande labor interpretativo um aspecto que é evidente, mas que nunca é demais sublinhar: *o que está em causa no dever de informação do trabalhador são apenas os aspectos relevantes para a prestação da actividade laboral e não todos os aspectos relevantes para a formação da vontade contratual do empregador.*

De facto, em última análise, todos os aspectos relacionados com o trabalhador, mesmo com a sua vida privada ou familiar, podem mostrar-se relevantes para a decisão de contratar. O empregador tem interesse em conhecer todas as informações possíveis para a partir delas avaliar se a integração de determinado sujeito na sua organização é ou não acertada, é ou não vantajosa.[592]

Assim, poder-se-ia pretender que é relevante conhecer os hábitos de vida do trabalhador, por exemplo se se deita tarde ou cedo uma vez que isso pode ser indicador de um menor ou maior rendimento no trabalho. Ou saber se o candidato tem uma personalidade conflituosa, na medida em que tal pode ser indicador de eventuais conflitos dentro da empresa com colegas ou superiores hierárquicos. Ou saber se o candidato é fiel no casamento, já que isso pode ser indicador da fidelidade à empresa (!)[593]. Ou saber se o candidato tem encargos familiares, tais como pessoas com deficiência ou idosas a seu cuidado, já que tal pode fazer supor a ocorrência de faltas ao trabalho[594].

Estes e outros aspectos da vida privada e familiar do trabalhador poderiam ser considerados relevantes para a decisão de contratar ou não contratar determinado candidato. Todavia, a possibilidade de constituírem objecto de um dever de informar está liminarmente afastada pelo art. 97.º, n.º 2 do CT.

---

[592] GOÑI SEIN, *El respeto a la esfera privada*, 1988, 48 e 58.

[593] O exemplo é de GOÑI SEIN, *El respeto a la esfera privada*, 1988, 48.

[594] GOÑI SEIN, *El respeto a la esfera privada*, 1988, 49. Esta questão foi incluída num boletim de candidatura a emprego no qual se inquiria, entre outras coisas, sobre o número de filhos e idades, incluindo a existência de dependentes ou cônjuges deficientes. Este boletim de candidatura foi objecto da deliberação 32/98 de 13 de Maio da CNPD, disponível em www.cnpd.pt/ bin/decisoes/1998 /htm/del/del032-98.htm, e comentada em AMADEU GUERRA, *A privacidade no local de trabalho*, 2004, 163. A CNPD considerou ilícitas estas questões por não apresentarem qualquer relevância para a apreciação da capacidade e aptidão para a actividade em questão.

226   *Do dever pré-contratual de informação e da sua aplicabilidade ...*

Posto isto, é possível avançar um pouco na concretização do conceito de *relevância para a prestação laboral*. Não basta uma *ligação ou conexão remota* com a prestação da actividade laboral para que se possa falar de relevância para a prestação da actividade laboral. Tome-se em conta um dos exemplos apontados: o facto de um trabalhador ter uma personalidade conflituosa pode efectivamente vir a ter relevo e implicações na prestação da actividade laboral. Porém, esse relevo e essas implicações não podem na fase das negociações ser determinadas com segurança através de critérios objectivos. O facto de um trabalhador ter uma personalidade conflituosa, e mesmo de se envolver em conflitos na sua vida privada, não significa inaptidão para a prestação da actividade, nem tão pouco que no seio da empresa o trabalhador venha a ser responsável por causar conflitos.

Posto isto, o empregador não tem legitimidade para perguntar ou, através de outros mecanismos, informar-se sobre as circunstâncias que embora apresentem relevância para a formação da sua vontade contratual só de forma remota se conexionam com a prestação da actividade laboral.

Mas se não basta uma conexão remota com a prestação da actividade laboral, cabe perguntar o que é que é necessário para que se possa entender que uma determinada circunstância é relevante para a prestação da actividade laboral.

Na resposta a esta questão encontram-se na doutrina diferentes terminologias. Invoca-se como critério a conexão objectiva com a actividade em causa[595], a relação objectiva com o trabalho a prestar[596], e a relação directa com o objecto negocial ou com as condições específicas do contrato[597].

---

[595] Hans Brox, *Arbeitsrecht*, 2002, 61; Paula Meira Lourenço, *Os deveres de informação*, 2000, 13, 20, 28, 29, 30, 33, 36. De modo semelhante, Teresa Coelho Moreira, *Da esfera privada*, 2004, 152, considera que o empregador só pode averiguar "sobre aspectos conexos com a capacidade profissional do indivíduo" que se fundamentem nas "necessidades objectivas de natureza contratual" e não em necessidades meramente subjectivas. Mais adiante (157) escreve que "o empregador só pode obter informação e interrogar sobre factos que tenham *relação directa* com o emprego".

[596] Menezes Cordeiro, *Manual do Direito do trabalho*, 1994, 560.

[597] Palma Ramalho, *Da autonomia dogmática*, 2001, 775. Igualmente, Goñi Sein, *El respeto a la esfera privada*, 1988, 49, defende que são irrelevantes as informações que não tenham uma relação imediata e directa com o posto de trabalho. Também José João Abrantes, *O novo Código do Trabalho e os direitos de personalidade*, 2004, 154, *idem, Contrato de trabalho e direitos fundamentais*, 2005, 195, defende que o empregador só pode investigar e fazer revelar factos sobre a esfera privada do trabalhador se existir uma ligação directa e necessária com a aferição da capacidade para a execução do contrato.

Do Dever Pré-Contratual de Informação na Formação ...   227

Por outro lado apela-se também para os interesses do empregador, defendendo-se que só são relevantes as informações acerca das quais o empregador tenha um interesse justificado ou digno de protecção[598].

De facto, o conflito de interesses em jogo bem como a diversidade ao nível das categorias de trabalhadores não permitem que se vá muito mais longe na fixação de uma regra geral nesta matéria.[599] Não obstante, é possível fixar algumas ideias.

A concepção segundo a qual são relevantes as informações que apresentem com a actividade a prestar uma conexão objectiva, ou uma relação directa e necessária, pode mostrar-se problemática. Ao aprofundarem-se estes conceitos vai-se deparar com duas soluções possíveis: ou

---

No ordenamento jurídico francês o critério da relação directa e necessária com o trabalho proposto ficou plasmado no C. Trav. no art. L 121-6 introduzido pela *Loi 92-1446*, de 31 de dezembro de 1992, na sequência de um relatório encomendado pelo Ministro do Trabalho ao Professor Gérard Lyon-Caen, intitulado *Les libertés publiques et l'emploi*, (cfr. JEAN-EMMANUEL RAY, *Une loi macédonienne? Étude critique du titre V de la loi du 31 décembre 1992*, DS, 2, 1993, 103-114) que dispõe que « *les informations demandées, sous quelque forme que ce soit, au candidat à un emploi ou à un salarié ne peuvent avoir comme finalité que d'apprécier sa capacité à occuper l'emploi proposé ou des aptitudes professionnelles. Ces informations doivent présenter un lieu direct et nécessaire avec l'emploi proposé ou ses aptitudes professionnelles. Le candidat à un emploi ou le salarié est tenu d'y répondre de bonne foi.* » Este critério foi igualmente seguido pela doutrina: cfr., entre outros, JEAN-CLAUDE JAVILLIER, *Droit du Travail*, 1999, 248, 252; FRANÇOIS GAUDU e RAYMONDE VATINET, *Les contrats du travail*, 2001, 71, sublinhando ainda que essa ligação deve aparecer de forma objectiva; JEAN PÉLISSIER, ALAIN SUPIOT e ANTOINE JEAMMAUD, *Droit du Travail*, 2002, 335.

[598] Cfr., entre outros, HERBERT WIEDEMANN, *Zur culpa in contrahendo*, 1982, 470--471; GÜNTHER WIESE, *Zur gesetzlichen Regelung der Genomanalyse an Arbeitnehmern*, RdA, 1988, (217-222), 218; WOLFGANG DÄUBLER, *Derecho del Trabajo*, 1994, 526; na mesma linha, ZÖLLNER e LORITZ, *Arbeitsrecht*, 1998, 149; também, WILHELM DÜTZ, *Arbeitsrecht*, 2004, 49, entende que se impõe um dever de informar relativamente a factos que não são essenciais para a prestação da actividade, desde que eles respeitam a interesses legítimos do empregador (*berechtigtes Interesse*); GARCÍA VIÑA, *La buena fe*, 2001, 231, considera que a informação é devida quando a omissão dos factos em questão possa prejudicar a esfera de interesses da outra parte, neste caso o empregador.

[599] Por isso as críticas que se fazem ouvir quanto à imprecisão ou elasticidade de conceitos como a aptidão profissional ou a ligação directa e necessária com a actividade não são muitas justas. Adoptando essa atitude crítica cfr. por exemplo OLIVIER DE TISSOT, *La protection de la vie privée du salarié*, DS, 3, 1995 (222-230), 224; TERESA COELHO MOREIRA, *Da esfera privada*, 2004, 151. Claro que, no fundo, este é um problema de equilíbrio entre justiça e segurança jurídica que não cabe aqui discutir. Todavia, cabe lembrar que o recurso a conceitos indeterminados dá espaço à construção de soluções jurídicas adequadas a cada caso concreto, sem que isso signifique arbitrariedade.

se considera que o que está em causa é apenas a actividade em si ou se considera que além da actividade devem abranger-se outros aspectos, tais como o modo de prestar ou as implicações na organização. Mas qualquer destas soluções enfrenta dificuldades.

Por um lado, a afirmação segundo a qual a conexão ou relação se deve estabelecer entre as informações e a actividade em si equivale a ignorar características essenciais do contrato de trabalho, nomeadamente a implicação da pessoa do trabalhador na relação laboral e a componente organizacional do contrato de trabalho. A implicação da pessoa do trabalhador na relação laboral tem como efeito a afirmação do carácter *intuitu personae* do contrato de trabalho, o que por sua vez permite defender que o empregador tem interesse em conhecer as qualidades pessoais do trabalhador, bem como a sua aptidão física e psíquica, aspectos em relação aos quais muitas vezes não é possível estabelecer uma relação objectiva ou directa com a *actividade*.[600]

Além disso, esta posição segundo a qual a relevância das informações deve ser aferida por referência ao critério da conexão objectiva ou da relação directa e necessária com a *actividade* não teria aplicabilidade, pelo menos, em dois tipos de situações. Não teria aplicabilidade relativamente aos contratos de trabalho em que seja possível identificar uma relação de confiança, como acontece por exemplo quando estejam em causa cargos de administração, de secretariado pessoal[601], ou casos de contrato de trabalho doméstico. Nestes casos é evidente que não releva apenas a aptidão e os aspectos relacionados com a actividade, mas também os aspectos que permitam fundamentar a relação de confiança subjacente a estes contratos.

Do mesmo modo, esta posição não seria apta para explicar algumas situações em que se admite um dever de informação sem contudo ser possível estabelecer uma relação com a actividade. Assim acontece, por exemplo, quando ao candidato é imposto o dever de informar sobre uma doença contagiosa de que é portador, que possa pôr em risco a saúde e integridade física de outros trabalhadores. Neste exemplo, a fundamentação do dever de informação não pode ser encontrada numa eventual conexão com a actividade, mas sim noutros valores ou direitos fundamentais (como

---

[600] Cfr. Georges Dole, *La liberté d'opinion et de conscience en droit comparé du travail. Union Européenne, I – Droit Européen et Droit Français*, Paris: LGDJ, 1997, 136.
[601] Cfr. art. 244.º do CT.

Do Dever Pré-Contratual de Informação na Formação ... 229

a saúde de terceiros) e na componente organizacional do contrato de trabalho[602].

Por fim, esta posição não nos parece defensável perante o art. 97.º, n.º 2 do CT uma vez que o preceito não se refere apenas à actividade mas sim à relevância dos aspectos para a *prestação* da actividade laboral.

Por sua vez, se se defender a segunda posição apresentada que vai no sentido da inclusão no critério da conexão objectiva ou da relação directa com a actividade dos aspectos relacionados com o modo de prestar, abrangendo portanto as qualidades pessoais do trabalhador[603], corre-se o risco da diluição das fronteiras do critério.[604] Nomeadamente caberia perguntar: até onde se pode ir na avaliação das qualidades pessoais? Quando é que existe uma conexão dessas qualidades com a prestação da actividade laboral? Quando é que essa conexão deve ser considerada remota e portanto, como se defendeu, não justificativa de um dever de informar?[605]

---

[602] Dando destaque a esta componente organizacional enquanto fundamento do dever de informar e da decisão de contratar ou não contratar determinado candidato, cfr. MARIE-ANNICK PEANO, *L'intuitus personae*, 1995, 132-133. A Autora entende que uma circunstância que compromete, ou apresenta o risco de comprometer, a organização do serviço deve efectivamente ser ponderada pelo empregador, mesmo que em regra tal lhe esteja vedado. Por outro lado, em relação aos aspectos que podem ser tomados em consideração pelo empregador, a Autora entende que, também neste caso, a referência à boa organização da empresa tem um papel a desempenhar na distinção daquilo a que denomina *intuitus personae legítimo* e *intuitus personae ilegítimo*, o que significa que o empregador só deve ser informado e só deve considerar aquelas qualidades pessoais do trabalhador que têm importância para a boa organização da empresa. Entre nós, cfr. DAVID FESTAS, *O direito à reserva*, ROA, 64, 2004, 405-406, onde afirma que o empregador tem direito a conhecer algumas informações pessoais dos candidatos a fim de poder determinar se estes "reúnem ou não as características pessoais necessárias para se *integrarem na organização do empregador*".

[603] Parece ser este o entendimento consagrado no art. 8.º do SL: o artigo prescreve que "*è fatto divieto al datore di lavoro, ai fini dell'assunzione, come nel corso dello svolgimento del rapporto di lavoro, di effettuare indagini, anche a mezzo di terzi, sulle opinioni politiche, religiose o sindicali del lavoratore, nonché su fatti non rilevanti ai fini della valutazione dell'attitudine professionale del lavoratore*". Tal como no nosso art. 97.º, n.º 2, este preceito recorre à ideia de relevância da informação, não apenas para a actividade em si mas para que o empregador possa ajuizar da *aptidão profissional* do trabalhador, o que pode englobar considerações relativas às qualidades pessoais do trabalhador que podem não apresentar uma conexão objectiva ou relação directa com a actividade em causa.

[604] Cfr. UMBERTO ROMAGNOLI, *Sulla rilevanza della reticenza del prestatore di lavoro come "culpa in contrahendo"*, Giur. It., 1970, I, 1066-1070, 1068.

[605] Cfr. GOÑI SEIN, *El respeto a la esfera privada*, 1988, 58-59. O Autor fornece inúmeros exemplos de informação que os empregadores pretendem obter ao abrigo daquilo

230   *Do dever pré-contratual de informação e da sua aplicabilidade ...*

Para evitar este tipo de problemas é necessário introduzir mais um dado na resolução desta questão: trata-se do apelo aos interesses do empregador.[606-607]

Desta feita, *só são relevantes para a prestação da actividade laboral as informações sobre o trabalhador que respeitam aos interesses legítimos do empregador, objectivamente cognoscíveis ou efectivamente conhecidos pelo trabalhador.* Interesses objectivamente cognoscíveis são aqueles que podem ser determinados com base em padrões objectivos, nomeadamente através dos usos do tráfico jurídico ou da consideração da finalidade económico social do contrato de trabalho[608]. Interesses efectivamente

---

que denomina *"lógica expansiva del derecho empresarial al definir as cualidades esenciales para la realización del trabajo"*.

[606] É possível, aliás, verificar que mesmo Autores que perfilham o critério da conexão objectiva com a actividade acabam, em alguns casos, por chamar a atenção para a necessidade de ponderar os interesses do empregador. Assim acontece em PAULA MEIRA LOURENÇO, *Os deveres de informação*, 2000. Por exemplo, nas pp. 20-21 a Autora levanta a questão de saber se existe um dever de informação quanto à raça em actividades nas quais esse elemento não é essencial mas compromete o *objectivo* final do empregador, exemplificando com o interesse do empregador em não contratar uma bailarina de raça negra para não quebrar a homogeneidade estética de um corpo de *ballet* clássico. Outro exemplo pode encontrar-se a pp. 34-35. Aí a Autora interroga-se se as candidatas puérperas ou lactantes devem informar o empregador sobre essa condição. A Autora conclui pela positiva sob pena de as trabalhadoras não poderem, depois de iniciada a relação laboral, invocar os direitos que a lei lhes confere, nomeadamente a licença de maternidade, por considerar que tal consubstancia um abuso de direito. Não concordamos com este entendimento, nem pensamos que o actual art. 34.º do CT possa servir de argumento, por julgarmos que o mesmo apenas se aplica no decurso da relação laboral e não numa fase prévia à celebração do contrato. De qualquer forma, o que parece estar em causa neste entendimento é a tutela de uma situação patrimonial desvantajosa para o empregador, que este não previu, e que se reconduz em última análise ao problema dos interesses do empregador, que neste caso seriam ilegítimos por se tratar no fundo de uma tentativa de anular os riscos sociais assumidos em troca da subordinação jurídica do trabalhador.

Do mesmo modo, comprovando a relevância de chamar à discussão a ponderação dos interesses do empregador, Autores que assumem uma perspectiva constitucionalista acabam por resolver o conflito de direitos fundamentais do trabalhador e empregador, que está também presente no dever pré-contratual de informação, através do recurso ao critério dos interesses legítimos do empregador, concluindo que apenas são de admitir restrições aos direitos fundamentais do trabalhador quando razões jurídicas e interesses legítimos ou relevantes do empregador o justifiquem. Assim, JOSÉ JOÃO ABRANTES, *O novo Código do Trabalho e os direitos de personalidade*, 2004, 146, 156, 158 e nota 52, *idem, Contrato de trabalho e direitos fundamentais*, 2005, 193, 195.

[607] Cfr. supra nota 593.

[608] Cfr. UMBERTO ROMAGNOLI, *Sulla rilevanza*, 1970, 1068-1069.

Do Dever Pré-Contratual de Informação na Formação ...

conhecidos são aqueles que foram dados a conhecer ao trabalhador, incluindo os interesses que não possam ser conhecidos pelo comum dos sujeitos por dizerem respeito a valorações subjectivas do empregador.

O recurso a estes critérios da cognoscibilidade ou conhecimento dos interesses do empregador, mesmo sem referência ao requisito da legitimidade, permite negar a existência de um dever de informar sobre as circunstâncias que respeitam à satisfação de interesses ocultos, que o empregador não pretende revelar.[609]

Mas além disso é necessário ainda que os interesses sejam legítimos. Os interesses do empregador são legítimos quando possam ser atendíveis de acordo com a ordem jurídica encarada na sua globalidade. O que significa que mesmo não sendo contrários a uma concreta disposição legal, à ordem pública ou ofensivos dos bons costumes, os interesses do empregador podem ser ilegítimos se comprometerem o sistema jurídico laboral.

Em suma, como regra geral, o empregador só pode colocar questões ou através de outros métodos de investigação informar-se sobre os aspectos que respeitam aos seus interesses legítimos, objectivamente cognoscíveis ou efectivamente conhecidos pelo trabalhador.[610]

Nos números que se seguem vamos testar esta regra analisando alguns casos típicos de formulação de questões ao trabalhador.

---

[609] Este aspecto pode trazer benefícios para a prevenção de práticas discriminatórias, já que pode vir a ter como efeitos práticos a limitação da prestação de informação suspeita de motivar práticas discriminatórias. Em princípio, o empregador não vai informar a candidata, por exemplo, que pretende saber se ela é casada e tem filhos menores ou deficientes *porque* em caso afirmativo pretende afastá-la do processo de selecção e assim evitar suportar eventuais faltas ao trabalho ou licenças para cuidar da sua família. Um interesse como o descrito não seria objectivamente determinável, por ser, desde logo, contrário aos usos do tráfico jurídico. Assim, não sendo conhecidos do trabalhador, nem sendo objectivamente cognoscíveis, os interesses do empregador neste caso concreto não seriam passíveis de fundamentar o dever da candidata informar o empregador sobre a sua situação familiar.

[610] Pensamos que esta regra se apresenta como solução de carácter geral, capaz de fundamentar as respostas para os problemas colocados pelo dever de informação. Ela permite, por exemplo, acolher os problemas de conflitos de direitos e justificar a ideia de que determinado interesse do empregador não é legítimo porque outros direitos, valores ou interesses fundamentais se impõem tendo em conta as especificidades de determinado caso.

55. Perguntas sobre a vida privada em geral, saúde e gravidez (art. 17.º do CT)

a) Regra: ilegitimidade das perguntas

A possibilidade de o empregador colocar ao candidato perguntas sobre a sua vida privada, saúde e gravidez encontra-se actualmente regulada no art. 17.º do CT. O Código estabelece a *regra* da ilegitimidade das questões sobre estas matérias. Segundo o disposto no art. 17.º o empregador não pode *exigir* ao candidato que preste informações relativas à sua vida privada (n.º 1) ou relativas à sua saúde ou gravidez (n.º 2).

b) Excepções: enunciação

A regra da ilegitimidade das questões sobre a vida privada, saúde e gravidez pode conhecer alguns desvios. Em primeiro lugar, o trabalhador, caso assim entenda, pode revelar espontaneamente informações sobre a sua vida privada, saúde ou gravidez. O art. 17.º apenas veda a possibilidade de o empregador exigir as referidas informações, nada impedindo que o trabalhador as revele espontaneamente.[611]

Mas é necessário sublinhar que nestes casos a prestação da informação deve resultar de uma *espontaneidade efectiva*, não podendo surgir na sequência de questões prévias colocadas pelo empregador. De facto, poder-se-ia pretender que a resposta a questões sobre a vida privada, saúde e gravidez constitui uma prestação voluntária, e portanto espontânea, da informação. Porém, tal entendimento não é defensável já que a resposta a tais questões pode fundamentar-se na dependência económica e psicológica do candidato e não na sua livre vontade.[612]

---

[611] Cfr. MENEZES LEITÃO, *Código de Trabalho Anotado*, 2003, 38, *idem, A protecção dos dados pessoais no contrato de trabalho*, in AA.VV., *A reforma do Código do Trabalho*, Coimbra: Coimbra Editora, 2004, (123-138), 127-128, que nos dá conta de que essa situação consubstancia uma limitação voluntária dos direitos de personalidade nos termos do art. 81.º, n.º 2 do CC.

[612] Cfr. CATARINA SARMENTO E CASTRO, *A protecção dos dados pessoais dos trabalhadores*, QL, 2002, (27-60), 58. Em observações que julgamos aplicáveis *mutatis mutandis* a esta questão, a Autora conclui que, no âmbito laboral, o requisito do consentimento do interessado como forma de legitimar o tratamento de dados pessoais do trabalhador não devia ser a regra, justamente porque o consentimento dos trabalhadores pode não ser livre.

Do Dever Pré-Contratual de Informação na Formação ...   233

Em suma, ao determinar que o empregador não pode exigir essas informações o art. 17.º do CT está igualmente a proibir a formulação de questões sobre a vida privada, saúde e gravidez do candidato. Se, em desrespeito desta regra, o empregador colocar essas questões ao trabalhador elas deverão ser consideradas ilegítimas, não existindo qualquer dever de responder.

Além deste desvio, a regra da ilegitimidade das questões relativas à vida privada, saúde e gravidez conhece excepções que se encontram reguladas no art. 17.º, n.º 1 e 2 do CT. Quanto às questões sobre a vida privada o art. 17.º, n.º 1 dispõe que excepcionalmente elas são legítimas quando sejam estritamente necessárias e relevantes para avaliar da respectiva aptidão no que respeita à execução do contrato de trabalho[613], e quando, adicionalmente, o empregador apresente fundamentação escrita. Diferentemente, quando estiverem em causa perguntas sobre a saúde ou estado de gravidez do trabalhador elas só são legítimas se, para além da referida fundamentação escrita, particulares exigências inerentes à natureza da actividade profissional o justificarem.

Verifica-se assim que, com ressalva do requisito da fundamentação escrita[614], as excepções são diferentes. Quanto às informações sobre saúde e gravidez o legislador adoptou um critério mais rigoroso dessa forma restringindo as situações nas quais é admissível a formulação de questões sobre estas matérias.

c) O âmbito de aplicação material do art. 17.º, n.º 1 e 2 do CT

Na análise das excepções à regra da ilegitimidade das questões sobre a vida privada, saúde e gravidez dois problemas se colocam: por um lado, o problema de determinar o âmbito de aplicação material do n.º 1 e 2 do

---

[613] Neste particular o CT parece ter-se inspirado no seu congénere italiano, concretamente no art. 8.º, que também prevê o critério da relevância das informações para a avaliação da aptidão profissional do candidato (cfr. supra nota 603).

[614] Como observa DAVID FESTAS, *O direito à reserva*, ROA, 64, 2004, 407, o requisito da fundamentação escrita não oferece problemas. De todo o modo, cumpre referir que esta exigência, que em qualquer caso já resultaria do art. 10.º da Lei 67/98, é de aplaudir na medida em que possa servir de factor inibidor da recolha de dados pessoais com finalidades discriminatórias.

Fica no entanto a questão de saber se esta fundamentação apenas é exigível quando estiver em causa este tipo de informações ou se ela é de defender sempre que se mostre necessário. Respondendo afirmativamente, vd. HERBERT WIEDEMANN, *Zur culpa in contrahendo*, 1982, 471.

234 Do dever pré-contratual de informação e da sua aplicabilidade ...

art. 17.º; por outro lado, o problema de determinar, respectivamente, o que sejam informações *necessárias e relevantes para avaliar da respectiva aptidão no que respeita à execução do contrato de trabalho* e o que sejam *particulares exigências inerentes à natureza da actividade profissional.*

O primeiro problema apontado surge porque é feita uma distinção entre informações relativas à vida privada e informações relativas à saúde e estado de gravidez, quando é certo que estas últimas são informações sobre a vida privada do trabalhador, como aliás se pode concluir pela leitura do art. 16.º que, exemplificando os aspectos que integram a reserva da vida privada, se refere aos aspectos relacionados com a vida familiar, afectiva e sexual, estado de saúde e convicções políticas e religiosas. Cabe então perguntar: o n.º 1 do art. 17.º aplica-se a todos os aspectos da vida privada do trabalhador que reclamam por uma especial tutela, independentemente de fazerem parte da esfera privada ou íntima[615], exceptuando apenas as informações sobre a saúde e gravidez? Ou, uma vez que a saúde e estado de gravidez dizem respeito à esfera íntima, devem considerar-se abrangidos pelo n.º 2 do art. 17.º todos os aspectos que se integram na esfera íntima, considerando a referência à saúde e gravidez como meramente exemplificativa?

De facto estes dois posicionamentos são concebíveis. Ou se entende que o art. 17.º, n.º 1 estabelece a regra geral aplicando-se aos aspectos da vida privada, independentemente de fazerem parte da esfera privada ou íntima, sendo o art. 17.º, n.º 2 uma regra especial reservada para as informações sobre a saúde e gravidez[616]. Ou se entende que o art. 17.º,

---

[615] Esta distinção remonta à teoria das três esferas – esfera íntima, privada e pública – desenvolvida na doutrina germânica (cfr., por exemplo, Paulo Mota Pinto, *O direito à reserva sobre a intimidade da vida privada*, BFDUC, 1993, (479-585), 517 nota 104 e 524 nota 122; David Festas, *O direito à reserva*, ROA, 64, 2004, 378, nota 10). Embora a sua aplicabilidade seja objecto de controvérsia no seio da doutrina nacional (vd., com referências, *idem, ibidem, loc. cit*), esta distinção encontra-se de forma clara em Menezes Leitão, *Código de Trabalho Anotado*, 2003, 38 e *idem, A protecção dos dados pessoais*, 2004, 126, que considera que a esfera íntima deve ser protegida de forma absoluta e abrange a vida familiar, saúde, comportamentos sexuais e convicções políticas e religiosas, e também em Pedro Romano Martinez *et al.*, *Código de Trabalho Anotado*, 2005, 109-110. Embora o art. 17.º, n.º 1 se refira à vida privada sem fazer qualquer distinção, deve entender-se que não estão abrangidos os aspectos que dizem respeito à esfera pública, uma vez que estes correspondem a situações objecto de conhecimento público que podem ser livremente divulgadas, não se justificando quanto a eles qualquer necessidade especial de protecção contra o acesso e divulgação por terceiros.

[616] Posição defendida por David Festas, *O direito à reserva*, ROA, 64, 2004, 413.

Do Dever Pré-Contratual de Informação na Formação ... 235

n.º 2 do CT se aplica a todas as informações relativas à esfera íntima, onde se inclui a saúde e gravidez assim como as orientações sexuais e as convicções políticas e religiosas.[617]

Na verdade, não vemos que razões poderão justificar que alguns aspectos da esfera íntima sejam merecedores de maior protecção do que outros, pelo que à partida o art. 17.º, n.º 2 dever-se-ia aplicar a todos as informações relativas à esfera íntima.

Todavia, esta posição que numa primeira análise parece ser a mais acertada levanta alguns problemas que se relacionam com a interpretação da fórmula legal utilizada no art. 17.º, n.º 2, isto é do conceito de *particulares exigências inerentes à natureza da actividade profissional.* Como se discute mais adiante[618], nessa fórmula apenas se incluem os aspectos relativos à impossibilidade de prestar e os relativos à protecção da saúde e segurança do trabalhador e de terceiros. Esta interpretação, que parece mais consentânea com o objectivo de preservar a esfera íntima do trabalhador, não se adequa a todos os aspectos que se inscrevem nessa esfera. Nomeadamente, seria difícil justificar porque é que numa organização de tendência podem ser consideradas legítimas perguntas sobre as convicções políticas ou religiosas, já que nesse caso as perguntas não se legitimam em particulares exigências inerentes à natureza da *actividade profissional.*[619]

Por outras palavras, a defesa do alargamento do âmbito de aplicação material do art. 17.º, n.º 2 a todos os aspectos da esfera íntima do trabalhador, para além da saúde e gravidez, equivale a defender uma interpretação mais flexível dos requisitos que permitem considerar essas perguntas legítimas, resultado que não é defensável por conferir um menor grau de tutela à esfera íntima do trabalhador, quando estejam em causa perguntas relativas à saúde e gravidez. Tal orientação parece contrariar o objectivo do legislador.

Por esta razão, embora existam argumentos fortes em sentido contrário, o art. 17.º, n.º 2 do CT deve aplicar-se exclusivamente às informações relativas à saúde e gravidez, e não a todos os aspectos da esfera íntima da vida privada do trabalhador.

---

[617] Adoptam esta posição MENEZES LEITÃO, *Código de Trabalho Anotado*, 2003, 38 e *idem, A protecção dos dados pessoais*, 2004, 126, e também PEDRO ROMANO MARTINEZ *et al., Código de Trabalho Anotado*, 2005, 110.

[618] Cfr. infra n.º 55, al. e).

[619] Sobre esta questão, vd. infra n.º 56.

d) Perguntas legítimas sobre a vida privada em geral

O segundo problema apontado em relação às excepções à regra da ilegitimidade das questões sobre a vida privada, saúde e gravidez resulta da indeterminação dos conceitos utilizados nas fórmulas legais de *aptidão no que respeita à execução do contrato de trabalho* e especialmente de *particulares exigências inerentes à natureza da actividade profissional.*[620]

De facto é difícil precisar os contornos das situações excepcionais nas quais o empregador pode formular questões sobre a vida privada, saúde ou gravidez do trabalhador. Mas, interligando esta questão com a regra do art. 97.°, n.° 2 do CT, é possível concluir que quando estiverem em causa informações relativas à vida privada do trabalhador, de entre os interesses legítimos do empregador só serão atendíveis, por imposição do art. 17.°, n.° 1, aqueles que digam respeito à avaliação da aptidão para a execução do contrato de trabalho. Estão aqui em causa os factos que respeitam à *capacidade técnica* para executar a actividade, mas também os factos que permitam avaliar de uma *melhor competência* do trabalhador e, consequentemente, fundamentar a escolha de um determinado candidato entre os demais igualmente capazes de realizar a actividade. Portanto, esta norma deixa espaço para valorações subjectivas do empregador acerca da aptidão ou melhor aptidão para o exercício da actividade.

Porém, como resulta da aplicação da regra geral, essas valorações subjectivas não podem dizer respeito a interesses ocultos nem tão pouco apresentar com a actividade a desenvolver uma mera conexão remota. Daí que a lei exija ainda que as informações sejam *necessárias* e *relevantes* para avaliar da aptidão. A referência a estes dois conceitos pretende manter as valorações subjectivas do empregador dentro dos limites do razoável.

Não se pode, contudo, afirmar que essas valorações subjectivas do empregador se devem manter em torno do critério da actividade a desenvolver. Ou seja, não está aqui em causa a ideia de conexão objectiva com a actividade em si. O que está em causa no art. 17.°, n.° 1 é a avaliação da aptidão para a execução do *contrato de trabalho*.

A referência ao contrato de trabalho, e não apenas à actividade, pode apresentar vantagens e desvantagens. Como aspecto positivo este preceito

---

[620] Foi essa indeterminação que motivou o pedido de apreciação da constitucionalidade do art. 17.°, n.° 2 do CT que esteve na origem do Ac. do TC 306/03, cit., e justificou o voto de vencido dos Conselheiros Mário José de Araújo Torres (4166) e Maria Fernanda Palma (4185). Também critica o carácter indeterminado destes conceitos José João Abrantes, *O novo Código de Trabalho e os direitos de personalidade*, 2004, 157-158.

Do Dever Pré-Contratual de Informação na Formação ... 237

dá alguma abertura à diferenciação do regime jurídico imposta pela diversificação dos vínculos laborais e das categorias de trabalhadores. Ele permite chegar a diferentes soluções consoante se esteja, por exemplo, a analisar um contrato de trabalho com um trabalhador indiferenciado, com uma empregada doméstica, ou um director financeiro de uma empresa. Certamente que as informações da vida privada do trabalhador, necessárias e relevantes para avaliar da aptidão profissional, são diferentes em qualquer um destes casos. Ao reportar-se ao contrato de trabalho e não apenas à actividade este dispositivo legal permite considerar legítimas, quando tal seja necessário e relevante, perguntas sobre aspectos da vida privada que tenham influência para o estabelecimento de uma relação de confiança entre o empregador e o trabalhador.

Mas, por outro lado, esta referência pode mostrar-se desvantajosa na medida em que possa fazer aumentar o número de factos relevantes e necessários sobre os quais o empregador tem direito de perguntar. Pois, como se sabe, na execução do contrato de trabalho está em causa algo mais do que a simples prestação da actividade, uma vez que o trabalhador assume uma posição debitória alargada marcada essencialmente pela subordinação jurídica. A exemplificação torna esta ideia clara: os factos que permitem apurar se um candidato tem ou não uma personalidade submissa podem ser necessários e relevantes para apurar da aptidão do trabalhador para a execução do contrato de trabalho, pois certamente o exercício do poder directivo, e o consequente acatamento de ordens e directivas do empregador, estaria muito mais facilitado em caso afirmativo. Mas poderá o empregador solicitar informações sobre estes aspectos da personalidade? Embora a letra do preceito pareça admitir tal possibilidade, já que o preceito se refere às informações necessárias e relevantes para aferir da aptidão para a execução do contrato de trabalho, ela não é de sufragar. O fundamento jurídico para negar essa possibilidade pode ser construído a partir da conjugação dos arts. 17.º, n.º 1 e 97.º, n.º 2. O critério dos interesses legítimos deve servir como último teste às soluções impostas pelo art. 17.º. O que significa que, mesmo que as informações sobre a vida privada do trabalhador sejam necessárias e relevantes para que o empregador possa fazer uma prognose acerca da execução do contrato de trabalho, é ainda necessário verificar se elas se referem ou não a interesses legítimos do empregador. Assim, no exemplo apontado, o interesse em saber se o candidato tem em geral um personalidade submissiva não é legítimo, desde logo porque a lei concede ao empregador outros mecanismos de protecção contra eventuais desobediências do trabalhador, nomeadamente o poder disciplinar.

238   *Do dever pré-contratual de informação e da sua aplicabilidade ...*

Posto isto, é possível fixar a ideia de que a regra geral vertida no art. 97.º, n.º 2 e o regime contido no art. 17.º devem complementar-se servindo aquela como último critério corrector de soluções que possam pôr em causa o equilíbrio do contrato de trabalho.

e) Perguntas legítimas sobre a saúde e estado de gravidez

Quanto às informações relativas à saúde e estado de gravidez o art. 17.º, n.º 2 consagra um regime mais rigoroso estabelecendo que só são admitidas indagações quando particulares exigências inerentes à natureza da actividade profissional o justifiquem.[621] Esta formulação legal não deixa qualquer espaço a valorações subjectivas do empregador. Não se trata de avaliar a aptidão ou melhor aptidão do trabalhador, ainda que por referência à natureza da actividade em causa.

O que está em causa neste preceito são apenas as situações de *capacidade*, no sentido de determinar se a prestação é ou não *possível*.[622] O

---

[621] Esse carácter mais rigoroso constata-se também pelo confronto dos critérios de referência: no art. 17.º, n.º 1 faz-se referência ao contrato de trabalho enquanto no n.º 2 se fala de actividade, conceito mais restrito. Mesmo assim, no que respeita à gravidez em particular o nosso CT não foi tão exigente como o *C. Trav.*, que prevê no seu art. L-122--25 que *"L'employeur ne doit pas prendre en considération l'état de grossesse d'une femme pour refuser de l'embaucher, résilier son contrat de travail au cours d'une période d'essai ou, sous réserve des dispositions de l'article L. 122-25-1, prononcer une mutation d'emploi. Il lui est en conséquence interdit de rechercher ou de faire rechercher toutes informations concernant l'état de grossesse de l'intéressée. La femme candidate à un emploi ou salariée n'est pas tenue, sous réserve des cas où elle demande le bénéfice des dispositions législatives et réglementaires concernant la protection de la femme enceinte, de révéler son état de grossesse".*

[622] Em sentido contrário o TC no seu Ac. 306/03, cit., 4147, entendeu que as particulares exigências inerentes à actividade profissional podem justificar pedidos de informação que têm que ver com a *aptidão ou melhor aptidão* para a realização da prestação. Esta posição foi seguida por DAVID FESTAS, *O Direito à reserva*, ROA, 64, 2004, 409. Todavia não deixa de ser curioso verificar que os exemplos apontados pelo Autor se reconduzem à questão da impossibilidade da prestação. Por exemplo, no *loc. cit.*, refere--se à relevância que a gravidez pode ter na avaliação da aptidão para a execução do cargo de secretária numa grande empresa, onde o ambiente de trabalho é marcado por situações de forte tensão, para concluir que ao abrigo do art. 17.º, n.º 2, essa relevância não deve ser atendida já que "nada *impede* que uma mulher grávida preste o seu trabalho como secretária, mesmo que se admita que a sua gravidez pode condicionar de algum modo a sua aptidão". Parece, assim, que o que está em causa nestas considerações é a possibilidade de prestar a actividade e não a melhor aptidão para prestar a actividade. Ainda um outro exemplo encontra-se mais adiante sobre a mulher grávida que se candidata a judoca

Do Dever Pré-Contratual de Informação na Formação ...

empregador só pode questionar sobre a saúde ou gravidez quando, atendendo à natureza da actividade, esses factores possam vir a determinar a impossibilidade de prestar.[623]

Estariam nessa situação, por exemplo, os casos de contrato de trabalho de praticante desportivo[624], o caso de uma trabalhadora grávida que se candidata para o lugar de instrutora de aeróbica[625], e o caso de um trabalhador com problemas de locomoção que se candidata ao lugar de guia de passeios pedestres de longa duração.[626]

---

profissional, concluindo o Autor que nesse caso a informação sobre a gravidez pode ser exigida "porque a gravidez *impossibilita* a prestação de trabalho (a prática de judo)". (sublinhado nosso)

[623] Defendemos, portanto, ao nível da informação provocada o mesmo que havíamos defendido quanto à informação espontânea: quanto às informações relativas à saúde e gravidez o trabalhador só está obrigado a informar, seja por sua iniciativa seja respondendo a questões, se esses factos puderem vir a determinar a impossibilidade de prestação (cfr. n.º 51). Igualmente neste sentido, HANS BROX, *Arbeitsrecht*, 2002, 62, considera que a pergunta sobre a gravidez só é, excepcionalmente, legítima quando o estado de gravidez impeça a execução da actividade.

[624] MENEZES LEITÃO, *Código de Trabalho Anotado*, 2003, 38.

[625] Cfr. HEINRICH HÖRSTER, *A parte geral*, 2003, 573, nota 72. O Autor aponta como exemplos as profissões de bailarina, modelo ou hospedeira, concluindo que nestes casos o exercício da actividade é *objectivamente impossível* no estado de gravidez pelo que, caso celebre o contrato sem conhecer tal estado, o empregador pode anular o contrato por erro.

[626] Estes dois últimos exemplos são diferentes. No primeiro caso está em causa uma *impossibilidade temporária* de prestar, no segundo caso uma *impossibilidade definitiva*, o que nos faz colocar a questão de saber se o dever de informar existe em qualquer situação de impossibilidade, independentemente de ela ser temporária ou definitiva. Assim, será que a candidata tem de informar o seu estado de gravidez ao empregador quando é certo que passado um determinado período de tempo ela estará em condições de exercer plenamente a actividade? No sentido de defender a obrigação de informar pode-se invocar que essa informação corresponde a um interesse legítimo do empregador já que pode condicionar o seu poder directivo e dela pode depender a saúde da trabalhadora e do feto (embora este seja um critério autónomo, como se verá mais adiante). Além disso, pode-se invocar que o trabalhador deve informar sobre qualquer circunstância que o impeça de iniciar o trabalho no momento acordado, como decidiu o BAG em 7 de Fevereiro de 1964 (cfr. MENEZES CORDEIRO, *Manual de Direito do Trabalho*, 1994, 559). De facto, como refere GÜNTHER WIESE, *Zur gesetzlichen*, 1988, 218, (ainda que a propósito da informação genética) o empregador tem um interesse legítimo em conhecer a incapacidade *actual* do trabalhador prestar o trabalho.

Em sentido contrário, pode defender-se que a obrigação de informar sobre a gravidez é discriminatória, quando a impossibilidade de prestar seja meramente temporária. Esta posição encontra-se defendida em CHRISTIAN EHRICH, *Fragerecht des Arbeitgebers*, 2000,

240 *Do dever pré-contratual de informação e da sua aplicabilidade ...*

Nestes casos, a informação é relevante porque do confronto dessas informações com a natureza da actividade pode vir a resultar a impossibilidade de prestar.

Este entendimento é confirmado pelo n.º 3 do art. 17.º que prevê que as informações sobre a saúde e gravidez são prestadas a médico que só pode comunicar ao empregador se o trabalhador *está ou não apto* para desempenhar a actividade, não deixando margem para a avaliação de uma melhor competência do trabalhador.[627] Assim, a recolha de informações

---

425, já que o Autor afirma que o contrato de trabalho de duração indeterminada, celebrado com uma trabalhadora grávida que ocultou esse estado, não pode ser anulado por erro, mesmo que se trate de uma actividade proibida às trabalhadoras grávidas e que, portanto, não é possível exercer nos primeiros meses do contrato. Entre nós, esta posição foi defendida por ANDRADE MESQUITA, *Direito do Trabalho*, 2004, 452-453, para quem só uma impossibilidade definitiva justifica as perguntas sobre a gravidez, uma vez que tal pergunta seria vedada por equivaler a uma forma de discriminação indirecta, nos termos do art. 32.º, n.º 2, al. b) da Lei 35/2004, de 29 de Julho, que regulamenta o CT. O Autor considera, ainda, que "mesmo quando o exercício da profissão em causa está vedado durante determinadas fases da gravidez, este estado não pode avaliar-se antes da celebração do contrato" e defende uma interpretação restritiva do art. 17.º, n.º 2 no sentido da sua aplicabilidade apenas às trabalhadoras e não às candidatas a emprego. Temos algumas dúvidas quanto a este entendimento. Em primeiro lugar, a interpretação restritiva teria de enfrentar o teste da letra da lei, que se refere expressamente ao candidato a emprego, o que significa que no fundo estaria aqui em causa uma interpretação ab-rogante e não restritiva. Em segundo lugar, esse entendimento não é defensável quando estiverem em causa situações de impossibilidade definitiva de prestar, como aconteceria se a mulher grávida se estivesse a candidatar ao lugar de bailarina de um bailado cuja apresentação coincidiria com o período de gravidez. Em terceiro lugar é necessário notar que as perguntas, que podem à partida ser consideradas formas de discriminação indirecta, são admitidas quando sejam objectivamente justificadas por um fim legítimo e quando os meios para o alcançar sejam adequados e necessários (art. 32.º, n.º 2, al. b), parte final da Lei 35/2004). O fim de saber se um candidato está ou não disponível para iniciar a actividade num determinado momento é um fim legítimo do empregador que justifica a colocação das questões.

[627] Este n.º 3 do art. 17.º foi introduzido no CT na sequência do Ac. TC 306/03, cit., que considerou a norma do art. 17.º, n.º 2 inconstitucional por violação do princípio da proporcionalidade (cfr. 4147) já que o acesso directo do empregador às informações não seria necessário para a realização dos fins em vista, bastando ao empregador saber, através do médico a quem o trabalhador deve prestar as informações, se determinado candidato é ou não apto para a realização da actividade. Porém, este entendimento não mereceu o acolhimento de todos os Conselheiros (cfr. voto de vencido de Benjamim Silva Rodrigues, 4171, e de Maria dos Prazeres Pizarro Beleza, 4176) e é igualmente criticado por MENEZES LEITÃO, *A protecção de dados pessoais*, 2004, 127, já que, como argumentam, não se trata no art. 17.º da realização de testes e exames médicos mas tão só da prestação de informações

Do Dever Pré-Contratual de Informação na Formação ...

sobre a saúde e gravidez só pode ter como finalidade, e justificação, verificar se o candidato pode ou não pode executar a actividade.

Mas além destas, há ainda outras situações que podem legitimar as perguntas sobre saúde e estado de gravidez. É possível e acertado defender que nas particulares exigências inerentes à natureza da actividade profissional estão incluídos fins de protecção da saúde e segurança do trabalhador e de terceiros.[628] O que significa que, além dos aspectos que permitam determinar a possibilidade ou impossibilidade da prestação, o empregador pode formular questões sobre a saúde e a gravidez se, do confronto dessas informações com a natureza da actividade, se puder concluir pela existência de um risco para a saúde e segurança do trabalhador e de terceiros.[629] De facto, a necessidade de evitar danos a outros trabalhadores ou a terceiros é justificação suficiente para legitimar as perguntas.[630]

Seria o caso, nomeadamente, da mulher grávida que se candidata ao lugar de radiologista[631-632] ou do sujeito portador do vírus HIV que se

---

sobre a saúde e gravidez e, além disso, não faz sentido que um empregador tenha de recorrer a um médico caso deseje, por exemplo, perguntar ao candidato a um lugar de motorista se tem problemas de visão.

[628] Nesse sentido, Ac. TC 306/03, cit., 4147 e DAVID FESTAS, *O direito à reserva*, ROA, 64, 2004, 407-408.

[629] Na verdade, no caso particular da gravidez os requisitos da impossibilidade de prestar e da protecção da saúde e segurança do trabalhador e de terceiros podem confundir-se, pois na grande maioria das situações o exercício de actividades que representam riscos para a saúde da trabalhadora grávida e para o feto está condicionado ou proibido. Quando o exercício da actividade está proibido verifica-se uma situação de impossibilidade temporária da prestação (art. 49.º do CT e arts. 84.º e ss. da Lei 35/2004). Cfr. HANS BROX, *Arbeitsrecht*, 2002, 62, que dá como exemplo de situação de impossibilidade de execução da actividade, justamente, o caso da mulher grávida que se candidata a actividades proibidas ao abrigo da *MuSchG*.

[630] Cfr. L. ANTONIO FERNÁNDEZ VILLAZÓN, *Vigilancia de la salud y derechos de la persona del trabajador (comentario al art. 22 de la Ley de prevención de riesgos laborales)*, REDT, 82, 1997, (221-246), 232. As considerações do Autor dizem respeito à admissibilidade de exames médicos, mas que se aplicam *mutatis mutandis* à admissibilidade da formulação de perguntas devido ao primado deste método de indagação.

[631] O exemplo foi retirado de PEDRO ROMANO MARTINEZ *et al.*, *Código do Trabalho Anotado*, 2005, 109.

[632] Pensamos que é este o entendimento que está subjacente à afirmação de PALMA RAMALHO, *Da Autonomia Dogmática*, 2001, 775, nota 184, segundo a qual "essa pergunta [sobre o estado de gravidez] já será de admitir se o trabalho a realizar corresponder a uma tarefa desaconselhada durante a gravidez"; afirmação que se encontra igualmente em TERESA COELHO MOREIRA, *Da esfera privada*, 2004, 177. Vd., ainda, PALMA RAMALHO, *Igualdade e não discriminação em razão do género no domínio laboral – situação*

242 *Do dever pré-contratual de informação e da sua aplicabilidade ...*

candidata ao lugar de analista de laboratório.[633-634] Em ambos os casos, a condição dos sujeitos aliada à natureza da actividade é criadora de riscos para a saúde da trabalhadora e do feto, e dos pacientes, respectivamente.

portuguesa e relação com o Direito comunitário. Algumas notas, in idem, *Estudos de Direito do Trabalho*, Vol. I, Coimbra: Almedina, 2003, (227-246), 241-242, onde a Autora, no âmbito do contexto legislativo anterior ao CT, limita de forma clara a possibilidade de indagação sobre o estado de gravidez às situações em que esteja em causa a protecção do feto e da mãe.

Do mesmo modo, Wilhelm Dütz, *Arbeitsrecht*, 2004, 49, na ausência de uma norma semelhante à nossa, considera que em regra a pergunta sobre a gravidez não deve ser admitida por ser discriminatória e violar o § 611 a) do BGB, argumento aliás usado pela maioria dos Autores, nomeadamente Larenz e Wolf, *Allgemeiner Teil*, 2004, 599; Alfred Söllner, *Grundriß des Arbeitsrechts*, 1994, 245; Wolfgang Däubler, *Derecho del Trabajo*, 1994, 527-528; Hans Brox, *Arbeitsrecht*, 2002, 62; Wolfgang Meyer, *Arbeitsrecht*, 2002, 30; e também pelos tribunais: cfr. Palandt / Weidenkaff, 2005, *§611*, 882 e *§611 a)*, 898, embora não tenha sido sempre essa a orientação do BAG, que inicialmente começou por admitir a formulação de questões sobre o estado de gravidez (para uma evolução do BAG nesta matéria vd. Christian Ehrich, *Fragerecht des Arbeitgebers*, 2000, 425). Porém, Wilhelm Dütz, *Arbeitsrecht*, 2004, 49, entende que a pergunta sobre o estado de gravidez deve ser excepcionalmente admitida se existir uma justificação factual objectiva, como acontece quando a actividade possa por em perigo a saúde da mãe e do feto.

[633] O exemplo é de Palma Ramalho, *Da Autonomia Dogmática*, 2001, 775, nota 184.

[634] Ao mesmo resultado já havia chegado entre nós Paula Meira Lourenço, *Os deveres de informação*, 2000, 43-45, que, no âmbito do contexto legislativo anterior ao CT, defendeu ao abrigo do art. 16.º, n.º 1 do DL 26/94 de 1 de Fevereiro, a possibilidade de o empregador investigar se um determinado candidato é portador do vírus HIV, mesmo através da realização de exames médicos de despiste, quando esteja em causa o exercício de uma actividade que envolva risco de contágio para outros trabalhadores ou terceiros, tais como as profissões médico-sanitárias, as que impliquem qualquer tipo de relação ou contacto sexual e as que impliquem a utilização de instrumentos cortantes ou corto-perfurantes que possam causar ferimentos ou hemorragias. Também nesse sentido, Teresa Coelho Moreira, *Da esfera privada*, 2004, 206-207; Raquel Tavares dos Reis, *Liberdade de consciência*, 2004, 233. Igual posição foi defendida em Itália ao abrigo dos arts. 16.º e 17.º do Decreto legislativo 626/1994, de 19 de Setembro. Embora o art. 16.º deste Decreto legislativo não se refira expressamente ao problema específico do HIV, ele admite a realização de uma supervisão sanitária com fins preventivos (art. 16.º, n.º 2, al. a), tal como acontecia no art. 16.º, n.º 1 do nosso DL 26/94, de 1 de Fevereiro: cfr. Bruno Caruso, *Le nuove frontiere del Diritto del Lavoro: AIDS e rapporto di lavoro*, RIDL, 1998, (105-145), 127 e ss.

A questão encontra-se também tratada na doutrina germânica, especialmente em Michael Wollenschläger e Eckhard Kreßel, *Die arbeitsrechtlichen Konsequenzen von AIDS*, AuR, 1988, (198-206), em especial 200-203; Manfred Löwisch, *Arbeitsrechtliche Fragen von Aids-Erkrankung und Aids-Infektion*, DB, 1987, 936-942. Como ideia

Do Dever Pré-Contratual de Informação na Formação ...   243

Mesmo que seja possível realizar a prestação o trabalhador deve informar o empregador. Trata-se de informações que respeitam aos interesses legítimos do empregador, que em alguns casos consubstanciam mesmo verdadeiros deveres, na medida em que o empregador está obrigado a prevenir riscos e doenças profissionais bem como a zelar pela higiene, segurança e saúde no trabalho (art. 120.º al. g), h) e i) do CT e art. 240.º da Lei 35/2004 de 29 de Julho).[635]

Finalmente, há ainda um outro grupo de casos, que não foi contemplado no n.º 2 do art. 17.º, mas em relação aos quais o empregador pode colocar questões sobre a saúde do trabalhador. De facto, se é verdade que na maioria das vezes a protecção da segurança e saúde do trabalhador ou

---

fundamental entende-se que a pergunta sobre se o candidato está infectado com o vírus HIV é admitida se a actividade envolver risco de contágio para terceiros: assim WOLLENSCHLÄGER e KREßEL, *Die arbeitsrechtlichen*, 1988, 200; CHRISTIAN EHRICH, *Fragerecht des Arbeitgebers*, 2000, 423 e HANS BROX, *Arbeitsrecht*, 2002, 62; WOLFGANG DÄUBLER, *Derecho del Trabajo*, 1994, 530. No entanto estes Autores não vão tão longe como PAULA LOURENÇO que admite em geral a realização de testes de despiste da doença, pois entendem que a realização desses testes só é admissível se o candidato der o seu consentimento: assim, MANFRED LÖWISCH, *Arbeitsrechtliche Fragen*, 1987, 940; CHRISTIAN EHRICH, *Fragerecht des Arbeitgebers*, 2000, 424 e PALANDT / WEIDENKAFF, § *611*, 2005, 882.

Não obstante, quanto a esta questão é necessário ainda fazer uma distinção entre as situações em que a doença permite a execução da actividade, e as situações de crise em que essa execução não é possível (cfr. BRUNO CARUSO, *Le nuove frontiere*, 1998, 141; TERESA COELHO MOREIRA, *Da esfera privada*, 2004, 205). Isto porque, *para além das situações em que a actividade envolva risco de contágio*, o trabalhador deverá informar igualmente o empregador da sua doença se ela for impeditiva da realização da prestação. Cfr. WOLLENSCHLÄGER e KREßEL, *Die arbeitsrechtlichen*, 1988, 200; ainda, WOLFGANG DÄUBLER, *Derecho del Trabajo*, 1994, 530, que defende que a pergunta sobre o vírus HIV é ilegítima porque o vírus não prejudica de per si a capacidade laboral, o que significa *a contrario* que se a capacidade laboral for afectada a pergunta já é legítima. Também CHRISTIAN EHRICH, *Fragerecht des Arbeitgebers*, 2000, 423, defende que a pergunta é inadmissível, desde que não exista risco de contágio *nem que a infecção prejudique o cumprimento da prestação*. O que significa, *a contrario,* que o Autor admite a formulação da questão quando a doença possa determinar a impossibilidade, mesmo parcial, da prestação.

Em suma, existe um dever de informar sobre o vírus HIV em duas situações: quando a actividade envolve risco de contágio e quando a doença impede a realização da prestação, o que é coerente com a interpretação que fazemos da fórmula legal contida no art. 17.º, n.º 2 do CT, de *particulares exigências inerentes à natureza da actividade.*

[635] Cfr. L. ANTONIO FERNÁNDEZ VILLAZÓN, *Vigilancia de la salud*, 1997, 221: o Autor considera que o dever de prevenção de riscos e doenças profissionais é uma concretização do dever geral de protecção a cargo do empregador.

244 *Do dever pré-contratual de informação e da sua aplicabilidade ...*

de terceiros pode resultar de uma particular exigência inerente à natureza da actividade profissional, também é verdade que há casos em que o pedido de informações com vista à protecção da saúde e segurança do trabalhador e de terceiros não está relacionado com as exigências da natureza da actividade profissional, mas sim com exigências que resultam da componente organizacional do contrato de trabalho. Será o caso, por exemplo, de uma candidata ao lugar de secretária que é portadora de uma doença contagiosa, bastante perigosa. Numa situação como a descrita, é legítimo que o empregador queira ter conhecimento desse facto, uma vez que o trabalhador deverá ser integrado na sua organização, convivendo com outros trabalhadores e com terceiros.[636] Ou seja, é a integração da trabalhadora no seio da empresa que justifica a necessidade de protecção da saúde de terceiros e não a própria actividade de secretária, que não tem qualquer relevância neste particular.

Quanto às informações que têm como finalidade garantir a protecção da segurança e saúde do trabalhador e de terceiros, que não resultem de particulares exigências inerentes à natureza da actividade profissional, o art. 17.º, n.º 2 não é aplicável por não existir um mínimo de correspondência com a letra da lei (art. 9.º, n.º 2 do CC), mas esses casos poderão ser solucionados à luz do art. 97.º, n.º 2, que permite considerar que tais informações são relevantes para a prestação da actividade laboral.

Em suma, no nosso ordenamento jurídico, as perguntas sobre saúde e gravidez são legítimas quando esteja em causa a impossibilidade de prestar ou quando tal seja justificado por razões de segurança e saúde do trabalhador e de terceiros, independentemente dessas razões resultarem da natureza da actividade a prestar ou da componente organizacional do contrato de trabalho.[637]

---

[636] Cfr. WOLFGANG DÄUBLER, *Derecho del Trabajo*, 1994, 530.

[637] Ainda quanto à gravidez pode surgir um problema relacionado com a protecção da saúde da trabalhadora e do feto que não se conexiona nem com a actividade nem com a integração na empresa, mas sim com um estado de especial debilidade da trabalhadora grávida. Imagine-se que uma determinada candidata grávida foi contratada sem ter informado o empregador sobre esse estado e sem que o mesmo lhe tenha sido perguntado, por se tratar de actividade que objectivamente não apresenta riscos para a saúde da mãe e do feto. *Quid iuris* se depois de contratada, e de ultrapassado o período experimental, apresenta um atestado médico que certifica a sua impossibilidade de exercer a actividade devido ao seu estado de gravidez? Embora, diferentemente do que acontece no ordenamento jurídico alemão (cfr. §3, 1 da *MuSchG*), não se preveja no nosso ordenamento, como regra geral, a proibição do exercício da actividade pela trabalhadora grávida caso exista certificado médico a comprovar a impossibilidade da prestação da actividade, tal situação pode

Do Dever Pré-Contratual de Informação na Formação ...   245

56. Perguntas sobre convicções ideológicas, religiosas e políticas

Diferentemente do que se verificava antes da entrada em vigor do CT, a questão de saber se o empregador pode colocar ao candidato perguntas sobre as suas convicções ideológicas, políticas ou religiosas conta actualmente com tratamento legal. Rege sobre esta matéria o art. 17.º, n.º 1 do CT[638], já que as convicções do trabalhador são informações que respeitam à sua vida privada. Não restam quaisquer dúvidas que, em regra, o empregador não pode perguntar ao candidato sobre as suas convicções ideológicas, religiosas e políticas.[639] Outra não podia ser a conclusão porque estas informações não têm qualquer relevância para a prestação da actividade laboral e não correspondem, em princípio, a interesses legítimos do empregador.[640]

---

ocorrer ao abrigo do regime da suspensão do contrato de trabalho, por impossibilidade temporária da prestação (cfr. art. 330.º do CT).

Será que é legítimo ampliar o direito do empregador colocar a questão sobre o estado de gravidez como forma de evitar estas situações? Perante as conclusões a que chegámos, a resposta é necessariamente negativa porque não é possível encontrar neste caso qualquer conexão com as particulares exigências inerentes à natureza da actividade, nem qualquer exigência de protecção da saúde da trabalhadora ou de terceiros imposta pela componente organizacional do contrato de trabalho. Não obstante, nestes casos, porque se trata de uma situação que impossibilita a trabalhadora de exercer a actividade no momento acordado, não existe um direito de perguntar, mas existe um dever de informar espontaneamente o empregador (cfr. supra n.º 51).

Caso a trabalhadora não cumpra esse dever haverá lugar a responsabilidade pré--contratual por violação do dever de informação, devendo a trabalhadora indemnizar o empregador nomeadamente dos eventuais custos que este tenha de suportar para contratar um trabalhador substituto. Discordamos, assim, do enquadramento adoptado por PAULA MEIRA LOURENÇO, *Os deveres de informação*, 2000, 34-35, que num caso semelhante da trabalhadora grávida, puérpera ou lactante que não informa o empregador e que posteriormente pretende exercer os direitos que lhe são conferidos por força desse estado, entende que está em causa uma situação de abuso de direito. Em ambos os casos, não nos parece existir abuso de direito mas sim violação de um dever de informação que, caso estejam preenchidos os outros requisitos, dará lugar a responsabilidade pré-contratual.

[638] Sobre o âmbito de aplicação material deste preceito vd. supra n.º 55 al. c).

[639] Defendendo já esta posição antes da entrada em vigor do CT, cfr. ROMANO MARTINEZ, *Obrigação de informar*, 2000, 35.

[640] Cfr., entre outros, MENEZES CORDEIRO, *Manual de Direito do Trabalho*, 1994, 560; ZÖLLNER e LORITZ, *Arbeitsrecht*, 1998, 149; WILHELM DÜTZ, *Arbeitsrecht*, 2004, 49; CHRISTIAN EHRICH, *Fragerecht des Arbeitgebers*, 2000, 426. De facto, as convicções ideológicas, religiosas e políticas dos candidatos não têm qualquer relevo: como afirma

246 *Do dever pré-contratual de informação e da sua aplicabilidade ...*

Todavia, o mesmo art. 17.º, n.º 1 do CT, prevê situações excepcionais que autorizam a formulação de perguntas sobre as convicções do trabalhador. Tal pode ocorrer quando essas convicções sejam estritamente necessárias e relevantes para avaliar da aptidão no que respeita à execução do contrato de trabalho, como acontece relativamente aos contratos de trabalho com as denominadas organizações de tendência.[641] Neste tipo de contratos o empregador pode formular questões sobre as convicções do trabalhador.[642]

De qualquer forma, a exigência de que as informações sejam necessárias e relevantes para avaliar da aptidão para a execução da actividade impõe duas consequências. Em primeiro lugar, a pergunta só é válida se respeitar a convicções que se inscrevem no âmbito da orientação ideológica

---

GEORGES DOLE, *La liberté d'opinion*, 1997, 50-51, em regra, ao empregador é imposta uma obrigação de neutralidade ideológica por forma a respeitar o pluralismo ideológico e a liberdade de consciência dentro da empresa.

[641] Do mesmo modo, cfr. AA.VV., *Commentario breve allo Statuto dei Lavoratori*, Padova: Cedam, 1985, 28. As organizações de tendência devem a sua terminologia ao conceito alemão de *tendenzbetrieb*, espaço jurídico onde esta temática foi levantada pela primeira vez (cfr. FRANCESCO BLAT GIMENO, *Relaciones laborales en empresas ideologicas*, Madrid: Ministério de Trabajo y Seguridad Social, 1986, 27 e ss.; RAQUEL TAVARES DOS REIS, *Liberdade de consciência*, 2004,167-168). As organizações de tendência são empresas ou associações (quanto à tipologia destas organizações vd., entre outros, GEORGES DOLE, *La liberté d'opinion*, 1997, 130 e ss.) que têm como finalidade a defesa e promoção de uma determinada ideologia, facto que naturalmente se repercute no padrão de conduta a adoptar no exercício das actividades que desenvolve. Em nome desta finalidade específica pode verificar-se uma atenuação dos direitos do trabalhador (GLORIA ROJAS RIVERO, *La libertad de expresión du trabajador*, Madrid: Editorial Trotta, 1991, 184), em especial do seu direito à liberdade de consciência, de religião ou de culto e de reserva da vida privada, na medida em que, tanto no momento da celebração do contrato como durante a sua execução, os trabalhadores ficam vinculados a respeitar e seguir a orientação ideológica da organização. O que significa que a prestação devida pelo trabalhador de tendência abrange a prestação da actividade mas também a adesão a uma determinada ideologia ou crença (*idem, ibidem*, 206), sendo necessário e relevante aferir dessa adesão logo no momento da celebração do contrato.

Porém, deve sublinhar-se um aspecto: esta excepção só é aplicável quando estejamos perante uma *organização* de tendência e não apenas perante trabalhadores de tendência, tais como jornalistas ou professores (cfr. *idem, ibidem*, 207).

[642] Assim, HERBERT WIEDEMANN, *Zur culpa in contrahendo*, 1982, 471; CHRISTIAN EHRICH, *Fragerecht des Arbeitgebers*, 2000, 426; WILHELM DÜTZ, *Arbeitsrecht*, 2004, 49; GEORGES DOLE, *La liberté d'opinion*, 1997, 137; GOÑI SEIN, *El respeto a la esfera privada*, 1988, 70; PAULA MEIRA LOURENÇO, *Os deveres de informação*, 2000, 28; TERESA COELHO MOREIRA, *Da esfera privada*, 2004, 167; RAQUEL TAVARES DOS REIS, *Liberdade de consciência*, 2004, 217, 251; MARTÍN VALVERDE *et al.*, *Derecho del Trabajo*, 2004, 615.

Do Dever Pré-Contratual de Informação na Formação ... 247

seguida pela organização, o que significa que, por exemplo, no processo de admissão de um trabalhador para um partido político não é válida a pergunta sobre crenças religiosas ou orientação sexual do candidato.[643] Em segundo lugar, a pergunta só é válida em relação aos trabalhadores de tendência (*tendenztraeger*) e não aos trabalhadores neutros, o que significa, por exemplo, que não deve ser admitida a pergunta sobre orientação partidária quando está em causa o desempenho de funções de jardineiro da sede de um partido.[644]

57. Perguntas sobre filiação sindical

Ao contrário do que se verifica no ordenamento jurídico italiano[645], no CT não se encontra qualquer referência expressa à possibilidade ou impossibilidade de o empregador recolher, no momento da celebração do contrato, informações sobre a filiação ou convicções sindicais do trabalhador.[646]

---

[643] TERESA COELHO MOREIRA, *Da esfera privada*, 2004, 169.

[644] Assim, BLAT GIMENO, *Relaciones laborales en empresas ideologicas*, 1986, 73; GOÑI SEIN, *El respeto a la esfera privada*, 1988, 72-72; RAQUEL TAVARES DOS REIS, *Liberdade de consciência*, 2004, 210-211; TERESA COELHO MOREIRA, *Da esfera privada*, 2004, 169--170; ANDRADE MESQUITA, *Direito do Trabalho*, 2004, 440-441. Este Autor chama ainda a atenção para o facto de esta questão não estar regulada na lei de forma geral [diferentemente do que acontece no ordenamento jurídico alemão: cfr. § 118 da *BetrVG*] para além do que consta do art. 23.º, n.º 2 do CT. Considerando que este preceito não é aplicável à fase de acesso ao emprego, defende a sua interpretação extensiva. Na nossa opinião, é uma posição defensável, mas pensamos que o problema se resolve especificamente ao abrigo do art. 17.º, n.º 1, como referimos. Em sentido contrário, conferindo um igual tratamento aos trabalhadores de tendência e aos trabalhadores neutros, cfr. PAULA MEIRA LOURENÇO, *Os deveres de informação*, 2000, 28-29; GIUSSEPPE PERA, *Licenziamento e organizzazioni di tendenza*, RIDL, 1991, (455-472), 464-465.

[645] Cfr. especificamente o art. 8.º do SL, que prevê que "*è fatto divieto al datore di lavoro, ai fini dell'assunzione, come nel corso dello svolgimento del rapporto di lavoro, di effettuare indagini, anche a mezzo di terzi, sulle opinioni politiche, religiose o sindicali del lavoratore, nonché su fatti non rilevanti ai fini della valutazione dell'attitudine professionale del lavoratore*".

[646] Encontra-se no art. 492.º, n.º 3 do CT uma referência ao tratamento (onde se inclui a recolha) automatizado de dados pessoais do trabalhador referentes à filiação sindical, para efeitos de cobrança e entrega de quotas sindicais. Porém, como é evidente, este preceito não resolve o problema da admissibilidade das perguntas sobre esta matéria porque ele é aplicável aos trabalhadores e não aos candidatos, e além disso em regra essas perguntas são feitas sem recurso a métodos automatizados.

248 *Do dever pré-contratual de informação e da sua aplicabilidade ...*

Todavia, podemos fixar que a regra nesta matéria é a de que as perguntas sobre filiação sindical do candidato não devem ser admitidas, por não apresentarem qualquer relevância para a prestação da actividade profissional ou para a avaliação da capacidade ou aptidão do trabalhador.[647]

Porém, o problema não se apresenta assim tão simples. Nesta matéria rege a regra geral do art. 97.º, n.º 2 do CT, o que segundo a interpretação que propomos significa que a pergunta sobre filiação sindical é admissível se estiverem em causa informações sobre o trabalhador que respeitam a interesses legítimos do empregador, objectivamente cognoscíveis ou efectivamente conhecidos pelo trabalhador.[648] Subjacente a uma eventual formulação de questões sobre a filiação sindical podem encontrar-se interesses legítimos do empregador que é possível identificar objectivamente, nomeadamente a necessidade de saber se deverá processar as deduções salariais relativas ao pagamento das quotas sindicais (art. 494.º do CT) e a necessidade de saber quais as condições contratuais aplicáveis, uma vez que a celebração de um contrato de trabalho com um trabalhador filiado num sindicato pode vir a desencadear, por força do princípio da filiação (art. 552.º do CT), a aplicação de um determinado instrumento de regulamentação colectiva de trabalho.[649]

No entanto, estes interesses não são legítimos numa fase *prévia* à celebração do contrato, pelo simples facto de que eles não dizem respeito ao trabalhador nem à prestação da actividade laboral, mas sim ao exercício de obrigações que o empregador deve assumir no decurso da relação contratual. A necessidade de saber se determinado trabalhador é filiado num sindicato para efeitos de cobrança de quotas só surge depois da

---

[647] Cfr., entre outros, MENEZES CORDEIRO, *Manual de Direito do Trabalho*, 1994, 560; CHRISTIAN EHRICH, *Fragerecht des Arbeitgebers*, 2000, 426; também, WILHELM DÜTZ, *Arbeitsrecht*, 2004, 49. Em sentido contrário, ROMANO MARTINEZ, *Obrigação de informar*, 2000, 53 e *idem, Direito do Trabalho*, 2005, 443. De facto, não se justifica a recolha dessa informação porque nenhuma razão objectiva justifica que o empregador possa ponderar a qualidade de filiado num determinado sindicato na decisão de contratar: já em 1929 HENRI MAZEAUD, *Responsabilité délictuelle*, 1929, 582, mesmo sendo em geral adverso ao instituto da culpa in contrahendo, admitia, com base numa decisão judicial de 1905 aí citada, a responsabilidade do sujeito que recusasse contratar um trabalhador pelo facto de este ser filiado num determinado sindicato.

[648] Cfr. supra n.º 54.

[649] Cfr. CHRISTIAN EHRICH, *Fragerecht des Arbeitgebers*, 2000, 426; ANDRADE MESQUITA, *Direito do Trabalho*, 2004, 441.

Do Dever Pré-Contratual de Informação na Formação ... 249

celebração do contrato.[650] Do mesmo modo, o interesse em avaliar as concretas condições contratuais eventualmente aplicáveis só é legítimo para efeitos de cumprimento do contrato por parte do empregador, e não para efeitos da decisão de contratar.[651] Acresce que a causa da assunção das obrigações para o empregador não é a celebração do contrato de trabalho com o trabalhador filiado, mas o facto de estar inscrito nas associações de empregadores signatárias, ou de ter subscrito individualmente determinado instrumento de regulamentação colectiva de trabalho.

Por se entender que estes factores não constituem interesses legítimos do empregador, suficientes para autorizar a pergunta sobre a filiação sindical do candidato, alguns Autores resolvem o problema através da afirmação de que tal pergunta é discriminatória, violando por isso o art. 22.º, n.º 2 do CT.[652]

No entanto, esta regra conhece uma excepção.[653] A pergunta é legítima quando estiver em causa um contrato de trabalho com uma associação sindical ou uma associação de empregadores. Neste caso, estamos perante organizações de tendência em relação às quais é unanimemente aceite a prática de actuações que em princípio seriam discriminatórias, mas que são excepcionalmente permitidas.

58. Perguntas sobre os antecedentes penais

Uma vez que as informações relativas aos antecedentes penais dizem respeito à esfera pública da vida privada do trabalhador[654], a questão de

---

[650] Assim decidiu a CNPD na sua deliberação 32/98, de 13 de Maio, cit., que avaliou um questionário onde se encontravam perguntas sobre a filiação sindical, os cargos desempenhados no sindicato e o valor das quotas: cfr. AMADEU GUERRA, *A privacidade no local de trabalho*, 2004, 163, 164.

[651] Em sentido contrário, CHRISTIAN EHRICH, *Fragerecht des Arbeitgebers*, 2000, 426; RAQUEL TAVARES DOS REIS, *Liberdade de consciência*, 2004, 234.

[652] Nesse sentido, ANDRADE MESQUITA, *Direito do Trabalho*, 2004, 441; AMADEU GUERRA, *A privacidade no local de trabalho*, 2004, 164; GOÑI SEIN, *El respeto a la esfera privada*, 1988, 57.

[653] Cfr. CHRISTIAN EHRICH, *Fragerecht des Arbeitgebers*, 2000, 426.

[654] Segundo MACHADO DRAY, *Justa causa e esfera privada*, in ROMANO MARTINEZ (coord.), *Estudos do Instituto de Direito do Trabalho*, Vol. II, Coimbra: Almedina, 2001, (35-91), 49, a esfera pública compreende todos os factos e situações do conhecimento público, que se verificam e desenvolvem perante toda a comunidade e que por esta podem ser genericamente conhecidos e divulgados.

250 *Do dever pré-contratual de informação e da sua aplicabilidade* ...

saber se o empregador pode formular perguntas acerca destes aspectos deve ser resolvida à luz do art. 97.º, n.º 2 do CT.[655] Isto significa que não está aqui em causa um problema de reserva da vida privada do trabalhador, mas sim um problema de eventuais decisões discriminatórias do empregador na escolha do candidato.[656]

O empregador só pode colocar questões sobre os antecedentes penais se a informação que visa recolher for relevante para a prestação da actividade laboral. Como ficou dito anteriormente[657], para que essa relevância se verifique são necessários dois factores: que a informação em causa respeite às qualidades pessoais do trabalhador e que corresponda a interesses legítimos do empregador.

Quanto ao primeiro aspecto não existem dúvidas: trata-se de apurar circunstâncias relativas a factos praticados pelo trabalhador, através dos quais se pretende aferir não a capacidade profissional[658] mas a idoneidade do próprio candidato.

Em relação ao segundo aspecto pensamos que em algumas situações o empregador pode ter um interesse legítimo em conhecer os antecedentes penais do candidato. A primeira delas verifica-se quando, tendo em consideração a actividade, haja risco de repetição da prática criminosa.[659] Assim, é legítimo perguntar ao caixa de um banco se já foi condenado pela prática de crime de furto[660], ao motorista se já foi condenado por crimes rodoviários[661] ou ao professor do primeiro ciclo se já foi condenado por crimes contra a autodeterminação sexual.[662-663]

---

[655] No mesmo sentido, considerando estas informações integradas na esfera pública, vd. ANDRADE MESQUITA, *Direito do Trabalho*, 2004, 456. Em sentido contrário, considerando que a exigência destas informações corresponde a uma invasão da vida privada do trabalhador vd. PAULA MEIRA LOURENÇO, *Os deveres de informação*, 2000, 29.

[656] Cfr. TERESA COELHO MOREIRA, *Da esfera privada*, 2004, 170.

[657] Cfr. supra n.º 54.

[658] Cfr. TERESA COELHO MOREIRA, *Da esfera privada*, 2004, 171; também AA.VV., *Commentario*, 1985, 27.

[659] Assim, WOLFGANG DÄUBLER, *Derecho del Trabajo*, 1994, 528, que nos dá conta de que esta posição tem sido defendida pelo BAG desde a década de setenta.

[660] TERESA COELHO MOREIRA, *Da esfera privada*, 2004, 171, por adoptar uma concepção mais restrita, tem dúvidas quanto a admissibilidade da pergunta nesta situação.

[661] Esta questão encontra-se especificamente regulada no caso de motoristas de táxi, pois o DL 263/98, de 19 de Agosto, prevê que os motoristas de táxi necessitam, como requisito do exercício da actividade, de possuir um certificado de aptidão profissional emitido pela Direcção Geral de Transportes Terrestres. Dispõe o art. 4.º que esse certificado só será emitido se o sujeito for idóneo. No n.º 2 estipula-se que "considera-se não idóneas, durante um período de três anos após o cumprimento da pena, as pessoas que tenham sido

Do Dever Pré-Contratual de Informação na Formação ...   251

Além destes casos, a informação sobre antecedentes penais pode ser requerida se, independentemente do risco de *repetição* da prática criminosa, a actividade apresentar em si um risco acrescido de lesão de bens penalmente tutelados. Seria o caso, por exemplo, do vendedor numa loja de espingardas ou do vigilante de segurança privada.[664-665]

Nestas situações, o empregador tem um interesse legítimo em conhecer os antecedentes penais do candidato porque sobre o empregador recai um dever de garantir a segurança no local de trabalho, prevenindo a ocorrência de lesões a bem penalmente tutelados e, além disso, ele pode vir a ser responsabilizado objectivamente perante terceiros, pelos actos praticados pelo trabalhador.[666]

Por outro lado, o empregador tem ainda um interesse legítimo em conhecer os antecedentes penais do candidato quando esteja em causa

---

condenadas com pena de prisão efectiva igual ou superior a três anos, salvo reabilitação." Isto significa que, relativamente aos motoristas de táxi, a lei considerou relevante qualquer crime punido com pena superior a três anos, e não apenas os crimes rodoviários.

[662] Os exemplos foram retirados de WOLFGANG DÄUBLER, *Derecho del Trabajo*, 1994, 528-529 e PAULA MEIRA LOURENÇO, *Os deveres de informação*, 2000, 30.

[663] A concepção segundo a qual é legítimo questionar o candidato sobre os antecedentes penais quando exista um risco de repetição da prática criminosa é relativamente pacífica, na medida em que se trata de informações que apresentam uma conexão com a actividade a desempenhar: considerando que o empregador só tem direito a conhecer os antecedentes penais do trabalhador que apresentem uma conexão ou ligação estreita com a actividade vd. GOÑI SEIN, *El respeto a la esfera privada*, 1988, 103-104; PAULA MEIRA LOURENÇO, *Os deveres de informação*, 2000, 29; TERESA COELHO MOREIRA, *Da esfera privada*, 2004, 171.

[664] Quanto aos vigilantes de segurança privada não se levantam quaisquer dúvidas porque o DL 35/2004, de 21 de Fevereiro, no seu art. 8.º, que regula os requisitos e incompatibilidades para o exercício da actividade de segurança privada, prevê no seu n.º 1, al. d), por remissão do n.º 2, que o pessoal de vigilância não pode ter sido condenado por crime punido com pena de prisão superior a três anos. O que significa que, nestes casos, o empregador não só tem o direito como tem o dever de indagar sobre os antecedentes penais do candidato. Esta regulação é vantajosa e também em outros domínios o legislador deveria prever expressamente em que casos e condições o empregador pode exigir a prestação de informação acerca dos antecedentes penais relevantes para o exercício de determinada actividade.

[665] Aliás, nos casos em que a actividade requeira um elevado grau de segurança deve admitir-se não só a indagação sobre os antecedentes penais como de todos os aspectos que permitam verificar se o candidato representa, em concreto, um perigo para a lesão de bens e pessoas: cfr., a propósito, CHRISTIAN EHRICH, *Fragerecht des Arbeitgebers*, 2000, 423.

[666] Cfr. ANDRADE MESQUITA, *Direito do Trabalho*, 2004, 455-456.

252 *Do dever pré-contratual de informação e da sua aplicabilidade ...*

uma relação de confiança.[667] De facto, em determinados casos, quando a actividade envolve uma grande proximidade com o empregador, os seus bens ou a sua família, é legítimo que o passado penal do candidato constitua uma circunstância relevante na aferição da sua idoneidade para ocupar o cargo em questão. Não se trata de legitimar o afastamento de um candidato com base em valorações subjectivas do empregador assentes em orientações sociais e éticas[668], mas sim assentes na própria natureza da actividade, que pressupõe uma relação de confiança.[669] Seria o caso do director administrativo, da secretária pessoal ou da empregada doméstica.

Finalmente, o empregador tem um interesse legítimo em conhecer os antecedentes penais quando esteja em causa uma organização de tendência, cuja orientação ideológica seja avessa à prática de crimes. Seria o caso de uma organização ambientalista que tem, naturalmente, todo o interesse em averiguar da prática de crimes contra o ambiente.[670]

Nas situações descritas, as perguntas sobre os antecedentes penais do candidato são legítimas, pelo que este deve responder com verdade, sob pena de ver o contrato anulado por erro ou dolo e de incorrer em responsabilidade pré-contratual.[671]

---

[667] Destacando o interesse do empregador em averiguar o grau de confiança que pode depositar no trabalhador como critério de admissibilidade das perguntas sobre processos penais pendentes vd. Thomas Raab, *Das Fragerecht des Arbeitgebers nach schwebenden strafverfahren und die Unschuldsvermutung des Bewerbers*, RdA, 1995 (36--48), 42.

[668] Relembremos a regra da obrigação de neutralidade ideológica imposta ao empregador, anteriormente referida.

[669] Cfr. Menezes Cordeiro, *Manual de Direito do Trabalho*, 1994, 560, considera que "o trabalhador cadastrado não tem de revelar essa facto, salvo se a natureza das funções o requerer."

[670] Sobre a temática das organizações de tendência vd. supra n.º 56.

[671] Porém, em termos práticos, a aferição do cumprimento do dever de informação do trabalhador no que se refere aos antecedentes penais é tarefa bastante difícil, uma vez que a Lei 57/98, de 18 de Agosto, sobre registo criminal, prevê (art. 11.º) que, para efeitos de emprego, o registo criminal só deverá conter as decisões que decretam a demissão da função pública, proíbam o exercício da função pública, profissões ou actividades ou interditem esse exercício, bem como as decisões que sejam consequência, complemento ou execução das acima indicadas, e não tenham como efeito o cancelamento do registo. Excepcionalmente, o art. 11.º, n.º 2, admite a transcrição integral do registo quando estejam em causa actividades para cujo exercício a lei exija a ausência de antecedentes criminais, como vimos ser o caso dos motoristas de táxi ou dos vigilantes de segurança privada.

Mas, será justo que passados dez anos do cumprimento da pena o candidato ainda tenha que ser confrontado com eventuais efeitos negativos dessa conduta? Será que nesses casos continua a ser legítima a conclusão pela sua não idoneidade para o exercício das funções? Será que essa informação deve ser ainda assim considerada relevante?

A doutrina responde de forma negativa, concluindo que não existe dever de informar relativamente aos crimes cujo registo tenha sido cancelado.[672] Esta orientação é acertada. Por um lado ela constitui manifestação da ideia segundo a qual não é relevante a informação que apresente com a actividade a prestar apenas uma conexão remota[673], por outro lado porque ela encontra apoio na legislação sobre registo criminal, em especial na Lei 57/98, de 18 de Agosto. Esta lei prevê no seu art. 12.º que, para *quaisquer fins*, o registo criminal não deve conter as condenações que nos termos do art. 15.º e 16.º, do mesmo diploma, tenham sido objecto de cancelamento, nomeadamente quando tenham decorrido 5, 7 ou 10 anos sobre a extinção da pena ou medida de segurança se a sua duração tiver sido inferior a 5 anos, entre 5 e 8 anos, ou superior a 8 anos, respectivamente, e desde que entretanto não tenha ocorrido nova condenação por crime.[674-675]

---

[672] Nesse sentido, WOLFGANG DÄUBLER, *Derecho del Trabajo*, 1994, 529; TERESA COELHO MOREIRA, *Da esfera privada*, 2004, 171-172 e nota 523.

De modo geral, cfr. ainda UMBERTO ROMAGNOLI, *Sulla rilevanza*, 1970, 1068. O Autor dá-nos conta de que a jurisprudência italiana havia estabelecido a ideia segundo a qual não constitui *culpa in contrahendo* o silêncio do trabalhador sobre circunstâncias anteriores à celebração do contrato *consideravelmente remotas*.

[673] Cfr. supra n.º 54.

[674] Esta solução é claramente acolhida no DL 263/98, de 19 de Agosto, que regula o exercício da actividade de motorista de táxi (cfr. supra nota 661) que, aliás, estabelece um prazo mais curto, considerando irrelevantes os crimes cuja pena tenha sido cumprida há mais de 3 anos.

[675] Muito próximo da temática do dever de informar sobre os *antecedentes* penais encontra-se a questão de saber se o trabalhador deve informar o empregador sobre a *existência de um processo penal* no qual seja arguido. Como nota THOMAS RAAB, *Das Fragerecht des Arbeitgebers*, 1995, 42-43, esta questão exige outras considerações, uma vez que pode estar em causa a própria *disponibilidade* para prestar a actividade no momento acordado, em especial quando exista a probabilidade de vir a ser aplicada uma pena de prisão. Como se concluiu anteriormente, o candidato deve informar o empregador sobre qualquer circunstância que torne impossível a prestação no momento acordado, sob pena de eventual responsabilidade pelos danos causados pela inutilização do processo de selecção ou pela sua substituição. Concluindo também neste sentido, cfr. THOMAS RAAB, *Das Fragerecht des Arbeitgebers*, 1995, 48.

254 Do dever pré-contratual de informação e da sua aplicabilidade ...

59. Perguntas sobre o salário pretendido

É frequente, no processo de negociações, o empregador perguntar ao candidato qual o salário que espera auferir ou qual o salário que recebia no emprego anterior. Embora esta questão não ponha em perigo a reserva da vida privada do trabalhador, ou não crie o risco de práticas discriminatórias[676], pensamos que em regra a sua admissibilidade deve ser rejeitada.[677]

O art. 97.º, n.º 2 do CT constitui argumento forte para suportar este entendimento porque a informação sobre o salário pretendido não é relevante para a prestação da actividade laboral.[678] Para que essa relevância se verifique são necessários dois factores: que a informação diga respeito às qualidades pessoais do trabalhador e que, além disso, se reporte a interesses legítimos do empregador. Ora, nenhum desses factores se verifica neste caso. Quanto ao primeiro, não há dúvidas que o salário pretendido não tem qualquer implicação na competência ou melhor competência do trabalhador para o exercício das funções. Ao contrário, é uma informação que respeita apenas ao cumprimento da obrigação do empregador pagar o salário. Quanto aos interesses do empregador, embora seja fácil perceber que esta é uma informação muito relevante, na medida em que permite reduzir custos através da obtenção de mão de obra pelo menor preço possível, o facto é que ela serve fundamentalmente para melhorar a posição do empregador no momento das negociações[679], contribuindo para a intensificação do indesejável desequilíbrio entre as partes. Este aspecto é muito importante porque não se deve esquecer que na discussão dos limites da admissibilidade das perguntas que o empregador pode formular está em causa a protecção dos direitos de personalidade do trabalhador, mas também a protecção da sua posição negocial.[680]

Mas se este é o argumento, então é necessário retirar dele as devidas consequências. Nomeadamente, a admissibilidade da pergunta sobre a

---

[676] De facto, o salário pretendido pelo trabalhador não consta dos factores, previstos na lei, que não podem ser ponderados pelo trabalhador na decisão de contratar ou não contratar com certo candidato. Embora o art. 22.º, n.º 2 do CT, seja meramente exemplificativo, temos dúvidas da possibilidade de integrar nesse elenco o salário pretendido.

[677] Assim, CHRISTIAN EHRICH, *Fragerecht des Arbeitgebers*, 2000, 421.

[678] No mesmo sentido, CHRISTIAN EHRICH, *Fragerecht des Arbeitgebers*, 2000, 421; WOLFGANG DÄUBLER, *Derecho del Trabajo*, 1994, 531.

[679] WOLFGANG DÄUBLER, *Derecho del Trabajo*, 1994, 531.

[680] Nesse sentido, HERBERT WIEDEMANN, *Zur culpa in contrahendo*, 1982, 469.

Do Dever Pré-Contratual de Informação na Formação ... 255

remuneração pretendida deve ser especialmente combatida em mercados de trabalho com uma forte taxa de desemprego, e tolerada nas situações inversas. Do mesmo modo, se estiver em causa um contrato de trabalho com um trabalhador altamente especializado, que esteja numa situação de vantagem nas negociações, a pergunta deve ser admitida porque aí pode constituir uma forma de repor, na medida do possível, o equilíbrio negocial entre as partes.

60. O "direito" a mentir

A temática da formulação de questões pelo empregador ao trabalhador coloca, finalmente, um outro problema.

As perguntas formuladas podem ser legítimas ou ilegítimas, sendo certo que o empregador se deve abster de colocar ao trabalhador perguntas ilegítimas. Mas, e se não o fizer? E se no decurso de uma entrevista de selecção, ou em questionários escritos, colocar questões ilegítimas ao trabalhador?[681]

---

[681] Uma forma de contribuir para a restrição do recurso a perguntas ilegítimas no caso de *questionários escritos* seria a de sujeitar os questionários a aprovação prévia dos representantes dos trabalhadores: cfr. Teresa Coelho Moreira, *Da esfera privada*, 2004, 190. Esta solução encontra-se consagrada no ordenamento jurídico alemão, no § 94 (1) da *BetrVG* onde se prevê expressamente que os questionários devem ser aprovados pela comissão de trabalhadores: Cfr. Christian Ehrich, *Fragerecht des Arbeitgebers*, 2000, 421. Se o empregador não submeter os questionários a aprovação não poderá, posteriormente, contestar respostas falsas do trabalhador a questões admissíveis: Stefan Lingemann, Robert Von Steinam-Steinrück e Anja Mergel, *Employment and Labour Law in Germany*, Münchem: Beck, 2003, 10. Entre nós, a Lei 67/98, aplicável também à recolha de dados pessoais no âmbito da formação do contrato de trabalho, e portanto aos questionários, prevê no art. 7.º, n.º 2 que em relação aos dados sensíveis o tratamento é em regra proibido, só sendo admitido mediante disposição legal ou autorização da CNPD, solução que parece, à primeira vista, cumprir esse objectivo. Porém, este preceito apresenta dois factores que podem afectar a sua eficácia enquanto meio de contribuir para o controlo prévio dos questionários escritos entregues ao trabalhador: o primeiro diz respeito à admissão do tratamento de dados pessoais sensíveis quando exista disposição legal nesse sentido, aspecto que remete para a discussão do âmbito de aplicação do art. 17.º e 97.º, n.º 2 do CT. O segundo reside no facto de o preceito considerar admissível o tratamento quando o trabalhador der o seu consentimento expresso. Como defende Catarina Sarmento e Castro, *A protecção dos dados pessoais*, 2002, 58, dado a dependência do trabalhador esta não se apresenta como uma boa solução e, em nosso entender, permite contornar o requisito da autorização legal ou da autorização da CNPD, bastando para tal a inserção no questionário da referência ao consentimento expresso do trabalhador

256 *Do dever pré-contratual de informação e da sua aplicabilidade ...*

Esta circunstância gera duas consequências: a primeira é a de que o empregador poderá incorrer em responsabilidade civil pré-contratual por ter adoptado, na fase da formação do contrato, uma conduta contrária à boa fé (art. 227.º do CC e art. 93.º do CT)[682], e a segunda é a de que quanto às perguntas ilegítimas o trabalhador não tem o dever de responder.[683]

No entanto é necessário retirar daqui as devidas consequências pois, como afirma de forma expressiva WOLFGANG DÄUBLER[684], o silêncio seria a melhor forma de perder a oportunidade de ocupar o lugar a que se candidata, já que seria provável que o empregador quisesse despachar o trabalhador com boas palavras, desejando-lhe boa sorte para o futuro.

De facto, o silêncio ou a contestação do trabalhador no sentido de denunciar a ilicitude das questões colocadas podem ser tomados pelo empregador como indício de que a resposta às mesmas seria desfavorável aos seus interesses (ilegítimos), o que pode acabar por funcionar como forma de resposta e permitir práticas discriminatórias por parte do empregador.[685] A ser assim, a consequência seria a frustração e total desperdício do esforço empreendido no sentido de determinar quais são as questões inadmissíveis. Uma construção jurídica, por melhor alinhavada que seja, não tem qualquer interesse se dela não se podem retirar soluções que realizem a justiça e que permitam cumprir os fins a que ela se destina.

---

que este apenas tenha de assinar. Ou seja, a autorização prévia da CNPD (cfr. art. 28.º, n.º 1, al. a) da Lei 67/98) relativamente aos questionários não se impõe necessariamente. Em sentido contrário parece ir AMADEU GUERRA, *A privacidade no local de trabalho*, 2004, 151, onde, sem fazer qualquer distinção, defende a necessidade de autorização prévia da CNPD para a recolha de dados e consequentes tratamentos. Ainda quanto às formalidades que os questionários devem respeitar vd., *idem, ibidem*, 137.

[682] Assim, WILHELM DÜTZ, *Arbeitsrecht*, 2004, 50; CHRISTIAN EHRICH, *Fragerecht des Arbeitgebers*, 2000, 427.

[683] Em sede geral cfr., entre outros, LARENZ e WOLF, *Allgemeiner Teil*, 2004, 599; PALANDT / HEINRICHS, *§ 123*, 2005, 99; VOLKER EMMERICH, *Das Recht*, 2005, 89. Especificamente no domínio laboral, cfr. OLIVIER DE TISSOT, *La protection de la vie privée*, 1995, 224. Quanto às questões sobre vida privada, saúde e gravidez, vd. ROMANO MARTINEZ *et al.*, *Código do Trabalho Anotado*, 2005, 109, onde se afirma que o trabalhador pode recusar-se legitimamente a responder.

[684] *Derecho del Trabajo*, 1994, 531.

[685] Cfr. HANS BROX, *Arbeitsrecht*, 2002, 61, para quem tanto a recusa em responder como, em alternativa, a resposta verdadeira a perguntas inadmissíveis tem, em regra, como consequência o afastamento do candidato do processo de selecção. Do mesmo modo, GOÑI SEIN, *El respeto a la esfera privada*, 1988, 39.

Do Dever Pré-Contratual de Informação na Formação ...   257

A única forma de conferir utilidade ao regime jurídico sobre as questões admissíveis *no âmbito do processo de formação do contrato de trabalho* é admitir a possibilidade de o trabalhador responder de forma não verdadeira às questões que o empregador não podia ter formulado[686]. Por outras palavras, é o *"direito" a mentir*, relativamente às perguntas ilegítimas.[687]

Embora a terminologia em causa possa induzir, à partida, uma certa relutância quanto a este entendimento, por se considerar que direito a mentir só existe (alegadamente) no amor e não no tráfico jurídico[688], o facto é que ele não é novo, é reconhecido na jurisprudência[689] e é defendido pela grande maioria da doutrina, que ora admite expressamente a permissão de o trabalhador responder sem verdade, ora, evitando o peso da terminologia, admite que as respostas falsas a questões ilícitas não legitimam

---

[686] Assim, HANS BROX, *Arbeitsrecht*, 2002, 61. Posição que especifica no domínio laboral a concepção a que já havíamos chegado em sede geral.

[687] É importante sublinhar este aspecto: *a admissibilidade de respostas falsas só é defensável no âmbito do processo de formação do contrato de trabalho e não no decurso da relação laboral*. Isto por uma razão muito simples: é que o risco de ser afastado, de uma forma ilegítima e discriminatória, do processo de selecção já não se coloca no momento posterior ao da celebração do contrato. Se durante a execução do contrato de trabalho o empregador colocar ao trabalhador perguntas ilícitas este pode, como forma de garantir a reserva da sua vida privada, recusar-se a responder, o que constituirá uma desobediência legítima nos termos do art. 121.º n.º 1, al. d) do CT (cfr. ROMANO MARTINEZ *et al.*, *Código de Trabalho Anotado*, 2005, 109) que, portanto, não gerará qualquer espécie de sanção disciplinar. Neste caso, o trabalhador pode recusar-se a responder mas não pode mentir. Como se vê, justificam-se diferentes soluções consoante se esteja na fase da formação ou na fase da execução de um contrato de trabalho. De facto, como salienta HERBERT WIEDEMANN, *Zur culpa in contrahendo*, 1982, 469, a fase das negociações coloca dois problemas distintos: o problema da protecção da vida privada do trabalhador (que seria resolvido através da simples recusa em responder a perguntas ilegítimas) e o problema da protecção da posição negocial do trabalhador (que apenas poderá ser resolvido através da admissibilidade de respostas incorrectas a perguntas ilegítimas).

[688] Citamos VOLKER EMMERICH, *Das Recht*, 2005, 87, onde escreve *"Ein Recht zur Lüge gibt es nur in der Liebe, nicht jedoch im Privatrechtsverkehr (§123 I)"*.

[689] Assim, por exemplo, BAG, NJW, 1958, 516-517, onde se pode ler: *"Nicht jede unwahre beantwortung einer in einem Einstellungsfragebogen gestellten frage ist eine arglistige Täuschung im Sinne des § 123 BGB, sondern nur eine falsche antwort auf eine zulässigerweise gestellte frage"*; BAG, NJW, 1993, 1154-1156, em especial 1156, onde se admitiu a resposta falsa a perguntas sobre gravidez. Na jurisprudência francesa, a *Cass. Soc.*, em decisão de 13 de maio de 1969, admitiu a mentira sobre a filiação de um trabalhador no sindicato e em 23 de Fevereiro de 1972 admitiu a mentira sobre a gravidez (cit. em FRANÇOIS GAUDU e RAYMONDE VATINET, *Les contrats du travail*, 2001, 72, nota 89).

258   *Do dever pré-contratual de informação e da sua aplicabilidade ...*

o empregador a requerer a anulação do contrato de trabalho com recurso ao regime do dolo.[690]

Na nossa opinião o "direito" a mentir deve ser aceite. Sempre que o trabalhador seja confrontado com perguntas ilícitas pode responder com falsidade, sem que tal legitime o empregador a recorrer ao regime do erro ou do dolo para invalidar o contrato de trabalho. Esta é a única forma de garantir os fins visados pelo CT, especificamente pelos arts. 97.º, n.º 2 e 17.º, n.º 1 e 2.

Naturalmente que existem fortes argumentos que se podem invocar contra esta posição. Em primeiro lugar, pode dizer-se que uma resposta falsa constitui um comportamento ilícito por violar de forma clara a boa

---

[690] Assim, entre outros, LARENZ e WOLF, *Allgemeiner Teil*, 2004, 599, admite expressamente a possibilidade de responder sem verdade às perguntas sobre gravidez, tal como WOLF HUNOLD, *Aktuelle Rechtsprobleme der Personalauswahl*, DB, 4, 1993, 224-229, II, 2; PALANDT / HEINRICHS, *§ 123*, 2005, 97 e 99; PALANDT / WEIDENKAFF, *§ 611*, 2005, 882; WILHELM DÜTZ, *Arbeitsrecht*, 2004, 50; HANS BROX, *Arbeitsrecht*, 2002, 61; CHRISTIAN EHRICH, *Fragerecht des Arbeitgebers*, 2000, 427 e nota 87 onde refere jurisprudência do BAG; THOMAS RAAB, *Das Fragerecht des Arbeitgebers*, 1995, 36-37; ZÖLLNER e LORITZ, *Arbeitsrecht*, 1998, 149; WOLFGANG DÄUBLER, *Derecho del Trabajo*, 1994, 531-532, admite a mentira nas perguntas sobre antecedentes penais, saúde, gravidez e filiação sindical; ALFRED SÖLLNER, *Grundriß des Arbeitsrechts*, 1994, 245; FABRE-MAGNAN, *De l'obligation*, 1992, 144 e 147; MARIE-ANNICK PEANO, *L'intuitus personae*, 1995, 136; BERNARD TEYSSIÉ, *Personnes, entreprises et relations de travail*, DS, 5, 1988 (374-383), 377; JEAN-EMMANUEL RAY, *Une loi macédonienne?*, 1993, 113; OLIVIER DE TISSOT, *La protection de la vie privée*, 1995, 224-225; FRANÇOIS GAUDU e RAYMONDE VATINET, *Les contrats du travail*, 2001, 72 ; GOÑI SEIN, *El respeto a la esfera privada*, 1988, defende a admissibilidade da resposta falsa às questões relativas ao estado civil (52) e à gravidez (63) e em geral quando tal for necessário para proteger a reserva da vida privada e prevenir práticas discriminatórias (91); ainda JUAN FERNÁNDEZ DOMÍNGUEZ, *Pruebas genéticas en el Derecho del Trabajo*, Madrid: Civitas, 1999, 195-199, admite o direito a mentir em resposta às perguntas sobre informação genética do candidato.

Entre nós essa possibilidade é defendida por BERNADO LOBO XAVIER, *O acesso à informação genética*, 2003, 19, em conjugação com a nota 32; MENEZES LEITÃO, *A protecção dos dados pessoais*, 2004, 128; AMADEU GUERRA, *A privacidade no local de trabalho*, 2004, 167-168. TERESA COELHO MOREIRA, *Da esfera privada*, 2004, *passim*, (em especial, 156, 174, 187 e 213), admite a possibilidade de o trabalhador responder falsamente mas, em nome da boa fé, apenas como solução de última *ratio*, quando tal se mostre o único meio de permitir a reserva da vida privada do trabalhador. Salvo o devido respeito, não concordamos com este entendimento porque o que está em causa na temática do "direito" a mentir não é tanto a questão da reserva da vida privada já que esse objectivo seria alcançado com o mero silêncio ou a recusa em responder, mas sim o problema da posição negocial do trabalhador, nomeadamente do afastamento do trabalhador do processo de selecção, motivado por interesses ilegítimos ou discriminatórios do empregador.

Do Dever Pré-Contratual de Informação na Formação ... 259

fé imposta ao trabalhador, e não apenas ao empregador, na fase das negociações de um contrato de trabalho (art. 227.º do CC e 93.º do CT).[691]

Em segundo lugar, a resposta falsa consubstancia uma situação de dolo que, nos termos dos arts. 253.º e 254.º do CC, confere ao empregador o direito de requerer a anulabilidade do contrato de trabalho, independentemente de o erro respeitar à pessoa do trabalhador, ao objecto do contrato ou aos motivos determinantes da vontade cuja essencialidade tenha sido reconhecida por ambas as partes.[692]

Em terceiro lugar, pode alegar-se ainda que a resposta falsa do trabalhador consubstancia um comportamento contrário aos interesses da contraparte.[693] Este argumento assume grande relevância se tivermos em conta as conclusões a que se chegou anteriormente no sentido de defender a existência de um dever de cooperação das partes na fase das negociações do contrato, de forma a possibilitar a obtenção do acordo contratual, e um consequente dever de informar espontaneamente sobre as circunstâncias relativas aos interesses da contraparte.[694]

Porém, ainda que sejam argumentos a ter em consideração, não se apresentam como decisivos.

---

[691] É este, aliás, o argumento utilizado por Jean-Claude Javillier, *Droit du Travail*, 7.ª ed., Paris: LGDJ, 1999, 248, para negar o direito à mentira *"qu'une certaine rumeur accréditerait"*. O Autor apoia-se fundamentalmente no art. L 121-6, parte final, do *C. Trav.*, que dispõe que *"Le candidat à un emploi ou le salarié est tenu d'y répondre de bonne foi"* e no argumento de que a lei já confere medidas de protecção ao trabalhador, tais como as que impõem como requisito da formulação de questões a existência de uma relação directa e necessária com a actividade e as medidas proibitivas de práticas discriminatórias.

[692] Parece ser este o argumento subjacente à posição de Montoya Melgar, *La buena fe*, 2001, 70-71, entre nós seguida por Teresa Coelho Moreira, *Da esfera privada*, 2004, em especial 156, que partindo de considerações relacionadas com a necessidade de conduta das partes se pautar pelos padrões da boa fé acaba por concluir que *"salvo casos extremos, en que la mentira sea la única forma de preservar la esfera privada del trabajador u otro derecho fundamental en peligro, la inducción a contratar recurriendo a falsedades u ocultaciones constituirá un vicio en el consentimiento contractual"*.

[693] Cfr. Volker Emmerich, *Das Recht*, 2005, 87 e idem, *MünchKomm*, 2, § 311, 2003, 1504, que, depois de negar a existência de um direito a mentir, afirma mesmo a existência de um dever de corrigir as informações falsas, apoiando-se na invocação do § 241 II, que dispõe que as partes estão obrigadas a respeitar no decurso da relação obrigacional (e antes dela por remissão do § 311) os direitos, bens jurídicos e *interesses* da contraparte. Para mais desenvolvimentos sobre esse *Korrekturverpflichtung,* vd. Holger Fleischer, *Informationsasymmetrie*, 2001, 579.

[694] Cfr. supra n.º 32.

260 *Do dever pré-contratual de informação e da sua aplicabilidade ...*

Quanto ao primeiro, relativo à contrariedade à boa fé, deve notar-se que a boa fé é uma cláusula aberta e flexível que, na procura da solução justa, permite ponderar os dados do sistema e as circunstâncias do caso concreto, não sendo compatível com a rigidez que marcaria uma solução que pugnasse pela ideia de que, em qualquer caso, impreterivelmente, os sujeitos têm de comportar-se de forma honesta, leal e correcta.[695] A boa fé pressupõe uma relação específica entre sujeitos e é no âmbito dessa relação que ela se move. Por isso, não se deve desconsiderar a actuação da contraparte (neste caso do empregador). Perante essa actuação, não nos parece que a mentira do trabalhador seja condenável: pelo contrário, ela é a única forma de garantir o equilíbrio dos valores jurídicos postos em causa na situação de formulação de perguntas ilícitas.

Acresce que a ilicitude de um comportamento não pode ser avaliada em termos absolutos. Em determinadas circunstâncias certos comportamentos, em princípio proibidos, são considerados justificados se visarem preservar e defender interesses superiores: assim acontece na acção directa (art. 336.º do CC), bem como na legítima defesa (art. 337.º do CC) e no estado de necessidade (art. 339.º do CC). Embora não seja possível aplicar directamente estes preceitos, dado o carácter restrito dos requisitos neles exigidos, o facto é que a mesma *ratio* está presente no problema da resposta falsa às questões ilegítimas colocadas pelo empregador. No "direito" a mentir trata-se, tal como nas situações indicadas, de uma conduta que em princípio deveria ser considerada ilícita mas que, por ser o único meio susceptível de preservar um interesse superior (acesso ao emprego em termos de igualdade com outros sujeitos) deve ser aceite.[696]

Considerações semelhantes podem avançar-se a propósito do segundo argumento apresentado. De facto, não há dúvidas de que a resposta falsa do trabalhador representa uma situação de dolo. Porém, não se trata neste caso de dolo ilícito.[697] Nos termos do art. 253.º e 254.º do CC só o *dolus malus* gera a possibilidade de anular o negócio, diferentemente do que acontece em relação ao *dolus bonus,* previsto no art. 253.º, n.º 2 do CC.

---

[695] Como escreve OLIVEIRA ASCENSÃO, *Teoria Geral, III,* 2002, 181, a boa fé objectiva "permite vencer o formalismo inicial através da valoração".

[696] Embora não desenvolvam o tema, pensamos ser essa a ideia subjacente à afirmação de MENEZES LEITÃO, *A protecção dos dados pessoais,* 2004, 128 e AMADEU GUERRA, *A privacidade no local de trabalho,* 2004, 167, quando afirmam, respectivamente, que a resposta falsa do trabalhador consiste numa *forma ou meio de autodefesa.*

[697] Cfr. ZÖLLNER e LORITZ, *Arbeitsrecht,* 1998, 149; THOMAS RAAB, *Das Fragerecht des Arbeitgebers,* 1995, 36-37.

Segundo o art. 253.º, n.º 2, "não constituem dolo ilícito as sugestões ou artifícios usuais, considerados legítimos segundo as concepções dominantes no comércio jurídico, nem a dissimulação do erro, quando nenhum dever de elucidar o declarante resulte da lei, de estipulação negocial ou daquelas concepções." Ao analisar o disposto nesta norma, verifica-se que a resposta falsa dada pelo trabalhador não se integra em qualquer dos conceitos aí utilizados: não é uma sugestão ou artifício usual considerado legítimo segundo as concepções dominantes do comércio jurídico, nem é, tão pouco, um acto de dissimulação do erro. De todo o modo, é possível aplicar analogicamente a parte final do art. 253.º, n.º 2 do CC já que quanto às perguntas ilícitas colocadas pelo empregador não existe qualquer dever de elucidar. Esta aplicação analógica do art. 253.º, n.º 2 é suportada não só na identidade da *ratio* de ambas as situações, mas também no n.º 1 do art. 253.º que equipara, para efeitos de anulabilidade do negócio, a indução e dissimulação do erro.

Finalmente, em relação terceiro argumento menos dificuldades se levantam. De facto, a partir do dever de cooperação das partes, limitado ao fim das negociações, é possível construir um dever de informar sobre as circunstâncias que respeitam aos interesses da contraparte. Contudo, não é atendível todo e qualquer interesse, mas apenas os interesses legítimos. Ora, quando se trata de perguntas ilícitas os únicos interesses que podem estar em causa são interesses ilegítimos do empregador que têm, na prática, a maioria das vezes o objectivo último de fuga à posição debitória alargada que este deve assumir como contrapartida da subordinação jurídica do trabalhador. Por isso, e porque a sua admissibilidade está limitada ao caso de perguntas ilícitas, a resposta falsa apenas pode representar um comportamento contrário aos interesses ilegítimos do empregador, que não merecem tutela jurídica.

Em síntese, no decurso do processo de formação do contrato de trabalho, o trabalhador pode responder sem verdade às questões que o empregador não podia ter formulado, sem que o empregador possa requerer a anulabilidade do contrato de trabalho nos termos do art. 254.º do CC.

Mas, evidentemente, se o trabalhador não responder com verdade a perguntas que o empregador pode legitimamente formular submete-se às devidas consequências que serão a possibilidade de anulação do contrato[698] assim como a possibilidade de responsabilidade civil pré-contratual, caso os demais requisitos estejam preenchidos.

---

[698] WOLFGANG DÄUBLER, *Derecho del Trabajo*, 1994, 532.

II. OUTROS MÉTODOS DE INDAGAÇÃO

61. Nota prévia

No ordenamento jurídico português não se encontra uma norma que regule, de forma geral, a matéria relativa aos métodos de indagação a que o empregador pode recorrer, numa fase prévia à celebração do contrato, com o intuito de avaliar se o candidato é ou não a pessoa indicada para ocupar um determinado cargo.[699] Apenas se encontra no art. 19.º do CT a referência a um dos métodos possíveis, que consiste na realização de testes e exames médicos.

De todo o modo, a ausência de norma expressa sobre esta matéria não impede a formulação de alguns princípios gerais, que foram identificados anteriormente mas que por razão sistemáticas cabe aqui relembrar. Em primeiro lugar, o empregador deve dar prevalência ao método de questionar directamente o trabalhador, sobre os aspectos que julga pertinentes e que, nos limites da lei, pode pretender conhecer. Em segundo lugar, o empregador não pode, através de outros métodos de indagação, recolher informações sobre as quais não poderia formular uma pergunta directa ao trabalhador.[700] Em terceiro lugar, a utilização de outros

---

[699] Diferentemente, no ordenamento jurídico francês essa matéria encontra-se regulada no *C. Trav.* no art. L 121-7 que estabelece que *"Le candidat à un emploi est expressément informé, préalablement à leur mise en œuvre, des méthodes et techniques d'aide au recrutement utilisées à son égard. Les résultats obtenus doivent rester confidentiels. Les méthodes et techniques d'aide au recrutement ou d'évaluation des salariés et des candidats à un emploi doivent être pertinentes au regard de la finalité poursuivie"*. Ainda o art. L 121-8 estipula que *"Aucune information concernant personnellement un salarié ou un candidat à un emploi ne peut être collectée par un dispositif qui n'a pas été porté préalablement à le connaissance du salarié ou du candidat à un emploi"*. A doutrina encontra nestes preceitos três regras fundamentais: a regra da informação prévia ao candidato sobre os métodos de investigação, a regra da pertinência, segundo a qual os métodos devem ser adequados à finalidade e a regra da confidencialidade. Do mesmo modo, não obstante se considerar que estas regras são de difícil aplicação prática, considera-se que elas são bastante positivas a um nível pedagógico e moral: cfr. François Gaudu e Raymonde Vatinet, *Les contrats du travail*, 2001, 73 ; Jean-Claude Javillier, *Droit du Travail*, 1999, 249-250; Jean Pélissier, Alain Supiot e Antoine Jeammaud, *Droit du Travail*, 2002, 336--337.

[700] No entanto a inversa não é verdadeira, ou seja, nem tudo o que o empregador pode perguntar pode igualmente ser objecto de outros métodos de investigação. Assim acontece em relação à informação sobre a gravidez, como se verificará mais adiante.

Do Dever Pré-Contratual de Informação na Formação ... 263

métodos de investigação carece do consentimento do trabalhador[701], sendo certo que esse consentimento deve ser informado, ou seja, o empregador deve dar a conhecer previamente ao trabalhador os métodos que serão utilizados e a informação que através deles se pretende recolher.[702-703]

62. Testes e exames médicos em geral

A questão de saber se o empregador pode pedir a realização de testes e exames médicos para recolha de informação sobre o candidato, encontra-se regulada no art. 19.º do CT, mas não se esgota nele, uma vez que o preceito começa, desde logo, por ressalvar a legislação relativa à segurança, higiene e saúde no trabalho.

Portanto, em primeiro lugar é necessário ter em atenção esta legislação, que se encontra actualmente regulamentada nos artigos 239.º e seguintes da Lei 35/2004, de 29 de Julho.[704] Este diploma prevê, como forma de garantir a prevenção dos riscos profissionais e a promoção da saúde dos trabalhadores (art. 240.º, n.º 1 da Lei 35/2004)[705], a admissibilidade da realização de *exames médicos de admissão*, antes do início da prestação da actividade ou, quando a urgência da admissão o justificar,

---

[701] Também, ALFRED SÖLLNER, *Grundriß des Arbeitsrechts*, 1994, 246, considera que, em princípio, os exames de grafologia, os testes psicológicos e os exames médicos requerem o consentimento do candidato.

[702] Isto significa, por exemplo, que se o empregador obtém o consentimento do trabalhador para a realização de exame médico para despiste do vírus HIV, não pode depois utilizar a mesma amostra para indagar sobre o consumo de drogas.

[703] Cfr. TERESA COELHO MOREIRA, *Da esfera privada*, 2004, 185.

[704] Esta matéria constava anteriormente do DL 26/94, de 1 de Fevereiro, alterado pela Lei 7/95, pela Lei 118/99 e pelo Decreto-Lei 109/2000. É certo que este diploma não consta da lista de diplomas que são revogados pela entrada em vigor das normas regulamentares, enunciada no art. 21.º, n.º 2 da Lei 99/2003, de 27 de Agosto, que aprova o Código de Trabalho. De todo o modo, ao confrontar-se os dois diplomas verifica-se que ambos têm o mesmo âmbito de aplicação material, caso em que a lei posterior revoga a lei anterior.

[705] A finalidade de garantir a segurança e saúde no trabalho é comum a todos os países industrializados e constitui uma das prioridades em matéria laboral, reconhecendo-se a necessidade da realização de testes e exames médicos, embora sujeitando-os a certos limites que vão desde os limites substanciais (determinar que tipo de informação médica pode estar em causa), a limites procedimentais (determinar quem tem competência e em que condições devem os testes ser realizados): cfr. AA.VV., *Comparative Labour Law*, 2001, 403-405.

264 *Do dever pré-contratual de informação e da sua aplicabilidade ...*

nos 15 dias seguintes, tendo em vista verificar a aptidão física e psíquica do trabalhador para o exercício da profissão, bem como a repercussão do trabalho e das suas condições na saúde do trabalhador (art. 245.º, n.º 1 e 2, al. a) da Lei 35/2004).[706]

Confrontando o regime da Lei 35/2004 e o disposto no art. 19.º, n.º 1 do CT, conclui-se que grande parte do âmbito deste último se encontra consumida por aquela Lei. A Lei 35/2004 admite a realização de testes e exames médicos quando tais práticas sejam necessárias para avaliar a aptidão física e psíquica do candidato e quando razões de protecção da saúde e segurança do candidato o imponham.[707] Por sua vez, o art. 19.º, n.º 1 do CT, prevê essa possibilidade quando os testes e exames tenham por finalidade a protecção da segurança do trabalhador ou de terceiros ou quando particulares exigências inerentes à actividade o justifiquem. Esta fórmula legal deve ser interpretada no sentido de entender que as particulares exigências inerentes à actividade dizem respeito à impossibilidade da prestação[708], o que significa em última análise que, tal como no art. 245.º da Lei 35/2004, o que está em causa nesta referência é a aferição da aptidão física e psíquica do candidato.[709]

---

[706] Entre outras, esta matéria foi objecto de apreciação no Ac. TC 368/02, publicado no DR, II Série, 247, de 25 de Outubro de 2002, 17780-17791, que apreciou o então DL 26/94, onde constava uma norma igual à do actual art. 245.º (cfr. art. 19.º, n.º 1 e 2 do DL 26/94). O Procurador Geral da República requereu a inconstitucionalidade desta norma, por considerar que a mesma permitia uma devassa injustificada da vida privada do candidato e do trabalhador. Porém, o Tribunal concluiu, com recurso à ideia de conflito de direitos, que o direito à reserva da intimidade da vida privada, aqui em perigo, não é absoluto e deve ceder perante outros interesses constitucionalmente tutelados, tais como a prevenção de riscos profissionais e a protecção da saúde do trabalhador. Quanto ao regime do DL 26/94 vd. PAULA MEIRA LOURENÇO, *Os deveres de informação*, 2000, 32 e TERESA COELHO MOREIRA, *Da esfera privada*, 2004, 215-216.

[707] Criticando esta possibilidade de exigir exames médicos quando esteja em causa a avaliação dos riscos para a saúde do trabalhador, por considerar que a mesma representa uma manifestação injustificada de paternalismo, vd. L. ANTONIO FERNÁNDEZ VILLAZÓN, *Vigilancia de la salud*, 1997, 232-233. O Autor defende que a realização de exames médicos para fins de avaliação de riscos para a saúde do próprio trabalhador só deveria ocorrer, para além das situações em que o trabalhador preste o seu consentimento, nos casos em que o risco apresentasse uma certa gravidade e quando existissem razões fundadas para presumir a sua existência. Não concordamos com esta posição porque na verdade não estamos perante uma solução meramente paternalista: o empregador pode ter interesse em avaliar esses riscos pois ele pode vir a ser responsabilizado por eventuais acidentes e doenças profissionais, como aliás o Autor também reconhece.

[708] Cfr. supra n.º 55 al. e).

[709] Cfr. ROMANO MARTINEZ, *Obrigação de informar*, 2000, 36; *idem*, *Direito do Trabalho*, 2005, 444-445, onde o Autor admite a exigência de exames médicos "para

Do Dever Pré-Contratual de Informação na Formação ... 265

No entanto, há uma situação que cabe no âmbito do art. 19.º, n.º 1 do CT, mas não no âmbito do art. 245.º da Lei 35/2004. Trata-se dos casos em que a finalidade é a protecção e segurança de *terceiros*, que permite, por exemplo, justificar a realização de exames médicos para avaliar uma doença contagiosa que não tenha qualquer repercussão no exercício da actividade mas que possa pôr em perigo a saúde de terceiros. Um exemplo dessa situação pode ser encontrado no art. 18.º da Lei 35//2004, que estabelece a necessidade de realização de exames médicos de admissão para os trabalhadores no domicílio, cuja actividade envolva a utilização de géneros alimentícios, como forma de prevenir o contágio de terceiros através desses alimentos.[710]

Naturalmente que os testes e exames médicos só podem ser realizados com o *consentimento do candidato*. Isto significa que ninguém pode ser forçado a submeter-se a testes ou exames médicos e, além disso, que os testes devem apenas servir para recolher a informação relativamente à qual o trabalhador deu o seu consentimento.[711] Por isso, um especial cuidado é necessário no que respeita ao requisito da fundamentação escrita[712] e à aferição da finalidade da recolha da informação. Não basta que o empregador motive os exames médicos na necessidade de averiguar a aptidão física ou psíquica do trabalhador. É necessário que especifique quais os tipos de doença e incompatibilidades que se visa indagar e quais as razões da sua relevância.[713] Por isso, não é suficiente dizer que "o

---

verificar se o trabalhador se encontra em condições físicas de desempenhar a actividade para que se pretende contratar".

[710] Na verdade, o referido art. 18.º da Lei 35/2004 remete para o art. 245.º, n.º 2, mas a nosso ver mal porque estes exames não podem ser legitimados neste preceito mas sim no art. 19.º do CT.

[711] Este problema foi discutido na jurisprudência comunitária, no Ac. do TJCE de 5 de Outubro de 1994, publicado na CJTE, I, 1994, 4737-4794, cit. em Teresa Coelho Moreira, *Da esfera privada*, 2004, 207-208. Tratava-se de um caso de um candidato a dactilógrafo da Comissão Europeia que se recusou a realizar o teste de despistagem do HIV. Não obstante, a Comissão utilizou uma amostra de sangue do candidato e procedeu à realização de outros testes que permitiram concluir que o candidato era portador do vírus. O tribunal veio a considerar que a actuação da Comissão foi lesiva do direito à reserva da vida privada e que a decisão de não contratar o candidato, com base no argumento de inaptidão física, devia ser anulada.

[712] Cfr. art. 19.º, n.º 1, do CT, parte final, onde se exige a fundamentação escrita do empregador como requisito adicional da admissibilidade da realização de testes e exames médicos.

[713] Nesse sentido, Andrade Mesquita, *Direito do Trabalho*, 2004, 461, defende que é necessário que exista uma ligação específica entre o aspecto avaliado e as tarefas a desempenhar.

médico do trabalho está vinculado, nos exames a que procede ou manda proceder, ao aludido objectivo legal, o que implica necessariamente que ele se confine a um exame limitado e perfeitamente balizado por aquele objectivo".[714] É necessário, além disso, que o médico fique vinculado e limitado à recolha da informação para a qual o trabalhador deu o seu consentimento.[715]

O art. 19.º, n.º 3 do CT vem ainda precisar algo que já resultaria dos deveres deontológicos que o médico deve observar, em especial o sigilo profissional, e que há muito é defendido na doutrina.[716] O médico responsável pelos exames só pode comunicar ao empregador se o trabalhador está ou não apto para desempenhar a actividade, salvo se existir autorização escrita do trabalhador.

63. Testes e exames de gravidez

A questão de saber se o empregador pode requerer a realização de testes e exames de gravidez não levanta dúvidas porque se encontra regulada de forma categórica no art. 19.º, n.º 2 do CT, que estipula que tal não pode ocorrer em circunstância alguma.[717]

Assim, da conjugação do disposto neste preceito com o disposto no art. 17.º, n.º 2, resulta o seguinte regime: o empregador não pode em caso algum exigir a realização ou apresentação de testes de gravidez. No entanto, em algumas situações, quando a gravidez impossibilite a prestação da actividade ou quando da actividade possa resultar perigo para o feto e para a mãe, o empregador pode *perguntar* à candidata sobre esse estado.[718]

---

[714] Cfr. Ac. TC 368/02, cit.

[715] Cfr., nesse sentido, TERESA COELHO MOREIRA, *Da esfera privada*, 2004, 199-200: a propósito de exames médicos que a pretexto de indagarem sobre outros aspectos da saúde do trabalhador pretendem, na verdade, recolher informação sobre o alcoolismo e a toxicodependência do candidato, a Autora considera que tais práticas não são legítimas porque o candidato não foi informado e não deu o seu consentimento.

[716] Por exemplo, ALFRED SÖLLNER, *Grundriß des Arbeitsrechts*, 1994, 246; ZÖLLNER e LORITZ, *Arbeitsrecht*, 1998, 149.

[717] Esta posição encontrava-se já defendida em MENEZES CORDEIRO, *Manual de Direito do Trabalho*, 1994, 561.

[718] No mesmo sentido, DAVID FESTAS, *O direito à reserva*, ROA, 64, 2004, 423, nota 106.

Do Dever Pré-Contratual de Informação na Formação ... 267

Porém, essa informação só pode, nos termos do art. 17.º, n.º 3, ser prestada a médico que se limita a comunicar ao empregador se a trabalhadora está ou não apta para desempenhar a actividade.

64. Testes sobre o consumo de droga e de álcool

A admissão de testes para aferir do consumo de droga e de álcool implica, naturalmente, uma forte intromissão na esfera íntima da vida privada do trabalhador, uma vez que o consumo de droga e de álcool diz respeito à saúde do trabalhador e constitui também uma manifestação de certos hábitos de vida.

Por outro lado, parece evidente que o empregador pode ter todo o interesse em conhecer essas informações porque o consumo de droga e de álcool pode afectar a competência, em especial a diligência, do trabalhador e pode representar um perigo para a saúde e segurança no trabalho (pense-se num manobrador de máquinas num armazém) ou para terceiros (pense-se num motorista de um colégio, encarregue do transporte dos alunos).[719]

De todo o modo, é necessário encontrar limites pois, em última análise, o teste para aferir do consumo de droga e álcool pode ser considerado relevante em qualquer função, por se poder considerar que esse consumo afecta a diligência do trabalhador.[720]

Entre nós, esses limites são fornecidos pelo art. 19.º, n.º 1 do CT e pelo art. 245.º, n.º 1 e 2 da Lei 35/2004, que regulam sobre os testes de saúde. Destes preceitos resulta uma conclusão que parece ser admitida sem grande controvérsia. Considera-se que os testes são justificados quando esteja em causa a protecção da saúde e segurança do trabalhador ou de terceiros.[721] Assim, sempre que a actividade contenha em si um elevado

---

[719] Cfr. JOHN JUDE MORAN, *Employment law: new challenges in the business environment*, 2.ª ed., New Jersey: Pearson Education, 2002, 72.

[720] Por exemplo, seria possível, em última análise, defender a importância dos referidos testes para o cargo de porteiro de um prédio, cuja função se limita exclusivamente a abrir a porta a quem se aproxima, por se considerar que é provável que o candidato não abra a porta com a rapidez desejada ou que apresente um aspecto desleixado.

[721] Também nos Estados Unidos da América, onde se admite mais amplamente a realização de testes e exames médicos para aferir do consumo de droga e álcool, se entende que, quando não exista suspeita de consumo, o teste deve ser admitido nas situações em que a actividade se insira numa área de risco (*safety sensitive area*), não só

268   *Do dever pré-contratual de informação e da sua aplicabilidade ...*

risco para a segurança e saúde do trabalhador e de terceiros o teste deve ser admitido. Tal verifica-se, por exemplo, em pilotos de avião, maquinistas e manobradores de máquinas.[722]

Para além destas situações, os testes são justificados quando sejam necessários para avaliar a aptidão física e psíquica do trabalhador para o exercício das funções (art. 19.º, n.º 1 do CT e art. 245.º, n.º 1 da Lei 35/ /2004). O que está em causa é apenas a avaliação da aptidão e não da *melhor aptidão*, o que significa que os testes só devem ser realizados se o consumo impossibilitar a prestação, como acontece nas tarefas para as quais a condição física é essencial, nomeadamente no caso de desportistas profissionais. Desta forma, não se deixa espaço para que discussão se dissolva em torno do problema de saber até onde o consumo afecta a boa prestação da actividade, questão de resposta muito difícil.[723]

---

para a segurança do trabalhador mas também para a própria segurança pública: cfr. JOHN JUDE MORAN, *Employment law*, 2002, 72 e 76. Em especial a jurisprudência norte americana admite a realização dos testes em atletas, trabalhadores das alfândegas e trabalhadores dos caminhos de ferro (cfr. caso *Chandler versus Miller*, 520 U.S. 305 (1997), em *idem, ibidem*, 77-79.)

[722] Cfr. PAULA MEIRA LOURENÇO, *Os deveres de informação*, 2000, 36; TERESA COELHO MOREIRA, *Da esfera privada*, 2004, 201; ANDRADE MESQUITA, *Direito do Trabalho*, 2004, 462.

Mais discutível é a questão de saber se esta necessidade de prevenção se verifica igualmente nas tarefas que impliquem o contacto com menores, como, por exemplo, os educadores de infância ou professores. ANDRADE MESQUITA, *Direito do Trabalho*, 2004, 462, entende que os testes devem ser admitidos nestes casos. Igualmente nesse sentido, a jurisprudência norte americana invoca dois argumentos: a influência que as pessoas que desempenham estas tarefas têm na vida dos menores e as funções de supervisão que elas devem exercer (cfr. JOHN JUDE MORAN, *Employment law*, 2002, 81-88). Não concordamos com esta posição. Se é necessário realizar os testes tal significa que, pelo menos nesse momento, o consumo de drogas e álcool não é um problema que tenha manifestações externas. Além disso, embora possa existir risco de uma menor diligência nas funções de vigilância, o facto é que pode não ser assim, variando o impacto do consumo consoante o tipo de drogas e o tipo de consumo, bem como o metabolismo de cada indivíduo. O candidato não deve ser sancionado antes de ter desobedecido a qualquer dever que resulte da relação laboral. Claro que, posteriormente, se o consumo se manifestar e implicar um exercício deficiente das funções, haverá lugar a despedimento com justa causa. No caso que estamos a analisar não nos parece que o risco e as eventuais consequências danosas sejam de tal ordem que justifiquem a realização dos testes, sob pena de se alargar os limites, enfraquecendo a regra geral, contida no art. 19.º, n.º 1 do CT, da inadmissibilidade da realização de testes e exames de saúde.

[723] Para um breve resumo sobre a forma como os vários ordenamentos jurídicos têm resolvido a questão, vd. AA.VV., *Comparative Labour Law*, 2001, 405-406.

65. Testes genéticos

Pode parecer estranho falar em testes genéticos como forma de avaliação da aptidão de um sujeito para o exercício de determinada actividade laboral. O facto é que a rapidez vertiginosa com que a ciência tem evoluído nos últimos tempos permite transportar para o tempo presente questões que há poucos anos seriam apenas integradas no mundo da ficção científica ou de um futuro longínquo.

Na verdade, a utilização de testes genéticos para efeitos de contratação laboral tem sido verificada em vários ordenamentos jurídicos[724], como aliás o confirma a preocupação crescente do legislador em regular a matéria[725], e constitui tema a que a doutrina tem vindo a dedicar uma cada vez maior atenção. E com razão porque os testes genéticos podem apresentar consequências gravíssimas para os direitos fundamentais dos indivíduos.[726] Aliás, a nossa lei fundamental também evidencia essa preocupação ao prever, no art. 26.º, n.º 3, que a lei garantirá a dignidade pessoal e a identidade genética do ser humano, nomeadamente na criação, desenvolvimento e *utilização das tecnologias* e na experimentação científica.

Os testes genéticos são testes que permitem, através da identificação dos genes de ADN, determinar as propriedades ou características de um sujeito, mas também da sua família.[727]

O impacto dos avanços científicos verificados no conhecimento do genoma projecta-se a vários níveis, nomeadamente nos níveis biológico, social, ético, religioso e jurídico. Ao mundo jurídico, ao Direito do Trabalho, e à temática do processo de formação do contrato de trabalho em especial, interessa ter em consideração as *possibilidades informativas*

---

[724] Cfr. ZENHA MARTINS, *O genoma humano e a contratação laboral. Progresso ou Fatalismo?*, Oeiras: Celta, 2002, 18, nota 10; AA.VV., *Comparative Labour Law*, 2001, 407-408; TERESA COELHO MOREIRA, *Da esfera privada*, 2004, 214; WOLFGANG DÄUBLER, *Derecho del Trabajo*, 1994, 535.

[725] Cfr. LEAL AMADO, *Breve apontamento*, 2005, 26. No nosso ordenamento jurídico foi aprovada recentemente uma lei sobre a matéria: Lei 12/2005, de 26 de Janeiro, publicada no DR, I-A, 18, de 26 de Janeiro, 606-611.

[726] ZENHA MARTINS, *O genoma humano*, Celta, 2002, 3.

[727] Para maior desenvolvimento, vd. GUILHERME DE OLIVEIRA, *Implicações jurídicas do conhecimento do genoma*, RLJ 128, 1995-1996, 325 e ss.; ZENHA MARTINS, *O genoma humano*, Celta, 2002, 5 e ss.; AMADEU GUERRA, *A privacidade no local de trabalho*, 2004, 223-227.

270 *Do dever pré-contratual de informação e da sua aplicabilidade ...*

que os testes genéticos oferecem. Através deles é possível fazer o diagnóstico de uma doença, o prognóstico de doenças, a avaliação da predisposição para o desenvolvimento de determinadas patologias, bem como a avaliação dos aspectos comportamentais e de personalidade, onde se incluem a aptidão para o exercício de certa actividade[728], a agressividade, o comportamento alcoólico ou as tendências sexuais.[729] Assim, é possível distinguir entre testes genéticos de saúde e de personalidade, de diagnóstico e prognóstico, e de entre estes de aspectos relacionados ou alheios à actividade laboral.[730]

Na busca da solução para o problema de saber se os testes genéticos são admitidos no nosso ordenamento jurídico é necessário ter em conta esta distinção. Porém, como ponto de partida cabe avaliar um dos argumentos invocados em defesa da aceitação dos testes genéticos, para fins de selecção de candidatos a um emprego. Trata-se do interesse do empregador em avaliar o risco de contratação de determinada pessoa, que existirá com maior intensidade se, por exemplo, o candidato apresentar predisposição para o desenvolvimento de certa doença, uma vez que, a verificar-se tal doença, ela terá implicações financeiras evidentes resultantes, nomeadamente, da ausência ao trabalho ou da substituição do trabalhador.[731]

A admissibilidade de testes genéticos com fundamento neste tipo de considerações é de excluir, sem reservas, sob pena de se compactuar com a coisificação do trabalhador. A utilização de testes genéticos com a finalidade de prevenção, avaliação ou minimização do risco financeiro do empregador equivaleria à atribuição de um valor de mercado ao trabalhador, tendo em conta não a sua capacidade laboral mas sim a sua identidade genética, o que nos parece claramente contrário à dignidade da pessoa humana e ao art. 26.º, n.º 3 da CRP.

---

[728] Zenha Martins, *O genoma humano*, Celta, 2002, 10.

[729] Bernardo Lobo Xavier, *O acesso à informação genética*, 2003, 20, nota 34.

[730] Seguimos Bernardo Lobo Xavier, *O acesso à informação genética*, 2003, 20-21. Também AA.VV., *Comparative Labour Law*, 2001, 407, alerta para a necessidade de distinguir entre *genetic monitoring* e *genetic screening*.

[731] Cfr. Guilherme de Oliveira, *Implicações jurídicas*, RLJ 129, 1996-1997, 41; Zenha Martins, *O genoma humano*, 2002, 18-19; Bernardo Lobo Xavier, *O acesso à informação genética*, 2003, 29; Amadeu Guerra, *A privacidade no local de trabalho*, 2004, 225, 231; Teresa Coelho Moreira, *Da esfera privada*, 2004, 212; Leal Amado, *Breve apontamento*, 2005, 24, 26; AA.VV., *Comparative Labour Law*, 2001, 407; Fernández Domínguez, *Pruebas genéticas*, 1999, 189.

Do Dever Pré-Contratual de Informação na Formação ... 271

Por outro lado, em última análise, a utilização generalizada deste tipo de testes criaria um problema de marginalização social, que não se deve subestimar, gerando uma nova classe de minorias (?) desfavorecidas: os geneticamente inválidos.[732]

Por último, essa possibilidade deve ser liminarmente afastada porque, como concluímos anteriormente, uma das linhas norteadoras na determinação do dever de informação na formação do contrato de trabalho consiste em considerar que, como regra, não existe qualquer dever de prestar informações sobre as circunstâncias que respeitem ao *risco* assumido pelas partes no momento da celebração do contrato, como contrapartida da posição debitória alargada da contraparte.[733]

A resposta à questão da admissibilidade da realização de testes genéticos para efeitos de contratação laboral deve partir da ponderação dos vários instrumentos normativos que regem sobre a matéria, nomeadamente o CT, a Lei 35/2004 e a Lei 12/2005.

Os testes genéticos com vista a determinar a *personalidade* dos indivíduos devem ser tratados à luz do art. 17.º, n.º 1 do CT, uma vez que o que está em causa não é a avaliação da saúde física do candidato. Nessa medida, devem aplicar-se aos testes genéticos de personalidade as mesmas considerações que são aplicáveis aos testes psicológicos.[734] Os testes ou métodos utilizados que permitem conhecer e avaliar a personalidade do indivíduo em geral, e não apenas certos aspectos particulares, tais como a habilidade mental, verbal, matemática, psicomotora e mecânica, por exemplo, violam o disposto no art. 17.º, n.º 1 do CT, uma vez que permitem ir muito além das informações *estritamente necessárias e relevantes* para avaliar da aptidão do candidato para a execução do contrato de trabalho.[735]

O recurso à examinação genética é também possível para elaborar um diagnóstico de saúde do candidato, ou seja para descobrir se este padece, no *momento actual*, de alguma enfermidade que o impossibilite de exercer a actividade. Trata-se de testes genéticos de diagnóstico que

---

[732] WOLFGANG DÄUBLER, *Derecho del Trabajo*, 1994, 535. Cfr., ainda, ZENHA MARTINS, *O genoma humano*, 2002, 28; LEAL AMADO, *Breve apontamento*, 2005, 25; FERNÁNDEZ DOMÍNGUEZ, *Pruebas genéticas*, 1999, 193.

[733] Cfr. supra n.º 427. Ainda, BERNARDO LOBO XAVIER, *O acesso à informação genética*, 2003, 29; LEAL AMADO, *Breve apontamento*, 2005, 25.

[734] Vd. infra n.º 66.

[735] Negando, à partida, este tipo de testes vd. BERNARDO LOBO XAVIER, *O acesso à informação genética*, 2003, 29, embora o Autor os admita em casos excepcionalíssimos (cfr. 42).

272 *Do dever pré-contratual de informação e da sua aplicabilidade ...*

devem ser, em princípio, ponderados à luz do art. 19.º, n.º 1 do CT e dos art. 245.º e ss. da Lei 35/2004.[736] Da conjugação destas normas resultaria o seguinte regime: os exames genéticos de diagnóstico só são admitidos por razões de saúde e segurança do candidato e de terceiros ou para avaliar uma situação de eventual impossibilidade da prestação.[737] Em qualquer caso, seria sempre necessária fundamentação escrita do empregador, bem como o consentimento livre e informado do candidato, devendo o médico responsável pela realização dos exames ficar rigorosamente vinculado aos limites desse consentimento.[738]

Maiores dúvidas levantam os testes genéticos de prognóstico, que têm como finalidade apurar se no código genético de determinado sujeito está inscrita a predisposição para o desenvolvimento de certa doença.

Os testes genéticos de prognóstico não deveriam em princípio ser permitidos pois, além da própria falibilidade que lhes está inerente[739], o que está em causa no dever pré-contratual de informação é a avaliação das circunstâncias *actuais* que tenham relevância para a prestação da actividade laboral.[740]

---

[736] Cfr. BERNARDO LOBO XAVIER, *O acesso à informação genética*, 2003, 31, 39, 41.

[737] Na verdade, as proibições *gerais* e as maiores preocupações em torno dos testes genéticos para efeitos de contratação laboral dizem respeito aos testes de prognóstico ou testes preditivos e não aos testes de diagnóstico. Cfr., por exemplo, art. 12.º da Convenção dos Direitos do Homem e da Biomedicina, ratificada pelo Decreto Presidencial 1/2001, de 20 de Fevereiro, e a Resolução da AR n.º 47/2001, I Série, 12 de Julho de 2001, 4239--4240.

[738] Cfr. supra n.º 61. Neste sentido, ZENHA MARTINS, *O genoma humano*, 2002, 29. O Autor entende que a não contratação de um candidato com base na realização de testes de ADN só é admissível se o candidato já apresentar a enfermidade que o incapacite para as funções a que se candidata. Esclarece ainda que essa incapacitação tem de ser real, não bastando, por exemplo, a mera hipersensibilidade a determinado produto. Esta solução é imposta pelo princípio da igualdade que pressupõe a contemporaneidade na avaliação dos motivos de um tratamento desigual. No mesmo sentido, cfr. WOLF HUNOLD, *Aktuelle Rechtsprobleme*, 1993, VI, 2; AMADEU GUERRA, *A privacidade no local de trabalho*, 2004, 239.

[739] Predisposição ou propensão para o desenvolvimento de uma doença não significa fatalidade. Por um lado, os teste genéticos apresentam um grau de falibilidade que é necessário ponderar, por outro lado, a degeneração em doença depende de factores externos e internos adversos, que podem nunca vir a verificar-se. Numa palavra, estamos a falar apenas de previsibilidade ou probabilidade. Cfr. GUILHERME DE OLIVEIRA, *Implicações jurídicas*, 1996-1997, 42; AMADEU GUERRA, *A privacidade no local de trabalho*, 2004, 236; LEAL AMADO, *Breve apontamento*, 2005, 29; FERNÁNDEZ DOMÍNGUEZ, *Pruebas genéticas*, 1999, 186.

[740] Assim, GÜNTHER WIESE, *Zur gesetzlichen*, 1988, 218.

Claro que esta informação poderia ser muito vantajosa para o próprio candidato, que tem todo o interesse em saber se determinada actividade laboral para que concorre representa um risco para a sua saúde. De facto, estes testes permitem veicular informação necessária para a protecção e segurança do trabalhador (art. 19.º, n.º 1 do CT) ou para a avaliação da repercussão da actividade laboral, e das condições em que é exercida, para a saúde do candidato (art. 245.º, n.º 1 da Lei 35/2004), permitindo até uma adaptação dessas condições de forma a minimizar os riscos de exposição do trabalhador a certos factores que lhe sejam especialmente adversos.

Embora o art. 19.º do CT não o refira expressamente, a finalidade de protecção da saúde do próprio trabalhador não se alicerça em concepções paternalistas que permitam justificar o exame genético do candidato, independentemente do impacto que o exercício da actividade laboral possa ter na saúde do trabalhador.[741] Isto significa que a admissibilidade da realização de testes genéticos de prognóstico que não apresentam qualquer relação com a actividade a desenvolver deve ser afastada.[742]

De facto, a realização de testes com vista a recolher informações alheias à actividade em causa só poderia ter na mira a procura de fundamentos para a decisão de contratar ou não contratar certo candidato que se baseiam no património genético do sujeito, o que é claramente proibido pelo art. 22.º, n.º 2 do CT.

Diferente é a questão da admissibilidade de testes genéticos de prognóstico, ou testes preditivos, que têm como objectivo a prevenção ou eliminação de riscos para a saúde do candidato, causados pelas particulares condições de exercício de certa actividade, nomeadamente pela exposição a certos agentes químicos, físicos ou biológicos.

Esta questão encontra-se consagrada nos art. 41.º e ss. da Lei 35/ /2004, que estabelecem sobre a protecção do património genético. Da conjugação do art. 45.º, n.º 1, 46.º e 54.º é possível estabelecer a seguinte conclusão: o empregador poderia requerer a realização de exames de saúde de admissão que permitam avaliar o risco para o património genético do candidato, quando esteja em causa uma actividade que importe a exposição a agentes biológicos, físicos ou químicos, que possam implicar

---

[741] Cfr. ZENHA MARTINS, *O genoma humano*, 2002, 60-62.

[742] Cfr. LEAL AMADO, *Breve apontamento*, 2005, 27. Em sentido contrário, admitindo essa possibilidade em casos excepcionais, vd. BERNARDO LOBO XAVIER, *O acesso à informação genética*, 2003, 41.

274 *Do dever pré-contratual de informação e da sua aplicabilidade ...*

riscos para esse património. Essas actividades devem ser previstas em portaria aprovada pelos ministérios responsáveis pela área da saúde e laboral (art. 41.º).[743]

Em suma, o art. 17.º do CT permite afastar liminarmente a realização de testes genéticos de personalidade. Os art. 19.º, n.º 1 do CT e 245 e ss. da Lei 35/2004 estabelecem a regra geral da proibição de testes genéticos de diagnóstico, admitindo excepcionalmente a sua realização quando estejam em causa razões de segurança do candidato ou de terceiros, ou para avaliar da impossibilidade actual de prestar a actividade. Nestes casos seria sempre exigível fundamentação escrita do empregador e consentimento informado do candidato. Quanto aos testes genéticos preditivos eles só seriam admitidos nos termos do art. 41.º e ss. da Lei 35/2004 quando estivesse em causa uma actividade perigosa para o património genético do candidato, como tal prevista previamente em portaria.

Todavia, a aprovação da Lei 12/2005 veio introduzir algumas alterações a este regime e causar muitas incertezas. A Lei 12/2005, que pretende ser o regime geral sobre a informação genética (cfr. art.1.º), prevê, em especial nos arts. 11.º e 13.º, normas com relevância para o Direito Laboral.

O art. 11.º, n.º 2 confirma algo que já resultaria dos art. 22.º e 23.º do CT estipulando que ninguém pode ser discriminado em função de testes genéticos, nomeadamente para efeitos de obtenção de emprego.

O art. 13.º regula especificamente os testes genéticos no emprego. A articulação desta norma com as normas analisadas anteriormente não é clara. No n.º 1 estabelece-se a regra geral da proibição da realização de testes genéticos para efeitos de contratação de trabalhadores. Algo, portanto, que já resultaria das normas do CT e da Lei 35/2004.

Os problemas maiores surgem, porém, na análise dos números 3 e 4 do art. 13.º. A primeira questão que se coloca é a de saber se o n.º 3 do art. 13.º se aplica à fase pré-contratual ou apenas durante a execução do contrato.[744]

---

[743] Limitando a realização de testes de prognóstico a razões de segurança, higiene e saúde no trabalho, vd. BERNARDO LOBO XAVIER, *O acesso à informação genética*, 2003, 39, 41. Cfr., também, GUILHERME DE OLIVEIRA, *Implicações jurídicas*, 1996-1997, 43 e GÜNTHER WIESE, *Zur gesetzlichen*, 1988, 218-220, que, de forma mais rigorosa, defende que a realização de perguntas e de testes genéticos só é admissível quando estiverem reunidas três condições, a saber, a necessidade de protecção do trabalhador ou de terceiros, o carácter perigoso da actividade e a admissão legal expressa.

[744] O art. 13.º, n.º 3 da Lei 12/2005 dispõe o seguinte: "Nos casos em que o ambiente de trabalho possa colocar riscos específicos para um trabalhador com uma dada

Do Dever Pré-Contratual de Informação na Formação ...   275

Esta norma apenas se deve aplicar à fase da execução do contrato, por duas razões. Em primeiro lugar por força da letra da lei: o artigo refere-se a trabalhadores e não a candidatos e, na parte final, esclarece que a informação genética não pode nunca pôr em causa a *situação laboral* do trabalhador, o que parece reportar-se a uma relação laboral já constituída. Em segundo lugar, só esta interpretação parece razoável. Na verdade, a aplicação do art. 13.º, n.º 3 da Lei 12/2005 à fase pré-contratual teria como resultado uma flexibilização do regime e um alargamento das situações de admissibilidade da realização de testes genéticos face ao regime anterior que não é compatível com a *ratio* de protecção do sujeito contra a realização de testes genéticos, que marca toda a lei e que está patente de forma clara na previsão da regra geral da proibição de testes genéticos para efeitos de contratação.[745]

No n.º 4 do art. 13.º prevê-se que "as situações particulares que impliquem riscos *graves* para a segurança ou a saúde pública *podem* constituir uma excepção ao anteriormente estipulado". Cabe perguntar: o que são riscos graves? O que significa *podem* constituir uma excepção? Será que se justifica a diferenciação de situações de risco grave em que os testes devem ser admitidos e situações de risco grave em que essa admissibilidade deva ser negada?

Não pode deixar-se de lamentar a incerteza que reina em torno desta questão tão sensível e que tão graves riscos comporta para os dados

---

doença ou susceptibilidade, ou afectar a sua capacidade de desempenhar com segurança uma dada tarefa, pode ser usada a informação genética relevante para benefício do trabalhador e nunca em seu prejuízo, desde que tenha em vista a protecção da saúde da pessoa, a sua segurança e a dos restantes trabalhadores, que o teste genético seja efectuado após consentimento informado e no seguimento do aconselhamento genético apropriado, que os resultados sejam entregues exclusivamente ao próprio e ainda desde que não seja nunca posta em causa a sua situação laboral."

[745] Por exemplo, o art. 13.º, n.º 3 da Lei 12/2005 prevê a admissibilidade do uso de informação genética em "casos em que o ambiente de trabalho possa colocar riscos específicos para um trabalhador com uma dada doença ou susceptibilidade". Esta norma deixa a dúvida de saber que casos são esses, que riscos são esses, e que susceptibilidade é essa, razão pela qual LEAL AMADO, *Breve apontamento*, 2005, 33, chama a atenção para a necessidade de regulamentação desta Lei. Ora, de acordo com o regime do CT e da Lei 35/2004 é possível defender que os testes genéticos para efeitos de contratação são admitidos *apenas* quando existam riscos para o património genético do trabalhador (e não para as doenças ou susceptibilidade), considerando-se de risco apenas as actividades que impliquem a exposição a agentes biológicos, químicos e físicos perigosos, como tal definidas por portaria. Numa palavra, o regime da Lei 12/2005 apresenta um maior grau de incerteza quanto às situações excepcionais em que os testes são admitidos.

elementares do nosso ordenamento jurídico, em geral para a própria dignidade da pessoa humana. Na verdade, em regra os testes genéticos só devem ser admitidos mediante autorização legal, que preveja de forma *rigorosa* os respectivos requisitos da sua realização.[746]

Todavia, no meio de todas estas dúvidas uma conclusão parece segura. Ao contrário do que era defensável à luz do art. 19.º n.º 1 do CT e dos arts. 245.º e ss. da Lei 35/2004, a Lei 12/2005 parece afastar de todo a possibilidade de realização de exames genéticos, mesmo de diagnóstico, para aferir da impossibilidade de prestação da actividade.

Quanto aos outros critérios excepcionais que levam à admissibilidade dos testes, já resultantes do CT e da Lei 35/2004, isto é razões de saúde e segurança do trabalhador e de terceiros, o regime não é claro, surgindo desde logo a dúvida de saber se esta Lei 12/2005 revoga as normas da Lei 35/2004 que regem sobre esta matéria.[747]

De qualquer forma, quando a realização de testes genéticos seja admissível, um especial vigor deve ser conferido aos princípios gerais enunciados anteriormente, nomeadamente ao consentimento livre e esclarecido do candidato, à realização do exame por pessoal médico e à fundamentação escrita do empregador. Além disso, uma especial atenção deve ser dada às preocupações de confidencialidade[748], uma vez que o acesso ilegítimo de terceiros a essa informação apresenta um especial perigo para a lesão do bem jurídico personalidade.[749]

---

[746] GÜNTHER WIESE, *Zur gesetzlichen*, 1988, 220.

[747] É certo que a Lei 35/2004 não fala expressamente em testes genéticos mas apenas em exames de saúde (art. 54.º) pelo que se poderia defender que a Lei 12/2005 seria uma lei especial. Mas tal entendimento seria falível porque não parece defensável que a referência a exames de saúde na Lei 35/2004 não inclui testes genéticos, pois como seria possível avaliar os riscos para o património genético não recorrendo a testes genéticos?

[748] Cfr. ZENHA MARTINS, *O genoma humano*, 2002, 86-88; AMADEU GUERRA, *A privacidade no local de trabalho*, 2004, 249; LEAL AMADO, *Breve apontamento*, 2005, 28- -29; FERNÁNDEZ DOMÍNGUEZ, *Pruebas genéticas*, 1999, 177 e ss.

[749] Cfr. ZÖLLNER e LORITZ, *Arbeitsrecht*, 1998, 149-150, que consideram de modo muito restrito que a análise genética, na medida em que possa determinar a intolerância a certos materiais, só deve ser admitida se a lei permitir a realização dos testes e se o trabalhador der o seu consentimento.

Do Dever Pré-Contratual de Informação na Formação ...   277

66. Testes psicológicos

A realização de testes psicológicos para avaliar a aptidão física e psíquica do candidato é muito frequente.[750] Não obstante, não se prevê, no nosso ordenamento jurídico, um regime geral sobre esta matéria.

Em princípio, na medida em que se atenham a recolher informação fundamental para o exercício da actividade em causa, os testes psicológicos devem ser admitidos.[751] Porém, não se pode deixar de observar que eles são um meio perigoso de recolha de informação, pois permitem explorar a personalidade humana e permitem proceder à selecção de candidatos com base em critérios não controláveis objectivamente.[752] Aliás, o próprio visado, que não seja psicólogo, não poderá saber qual a informação que um determinado teste permite fornecer. Por outro lado ainda, os testes psicológicos podem consistir numa forma de dissimular verdadeiras decisões discriminatórias: basta comunicar ao candidato que não obteve os resultados mínimos exigidos.[753]

Esta matéria deve ser resolvida à luz do art. 17.º, n.º 1 do CT e não do art. 19.º do CT. De facto, embora se possam detectar patologias através de determinados testes psicológicos, não é isso que está em jogo nos testes psicológicos realizados no âmbito do processo de formação do contrato de trabalho. Não se trata de avaliar a saúde do trabalhador mas sim a habilidade psíquica e física para a execução de certa actividade. Por

---

[750] Segundo GOÑI SEIN, *El respeto a la esfera privada*, 1988, 91-94, os testes psicológicos consistem em submeter o candidato a um conjunto de estímulos padronizados a fim de comprovar e comparar as reacções do candidato com outros padrões de resposta anteriormente obtidos na mesma situação experimental. Têm como finalidade avaliar a habilidade mental, verbal, matemática ou espacial, psicomotora e mecânica e também a atenção, a memória e a imaginação.

[751] Nesse sentido, BERNARD TEYSSIÉ, *Personnes, entreprises*, 1988, 378; GOÑI SEIN, *El respeto a la esfera privada*, 1988, 92; ANDRADE MESQUITA, *Direito do Trabalho*, 2004, 459. Em sentido contrário, TERESA COELHO MOREIRA, *Da esfera privada*, 2004, 192; BERNARDO LOBO XAVIER, *A Constituição, a tutela da dignidade e personalidade do trabalhador e a defesa do património genético. Uma reflexão, in* ANTÓNIO MOREIRA (coord.), *V Congresso Nacional de Direito do Trabalho, Memórias*, Coimbra: Almedina, 2003, (261-272), 264-265.

[752] WOLFGANG DÄUBLER, *Derecho del Trabajo*, 1994, 533. Cfr. ainda, GOÑI SEIN, *El respeto a la esfera privada*, 1988, 92.

[753] Foi esse o caso discutido entre *Excelsior Bank* e *Susan Morgan*, cit. em JOHN JUDE MORAN, *Employment law*, 2002, 65, no qual o banco usava os testes psicológicos como forma de excluir mulheres e minorias.

278 *Do dever pré-contratual de informação e da sua aplicabilidade ...*

isso, estamos perante testes que visam indagar sobre a personalidade do trabalhador, aspecto que faz parte da sua vida privada, e não da sua saúde.[754]

Assim, da aplicação do art. 17.º, n.º 1 do CT, resulta que os testes psicológicos são admitidos quando se mostrem necessários e relevantes para avaliar a aptidão do candidato, devendo o empregador apresentar fundamentação escrita.[755] O que significa que ficam, desde logo, afastados os testes que não tenham por referência a actividade a desenvolver, como acontece em relação aos testes que pretendem avaliar o coeficiente de inteligência ou os testes à personalidade em geral.[756-757]

---

[754] Contrariamente, ANDRADE MESQUITA, *Direito do Trabalho*, 2004, 460, integra estas situações no art. 19.º, n.º 1 do CT, o que causa alguma estranheza perante a seguinte afirmação do Autor: "Atendendo, todavia, a que [os testes psicológicos] *representam uma invasão da esfera privada*, devem realizar-se apenas na medida em que as funções profissionais o justifiquem e mediante fundamentação escrita (*art. 19.º, n.º 1*)." (sublinhado nosso).

[755] Quanto à concretização deste critério vd. supra n.º 55, al. d).

[756] Cfr. WOLFGANG DÄUBLER, *Derecho del Trabajo*, 1994, 533. O Autor mostra-se desfavorável não só aos testes de personalidade, como em geral a qualquer tipo de teste psicológico e considera que os mesmos só devem ser admitidos se estiverem reunidos, cumulativamente, os seguintes requisitos: que o candidato dê o seu consentimento; que o candidato seja previamente informado do método utilizado e dos dados que se pretende recolher; que esses dados sejam referentes ao posto de trabalho; que esses dados não possam ser obtidos por outra via e que o teste seja realizado por pessoa idónea (psicólogo licenciado em escola superior). À excepção do último, os requisitos apontados correspondem, no fundo, aos princípios gerais que consideramos aplicáveis a todos os métodos de investigação para além da pergunta directa ao candidato, ou aos requisitos exigidos pela lei, como acontece em relação ao requisito da referência dos dados à actividade em causa. Do mesmo modo, considerando que os testes psicológicos só são admissíveis com o consentimento do candidato, cfr. WOLF HUNOLD, *Aktuelle Rechtsprobleme*, 1993, IV, 1.

Também, GOÑI SEIN, *El respeto a la esfera privada*, 1988, 94-95, nega a admissibilidade dos testes de personalidade. Na medida em que eles permitem avaliar aspectos do carácter do candidato, tais como a maturidade, a emotividade, a instabilidade, os testes de personalidade representam uma invasão intolerável da vida privada do trabalhador, devendo apenas ser admitidos em situações muito excepcionais, quando certos factores da personalidade sejam requisitos da relação laboral (95). Entre nós, esta posição é defendida por RABINDRANATH CAPELO DE SOUSA, *O Direito geral de personalidade,* Coimbra: Coimbra Editora, 1995, 325, nota 821.

[757] Sendo certo que, a maioria das vezes, estes testes não são realizados directamente pelo empregador, mas sim por agências de emprego privadas, que aqueles contratam, é necessário ter em atenção a Convenção n.º 181 da OIT, sobre as agências de emprego privadas, adoptada pela Conferência Internacional do Trabalho em 19 de Junho de 1997

Do Dever Pré-Contratual de Informação na Formação ... 279

Quanto ao requisito da fundamentação escrita deve-se reiterar uma ideia que já resulta dos princípios gerais em matéria de métodos de investigação. Essa fundamentação escrita deve conter as razões que motivaram o empregador a recorrer a este tipo de métodos, indicando a metodologia adoptada e a informação que se visa recolher.[758] Além disso, para evitar o perigo de dissimulação de discriminação, a transparência exige que o trabalhador seja previamente informado dos requisitos psicofísicos exigidos para o exercício da actividade[759], para que posteriormente o candidato possa confrontar essa informação com os resultados obtidos.[760]

Além disso, quando admitida, a realização de testes psicológicos deve ser rodeada de cautelas procedimentais, em especial no que respeita à confidencialidade da informação recolhida.[761]

67. Grafologia

Para avaliar os candidatos os empregadores recorrem por vezes a exames grafológicos. Como o nome indica, estes exames consistem na análise da grafia do sujeito. A partir da análise da forma de escrever, do tamanho da letra, inclinação, colocação no papel, continuidade e regulari-

---

e aprovada em 31 de Janeiro de 2001, pela Resolução da Assembleia da República n.º 13/ /2001, publicada no DR, I série A, 37, de 13 de Fevereiro de 2001, 786-792. De acordo com o art. 6.º da Convenção, o tratamento de dados pessoais do trabalhador pelas agências de emprego privadas deve: a) ser efectuado em condições que protejam esses dados e respeitem a vida privada do trabalhador, de acordo com a legislação e práticas nacionais; b) limitar-se às questões que incidam sobre a qualificação e experiência profissional dos trabalhadores visados e qualquer outra informação directamente pertinente. Naturalmente que este preceito tem um âmbito de aplicação mais vasto, mas aplica-se também à recolha de dados pessoais através de testes psicológicos, o que significa que no que respeita aos testes psicológicos, assim como aos outros métodos de obtenção da informação, as agências de emprego privadas têm de respeitar os dispositivos do CT, nomeadamente, o art. 17.º, n.º 1.

[758] Cfr. ANTOINE MAZEAUD, *Droit du Travail*, 2000, 245; WOLF HUNOLD, *Aktuelle Rechtsprobleme*, 1993, IV, 1.

[759] Assim, GOÑI SEIN, *El respeto a la esfera privada*, 1988, 92.

[760] Para um breve resumo sobre a forma como os vários ordenamentos jurídicos têm resolvido a questão, vd. AA.VV., *Comparative Labour Law*, 2001, 408-409.

[761] Vd., a propósito especialmente do dever de sigilo profissional dos psicólogos, THOMAS SCHOLZ, *Schweigepflicht der Berufspsychologen und Mitbestimmung des Betriebsrates bei psychologischen Einstellungsuntersuchungen*, NJW, 1981 (1987-1991), 1988-1990.

280 *Do dever pré-contratual de informação e da sua aplicabilidade ...*

dade dos movimentos, entre outros aspectos, podem retirar-se informações sobre a personalidade, carácter e padrões de comportamento do sujeito.[762]

Os exames grafológicos colocam o problema da invasão da esfera íntima da vida privada do trabalhador, mais concretamente da sua estrutura intelectiva e volitiva[763], que é tanto mais pertinente quanto parece certo que a grafologia permite recolher informação totalmente alheia à tarefa a desempenhar, como por exemplo, a recolha de informações relativas à sexualidade.[764] Nessa medida, os exames grafológicos constituem verdadeiros testes gerais de personalidade que, como vimos, não devem ser aceites.

Assim, uma vez que o exames grafológicos permitem obter informação sobre a personalidade do indivíduo, que não apresenta qualquer relevância para a avaliação da aptidão do candidato, a sua admissibilidade deve ser negada, ao abrigo do art. 17.º, n.º 1 do CT.[765]

Isto não equivale, porém, a negar a possibilidade de o empregador requerer a apresentação de um *curriculum vitae* ou de uma carta de apresentação manuscrita. Nenhum argumento o parece impedir. A apresentação de um documento manuscrito não apresenta, em si, qualquer atentado aos direitos ou interesses do candidato.[766]

Coisa diferente é a submissão desse documento à análise grafológica. Em regra, essa possibilidade está afastada, a menos que o candidato dê o seu consentimento[767] *expresso*[768], ao abrigo do art. 81.º do CC, caso em

---

[762] Cfr., para mais desenvolvimentos, GOÑI SEIN, *El respeto a la esfera privada*, 1988, 97. Claro que se pode colocar em discussão a cientificidade e fiabilidade destes método: por exemplo, BERNARDO LOBO XAVIER, *A Constituição, a tutela da dignidade*, 2003, 265, considera que este não é um teste fiável. Todavia, não vamos empreender essa tarefa porque não temos competência para tanto. De qualquer modo, a sua utilização crescente, bem como a larga aceitação desta técnica, justificam uma referência autónoma à questão.

[763] Cfr. CAPELO DE SOUSA, *O Direito geral*, 1995, 325.

[764] Cfr. KARLHEINZ SCHMID, *Umwelt und Recht. Zur Zulässigkeit graphologischer Gutachten im betrieblichen Bereich*, NJW, 1969 (1655-1657), 1655; GOÑI SEIN, *El respeto a la esfera privada*, 1988, 99.

[765] Na mesma linha, KARLHEINZ SCHMID, *Umwelt und Recht*, 1969, 1655, defende que a letra do ser humano deve gozar do mesmo nível de protecção dos direitos de personalidade.

[766] Cfr. ZÖLLNER e LORITZ, *Arbeitsrecht*, 1998, 149; CHRISTIAN EHRICH, *Fragerecht des Arbeitgebers*, 2000, 421.

[767] Nesse sentido, KARLHEINZ SCHMID, *Umwelt und* Recht, 1969, 1656; ALFRED SÖLLNER, *Grundriß des Arbeitsrechts*, 1994, 246; WOLFGANG DÄUBLER, *Derecho del Trabajo*, 1994, 532; ZÖLLNER e LORITZ, *Arbeitsrecht*, 1998, 149, nota 20; CHRISTIAN EHRICH, *Fragerecht*

Do Dever Pré-Contratual de Informação na Formação ...   281

que deverá ter acesso aos respectivos resultados.[769] Mas além dos casos em que o trabalhador dê o seu consentimento expresso, os exames grafológicos podem ainda ser admitidos se forem utilizados *estritamente* para a obtenção de informação necessária e relevante para aferir da aptidão para o exercício da actividade, e se for fornecida por escrito a respectiva fundamentação (art. 17.º, n.º 1 do CT). O que significa que a utilização de exames grafológicos nestes casos só será legítima se realizados por profissional qualificado que apenas comunica ao empregador a informação que é, de acordo com a fundamentação escrita previamente fornecida pelo empregador, necessária e relevante para a prestação da actividade.

Se o empregador submeter o documento manuscrito a um exame grafológico, sem a autorização do visado, ou sem respeitar os requisitos do art. 17.º, n.º 1 do CT, pratica um acto ilícito que poderá vir a originar responsabilidade pelos danos causados ao direito de personalidade do candidato.[770]

68. Outros métodos

É usual encontrar nos Autores que se dedicam ao tema a referência a outros métodos utilizados pelo empregador no processo de avaliação e

---

des Arbeitgebers, 2000, 421. Em sentido contrário, Goñi Sein, *El respeto a la esfera privada*, 1988, 99, considera que nem com o consentimento do trabalhador a análise grafológica deve ocorrer, por esse consentimento ser contrário à moral e ordem pública. Esta posição é, entre nós, seguida por Teresa Coelho Moreira, *Da esfera privada*, 2004, 195, que acrescenta, ainda, como argumento o perigo de o consentimento não ser livre.

[768] Como consequência, não pode o empregador pretender que a simples apresentação de *curriculum vitae* ou outro documento manuscrito equivalham a uma autorização para a realização dos exames grafológicos: assim, Wolfgang Däubler, *Derecho del Trabajo*, 1994, 532; Zöllner e Loritz, *Arbeitsrecht*, 1998, 149, nota 20; Christian Ehrich, *Fragerecht des Arbeitgebers*, 2000, 421.

[769] Cfr. Capelo de Sousa, *O Direito geral*, 1995, 325, nota 821. O Autor estabelece como regra geral a proibição de exames grafológicos *não consentidos*. Seguidamente refere que a tutela da esfera privada impõe a "confidencialidade dos resultados dos testes e exames grafológicos permitidos (*v.g. para a admissão de empresas*). Embora não seja claro, pensamos que a ideia do Autor vai no sentido de submeter estes testes e exames para a admissão de empresas à regra geral que enuncia primeiramente do consentimento do sujeito visado.

[770] Wolfgang Däubler, *Derecho del Trabajo*, 1994, 532.

selecção dos candidatos, com particular destaque para o polígrafo.[771] Esta técnica enquadra-se, juntamente com testes de avaliação vocal ou de avaliação do *stress*, nos chamados testes de honestidade[772], que se tornaram comuns no ordenamento jurídico norte-americano, a tal ponto de levarem à necessidade de regular a questão no *Employee Polygraph Protection Act of 1988*, que como regra geral proíbe a prática de qualquer método de avaliação de honestidade.[773]

Não obstante, não se justifica um tratamento demorado desta matéria, por duas razões. Em primeiro lugar porque não temos notícia de que essas práticas sejam usadas entre nós. Em segundo lugar, com maior relevância, porque estes métodos, assim como eventuais métodos que recorram, por exemplo, à quirologia, quiromância, astrologia ou numero-logia, devem ser *liminarmente afastados*, por não se apresentarem como técnicas fiáveis na avaliação da aptidão do candidato para o exercício da actividade, não podendo, por isso, ser considerados legítimos à luz da legislação laboral. [774]

---

[771] Assim, Goñi Sein, *El respeto a la esfera privada*, 1988, 99-101; Teresa Coelho Moreira, *Da esfera privada*, 2004, 196-199; Andrade Mesquita, *Direito do Trabalho*, 2004, 459.

[772] Cfr. John Jude Moran, *Employment law*, 2002, 64.

[773] São admitidas no entanto algumas excepções quando estiverem em causa actividades que respeitam à segurança e saúde pública: cfr. John Jude Moran, *Employment law*, 2002, 67.

[774] Cfr. John Jude Moran, *Employment law*, 2002, 67, que considera que este é um dos aspectos que justifica a regra geral estabelecida no *Employee Polygraph Act*. Ainda neste sentido, vd. Antoine Mazeaud, *Droit du Travail*, 2000, 245, nota 41; Frédérique Guimelchain, *Contracts de Travail*, 2003, 53-54; Jean Pélissier, Alain Supiot e Antoine Jeammaud, *Droit du Travail*, 2002, 337. Os Autores consideram que o princípio da pertinência abrange, não só, a exigência de uma ligação directa e necessária das informações à actividade em causa, mas também a adequação do método de indagação à finalidade pretendida, o que pressupõe a sua validade científica, ou pelo menos uma razoável fiabilidade, sob pena de não ser possível alcançar uma escolha justificável. Entre nós, vd. Bernardo Lobo Xavier, *A Constituição, a tutela da dignidade*, 2003, 265, e *idem, O acesso à informação genética*, 2003, 18-19, que, ao enunciar os princípios gerais que devem reger a recolha de informação no processo de contratação de um trabalhador, identifica ao lado do princípio da adequação, reserva e transparência, o princípio da *fiabilidade dos testes* utilizados pelo empregador.

§ 17 Síntese e conclusões

69. Síntese e conclusões

Depois de vista a origem e evolução do dever pré-contratual de informação, analisado o dever pré-contratual de informação em geral e os critérios valorativos decorrentes das particularidades da relação laboral que podem contribuir para a determinação do dever de informar, é possível especificar o problema e tentar responder à questão de saber em que situações a realização da justiça impõe que o trabalhador preste determinadas informações ao (futuro) empregador. Em causa está descortinar qual a fronteira a partir da qual o trabalhador não pode omitir ou prestar informação incorrecta, sob pena de invalidade do contrato ou responsabilidade pelos danos.

A primeira ideia a reter é a de que o trabalhador não tem, *em princípio*, o dever de informar espontaneamente o empregador. É a aplicação do postulado da auto-informação ao contrato de trabalho, que neste âmbito tem apenas validade para uma das partes, nomeadamente o empregador. De facto, ao contrário do trabalhador, o empregador encontra-se, em regra, em situação de poder exercer a sua autonomia privada e de, consequentemente, participar activamente na conformação do conteúdo jurídico do contrato, o que justifica a ideia de auto-tutela dos seus interesses e de assunção do risco pela não obtenção da informação relevante. Assim, é válido defender que, em regra, o empregador deve procurar obter a informação que julgue relevante para a celebração do contrato de trabalho.

Todavia, esta regra conhece uma *excepção*: o trabalhador deve informar *espontaneamente* o empregador sobre os requisitos mínimos para a prestação da actividade assim como sobre as circunstâncias que possam obstar a essa prestação. É a manifestação, no âmbito do contrato de trabalho, da ideia segundo a qual, por força da relação de cooperação desencadeada com as negociações, as partes se devem informar espontaneamente sobre os requisitos de validade do contrato e sobre as circunstâncias que respeitem aos interesses legítimos cognoscíveis ou efectivamente conhecidos da contraparte.

O postulado da auto-informação implica que o empregador tem a possibilidade – e mais do que isso, o encargo – de realizar diligências no sentido da obtenção da informação relevante.

284 *Do dever pré-contratual de informação e da sua aplicabilidade ...*

Esta possibilidade, quando confrontada com a característica da implicação da pessoa do trabalhador na relação laboral e a consequente vulnerabilidade dos direitos fundamentais do trabalhador, conduz ao problema dos limites das possibilidades de indagação ao dispor da entidade empregadora. Esses limites impõem-se a dois níveis: quanto aos métodos de indagação utilizados e quanto ao conteúdo da informação que se pretende obter através das diligências realizadas.

Quanto aos métodos de indagação a formulação de perguntas directas ao candidato ocupa um lugar de primazia. A matéria sobre a qual o empregador não pode formular perguntas ao trabalhador não pode constituir, em qualquer caso, objecto do dever de informação do trabalhador.

No domínio do contrato de trabalho é válida a regra geral segundo a qual o trabalhador só tem o dever de responder às questões legítimas. Naturalmente, a problema que se impõe é saber qual o critério para determinar o que sejam questões legítimas.

O art. 97.º, n.º 2 do CT dá a resposta, *rectius* o ponto de partida: as perguntas são legítimas quando incidam sobre aspectos relevantes para a prestação da actividade laboral. Pouco se avança, ficando por saber quais as circunstâncias relevantes.

Na tarefa de concretização desta norma a referência à *prestação* da actividade laboral permite concluir que o critério para determinar a legitimidade das perguntas, e um consequente dever de responder, não é a relevância da informação para a formação da vontade contratual do empregador mas tão só a relevância para a realização da actividade laboral, afastando-se, assim, do objecto do dever de informação do trabalhador quaisquer circunstâncias que só de forma remota se conexionem com a actividade a prestar.

Na determinação do que seja informação relevante deve ter-se em consideração a existência de uma relação objectiva com a actividade a prestar mas deve ponderar-se igualmente a existência de interesses legítimos do empregador que justifiquem a necessidade de obtenção da informação na fase anterior à celebração do contrato, e acerca dos quais o trabalhador tenha ou possa ter conhecimento.

Em situações especiais como as relativas à informação sobre a vida privada em geral, estado de saúde e gravidez o CT prevê no art. 17.º quais são os interesses legítimos do empregador que lhe conferem a possibilidade de questionar o trabalhador. Do preceito retiram-se as seguintes conclusões. A primeira é a de que, em regra, o empregador não tem qualquer interesse legítimo em obter informação sobre a vida privada do trabalhador (art.

17.º, n.º 1 do CT) pelo que não poderá colocar questões com vista a essa obtenção. Porém, tal possibilidade é admitida quando essas questões se mostrarem (razoavelmente) necessárias e relevantes para aferir da competência ou melhor aptidão do trabalhador para a execução do contrato de trabalho, como acontece por exemplo nas perguntas sobre convicções religiosas, políticas ou ideológicas num contrato de trabalho com uma organização de tendência. A referência à execução do contrato de trabalho, e não à actividade laboral, permite um alargamento das perguntas sobre a vida privada excepcionalmente admitidas, mas tem a vantagem de dar abertura ao ajustamento do regime consoante o tipo de contrato em causa. De todo o modo, o art. 97.º, n.º 2 do CT, é apto a desempenhar a função de norma geral correctora de situações injustas que a aplicação do art. 17.º do CT possa eventualmente originar.

A segunda é a de que, tal como em relação à informação sobre a vida privada, em regra o empregador não tem qualquer interesse legítimo em obter informação sobre o estado de saúde e gravidez do trabalhador. Porém, verifica-se que o regime é mais restritivo desde logo porque o critério de referência é a prestação da actividade e não a execução do contrato de trabalho. Além disso, quanto a esta informação não está em causa avaliar a competência ou melhor aptidão do trabalhador. Ao invés, o empregador só pode colocar questões sobre a saúde e estado de gravidez do trabalhador se tal for relevante para aferir da eventual impossibilidade da prestação ou se essas informações, tendo em conta a natureza da actividade, forem necessárias para aferir do risco para a saúde do trabalhador ou de terceiros.

Em terceiro lugar há ainda uma outra situação excepcional, que não está abrangida pelo art. 17.º, n.º 2 do CT mas que o art. 97.º, n.º 2 permite legitimar. O empregador pode colocar questões sobre a saúde do trabalhador quando as informações pretendidas sejam necessárias para aferir de um risco para a saúde de terceiros decorrente não da natureza da actividade mas sim da componente organizacional do contrato de trabalho.

A legitimidade das questões que não respeitam a aspectos da vida privada, saúde ou gravidez deve ser ponderada à luz do art. 97.º, n.º 2 do CT. Deste preceito pode-se concluir que são ilegítimas as questões sobre filiação sindical, excepto quando estiver em causa a celebração de um contrato de trabalho com uma associação sindical ou uma associação de empregadores.

Do mesmo modo, as perguntas sobre antecedentes penais só serão válidas se forem justificadas por um interesse legítimo do empregador, o que pode ocorrer quando a actividade contribua para o aumento do risco de repetição da prática criminosa, quando a actividade comporte em si o risco de lesão de bens penalmente tutelados, ou quando esteja em causa uma relação de confiança ou um contrato com uma organização de tendência. Em qualquer caso, não há dever de informar sobre os antecedentes penais que tenham sido punidos há muito tempo e tenham sido objecto de cancelamento do registo.

O art. 97.º, n.º 2 do CT permite ainda considerar, em regra, ilegítimas as perguntas sobre o salário pretendido, na medida em que não se encontram interesses legítimos do empregador que justifiquem a necessidade de tal informação. Este problema tem o mérito especial de permitir relembrar que na discussão sobre a legitimidade das questões está em causa um problema de protecção dos direitos de personalidade do trabalhador mas também um problema de protecção da sua posição negocial.

A discussão sobre o problema da legitimidade das questões ficaria incompleta sem uma referência às consequências jurídicas da formulação de questões ilegítimas, na fase da formação do contrato de trabalho. Essas consequências são essencialmente três: em primeiro lugar, o empregador pode incorrer em responsabilidade civil pré-contratual por adoptar, nos preliminares, uma conduta contrária à boa fé. Em segundo lugar o trabalhador não está obrigado a responder a questões ilegítimas. Em terceiro lugar, mais do que adoptar um comportamento omissivo, remetendo-se ao silêncio, o trabalhador pode reagir de forma activa respondendo sem verdade às questões ilegítimas, sem incorrer em responsabilidade civil pré-contratual e sem que o empregador possa invocar o regime do dolo para proceder à anulação do contrato de trabalho.

Quanto a outros métodos de indagação, tais como exames médicos, testes sobre o consumo de droga e álcool, testes genéticos, testes de personalidade e testes de grafologia, os requisitos legais têm um papel de relevo, em especial o consentimento livre e esclarecido do trabalhador, sendo certo que ninguém pode ser obrigado a submeter-se a um qualquer teste ou exame para fins de contratação laboral.

De qualquer modo, não deixa de ser relevante determinar que tipo de métodos pode o empregador utilizar, para além da pergunta directa, para se poder valorar a recusa do trabalhador e a admissibilidade da ponderação dessa recusa no momento da formação da vontade contratual do empregador.

Relativamente aos testes de gravidez não restam dúvidas que eles são proibidos em qualquer caso (art. 19.º, n.º 2 do CT). Da mesma forma, devem ser proibidos em qualquer caso os testes que não apresentem um grau de fiabilidade razoável para a avaliação da aptidão do candidato para o exercício da actividade.

CAPÍTULO III

DO DEVER DE INFORMAÇÃO DO EMPREGADOR

70. Nota prévia. Regime

O dever pré-contratual de informação do empregador encontra-se igualmente regulado no art. 97.º do CT. Este preceito, que estabelece a regra geral sobre o dever pré-contratual de informação, constitui exemplo do tratamento paritário que o legislador atribuiu às partes, cumprindo aquela que foi a sua orientação de aproximação do Direito do Trabalho ao direito privado comum.[775]

Isto significa que, à partida, nenhuma distinção é feita. Tal como o trabalhador tem de informar o empregador sobre os aspectos relevantes para a prestação da actividade laboral (art. 97.º, n.º 2), também o empregador tem de informar o trabalhador sobre os aspectos relevantes do contrato de trabalho (art. 97.º, n.º 1). Trata-se, portanto, de deveres recíprocos das partes, justificados no sinalagma contratual.[776]

Porém, esta paridade é mitigada pois o legislador, por imposição da Directiva 91/533/CEE[777], confere um tratamento mais alargado e agravado

---

[775] O CT afasta-se assim da orientação que foi seguida em outras áreas jurídicas, no sentido de impor *unilateralmente* o dever de informação à parte forte da relação negocial, como vimos acontecer no Direito dos Valores Mobiliários, no Direito da defesa do consumidor e no regime das cláusulas contratuais gerais, e como acontecia no período anterior ao da aprovação do CT: cfr. Pedro Romano Martinez, *Direito do Trabalho*, 2005, 441-442.

[776] Romano Martinez, *et al.*, *Código do Trabalho Anotado*, 2005, 233.

[777] Publicada no JOCE L 288, de 18 de Outubro de 1991, 32-35. Esta directiva já havia sido transposta para o nosso ordenamento jurídico pelo Decreto-Lei 5/94, de 11 de Janeiro, diploma que foi revogado com a entrada em vigor do CT (cfr. art. 21.º, n.º 1, al. r) da Lei 99/2003, de 27 de Agosto): cfr. Jorge Leite, *Dever de informação*, QL, I, n.º 3, 1994, 189-192.

290 *Do dever pré-contratual de informação e da sua aplicabilidade ...*

ao dever de informação do empregador, fornecendo alguns exemplos de aspectos relevantes do contrato de trabalho que devem integrar o objecto da informação a prestar (art. 98.º).

Assim, verifica-se que na temática do dever de informação do empregador é necessário conjugar o diferente regime que resulta do art. 97.º, n.º 1 e dos art. 98.º e 99.º do CT.

Por um lado, o art. 97.º, n.º 1 estabelece a regra geral estipulando apenas a obrigação do empregador informar o trabalhador sobre os aspectos relevantes do contrato de trabalho, não fazendo qualquer exigência quanto à *forma* e quanto ao *momento* da prestação da informação, nem procedendo a qualquer *especificação* quanto ao conteúdo da informação.

Mas para além disso, o empregador está ainda obrigado a informar o trabalhador *por escrito* (art. 99.º, n.º 1) *pelo menos* acerca da sua identificação, do local de trabalho, da categoria do trabalhador e caracterização sumária do seu conteúdo, da data da celebração do contrato e do início dos seus efeitos, da duração previsível do contrato, da duração das férias ou dos critérios para a sua determinação, dos prazos de aviso prévio, do valor e periodicidade da retribuição, do período normal de trabalho diário e semanal e do instrumento de regulamentação colectiva de trabalho aplicável[778]. Parte dessa informação pode ser prestada mediante mera remissão para as disposições legais, de instrumento de regulamentação colectiva aplicável ou para o regulamento interno da empresa (art. 98.º, n.º 3). Esse documento informativo, que pode ser substituído por contrato de trabalho escrito ou por contrato promessa de trabalho (art. 99.º, n.º 3), pode ser entregue ao trabalhador até 60 dias após o início da execução do contrato (art. 99.º, n.º 4).

Ao confrontar-se o art. 98.º do CT poder-se-ia pensar que o dever de informação do empregador não levanta controvérsia: bastaria verificar se o empregador comunicou ao trabalhador as informações constantes das diversas alíneas do art. 98.º, dentro dos formalismos legais. Todavia, a questão não é tão simples, desde logo, porque a enumeração do art. 98.º é meramente exemplificativa, como se pode comprovar pelos seus números 1 e 2, mas também pelo art. 97.º, n.º 1 do CT. O que significa que

---

[778] Destacando a importância da informação sobre instrumentos de regulamentação colectiva aplicáveis ao contrato de trabalho para a protecção dos direitos do trabalhador vd. ERNEST ESCOLANO, *Le droit a l'information des travailleurs, in* YVON LOUSSOUARN e PAUL LAGARDE (dir.), *L'information en droit privé,* Paris: LGDJ, 1978, (161-201), 171-173.

Do Dever Pré-Contratual de Informação na Formação ...   291

circunstâncias que não constem do elenco legal, mas que sejam consideradas relevantes, integram igualmente o dever de informação a cargo do empregador.[779]

Nos termos do art. 98.º, n.º 2 do CT, o empregador deve ainda prestar ao trabalhador a informação relativa a outros direitos e deveres que decorram do contrato de trabalho, sendo certo que também esta informação deve ser prestada por escrito (art. 99.º, n.º 1). Este preceito retira grande parte da utilidade que o art. 97.º, n.º 1 poderia ter e reafirma o carácter mais agravado do dever de informação a cargo do empregador[780], pois parece evidente que os aspectos relevantes do contrato de trabalho (fórmula legal utilizada no art. 97.º, n.º 1) são certamente os que se relacionam com a constituição de direitos e deveres que decorrem do contrato de trabalho (fórmula legal do art. 98.º, n.º 2). Assim, ao contrário do que a letra do art. 98.º, n.º 1 poderia indiciar, o dever de informação não fica automaticamente cumprido se o empregador entregar ao trabalhador um documento do qual constem as informações sobre os aspectos descritos nas várias alíneas do art. 98.º, sendo necessário que além desses aspectos o empregador informe o trabalhador, também por escrito, sobre os demais direitos e deveres decorrentes do contrato de trabalho.[781]

Finalmente, o empregador deve ainda observar as exigências especiais que constam do art. 100.º do CT, quando esteja em causa um contrato de trabalho cuja actividade deva ser prestada no estrangeiro.

---

[779] Não vemos, por isso, que seja problemática a ausência de referência, no art. 98.º, ao horário de trabalho como entende ANDRADE MESQUITA, *Direito do Trabalho*, 2004, 478--479.

[780] Cfr. JEAN-EMMANUEL RAY, *Droit du Travail. Droit vivant*, 11.ª ed., Paris: Liaisons, 2002, 63, que defende que toda a relação de trabalho deve ser formalizada por escrito.

[781] Esta foi a orientação do TJCE no Ac. *Lange* de 8 de Fevereiro de 2001, publicado na CJTJCE, Parte I, 2001, 1061 e ss. Neste acórdão o Tribunal entendeu que a informação relativa aos critérios e circunstâncias nas quais o empregador pode exigir a prestação de horas extraordinárias não cabe na previsão da al. i) (período normal de trabalho diário e semanal) mas é um elemento essencial do contrato que deve ser objecto de informação nos termos prescritos para a prestação de qualquer informação constante no n.º 2 do art. 2.º, ao abrigo do art. 2.º, n.º 1 da Directiva que prevê a obrigação de informar sobre os *elementos essenciais* do contrato ou da relação de trabalho. No nosso CT não consta essa previsão, mas o n.º 2 do art. 98.º estabelece que o empregador deve prestar ao trabalhador a informação relativa a outros direitos ou deveres que decorrem do contrato de trabalho, que deve ser interpretada no sentido de abranger todos os aspectos relevantes do contrato de trabalho, entre eles o regime da prestação de horas extraordinárias.

292 *Do dever pré-contratual de informação e da sua aplicabilidade ...*

Posto isto, apresenta-se como relevante tentar perceber quais as finalidades que a lei visa prosseguir com a imposição de um dever de informação ao empregador para daí se alcançarem critérios que possam ser utilizados relativamente às circunstâncias que sejam relevantes para a execução do contrato de trabalho e que não constem da exemplificação legal.

§ 18 O postulado de auto-informação do trabalhador: negação

71. O desequilíbrio informacional e o desequilíbrio do poder negocial entre empregador e trabalhador

As diferenças entre o dever de informação a cargo do trabalhador e do empregador não resultam apenas do regime mais agravado consagrado na lei. Na verdade, logo ao nível da *constituição* do dever pré-contratual de informação se registam diferenças motivadas pelas particularidades da relação laboral que se reflectem no postulado do ónus de auto-informação.

O postulado da auto-informação assenta na concepção de contrato e em especial da autonomia privada, que por sua vez depende da liberdade e *igualdade* das partes.[782] Não se verificando estes pressupostos cai por terra o fundamento para defender que as partes nas negociações devem procurar obter a informação que julgam relevante para a formação da sua vontade contratual. De facto, se as partes não se encontram numa situação de paridade não se lhes pode impor uma distribuição igualitária do risco da informação.[783]

A desigualdade das partes na formação do contrato de trabalho manifesta-se a dois níveis: trata-se de uma desigualdade ou desequilíbrio informacional e de uma desigualdade de poder negocial. A primeira diz respeito a uma situação de desigualdade nas capacidades de obtenção da informação relevante, a segunda, mais abrangente, diz respeito a uma situação em que um dos sujeitos da relação contratual se encontra numa situação de especial vulnerabilidade dos seus interesses, que tendem a ser preteridos em favor dos interesses da contraparte. No caso das negociações de um contrato de trabalho essa desigualdade é especialmente agravada

---

[782] Cfr. supra n.º 27.
[783] Cfr. GEBHARD REHM, *Aufklärungspflichten*, 2003, 128.

Do Dever Pré-Contratual de Informação na Formação ... 293

porque, para além da possível preterição dos interesses do trabalhador, verifica-se também, por força da implicação da pessoa do trabalhador na relação laboral[784], uma especial vulnerabilidade do trabalhador e dos seus direitos fundamentais, representando a contratação um aspecto por vezes vital não só na vida profissional do trabalhador, mas também na sua vida pessoal, familiar e social.

Uma vez que o trabalhador se encontra numa situação de desvantagem, figurando como *contraente débil*, ele não está em condições de procurar obter a informação que julga relevante, não se lhe devendo por isso impor a auto-tutela dos seus interesses e o risco da não obtenção da informação relevante. Ao contrário, o trabalhador merece tutela legal através da imposição do dever de informar a cargo do empregador.[785]

Esta solução impõe-se como forma de repor o equilíbrio das partes e garantir a autonomia privada, na medida em que permita que o contraente débil seja munido dos elementos necessários à formação de uma vontade livre e esclarecida, que doutro modo não poderia alcançar.[786]

Porém, embora seja claro que existe nas negociações de um contrato de trabalho uma desigualdade do poder negocial das partes e um desequilíbrio informacional, especialmente em relação àqueles aspectos que o empregador é livre de determinar ao abrigo do seu poder de direcção[787], que coloca o trabalhador numa posição de desvantagem, parece que a

---

[784] Cfr. supra n.º 43.

[785] Repare-se que este é um resultado diverso daquele a que se chegou em relação ao ónus de auto-informação do empregador. Porque se apresenta, em regra, como a parte em situação de vantagem nas negociações, o empregador não merece qualquer protecção especial. Ele está em condições de exercer a sua autonomia privada, devendo por isso ser onerado com a recolha da informação. Ao contrário, o trabalhador não está em condições de exercer *efectivamente* a sua autonomia privada, pelo que lhe deve ser conferida uma protecção especial, nomeadamente através da transferência do ónus de auto-informação para a esfera jurídica da parte em vantagem, que deverá informá-lo espontaneamente das circunstâncias relevantes do contrato de trabalho.

[786] Nesse sentido, MIGUEL RODRÍGUEZ-PIÑERO e BRAVO-FERRER, *El deber del empresario de informar al trabajador de sus condiciones de trabajo*, Rel. Lab., T.I, 2000, (273-300), 274-275, 298.

[787] Cfr. RODRÍGUEZ-PIÑERO e BRAVO-FERRER, *El deber del empresario*, 2000, 275: os Autores consideram que o dever de informação a cargo do empregador tem uma especial relevância dada a situação de ambiguidade que se observa no contrato de trabalho pelo facto de o empregador aparecer como parte do contrato e ao mesmo tempo munido de um poder jurídico que lhe permite conformar o contrato e ao qual o trabalhador se deve submeter.

294 *Do dever pré-contratual de informação e da sua aplicabilidade ...*

finalidade da imposição legal do dever de o empregador informar *por escrito* o trabalhador não é a de promover a autonomia privada e a de contribuir para que, *no momento da emissão da declaração negocial*, o trabalhador esteja consciente e queira a produção dos respectivos efeitos, uma vez que o CT admite no art. 99.°, n.° 4, que a informação possa ser prestada até 60 dias após o início da execução do contrato de trabalho.[788] Ou seja, desta norma depreende-se que os efeitos úteis da prestação da informação pelo empregador ao trabalhador se podem produzir já depois de iniciada a relação contratual e não antes da sua constituição[789], o que naturalmente levanta dúvidas quanto à inserção sistemática destes preceitos na Secção III, que rege sobre a *formação do contrato*, e quanto à classificação do dever de informação previsto no art. 98.° do CT como dever pré-contratual.[790] Razão pela qual alguns Autores tratam dogmaticamente este dever de informação do empregador como um dever de colaboração.[791]

---

[788] Esta norma é susceptível de críticas pois ela não parece ser adequada para aquelas situações em que o contrato cesse antes de decorridos dois meses, seja por força de termo resolutivo seja por cessação levada a cabo por qualquer das partes, uma vez que não se vislumbra que utilidade terá a prestação da informação após a extinção da relação contratual. Esta questão foi acautelada pela Directiva 91/533/CEE, pois esta prevê no seu art. 3.°, n.° 3 que no caso de o contrato ou da relação de trabalho expirarem antes do termo do prazo de dois meses a informação deve ser prestada ao trabalhador o mais tardar no termo desse prazo, solução que não passou para o ordenamento jurídico português. Criticando este aspecto, vd. ANDRADE MESQUITA, *Direito do Trabalho*, 2004, 479-480. No ordenamento italiano, onde se prevê que a informação pode ser prestada até 30 dias após a assunção do contrato, cfr. GIUSEPPE PERA e MARCO PAPALEONI, *Diritto del lavoro*,7.ª ed., Padova: Cedam, 2003, 460.

[789] Também da Directiva 91/533/CEE, que esteve na origem deste regime, se pode concluir que não está aqui em causa uma finalidade de reposição do equilíbrio negocial e de garantia da autonomia privada do trabalhador, pois a Directiva estabelece como objectivo da obrigação de informar do empregador a melhor protecção dos trabalhadores contra um eventual desconhecimento dos seus direitos, a maior transparência do mercado de trabalho e a garantia de que os trabalhadores possuem um documento que contenha os elementos essenciais do seu contrato ou da sua relação de trabalho (cfr. considerandos segundo e sétimo).

[790] Como realça GIUSEPPE PERA, *Diritto del lavoro*, 5.ª ed., 2000, 162-163, esta possibilidade de cumprir o dever de informar numa fase posterior ao início da relação contratual faz presumir que o que está em causa neste dever é apenas a *comunicação* de condições contratuais fixadas unilateralmente pelo empregador e não qualquer comportamento devido no momento da formação do contrato.

[791] Assim, por exemplo, MONTOYA MELGAR, *La buena fé*, 2001, 69 e ss., em especial, 71-72; ENRICO GRAGNOLI, *Obbligo di informazione del datore di lavoro ed efficacia probatoria dei suoi atti*, RIDL, XVII, 1998, 3, (440-453), 445-446.

Do Dever Pré-Contratual de Informação na Formação ... 295

De todo o modo, é necessário fazer uma distinção entre a regra geral constante do art. 97.º, n.º 1 e as normas dos arts. 98.º e 99.º. Pois, a admissibilidade da prestação da informação até 60 dias após o início da relação laboral só se reporta à informação que o empregador deve prestar por imposição do art. 98.º do CT.[792] O que significa que esta corrente de pensamento, que permite concluir que a finalidade em causa não é a garantia da autonomia privada nem a protecção do contraente débil, *no momento da contratação*, não é válida para a regra geral do art. 97.º, n.º 1. Ou seja, à luz desta norma continua a ser defensável, à partida, um dever de o empregador informar o trabalhador, sem que este tenha previamente de procurar obter a informação. Esta apresenta-se como a solução jurídica que permite compensar o desequilíbrio negocial entre as partes, assegurando à parte débil – o trabalhador – o conhecimento dos aspectos relevantes para a sua decisão de contratar, essencial para um efectivo exercício da autonomia privada.[793-794]

Assim, o empregador deve informar o trabalhador sobre todos os aspectos que lhe permitam aferir se a celebração do contrato é apta à realização dos seus interesses. Nomeadamente, deve informar sobre a ameaça de insolvência da entidade empregadora ou de uma futura cessação do contrato de trabalho[795], sobre as contrapartidas da prestação laboral a que o trabalhador tem direito, bem como sobre as diversas condições de trabalho[796] e garantias profissionais[797], que respeitam ao conteúdo mas também à execução da relação laboral[798].

---

[792] Cfr. art. 99.º, em especial n.º 1.

[793] Cfr. RODRÍGUEZ-PIÑERO e BRAVO-FERRER, *El deber del empresario*, 2000, 274-275, 298; também PAULA MEIRA LOURENÇO, *O dever de informação*, 2000, 61, embora não desenvolva este aspecto, conclui que a obrigatoriedade de o empregador informar o trabalhador acentua a *tutela da protecção do trabalhador*.

[794] O reconhecimento de um dever geral de informação do empregador na fase das negociações, independentemente do regime estatuído por força da Directiva 91/533/CEE, encontra-se em ROMANO MARTINEZ, *Direito do Trabalho*, 2005, 445, que remete para o art. 97.º, n.º 1 e para as regras gerais.

[795] Cfr. WILHELM DÜTZ, *Arbeitsrecht*, 2004, 48; HERBERT WIEDEMANN, *Zur culpa in contrahendo*, 1982, 467-468.

[796] MENEZES CORDEIRO, *Manual de Direito do Trabalho*, 1994, 558.

[797] Cfr. ERNEST ESCOLANO, *Le droit a l'information*, 1978, 170.

[798] ROMANO MARTINEZ, *Obrigação de informar*, 2000, 37; *idem, Direito do Trabalho*, 2005, 445.

72. O regime do dever pré-contratual de informação do empregador no CT: que utilidade?

A imposição de um dever de o empregador informar o trabalhador permite contribuir para a protecção do contraente débil, acabando, em última análise, por desempenhar um papel activo para a restauração do contrato enquanto instrumento de realização de justiça contratual.

Todavia, como se verificou em sede geral[799], nem sempre esta finalidade pode ser alcançada. Muitas vezes, quando o desnível de poder negocial é especialmente acentuado, a prestação da informação pelo empregador não é suficiente para garantir uma efectiva autonomia privada do trabalhador. Ao contrário, ela permite apenas a *consciencialização dos efeitos do contrato*, mas não impede que o trabalhador, mesmo informado, celebre um contrato que lhe é desvantajoso. Tal ocorre em especial quando o trabalhador não tem alternativas de contratação, como acontece com particular evidência em mercados com uma elevada taxa de desemprego.

Porém, julgamos que ainda assim o dever pré-contratual de informação pode ter um papel a desempenhar a dois níveis: por um lado, permite ao trabalhador um conhecimento efectivo da posição que ocupa na relação laboral, dos seus direitos e deveres, e por outro lado, quando for prestado por escrito, constitui meio de prova contra eventuais abusos do empregador.

Mas será que é esta a finalidade subjacente ao regime legal dos arts. 98.º e 99.º do CT?

De facto, quanto ao primeiro aspecto identificado, que se reporta à circunstância de permitir ao trabalhador um conhecimento efectivo dos seus direitos e deveres parece não existir grande controvérsia.[800] Aliás, a própria Directiva 91/533/CEE, que está na origem deste regime, reconhece expressamente que o objectivo do dever de informação a cargo do empregador é a protecção do trabalhador contra o desconhecimento dos seus direitos, devendo o trabalhador possuir um documento que contenha os elementos essenciais do seu contrato ou da sua relação laboral.[801]

---

[799] Cfr. supra n.º 37.

[800] Cfr. ROLF WANK, *Das Nachweisgesetz*, RdA, 49, 1996, 1, (21-24), 23, em comentário à *Nachweisgesetz* de 20 de Julho de 1995, que é a lei que transpôs para a ordem jurídica alemã a Directiva 91/533/CEE; JEAN-EMMANUEL RAY, *Droit du Travail*, 2002, 63.

[801] Cfr. considerandos segundo e sétimo; também, JORGE LEITE, *Dever de informação*, 1994, 190.

Do Dever Pré-Contratual de Informação na Formação ... 297

De todo o modo, sempre se poderia questionar se essa finalidade é prejudicada pelo facto de o CT admitir, no n.º 3 do art. 98.º, a possibilidade de o empregador cumprir o dever de informar sobre a duração das férias ou o critério da sua determinação, os prazos de aviso prévio a observar para a cessação do contrato, ou os critérios para a sua determinação, o valor e a periodicidade da remuneração e o período normal de trabalho diário e semanal, *através de mera remissão* para as disposições legais, de instrumento de regulamentação colectiva ou regulamento interno da empresa aplicáveis.

Na nossa opinião, essa faculdade de remissão não prejudica o desígnio do conhecimento efectivo das condições contratuais pelo trabalhador.[802] A mera remissão para as disposições aplicáveis é suficiente para anular a dificuldade na obtenção da informação pelo trabalhador, que é em última análise o factor que motiva a existência de um desequilíbrio informacional justificativo de um tratamento diferenciado, mais gravoso para o empregador. Essa remissão é suficiente para permitir que o trabalhador esteja em condições de, relativamente a essas circunstâncias, se auto-informar, afastando-se assim o dever de a entidade empregador informar espontaneamente o trabalhador.

Maiores dificuldades causa a questão de saber qual é o valor dessa informação. De facto, cabe indagar porque razão a Directiva 91/533/CEE e o CT consideraram importante que o trabalhador possua um documento[803] que lhe permita um conhecimento efectivo dos seus direitos e deveres, bem como das condições contratuais. Será que se pretende atribuir uma força probatória especial a esse documento ou será que esse documento é uma espécie de garantia mínima das condições de trabalho?

O documento que contém a informação não pode ser tido como uma lista completa das condições essenciais do contrato[804], por duas razões evidentes: por um lado, porque o art. 98.º é meramente exemplificativo, e por outro lado, porque o contrato está sujeito a vicissitudes e alterações que podem, por força do poder directivo, ocorrer por determinação unilateral do empregador, o que impede que se possa considerar que o documento informativo corresponde a uma representação segura das con-

---

[802] Em sentido contrário, PAULA MEIRA LOURENÇO, *Dever de informação*, 2000, 60.

[803] Como prescreve o art. 99.º, n.º 1 do CT, a informação deve ser prestada por escrito, podendo constar de um ou vários documentos, que devem ser assinados pelo empregador.

[804] Nesse sentido, cfr. JEAN-EMMANUEL RAY, *Droit du Travail*, 2002, 64.

298   *Do dever pré-contratual de informação e da sua aplicabilidade ...*

dições contratuais existentes num determinado momento. Por isso, nada obsta a que um elemento essencial do contrato seja aplicado apenas porque não consta do documento informativo.[805] Mas e se se verificar o inverso, ou seja, se uma determinada condição essencial do contrato constar do documento informativo e o empregador pretender negá-la durante a execução do contrato de trabalho?

Esta questão foi especificamente tratada pelo Ac. do TJCE de 4 de Dezembro de 1997.[806] Várias questões prejudiciais foram levantadas, entre elas, com especial relevância, a questão de saber se o documento informativo tem uma especial força probatória e se tem um carácter vinculativo para a entidade empregadora. Por outras palavras, pretendia-se saber se bastava a apresentação do documento para se concluir pela existência dos factos aí descritos, nomeadamente, se perante a informação de determinada categoria o trabalhador só tinha de provar a antiguidade para poder ser promovido à categoria seguinte.

O tribunal, numa posição que não é isenta de dúvidas, veio admitir que o documento informativo apresentado pelo empregador tem uma força probatória especial, constituindo *presunção de verdade* dos factos que descreve, sob pena de se esvaziar de sentido os objectivos estabelecidos na Directiva.[807]

Na verdade, esta orientação do Tribunal é susceptível de críticas. Em primeiro lugar cabe perguntar qual o sentido desta presunção de verdade[808]

---

[805] Assim decidiu, aliás, o TJCE no caso *Lange*, cit., em especial pp.1087-1088 e 1091 (cfr. MARTÍN VALVERDE *et al., Derecho del Trabajo*, 2004, 478).

[806] Publicado na CJTJCE, Parte I, 1997-12, 6907 e ss. Este processo surgiu no seguimento de várias questões prejudiciais que foram levantadas pelo *Landesarbeitsgericht Hamm* e que tinham como fundo comum a interpretação do art. 2.º, n.º 2, al. c) da Directiva 91/533/CEE. Nos processos em litígio naquele tribunal alemão os trabalhadores foram informados por escrito pela entidade empregadora sobre a sua classificação e o seu nível. A determinada altura, os trabalhadores requerem a sua promoção ao grau imediatamente superior por já terem completado a antiguidade exigida. A entidade empregadora negou essa possibilidade alegando que a informação contida no documento escrito sobre a sua categoria não estava correcta, uma vez que os trabalhadores tinham até à data exercido funções de categoria inferior. De forma semelhante, noutro grupo de casos também em litígio no tribunal alemão e no âmbito dos quais se levantaram as questões prejudiciais, estava em causa uma informação incorrecta da entidade empregadora que comunicou aos trabalhadores a sua promoção, vindo afinal a constatar que a avaliação da sua categoria anterior tinha sido incorrecta.

[807] Cfr. pp. 6936-6937.

[808] Cfr. ENRICO GRAGNOLI, *Obbligo di informazione*, 1998, 442.

Do Dever Pré-Contratual de Informação na Formação ...

perante a afirmação do Tribunal de que o documento informativo deve ser considerado um elemento susceptível de demonstrar a realidade dos elementos essenciais do contrato ou da relação de trabalho e que tenha, *por esse facto*, uma presunção de verdade comparável à que teria, na ordem jurídica interna, um documento equivalente elaborado pela entidade patronal e comunicado ao trabalhador.[809] Em última análise, isto significa que o documento pode efectivamente constituir meio de prova, de acordo com as normas jurídicas internas. A confirmar este entendimento, o próprio Acórdão ressalva o disposto no art. 6.º da Directiva que prevê justamente que esta não prejudica as normas nacionais relativas ao ónus da prova. Teria, por isso, sido mais vantajoso se o Tribunal não tivesse apelado à ideia de presunção de verdade e tivesse seguido a orientação do Advogado-Geral Giuseppe Tesauro, segundo a qual o documento informativo pode ser apresentado em juízo, permitindo assim uma *maior facilidade na realização da prova* pelo trabalhador, mas não é suficiente para por si só provar os elementos que contém.[810]

Em segundo lugar, esta decisão do Tribunal levanta dúvidas por não estar em harmonia com o processo de elaboração da Directiva. De facto, a análise desse processo permite concluir que a Directiva não pretendeu atribuir ao documento informativo uma força probatória especial, uma vez que abandonou a orientação que constava da proposta apresentada pelo Conselho[811], que se intitulava "proposta de directiva do Conselho relativa a um *elemento de prova* da relação de trabalho" e que previa, no seu considerando quarto, que se pretendia estabelecer ao nível comunitário a obrigação geral segundo a qual qualquer trabalhador assalariado deve possuir um documento que constitua um elemento de prova das condições essenciais da relação de trabalho que o vincula ao empregador.[812]

Finalmente, esta posição defendida pelo Tribunal é ainda susceptível de críticas que se prendem com uma utilização pouco rigorosa do termo presunção. Nos termos do art. 349.º do CC, presunção é uma ilação que

---

[809] Cfr. pp. 6936-6937.

[810] Cfr. p. 6916, onde se esclarece, igualmente, que não está aqui em causa um problema de inversão do ónus da prova.

[811] JOCE 1991, C 24, 3-4.

[812] Cfr. RODRÍGUEZ-PIÑERO e BRAVO-FERRER, *El deber del empresario*, 2000, 278. Do confronto da proposta de directiva do Conselho e da Directiva verifica-se também que na proposta não constava qualquer norma com o conteúdo do art. 6.º, sendo, por isso, certo que a ressalva das normas nacionais em matéria de prova confirma o afastamento da Directiva da orientação de atribuir um valor probatório especial ao documento informativo.

300 *Do dever pré-contratual de informação e da sua aplicabilidade ...*

a lei ou o julgador tira de um facto conhecido para firmar um facto desconhecido. De facto, não está aqui em causa a ilação de factos desconhecidos através de factos conhecidos, pois o documento informativo representa, supostamente, os factos que se pretende provar, não sendo possível a partir dele concluir sobre a existência de certos factos desconhecidos.[813]

Posto estes argumentos não se deve atribuir qualquer valor probatório especial ao documento informativo. Ele constitui apenas um meio de prova *entre os demais*, a valorar pelo juiz nos termos da lei de cada Estado Membro.[814]

O regime da Directiva não pretendeu alterar as regras nacionais sobre a prova (art. 6.º)[815], mas sim fornecer ao trabalhador um documento que lhe facilitasse a prova das condições contratuais essenciais, quando é certo que, em regra, essa prova é muito difícil porque os factos se inscrevem na esfera jurídica, e estão na disponibilidade, do empregador e porque, além disso, o formação do contrato de trabalho obedece ao princípio da liberdade de forma (art. 102.º do CT).[816]

Pode pensar-se que esta posição retira toda a utilidade à obrigação de o empregador informar *por escrito* o trabalhador, entendimento que aliás foi assumido pelo Tribunal e que esteve na base da decisão em análise. De facto, poder-se-ia questionar: que utilidade tem um documento informativo prestado pelo empregador que não tem qualquer força probatória especial? Que efeitos úteis materiais tem esta função informativa se o documento não pode contribuir para a garantia da existência do conteúdo contratual nele descrito?

O documento informativo pode, ainda assim, desempenhar um importante papel. Na verdade, a desconformidade das condições essenciais do contrato constantes do documento informativo e as efectivamente em execução podem *tornar evidente* o eventual fundamento de uma respon-

---

[813] PAULA MEIRA LOURENÇO, *O dever de informação*, 2000, 57-58.

[814] Segundo opinião de ENRICO GRAGNOLI, *Obbligo di informazione*, 1998, 442-443, seguida por PAULA MEIRA LOURENÇO, *O dever de informação*, 2000, 58-59, o documento fornecido pelo empregador ao trabalhador deve valer como confissão extra-judicial (arts. 355.º, n.º 4 e 358.º do CC) dos factos sobre que recaia a informação. Já quanto às informações de índole jurídica a Autora conclui que não equivalem a confissão uma vez que estão em causa conclusões de direito que derivam de factos e apenas estes são passíveis de prova.

[815] Essa orientação foi reafirmada no caso *Lange* cit.: cfr. 1088-1089.

[816] Cfr. PALOMEQUE LÓPEZ e ÁLVAREZ DE LA ROSA, *Derecho del Trabajo*, 2001, 741, onde, paralelamente, destacam a eficácia do documento informativo para provar a *existência* do contrato.

sabilidade civil pré-contratual do empregador. Nos casos em que essa desconformidade não tenha advindo de alterações contratuais legítimas, mas tenha resultado de negligência ou dolo do empregador na prestação da informação, o trabalhador pode invocar *violação por acção* do dever de informar e apresentar o documento informativo, assinado pelo empregador (art. 99.º, n.º 1 do CT), como meio de prova.

A prestação de informações incorrectas consubstancia um facto ilícito pré-contratual que, em conjugação com os demais requisitos previstos no art. 93.º do CT, pode vir a fundamentar a obrigação do empregador indemnizar o trabalhador pelos danos causados. Esta via parece ser bem mais eficaz na protecção do trabalhador do que a atribuição de um valor probatório especial ao documento informativo uma vez que, mesmo perante esse valor, *o empregador teria sempre a possibilidade de fazer a prova contrária dos factos que constam do documento informativo*. Se o empregador lograr fazer essa prova deve, no entanto, ser confrontado com as informações contraditórias que prestou anteriormente e que constam do documento escrito e por elas ser responsabilizado, caso existam danos.

Naturalmente que a solução da responsabilidade civil pré-contratual só é defensável quando a informação tenha sido prestada numa fase prévia ou contemporânea da celebração do contrato, pelo que teria sido mais vantajoso se o legislador tivesse atribuído expressamente natureza pré--contratual a esta obrigação de o empregador informar *por escrito* o trabalhador sobre as condições essenciais do contrato de trabalho.[817-818]

---

[817] Nesse sentido, GIUSEPPE PERA, *Diritto del lavoro*, 2000, 163.

[818] Claro que é sempre possível, perante a conclusão de desadequação de inserção sistemática do art. 98.º e 99.º e da consequente negação da natureza pré-contratual do dever de o empregador informar por escrito o trabalhador, defender a responsabilidade civil contratual por violação do dever acessório de informação, consagrando-se do mesmo modo a tutela do trabalhador contra eventuais danos resultantes da prestação de informações incorrectas.

§ 19 Síntese e conclusões

73. Síntese e conclusões

O dever de informação do empregador apresenta-se como uma realidade menos problemática uma vez que a posição que o empregador ocupa na relação negocial não o coloca numa situação de vulnerabilidade que reclame por uma especial tutela dos seus direitos ou por uma especial garantia da sua liberdade contratual.

Não obstante, alguns aspectos merecem ser destacados. Em primeiro lugar, verifica-se que o CT pretendeu conferir um tratamento igualitário no que respeita ao dever de informação do empregador e do trabalhador (art. 97.º, n.º 1 e 2), numa orientação que está em desarmonia com aquela que tem sido a tendência noutros quadrantes jurídicos de impor unilateralmente um dever de informação à parte em posição de vantagem, como forma de contribuir para a reposição do contrato no papel de garante da justiça contratual.

Todavia, o facto é que esta paridade acaba por ser desmentida pelo regime geral do dever pré-contratual de informação e pelo regime do CT, imposto por força da Directiva 91/533/CEE, sendo possível identificar várias diferenças entre o dever pré-contratual de informação do trabalhador e do empregador.

Essas diferenças verificam-se, em primeiro lugar, no que respeita ao ónus de auto-informação. Em regra, o trabalhador, por se encontrar numa posição de desvantagem, não está, ao contrário do empregador, em condições de exercer a sua autonomia privada e de determinar activamente o conteúdo do contrato pelo que não se lhe pode exigir a auto-tutela dos seus interesses nem impor o risco da obtenção da informação. O trabalhador não tem o ónus de auto-informação, o que acarreta necessariamente o nascimento de um dever do empregador informar espontaneamente o trabalhador, assim se justificando o regime dos arts. 98.º a 100.º do CT que impõem que o empregador deve informar o trabalhador sobre os aspectos nele referidos através de documento escrito. A exigência de documento escrito constitui mais uma diferença com o regime do dever pré-contratual de informação do trabalhador, uma vez que quanto a este o CT não estabelece qualquer especificação do conteúdo ou da forma de prestar a informação.

Cabe, porém, questionar qual a finalidade da imposição de tal dever. Sendo certo que a informação pode ser prestada até 60 dias após o início da relação laboral, não parece defensável que o dever de o empregador informar por escrito o trabalhador, sobre determinados aspectos do contrato de trabalho, tenha como objectivo contribuir para a garantia de uma de uma vontade contratual livre e esclarecida do trabalhador.

Todavia, se essa finalidade não pode ser atribuída às normas especiais dos arts. 98.º a 100.º do CT, o mesmo não se pode dizer relativamente à norma geral do art. 97.º, n.º 1 do CT. A partir da norma geral é possível fundamentar a existência de um dever de informação do empregador enquanto forma de contribuir para o exercício efectivo da liberdade contratual do trabalhador.

Não sendo essa a finalidade do regime do dever de informação prescrito nos arts. 98.º a 100.º do CT, é legítimo perguntar qual é, afinal, a sua utilidade. Ele mostra-se especialmente útil nos casos em que o dever pré-contratual de informação seja ineficaz na tutela da formação da vontade contratual e na garantia de um conteúdo contratual justo, como acontece em situações de especial desequilíbrio negocial não derivado unicamente do desequilíbrio informacional, mas de factores externos tais como a ausência de alternativas de contratação. Nestas situações, o dever de prestar a informação através de documento escrito desempenha um importante papel a dois níveis: permite que o trabalhador tenha um conhecimento efectivo dos seus direitos e deveres e constitui meio de prova contra abusos do empregador, nomeadamente, da eventual violação do dever pré-contratual de informação.

CONCLUSÃO FINAL[819]

O dever de informação na formação do contrato de trabalho coloca, como em qualquer contrato, um problema de justa distribuição da informação relevante para a formação da vontade contratual das partes, assumindo nessa medida forte relevância para a verificação dos pressupostos de que depende o correcto funcionamento da mecânica contratual, nomeadamente a liberdade e a igualdade.

O dever pré-contratual de informação tem uma dupla funcionalidade. De um modo geral, o dever pré-contratual de informação pugna pela correcção da conduta das partes, como forma de fomentar a confiança dos sujeitos privados nos mecanismos ao seu dispor no comércio jurídico. Mas, num plano mais particular, do relacionar específico entre sujeitos no âmbito das negociações de um contrato, a confiança não é suficiente para explicar o carácter impositivo da boa fé, nomeadamente ao nível do dever de informação. O dever de informação não depende da específica relação de confiança que eventualmente se estabeleça entre as partes com a abertura das negociações. No plano dos negociações de um contrato, o dever pré--contratual de informação tem uma outra função que é a de contribuir para que no momento da formação da vontade contratual e da emissão da declaração negocial as partes disponham das informações que lhes permitam exercer *efectiva* e *materialmente* a autonomia privada.

Não obstante, este desígnio só pode ser alcançado quando a liberdade contratual é ameaçada por um desnível do poder negocial motivado por

---

[819] Na conclusão final não se reúnem todas as conclusões parcelares a que se foi chegando ao longo da progressão da análise (incluindo as conclusões acerca do dever pré--contratual de informação em geral) dado que essa tarefa foi sendo realizada no final de cada capítulo. Neste lugar apenas se enfrenta o problema que constituiu objectivo último da dissertação, que foi equacionado na introdução e que de forma resumida se centra na questão de saber quando e qual a justificação para que as partes, no decurso das negociações ou no momento da celebração do contrato de trabalho, possam legitimamente exigir ou esperar receber informação da parte contrária.

um desequilíbrio informacional. Se a liberdade contratual é ameaçada por um forte desnível de poder negocial que se fundamenta em outros factores externos, tais como a dependência económica, que permitam à parte em posição de vantagem impor unilateralmente o conteúdo contratual, apenas favorável aos seus interesses, o dever pré-contratual de informação pouco pode fazer para a reposição da liberdade contratual. No entanto, ainda assim, ele pode ser útil para a consciencialização dos direitos e deveres da parte fraca e para a prova do conteúdo contratual ou da violação do dever pré-contratual de informação.

Estas considerações são, igualmente, válidas para o contrato de trabalho. Como em qualquer outro contrato, a formação do contrato de trabalho coloca um problema de tutela do equilíbrio do poder negocial das partes. Na verdade, mais do que um problema de tutela é um problema de *reposição* desse equilíbrio que está em jogo.

Nas negociações de um contrato de trabalho verifica-se uma situação de dificuldade no acesso à informação relevante para a formação da vontade contratual. Consoante a informação em causa, esse desequilíbrio coloca em posição de desvantagem quer o trabalhador quer o empregador. Por isso, *a este nível* não se verifica um problema de desigualdade, pois a dificuldade de obtenção da informação regista-se da mesma forma para ambas as partes.

O trabalhador tem todo o interesse em conhecer, no momento anterior ao da celebração do contrato, quais os interesses organizacionais aos quais o empregador visa instrumentalizar a capacidade laborativa que disponibiliza em troca da remuneração. Além disso, o trabalhador tem interesse em conhecer as condições, contornos e garantias associadas à prestação laboral que deve desenvolver. Porém, por se inscrever na esfera jurídica do empregador e por estar, pelo menos em parte, indeterminada no momento da celebração do contrato (dado o carácter conformativo do poder de direcção de que goza o empregador), essa informação não está disponível ao trabalhador, apenas podendo chegar ao seu conhecimento através do empregador.

De igual forma, o empregador tem todo o interesse em conhecer as circunstâncias relacionadas com a pessoa do trabalhador (dado o carácter *intuitu personae* do contrato de trabalho) que lhes permita avaliar se um determinado sujeito em concreto é apto a realizar a actividade em moldes adequados à realização dos interesses da organização. Esta informação, porque se inscreve na esfera jurídica (por vezes, na esfera da vida privada)

Conclusão Final

do trabalhador, não está disponível ao empregador, a não ser mediante prestação do trabalhador.

Estas considerações evidenciam que *na obtenção da informação relevante para a celebração do contrato de trabalho é necessária a participação da parte contrária. Saber como essa participação se deve desenvolver de forma a permitir uma distribuição justa da informação foi o desígnio deste trabalho.*

Em primeiro lugar, e embora o tratamento paritário que o legislador pretendeu imprimir no regime do dever de informação a cargo do empregador e do trabalhador (art. 97.° do CT) pudesse, à primeira vista, fazer pensar em sentido diverso, verifica-se que o regime é diferenciado não se esperando uma igual participação das partes no sentido de contribuírem para a obtenção da informação relevante para a parte contrária. Ao trabalhador são exigidos menores esforços do que aqueles que são impostos ao empregador.

Em regra, o trabalhador não tem de informar espontaneamente o empregador. Este deve ter a iniciativa da obtenção da informação que julga relevante, não lhe sendo legítimo esperar receber espontaneamente essa informação do trabalhador. A formulação desta conclusão foi possível a partir de considerações que se prendem com os contornos específicos das negociações de um contrato de trabalho, onde é possível identificar um desequilíbrio de poder negocial das partes, motivado em factores externos, que é tanto mais intenso quanto maior for a taxa de desemprego. Dada a relevância pessoal, familiar, social e financeira do contrato de trabalho para o trabalhador (que constitui uma das manifestações factuais da implicação da pessoa do trabalhador na relação laboral), o empregador está em regra em condições de impor unilateralmente o conteúdo contratual, mesmo com a desconsideração dos interesses do trabalhador. O que significa que não existe igualdade e liberdade material entre o empregador e o trabalhador. Não existindo essa igualdade e liberdade não se pode defender uma distribuição igualitária do risco da informação. Como corolário, não estão reunidos os pressupostos para que se possa afirmar a existência de um ónus de auto-informação das partes. Esse ónus não pode ser imposto de igual modo ao empregador e trabalhador mas é defensável em relação ao empregador, por maioria de razão. Pois, se é possível defender o ónus de auto-informação numa situação de igualdade, também é possível defender que tal ónus existe para o sujeito que está em posição de vantagem. O empregador está em condições de exercer

308 *Do dever pré-contratual de informação e da sua aplicabilidade ...*

efectivamente a sua autonomia privada, por isso está em condições de suportar o risco da obtenção da informação relevante.

Existe no entanto uma excepção a esta regra. Relativamente a determinadas informações o trabalhador deve informar espontaneamente o empregador, independentemente de este ter realizado qualquer diligência no sentido de obter a informação. Esta excepção justifica-se em duas ordens de factores: por um lado, a dificuldade de obtenção da informação gerada pelo facto de ela se inscrever na esfera jurídica do trabalhador, e por outro lado, porque a mecânica das negociações, que permite afirmar que as partes têm o objectivo comum da celebração válida de um contrato que as coloque numa posição mais vantajosa do que a anterior, leva à afirmação, em sede geral, da existência de um dever de informar espontaneamente sobre as circunstâncias que respeitam às condições de validade do contrato e aos interesses legítimos da contraparte, cognoscíveis ou efectivamente conhecidos pela parte que deve prestar a informação.

Estas considerações permitem fundamentar a excepção e por isso constituem limite do dever de informar espontaneamente. Assim, ao nível da formação do contrato de trabalho, o trabalhador deve informar espontaneamente o empregador *apenas* sobre as condições mínimas exigidas para a prestação da actividade assim como sobre as circunstâncias relativas à impossibilidade da sua execução.

Quanto às restantes informações o empregador deverá esforçar-se por obtê-las. Na realização desses esforços destaca-se a possibilidade de formular questões ao trabalhador. Essas questões devem ser legítimas, sob pena de eventual responsabilidade pré-contratual do empregador e sob pena de o trabalhador poder responder sem verdade, sem que se abra a possibilidade de anulação do contrato por dolo ou a possibilidade de eventual responsabilidade pré-contratual do trabalhador.

No âmbito específico da formação do contrato de trabalho, a determinação do que sejam perguntas legítimas depende da concretização dos conceitos indeterminados a que as normas legais aplicáveis (art. 97.º, n.º 2 e art. 17.º, n.º 1 e 2 do CT) fazem apelo.

Na interpretação do art. 97.º, n.º 2 do CT, que prevê que o trabalhador deve informar o empregador sobre os aspectos relevantes para a prestação da actividade laboral, a concretização do que sejam aspectos relevantes para a prestação da actividade laboral deve levar em linha de conta a existência de uma conexão objectiva da informação com a actividade e, além disso, a existência de interesses legítimos do empregador na obtenção dessa informação, no momento anterior ao da celebração do contrato de trabalho.

Entre outros, pode afirmar-se com segurança que não é legítimo o interesse do empregador na obtenção da informação que respeita a circunstâncias que se inscrevem na esfera do risco assumido no momento da celebração de um contrato de trabalho. Esta afirmação sedia-se na própria estrutura do contrato. Na medida em que o contrato de trabalho se caracteriza por um alargamento da posição debitória das partes, que constitui contrapartida da transferência do risco inerente à prestação de trabalho *subordinado* para a parte contrária, a prestação de informação que permitisse a desoneração desse risco equivaleria a um desequilíbrio na própria estrutura contratual.

A partir da concretização da norma geral do art. 97.º, n.º 2 do CT, pode concluir-se que, em regra, não são legítimas as perguntas sobre filiação sindical, sobre os antecedentes penais ou sobre o salário pretendido pelo trabalhador.

Quanto a perguntas sobre aspectos que respeitam à vida privada do trabalhador é necessário procurar elementos de concretização do art. 17.º, n.º 1 e n.º 2 do CT. Como questão prévia é necessário tomar posição quanto ao problema do âmbito de aplicação material destas normas. O art. 17.º, n.º 1 constitui a regra geral sobre as informações relativas à vida privada (independentemente de fazerem parte da esfera íntima) e o art. 17.º, n.º 2 é reservado especialmente para as informações relativas ao estado de saúde e gravidez.

Nos termos do art. 17.º, n.º 1 são legítimas as perguntas sobre aspectos da vida privada do trabalhador sempre que essas informações sejam estritamente necessárias e relevantes para avaliar da respectiva aptidão no que respeita à execução do contrato de trabalho. Esta norma deixa espaço para valorações subjectivas do empregador acerca da aptidão ou melhor aptidão para a execução do contrato de trabalho. Essas valorações deverão, em qualquer caso, passar pelo crivo do critério geral da relevância das informações, previsto no art. 97.º, n.º 2, ao abrigo do qual deve ser ponderada a legitimidade do interesse do empregador na obtenção da referida informação.

Já no art. 17.º, n.º 2, referente às informações sobre o estado de saúde e gravidez tal margem de manobra não é concedida ao empregador, apenas devendo ser admitidas perguntas sobre o estado de saúde e gravidez

310   *Do dever pré-contratual de informação e da sua aplicabilidade ...*

quando esteja em causa aferir da impossibilidade de prestar ou do risco para a saúde do trabalhador ou de terceiros, tendo em conta a natureza da actividade a prestar. Além desta situação, há um outro caso em que as perguntas sobre o estado de saúde são legítimas e que não estão contempladas no art. 17.º, n.º 2 mas que encontram solução na regra geral. Trata-se de informações que permitam aferir do risco para a saúde de terceiros, que não se justificam na natureza da actividade mas sim na componente organizacional do contrato de trabalho.

A questão de saber qual a conduta que o empregador deve adoptar no que toca à transmissão da informação relevante para o trabalhador apresenta-se como menos problemática. Na verdade, a prestação da informação pelo empregador não o coloca numa situação de desvantagem ou de vulnerabilidade dos seus direitos fundamentais, como acontece em relação ao trabalhador. Este aspecto é interessante: é possível identificar uma situação de perigo dos direitos fundamentais de ambas as partes que varia consoante o conteúdo e extensão do dever pré-contratual de informação a cargo do trabalhador. O direito fundamental do empregador que se encontra em perigo é a liberdade de iniciativa económica privada que é tanto mais protegido quanto maior for o âmbito do dever de informação imposto ao trabalhador. Por sua vez, os direitos do trabalhador que se encontram em perigo são o direito à reserva da vida privada e o direito a um tratamento igual e não discriminatório no processo de selecção, que são tanto mais protegidos quanto menor for o âmbito do seu dever de informar.

Como corolário, a defesa de um dever geral de informação a cargo do empregador não ameaça direitos fundamentais das partes mas ao contrário a imposição de um dever geral de informação a cargo do trabalhador constitui ameaça para os direitos fundamentais em perigo na fase das negociações. Mais uma razão para concluir pela existência de um regime diferenciado do dever pré-contratual de informação do trabalhador e do empregador.

Por esta razão, é de estranhar a opção do CT que, num movimento contrário àquela que tem sido a tendência registada noutros quadrantes do Direito Civil, estabelece como *regra geral* um regime paritário. Não obstante, a interpretação e concretização das suas normas permite conclusão diversa. *Ao contrário do trabalhador, o empregador deve informar espontaneamente o trabalhador*, sem que este tenha previamente de desenvolver esforços no sentido da obtenção da informação. Trata-se de um dever imposto unilateralmente que visa contrabalançar o desequilíbrio negocial,

Conclusão Final

favorecendo a parte fraca. Se à prestação da informação relevante se aliar a existência de alternativas de contratação, então, a imposição deste dever pode contribuir para evitar que o trabalhador celebre um contrato que lhe é desvantajoso.

O próprio CT (art. 98.º e 99.º) acaba por confirmar a diferenciação de regimes ao impor ao empregador o dever de informar o trabalhador, por escrito, sobre certas circunstâncias relativas ao contrato de trabalho. Este dever não tem natureza pré-contratual uma vez que pode ser cumprido em momento posterior ao da celebração do contrato, mas quando for cumprido antes ou no momento da celebração do contrato de trabalho, o dever de o empregador informar o trabalhador por escrito pode mostrar--se bastante útil não só na consciencialização da posição contratual do trabalhador mas também na prova de eventual responsabilidade pré--contratual, caso se venha a verificar uma divergência culposa entre a informação prestada e o conteúdo da relação contratual em execução.

RESUMO

O dever de informação a cargo do (futuro) empregador e do candidato a emprego assume uma grande importância na actualidade, desde logo, porque da sua conformação depende uma maior ou menor protecção de direitos fundamentais: do lado do empregador o direito de iniciativa económica privada, do lado do trabalhador o direito à reserva da sua vida privada e o direito à igualdade de oportunidades no âmbito de um processo de selecção.

Para além deste plano de incidência, o dever de informação mostra-se também muito relevante na protecção da posição negocial da parte fraca, em regra o trabalhador.

Estas razões foram suficientes para que tenhamos considerado útil a procura de critérios valorativos que contribuam para a conformação do dever pré-contratual de informação no contrato de trabalho, tarefa que desenvolvemos nos quadros do Direito Civil em geral e do Direito do Trabalho em especial.

A presente dissertação visa responder a um problema que, em termos simples, se pode equacionar da seguinte forma: quando e qual a justificação para que em determinadas situações o trabalhador e o empregador tenham de prestar informações à parte contrária, no âmbito do processo de formação de um contrato de trabalho? Que informações podem legitimamente as partes exigir e esperar receber da sua parte contrária, no decurso das negociações de um contrato de trabalho?

RÉSUMÉ

Le devoir d'information du (futur) employeur et du candidat à un emploi joue un rôle très important de nos jours. Car, de son respect et de son conformation, dépendent d'une large mesure la protection des droits fondamentaux : le droit de l'initiative économique et privée du côté de l'employeur ; le droit du respect à la vie privée et le droit à l'égalité d'opportunité du candidat lors d'une procédure de sélection, du côté de l'employé.

En plus de ceci, le devoir d'information revêt un caractère particulièrement vital dans la protection de la partie la plus faible, en général l'employé, lors de la négociation.

Ces raisons sont suffisantes pour que l'on considère nécessaire la recherche de critères de mise en valeur qui contribuent à la détermination du droit précontractuel de l'information dans le contrat de travail; tâche que nous developperons dans le cadre du Droit Civil en général et du Droit du Travail en particulier.

Cette dissertation vise à trouver une solution à un problème qui, de manière simple, peut s'énoncer comme suit: lors de l'élaboration d'un contrat de travail, quelle est la justification, et quand est-ce qu'elle peut être appliquée, qui, dans certaines situations, permet à l'employeur et à l'employé de s'échanger des informations? Quels renseignements les parties peuvent légitiment exiger et espérer recevoir lors des négociations d'un contrat de travail?

Summary

The duty to disclose of the (future) employer and of the candidate to a job vacancy is a contemporary and interesting topic, since the measure to protect fundamental rights and freedoms depends on its qualification: from the employer's side the freedom to contract, from the employee's side the right to privacy and the right to equal opportunities and non discrimination during the negotiations of an employment contract.

Further, the duty to disclose is also very relevant in respect of the protection of the weakest party's negocial ability, in general that of the employee.

These reasons were sufficient to trigger the search of material criteria that may contribute to the qualification of the duty to disclose during the negotiations of an employment contract, a task that was undertaken within the boundaries of the contract law in general and of the labour law in particular.

This dissertation aims to answer a simple question: when and what are the motives to justify that in certain circumstances, during the negotiations of an employment contract, the employer and the employee have to provide the other party with certain information? Which information can the parties reasonably request for, and expect to receive from the counterparty?

BIBLIOGRAFIA

AA.VV.
- *Commentario breve allo Statuto dei Lavoratori,* Padova: Cedam, 1985

AA.VV.
- *Comparative Labour Law and Industrial Relations in Industrialized Market Economies,* 7.ª ed., London, Boston: Kluwer Law International, 2001

AA.VV.
- *Münchener Kommentar zum Bürgerlichen Gesetzbuch,* Vol. 2 a, 4.ª ed., München: Beck, 2003 [cit. por Autor]

AA.VV.
- *Código Europeu de contratos. Academia de Iusprivatistas Europeus, T.I, Comentários em homenaje al Prof. Doutor Mozos y de los Mozos,* Madrid: Dykinson, 2003

ABRANTES, José João
- *A vinculação das entidades privadas aos direitos fundamentais,* Lisboa: AAFDL, 1990
- *O Direito do Trabalho e a Constituição, in idem, Estudos de Direito do Trabalho,* 2.ª ed., Lisboa: AAFDL, 1992, 59-87
- *Contrato de trabalho e direitos fundamentais,* in ANTÓNIO MOREIRA (coord.), *II Congresso nacional de Direito de Trabalho. Memórias,* Coimbra: Almedina, 1999, 105-114
- *Contrato de Trabalho e direitos fundamentais,* Coimbra: Coimbra Editora, 2005 (= publicação francesa: *Contrat de Travail et droits fondamentaux: contribuition à une dogmatique commune européenne, avec référence spéciale au droit allemand et au droit portugais,* Frankfurt *et al.*: Lang, 2000)
- *O Direito Laboral face aos novos modelos de prestação do trabalho,* in António Moreira (coord.), *IV Congresso Nacional de Direito de Trabalho. Memórias,* Coimbra: Almedina, 2002, 83-94
- *O novo Código do Trabalho e os direitos de personalidade do trabalhador,* in AA.VV., *A reforma do Código de Trabalho,* Coimbra: Coimbra Editora, 2004, 139-160
- *O Código de Trabalho e a Constituição,* in ANTÓNIO MOREIRA (coord.), *VI Congresso Nacional de Direito do Trabalho. Memórias,* Coimbra: Almedina, 2004, 151-162

318 *Do dever pré-contratual de informação e da sua aplicabilidade ...*

ACADÉMIE DES PRIVATISTES EUROPÉENS
- *Code Européen des Contrats. Avant-projet. Livre I.* Milano: Giuffrè, 2004

AGUADO, Joseph Llobet I
- *El deber de información en la formación de los contratos*, Madrid: Marcial Pons, 1996

ALARCÃO, Rui de
- vd. ANDRADE, Manuel Domingues de

ALBERTI
- *Mitteilungspflicht über unvermögen oder unmöglichkeit, und ihre Verletzung*, AcP, 1920, 141-247

ALMEIDA, Carlos Ferreira de
- *Negócio Jurídico de consumo, caracterização, fundamentação e regime jurídico*, BMJ 347, 1985, 11-38
- *Contratos, vol. I, Conceito, fontes, formação*, 3.ª ed., Coimbra: Almedina, 2005

ALPA, Guido
- *Les nouvelles frontières du droit des contrats*, Michele Dassio (trad.), RIDC, 1998, 1015-1030
- *Il Codice Civile Europeo: "E Pluribus Unum"*, EDC, 2000, 141-158
- *I "Principles of European Contract Law" predisposti dalla Commissione Lando*, in AAVV, *Um Código Civil para a Europa*, Coimbra: Coimbra Editora 2002, 333-347

AMADO, João Leal
- *Breve apontamento sobre a incidência da revolução genética no domínio juslaboral e a lei n.º 12/2005, de 26 de Janeiro*, in idem, *Temas laborais*, Coimbra: Coimbra Editora, 2005, 23-33

ANDRADE, Jóse Carlos Vieira de
- *Os Direitos Fundamentais da Constituição Portuguesa de 1976*, 3.ª ed., Coimbra: Almedina, 2004

ANDRADE, Manuel Domingues de
- *Teoria Geral da Relação Jurídica, Vol. II, Facto jurídico, em especial negócio jurídico*, Coimbra, 1983
_____ e ALARCÃO, Rui de
- *Teoria Geral das Obrigações*, 3.ª ed., Coimbra: Almedina, 1966

ASCENSÃO, Oliveira
- *Cláusulas contratuais gerais, cláusulas abusivas e boa fé*, ROA, 2000, 573-595
- *Direito Civil. Teoria Geral, III, Relações e situações jurídicas*, Coimbra: Coimbra Editora, 2002
- *Direito Civil. Teoria Geral, II, Acções e factos jurídicos*, 2.ª ed., Coimbra: Coimbra Editora, 2003

ASSMANN, Heinz-Dieter
- *Prospekthaftung: als Haftung für die Verletzung Kapitalmarktbezogener. Informationsverkehrspflichten nach deutschem und US-amerikanischem Recht*, Köln et al.: Heymanns, 1985

BAAMONDE, Maria Emilia Casas
- *¿Una nueva constitucionalización del Derecho del Trabajo?*, Rel. Lab., 2004, 129-140
- *La plena efectividad de los derechos fundamentales: juicio de ponderación (¿o de proporcionalidad?) y principio de buena fe*, Rel. Lab., 2004, 141-153
- vd. OLEA, Manuel Alonso
——— e DAL-RÉ, Fernando Valdés
- *Diversidad y precariedad de la contratación laboral en España*, Rel. Lab., 1989, 240-258

BALLERSTEDT, Kurt
- *Zur Haftung für culpa in contrahendo bei Geschäftsabschluß durch Stellvertreter*, AcP 1950-1951, 501-531

BAR, Christian von
- *Vertragliche Schadensersatzpflichten ohne Vertrag*, JuS, 1982, 637-645
- *Le groupe d'études sur un code civil européen*, RIDC, 2001, 127-139

BARBOSA, Pedro de Ascensão
- *Do Contrato Promessa*, Separata da Revista O Direito, Lisboa, 1950

BAUDRY-LACANTINERIE e BARDE, L.
- *Traité Théorique et Pratique de Droit Civil, XII, Des Obligations*, T. I, 3.ª ed., Paris, 1906

BENATTI, Francesco
- *A responsabilidade pré-contratual*, Vera Jardim e Miguel Caeiro (trad.), Coimbra: Almedina, 1970 (título original: *La responsabilitá pre-contrattuale*, Milano: Giuffrè, 1963)
- in PAOLO CENDON (dir.), *Commentario al Codice Civile*, Vol. IV, Torino: UTET, 1991, 502-508

BESSONE, Mario
- *Rapporto precontrattuale e doveri di correttezza (Osservazioni in tema di recesso dalla trattativa)*, RTDPC, 1972, 962-1026

BIANCA, Massimo
- *Diritto Civile, 3, Il contratto*, Milano: Giuffrè, 1984

BLANCO, Cachón
- *Derecho del Mercado de Valores*, T.I, Madrid: Dykinson, 1992

BRAVO-FERRER
- vd. RODRÍGUEZ-PIÑERO

BROX, Hans
- *Allgemeines Schuldrecht*, 18.ª ed., München: Beck, 1990
- *Arbeitsrecht*, 15.ª ed., Stuttgart: Verlag W. Kohlhammer, 2002

320 *Do dever pré-contratual de informação e da sua aplicabilidade ...*

CABRAL, Rita Amaral
- vd. CORDEIRO, Menezes

CALLE, Esther Gómez
- *Los deberes precontractuales de información*, Madrid: La Ley, 1994

CÂMARA, Paulo
- *Os deveres de informação e a formação dos preços no Mercado dos valores mobiliários*, CadMVM, 2, 1998, 79-93

CANARIS, Claus-Wilhelm
- *Geschäfts– und verchuldensfähigkeit bei haftung aus 'culpa in contrahendo', gefährdung und Aufopferung,* NJW, 1964, 1987-1993
- *Vertrauenshaftung im Deutschen Privatrecht,* München: Beck, 1971
- *Schutzgesetze – Verkehrspflichten – Schutzpflichten, in* AA.VV., *FS für Karl Larenz zum 80. Geburtstag,* München: Beck, 1983, 27-110
- *Autoria e participação na culpa in contrahendo,* Raúl Guichard Alves (trad.), RDE, XVI-XIX, 1990-1993, 5-42
- *A liberdade e a justiça contratual na 'sociedade de direito privado', in* PINTO MONTEIRO (coord.), *Contratos: actualidade e evolução,* Porto: UCP, 1997, 49-66
- *Wandlungen des Schuldvertragsrecht – Tendenzen zu seiner "Materialsierung",* AcP 200, 2000, 273-364
- *Direitos Fundamentais e Direito Privado,* Wolfgang Sarlet e Mota Pinto (trad.), Coimbra: Almedina, 2003

CANOTILHO, Gomes e MOREIRA, Vital
- *Constituição da República Portuguesa Anotada,* 3.ª ed., Coimbra: Coimbra Editora, 1993

CARUSO, Bruno
- *Le nuove frontiere del Diritto del Lavoro: AIDS e rapporto di lavoro,* RIDL, XVII, 1998, 105-145

CARVALHO, António Nunes
- *O pluralismo do Direito do Trabalho, in* ANTÓNIO MOREIRA (coord.), *III Congresso Nacional de Direito do Trabalho. Memórias,* Coimbra: Almedina, 2001, 269-294

CASTRO, Catarina Sarmento e
- *A protecção dos dados pessoais dos trabalhadores,* QL, 2002, 27-60

CATAUDELLA, António
- *Intuitus personae e tipo negoziale, in* AA.VV., *Studi in onore di Francesco Santoro-Passarelli,* Vol. I, Napoli: Jovene, 1972, 621-658

CAUPERS, João
- *Os diretios fundamentais dos trabalhadores e a Constituição,* Coimbra: Almedina, 1985

CIAN, Giorgio e TRABUCCHI, Alberto
- *Commentario breve al Codice Civile,* Padova: CEDAM, 1981

COHEN, Nili
- *Pre-contractual duties: two freedoms and the contract to Negotiate, in* JACK BEATSON e DANIEL FRIEDMANN, *Good faith and fault in contract law,* Oxford: Clarendon Press, 1997, 25-56

COING, Helmut
- *Derecho Privado Europeu,* T. II, Pérez Martín (trad.), Madrid: Fundación Cultural del Notariado, 1996

COMMISSION ON EUROPEAN CONTRACT LAW,
- *Principles of European Contract Law (PECL),* Parts I and II, Hague, London, Boston: Kluwer Law International, 2000

COOTER, Robert
- *Law and economics,* 2.ª ed., Boston, San Francisco: Addison-Wesley, 1997

CORDEIRO, António Menezes
- *Da situação jurídica laboral. Perspectivas dogmáticas do Direito do Trabalho,* ROA, Lisboa, 1982, 5-65
- *Da boa fé no Direito Civil,* Coimbra: Almedina, 2001
- *Banca, Bolsa e Crédito, Estudos de Direito Comercial e de Direito da Economia,* Vol. I, Coimbra: Almedina, 1990
- *Manual de Direito do Trabalho,* Coimbra: Almedina, 1994
- *Direito das Obrigações,* Vol. I, Lisboa: AAFDL, 1994
- *A boa fé nos finais do século XX,* ROA, 56, III, Lisboa: 1996, 887-912
- *O respeito pela esfera privada do trabalhador, in* ANTÓNIO MOREIRA (coord.), *I Congresso Nacional de Direito de Trabalho. Memórias,* Coimbra: Almedina, 1998, 19-37
- *Direito do Trabalho e cidadania, in* ANTÓNIO MOREIRA (coord.), *III Congresso Nacional de Direito do Trabalho. Memórias,* Coimbra: Almedina, 2001, 29-42
- *Liberdade, Igualdade e Fraternidade: velhas máximas e novas perspectivas do Direito do Trabalho, in* ANTÓNIO MOREIRA (coord.), *IV Congresso Nacional de Direito do Trabalho. Memórias,* Coimbra: Almedina, 2002, 25-38
- *Contrato de Trabalho e objecção de consciência, in* ANTÓNIO MOREIRA (coord.), *V Congresso Nacional de Direito do Trabalho. Memórias,* Coimbra: Almedina, 2003, 23-46
- *Manual de Direito comercial,* vol. I, Coimbra: Almedina, 2003
- *Manual de Direito das Sociedades,* Vol. I, *Das sociedades em geral,* Coimbra: Almedina, 2004
- *Da Modernização do Direito Civil,* I, Coimbra: Almedina, 2004 (=ROA, ano 62, Janeiro (91-110), Abril (319-345) e Dezembro (711-729))
- *Tratado de Direito Civil Português,* I, *Parte Geral,* T. I, 3.ª ed., Coimbra: Almedina, 2005
- vd. COSTA, Mário J. Almeida

322 Do dever pré-contratual de informação e da sua aplicabilidade ...

_____ e CABRAL, Rita Amaral
- *Aquisição de empresas. Vícios na empresa privatizada, responsabilidade pelo prospecto, culpa in contrahendo, indemnização. Anotação ao Acórdão do Tribunal Arbitral, de 31 de Março de 1993*, Ordem dos Advogados Portugueses, Lisboa, 1995

CORDOVA, Efrén
- *Las relaciones de trabajo atípicas*, Rel. Lab., 1986, 239-283

COSTA, Mário J. Almeida
- *Responsabilidade civil por ruptura das negociações preparatórias de um contrato*, RLJ, 116, 3708-3714, 1983-1984, 81 e ss.
- *Direito das Obrigações*, 9.ªed., Coimbra: Almedina, 2001
- *Intervenções fulcrais da boa fé nos contratos*, RLJ, 113, 2000/2001, 3919 e 3920, 297-303

_____ e CORDEIRO, António Menezes
- *Cláusulas Contratuais Gerais. Anotação ao Decreto-Lei n.º 446/85, de 25 de Outubro*, Coimbra: Almedina, 1995

COUTURIER, Gérard
- *Droit du travail, I, Les relations individuelles de travail*, Paris: PUF, 1990

CUFFARO, Vincenzo
- *'Responsabilità precontrattuale'*, in Enciclopedia del Diritto, Vol. XXXIX, Milano: Giuffrè, 1988, p. 1265-1274

CUPIS, Adriano de
- *Il danno. Teoria generale della responsabilità civile*, Vol. I, 3.ª ed., Milano: Giuffrè, 1979

DAL-RÉ, Fernando Valdés
- *Poderes del empresario y derechos de la persona del trabajador*, Rel. Lab., 1990, 277-294
- *Los derechos fundamentales de la persona del trabajador: un ensayo de noción lógico-formal*, Rel. Lab., 2003, 47-54
- *Contrato de trabajo, derechos fundamentales de la persona del trabajador y poderes empresariales: una difícil convivencia*, Rel. Lab., 2003, 89--102
- vd. BAAMONDE, Maria Emilia Casas

DÄUBLER, Wolfgang
- *Una riforma del Diritto del Lavoro tedesco? Prime osservazioni sul Beschäftigungsförderungsgesetz 26 aprile 1985*, Lorenzo Gaeta (trad.) RIDL, 1985, 528-546
- *Derecho del Trabajo*, Acero Serna e Acero López (trad.), Madrid: Ministerio de Trabajo y Seguridad Social, 1994 (título original: *Das Arbeitsrecht*, Hamburg: Rowohlt, 1 e 2, 1983 e 1981, respectivamente)

DEMOGUE, René
- *Traité des Obligations en Géneral*, vol. I, T.I, Paris, 1921

Díez-Picazo, Luis e Gullón, António
- *Instituciones de Derecho Civil*, v. I, Madrid: Tecnos, 1995
Dole, Georges
- *La liberté d'opinion et de conscience en droit comparé du travail. Union Européenne, I – Droit Européen et Droit Français*, Paris: LGDJ, 1997
Domínguez, Juan Fernández
- *Pruebas genéticas en el Derecho del Trabajo*, Madrid: Civitas, 1999
Dörner, Heinrich
- *Die Integration des Verbraucherrechts in das BGB*, in Reiner Schulze e Hans Schulte-Nölke (org.), *Die Schuldrechtsreform vor dem Hintergrund des Gemeinschaftsrechts*, Tübingen: Mohr, 2001, 177-188
Dray, Guilherme Machado
- *O Princípio da Igualdade no Direito do Trabalho. Sua aplicabilidade no domínio específico da formação de contratos individuais de trabalho*, Coimbra: Almedina, 1999
- *Autonomia privada e igualdade na formação e execução de contratos individuais de trabalho*, in AA.VV., *Estudos do Instituto do Direito do Trabalho*, Vol. I, Coimbra: Almedina, 2001, 21-105
- *Justa causa e esfera privada*, in Romano Martinez (coord.), *Estudos do Instituto de Direito do Trabalho*, Vol. II, Coimbra: Almedina, 2001, 35--91
- *Breves Notas sobre o ideal de justiça contratual e a tutela do contraente mais débil*, in AA.VV., *Estudos em homenagem ao Professor Doutor Inocêncio Galvão Telles*, Vol. I, Coimbra: Almedina, 2002, 75-105
Dütz, Wilhelm
- *Arbeitsrecht*, 9.ª ed., München: Beck, 2004
Ehrich, Christian
- *Fragerecht des Arbeitgebers bei Einstellungen und folgen der Falschbeantwortung*, DB, 2000, 421-427
Emmerich, Volker
- *Das Recht der Leistungsstörungen*, 6.ª ed., München: Beck, 2005
Enneccerus, Ludwig e Lehmann, Heinrich
- *Tratado de Derecho Civil*, 2.º T., *Derecho de Obligaciones*, I, Barcelona: Bosch, 1933
Escolano, Ernest
- *Le droit a l'information des travailleurs*, in Yvon Loussouarn e Paul Lagarde (dir.), *L'information en droit privé*, Paris: LGDJ, 1978, 161--201
Fabre-Magnan, Muriel
- *De l'obligation d'information dans les contrats*, Paris: LGDJ, 1992
- *Duties of disclosure and French contract law: contribution to an economic analysis*, in Jack Beatson e Daniel Friedmann (dir.), *Good faith and fault in contract law*, Oxford: Clarendon Press, 1997, 99-120

324   *Do dever pré-contratual de informação e da sua aplicabilidade ...*

FAGGELLA, Gabriele
- *Dei periodi precontrattuali e de la lora vera ed esatta construzione scientifica*, in AA.VV., *Studi giuridici in onore di Carlo Fadda*, III, Napoli: Luigi Pierro, 1906, 271-342.
- *Fondamento Giuridico della Responsabilità in tema di trattative contrattuali*, Arch. Giur. 82, 190, 128-150
- *I Periodi Precontrattuali e la Responsabilitá Precontrattuale*, 2.ªed., Roma: Stab. Tip. Società Cartiere Centrali, 1918

FANTE, Anna del
- *Buona fede prenegoziale e principio costitucionale di solidarietà*, RDC, 1983, 122-182

FARIA, Ribeiro de
- *Direito das Obrigações*, vol. I, Coimbra: Almedina, 2001

FERNANDES, Monteiro
- *Sobre o objecto do contrato de trabalho*, ESC, 1968, 25, 13-35
- *Observações sobre o "princípio de igualdade de tratamento" no Direito do Trabalho*, in AA.VV., *Estudos em Homenagem ao Prof. Doutor Ferrer Correia*, III, Coimbra, BFDUC, 1991, 1009-1036
- *Direito do Trabalho*, 11.ª ed. Coimbra: Almedina, 2002
- *Reflexões acerca da boa fé na execução do contrato de trabalho*, in António Moreira (coord.), *V Congresso Nacional de Direito de Trabalho. Memórias*, Coimbra: Almedina, 2003, 109-126

FERRARO, Giuseppe
- *Poteri imprenditoriali e clausole generali*, in PASSARELLI, Giuseppe Santoro (org.), *Diritto del lavoro e categorie civilistichi*, Torino: G. Giappichelli, 1992

FERREIRA, Eduardo Paz
- *A informação no mercado de valores mobiliários*, in AA.VV., *Direito dos Valores Mobiliários*, Vol. III, Coimbra, 2001, 137-159

FERRO-LUZZI, Federico
- *L'imputazione precontrattuale. Il preliminare, le trattative*, Padova: CEDAM, 1999

FESTAS, David Oliveira
- *O direito à reserva da intimidade da vida privada do trabalhador no Código do Trabalho*, ROA, 64, 2004, 369-458

FLEISCHER, Holger
- *Informationspflichten der Geschäftsleiter beim management buyout im Schnittfeld von Vertrags-, Gesellschafts– und Kapitalmarketrecht*, AG, 45, 2000, 309-321
- *Informationsasymmetrie im Vertragsrecht*, München: Beck, 2001
- *Vorvertragliche Pflichten im Schnittfeld von Schuldrechtsreform und Gemeinschaftsprivatrecht. Dargestellt am Beispiel der Informationspflichten*, in SCHULZE e SCHULTE-NÖLKE, *Die Schuldrechtsreform vor*

dem Hintergrund des Gemeinschaftsrechts, Tübingen: Mohr, 2001, 243-267

FLUME, Werner
- *Rechtsgeschäft und privatautonomie, in* AA.VV., *Hundert Jahre Deutsches Rechtsleben – FS zum Hundertjährigen Bestehen des Deutschen Juristentages*, vol. I, Karlsruhe: Müller, 1960, 135-238
- *El negocio jurídico. Parte general del Derecho civil*, T. II, Miquel González e Gómez Calle (trad.), 4.ª ed., Madrid: Fundación Cultural del Notariado, 1998

FRADA, Carneiro da
- *Contrato e deveres de protecção*, Coimbra, 1994
- *Uma 'terceira via' no Direito da responsabilidade civil?*, Coimbra: Almedina, 1997
- *Teoria da Confiança e Responsabilidade Civil*, Coimbra: Almedina, 2004

GALGANO, Francesco
- *El negocio jurídico*, Blasco Gascó e Prates Albentosa (trad.), Valencia: Tirant lo Blanch, 1992

GANDOLFI, Giuseppe
- *Pour un code européen des contrats*, RTDCiv, 1992, 707-736.

GANDOLFI, Ruffini
- *Problèmes d'unification du droit en Europe et le Code Européen des Contrats*, RIDC, 2002, 1075-1103

GAUDU, François e VATINET, Raymonde
- *Les contrats du travail: contrats individuels, conventions collectives et acts unilatéraux*, Paris: LGDJ, 2001

GHESTIN, Jacques
- *L'obligation précontractuelle de renseignements en Droit français, in* DENIS TALLON e DONALD HARRIS (dir.), *Le contrat aujourd'hui: comparaisons franco-anglaises*, Paris: LGDG, 1987, 171-184
- *Traité de Droit Civil, La formation do contrat*, 3.ª ed., Paris: LGDJ, 1993
- *Perspectives pour l'avenir le Droit des contrats, in* AA.VV., *Um Código Civil para a Europa*, Coimbra: Coimbra Editora, 2002, 181-196
_____ e JAMIN, Christophe
- *Le juste et l'utile dans les effets du contrat, in* PINTO MONTEIRO (coord.), *Contratos: actualidade e evolução*, Porto: UCP, 1997, 123-165

GIERKE, Otto Von
- *Las raices del contrato de servicios*, Barreiro González (trad.), Madrid: Civitas, 1982 (título original: *Die wurzeln des Dienstvertrages, in* FS für Brunner, 1914)

GILMORE, Grant
- vd. KESSLER, Friedrich

326 Do dever pré-contratual de informação e da sua aplicabilidade ...

Gimeno, Francesco Blat
- *Relaciones laborales en empresas ideologicas*, Madrid: Ministério de Trabajo y Seguridad Social, 1986

Gomes, Júlio
- *O Dever de Informação do Tomador de Seguro, in II Congresso Nacional de Direito dos Seguros*, Coimbra: Almedina, 75-113

Gonçalves, Luiz da Cunha
- *Tratado de Direito Civil em Comentário ao Código Civil Português*, vol. IV, Coimbra: Coimbra Editora, 1931

González, Clara Asúa
- *La culpa in contrahendo, Tratamiento en el Derecho alemán y presencia en otros ordenamientos*, Bilbao: Universidad del País Vasco, 1989

Gouveia, Jaime de
- *Da responsabilidade contratual*, Lisboa, 1932

Gragnoli, Enrico
- *Obbligo di informazione del datore di lavoro ed efficacia probatoria dei suoi atti*, RIDL, 1998, 440-453

Griebeling, Gert
- *Der Arbeitnehmerbegriff un das problem der "Scheinselbständigkeit"*, RdA, 1998, 208-216

Grigoleit, Hans Christoph
- *Reformperspektiven der vorvertraglichen Informationshaftung, in* Reiner Schulze e Hans Schulte-Nölke (org.), *Die Schuldrechtsreform vor dem Hintergrund des Gemeinschaftsrechts*, Tübingen: Mohr, 2001, 269-294
- *Irrtum, Täuschung und Informationspflichten in den European Principles und in den Unidroit-Principles, in* AA.VV., *Informationspflichten und Vertragsschluss im Acquis communautaire*, Tübigen: Mohr Siebeck, 2003, 201-230

Grothe, Helmut
- *La réforme du Droit allemand des obligations*, RDIDC, 2004, 243-265

Grisi, Giuseppe
- *L'obbligo precontrattuale di informazione*, Napoli: Jovene, 1990

Grunewald, Barbara
- *Aufklärungspflichten ohne Grenzen?*, AcP, 1990, 609-623

Guerra, Amadeu
- *A privacidade no local de trabalho. As novas tecnologias e o controlo dos trabalhadores através de sistemas automatizados. Uma abordagem ao Código de Trabalho*, Coimbra: Almedina, 2004

Guimelchain, Frédérique
- *Contrats de Travail. Relations employeurs – salariés*, Hericy: Editions du Puits Fleuri, 2003

Gullón, António
- vd. Díez-Picazo, Luis

GUTIÉRREZ, Juan Escribano
- *El derecho a la intimidad del trabajador. A propósito de la STC 186/2000, de 10 de julio*, Rel. Lab., 2001, 929-937

GUTIÉRREZ, Rodríguez-Sañudo
- vd. Valverde, Martín

HENRY, Xavier
- *Code Civil. Textes, jurisprudence, annotations*, Paris: Dalloz, 2000

HERZFELDER, François
- *L'obligation de renseigner et de rendre des comptes. Étude comparative*, RIDC, 1972, 563-586

HESSE, Konrad
- *Elementos de Direito Constitucional da República Federal da Alemanha*, Luís Afonso Heck (trad.), Porto Alegre: Sérgio Fabris, 1988 (título original: *Grundzuge des Verfassungsrechts der Bundesrepublik Deutschland*, 4.ª ed., Karlsruhe: Muller, 1970)

HILSENRAD, Arthur
- *Las Obligaciones Precontractuales*, Faustino Menéndez Pidal (trad.), Madrid: Gongora, s.d.

HÖRSTER, Heinrich Ewald
- *A parte geral do Código Civil Português. Teoria Geral do Direito Civil.* Coimbra: Almedina, 2003

HUECK, Alfred e NIPPERDEY, Hans
- *Compendio de Derecho del Trabajo*, Rodriguez Piñero e Enrique de la Villa (trad.), Madrid: Editorial Revista de Derecho Privado, 1963 (título original: *Grundiâ des Arbeitsrechts, Berlin e Frankfurt*: Vahlen, 1960)

HUNOLD, Wolf
- *Aktuelle Rechtsprobleme der Personalauswahl*, DB, 1993, 224-229

JAVILLIER, Jean-Claude
- *Droit du Travail*, 7.ª ed., Paris: LGDJ, 1999

JEAMMAUD, Antoine
- vd. PÉLISSIER, Jean

JHERING, Rudolf Von
- *De la culpa in contrahendo ou des dommages-intérêts dans les conventions nulles ou restées imparfaites'*, O. Meulenaere (trad.), Œuvres Choisies, T. II, Paris, 1893 (título original: *Culpa in contrahendo order Schadenersatz bei nichtigen oder nicht zur Perfection gelangten Verträgen, Jherings Jahrbücher*, 4, 1861, 1-113)

JORGE, Pessoa
- *Lições de Direito das Obrigações*, Lisboa: AAFDL, 1975-76

JOURDAIN, Patrice
- *Le devoir de se renseigner (Contribuition à l'étude de l'obligation de renseignement)*, Rec. Dalloz, Chronique XXV, 1983, 139-144

328   *Do dever pré-contratual de informação e da sua aplicabilidade ...*

JULGART, Michel de
- *L'obligation de renseignements dans les contrats*, RTDCiv, 1945, 1-22

KÖTZ, Hein
- *Precontractual duties of disclosure: a comparative and economic perspective*, EJLE, 2000, 5-19

KESSLER, Friedrich, GILMORE, Grant e KRONNMAN, Anthony
- *Contracts*, Boston, Toronto: Little, Brown and company, 1986

KREßEL, Eckhard
- vd. WOLLENSCHLÄGER, Michael

KRIEF-VERBAERE, Catherine
- *Les obligations d'information dans le droit pénal des affaires. L'information, vecteur d'égalité et principe actif de fraternité*, RTDCDE, 1999, 584-599

KRONMAM, Anthony
- *Errore e informazione nell'analisi economica del diritto contrattuale*, in GUIDO ALPA (dir.), *Analisi economica del Diritto Privato*, Milano: Giuffrè, 1998, 172-195
- vd. KESSLER, Friedrich

LAGARDE, Xavier
- *Aspects civilistes des relations individuelles de travail*, RTDCiv, 2002, 435-453

LANDO, Ole
- *Contract law in the UE – The Commission Action Plan and the Principles of European Contract Law*, consultado em http://frontpage.cbs.dk/law/ commission_on_european_ contract _law/ literature/ lando/ response%2016%20may%2003.doc (19 de Julho de 2005)

LARENZ, Karl
- *Derecho Civil. Parte General*, Madrid: Editorial Revista de Derecho Privado, 1978
- *Derecho Justo. Fundamentos de Etica Juridica*, Díez-Picazo (trad.), Madrid: Civitas, 1985
- *Lehrbuch des Schuldrechts,* 14.ª ed., München: Beck, 1987
_____ e MANFRED WOLF
- *Allgemeiner Teil des Bürgerlichen Rechts*, 9.ª ed., München: Beck, 2004

LEGRAND, Pierre
- *Sens et non-sens d'un Code Civil européen*, RIDC, 1996, 779-812

LEISNER, Walter
- *Grundrechte und Privatrecht*, München, Berlin: Beck, 1960

LEITÃO, Luís MENEZES
- *Negociações e responsabilidade pré-contratual nos contratos comerciais internacionais*, ROA, 2000, 49-71
- *Direito das Obrigações. Vol. I. Introdução. Da constituição das Obrigações*, 4.ª ed., Coimbra: Almedina, 2005

- *Código de Trabalho Anotado*, Coimbra: Almedina, 2003
- *A protecção dos dados pessoais no contrato de trabalho*, in AA.VV., *A reforma do Código do Trabalho*, Coimbra: Coimbra Editora, 2004, 123-138

LEITE, Jorge
- *Dever de informação*, QL, 1994, 189-192

LEQUETTE, Yves
- vd. TERRÉ, François

LEYSSAC, Lucas de
- *L'obligation de renseignements dans les contrats*, in YVON LOUSSOUARN e PAUL LAGARDE (dir.), *L'information en droit privé*, Paris: LGDJ, 1978, 305-341

LIMA, Pires de e VARELA, Antunes
- *Código Civil Anotado*, Coimbra: Coimbra Editora, 1967
- *Código Civil Anotado*, Vol.I, 4.ª ed, Coimbra: Coimbra Editora, 1987

LINGEMANN, Stefan, STEINAM-STEINRÜCK, Robert von e MERGEL, Anja
- *Employment and Labour Law in Germany*, München: Beck, 2003

LÔBO, Netto
- *A informação como direito fundamental do consumidor*, EDC, 2001, 23-45

LÓPEZ, Manuel Palomeque e ROSA, Manuel Álvarez de la
- *Derecho del Trabajo*, 9.ª ed., Madrid: Editorial Centro de Estudios Ramón Areces, 2001

LORENZ, Stephan e RIEHM, Thomas
- *Lehrbuch zum neuen Schuldrecht*, München: Beck, 2002

LORITZ, Karl-Georg
- vd. ZÖLLNER, Wolfgang

LOURENÇO, Paula Meira
- *Os deveres de informação no contrato de trabalho*, polic., Lisboa, 2000 (= RDES, 2003, 29-157)

LOWENSTEIN, George e MOORE, Dom
- *When ignorance is bliss: information exchange and inefficiency in bargaining*, Legal Studies, 2004, 37-58

LÖWISCH, Manfred
- *Arbeitsrechtliche Fragen von Aids-Erkrankung und Aids-Infektion*, DB, 1987, 936-942
- *Arbeitsrecht*, 7.ª ed., Düsseldorf: Werner, 2004

LUCIFREDI, Clara Enrico
- *Il lavoro nell'impresa e l'obbligo di fedeltà del lavoratore*, Contratto e impresa, 1998, 723-742

LYON-CAEN, Antoine
- *El Derecho del Trabajo y la libertad de empresa*, Rel. Lab., 2002, 355-364

LYON-CAEN, Gérard
- *Le droit du travail. Une technique réversible*, Paris: Dalloz, 1995

MACHADO, João Baptista
- *Tutela da confiança e "venire contra factum proprium"*, in idem, *Obra dispersa*, vol. I, Braga: Scientia Ivridica, 1991, 345-423

MACHADO, Pedrosa
- *Sobre cláusulas contratuais gerais e conceito de risco*, Separata da Revista da Faculdade de Direito, Lisboa, 1988

MAJO, Adolfo di
- *Incontro di studio civil-lavoristico*, in PASSARELLI, GIUSEPPE SANTORO (org.), *Diritto del lavoro e categorie civilistichi*, Torino: G. Giappichelli, 1992

MARQUES, Mafalda e FREIRE, Mário
- *A informação no mercado de capitais*, CadMVM, 1998, 111-123

MARTINEZ, Pedro Romano
- *As razões de ser do Direito do Trabalho*, in ANTÓNIO MOREIRA (coord.), *II Congresso Nacional de Direito de Trabalho. Memórias*, Coimbra: Almedina, 1999, 129-144
- *Obrigação de informar*, in AA.VV., *Fundamentos do Direito do Trabalho. Estudos em Homenagem ao Ministro Milton de Moura França*, São Paulo: LTR, 2000, 34-43
- *Os novos horizontes do Direito do Trabalho*, in ANTÓNIO MOREIRA (coord.), *III Congresso Nacional de Direito do Trabalho. Memórias*, Coimbra: Almedina, 2001, 325-351
- *Considerações gerais sobre o contrato de trabalho*, RDES, 2003, 5-28
- *O Código de Trabalho (Directrizes de reforma; sistematização; algumas questões)*, separata de 'O Direito', Coimbra, 2004, 45-67
- *Direito do Trabalho*, 2.ª ed., Coimbra: Almedina, 2005
_____ **et al.**, *Código do Trabalho Anotado*, 4.ª ed. Coimbra: Almedina, 2005

MARTINS, António Carvalho
- *Responsabilidade pré-contratual*, Coimbra: Coimbra Editora, 2002

MARTINS, João Nuno Zenha
- *O genoma humano e a contratação laboral. Progresso ou Fatalismo?*, Oeiras: Celta, 2002

MARTINS, Pedro Furtado
- *A relevância dos elementos pessoais na situação jurídica de trabalho subordinado. Considerações em torno de uma manifestação típica: o dever de ocupação efectiva*, RMP, 1991, 35-53
- *A crise do contrato de trabalho*, RDES, 1997, 335-368

MAZEAUD, Antoine
- *Droit du Travail*, 2.ª ed., Paris: Montchrestien, 2000

MAZEAUD, Henri
- *Responsabilité delictuelle et responsabilité contractuelle*, RTDCiv, 1929, 550-669

MCKENDRICK, Ewan
- *Contract Law and Codification: a view from England, in* AA.VV., *Um Código Civil para a Europa*, Coimbra: Coimbra Editora, 2002, 197-210

MEDICUS, Dieter
- *Tratado de las relaciones obligacionales*, Martínez Sarrión (trad.), Barcelona: BOSCH, 1995
- *Allgemeiner Teil das BGB*, 8.ª ed., Heidelberg: Müller, 2002

MELGAR, Alfredo Montoya
- *La buena fe en el derecho del trabajo*, Madrid: Tecnos, 2001
- *Derecho del Trabajo*, 25.ª ed., Madrid: Tecnos, 2004

MERGEL, Anja
- vd. LINGEMANN, Stefan

MESQUITA, Henrique
- *Oferta pública de venda de acções e violação dos deveres de informar (comentário a uma operação de privatização)*, Coimbra: Coimbra Editora, 1996

MESQUITA, José Andrade
- *Direito do Trabalho*, 2.ª ed., Lisboa: AAFDL, 2004

MESTRE, Jacques
- *Obligations et contrats spéciaux*, RTDCiv, 1991, 315-342

MEYER, Wolfgang
- *Arbeitsrecht*, 6.ª ed., Wörishofen: Holzmann Buchverlag, 2002

MIRANDA, Jorge
- *Manual de Direito Constitucional*, T. IV, *Direitos Fundamentais*, 3.ª ed., Coimbra: Coimbra Editora, 2000

MONTEIRO, António Pinto
- *O novo regime jurídico dos contratos de adesão / cláusulas contratuais gerais*, ROA, 2002, 111-142
- *Sobre o Direito do Consumidor em Portugal*, EDC, 2002, 121-135

MONTEIRO, Sinde
- *Responsabilidade por Conselhos, Recomendações ou Informações*, Coimbra: Almedina, 1989

MOORE, Dom
- vd. LOWENSTEIN, George

MORAN, John Jude
- *Employment law: new challenges in the business environment*, 2.ª ed., New Jersey: Pearson Education, 2002

MOREIRA, Guilherme Alves
- *Instituições de Direito Civil Português*, Vol. II, *Das Obrigações*, Coimbra: Coimbra Editora, 1911

MOREIRA, Teresa Coelho
- *Da esfera privada do trabalhador e o controlo do empregador*, Coimbra: Coimbra Editora, 2004

332   *Do dever pré-contratual de informação e da sua aplicabilidade ...*

MOREIRA, Vital
- vd. CANOTILHO, Gomes

MOREL, René-Lucien
- *Le refus de contracter opposé en raison de considérations personnelles*, RTDCiv, 1908, 289-311

MORELLO, Umberto
- *Obblighi di informazione*, Giur. It., 1985, 204-205

MURCIA, García
- vd. VALVERDE, Martín

NICHOLAS, Barry
- *L'obligation précontractuelle de renseignements en droit anglais*, *in* DENIS TALLON e DONALD HARRIS, *Le contrat aujourd'hui: comparaisons franco-anglaises*, Paris: LGDJ, 1987, 185-205

NIKISCH, Arthur
- *Arbeitsrecht. I. Allgemeine Lehren und Arbeitsvertragsrecht*, 3.ª ed., Tübigen: Mohr, 1961

NIPPERDEY, Hans
- vd. HUECK, Alfred

OGANDO, José Avillez
- *Os Deveres de Informação Permanente no Mercado de Capitais*, ROA, 2004, 201-256

OLEA, Manuel Alonso e BAAMONDE, M. Emilia Casas
- *Derecho del Trabajo*, 18.ª ed., Madrid: Civitas, 2000

PACCHIONI, Giovanni
- *Diritto Civile Italiano, Parte Seconda – Diritto Delle Obbligazioni, Vol. II, Dei Contratti in Generale*, Padova: CEDAM, 1939

PALANDT, Otto
- *Bürgerliches Gesetzbuch*, Peter Bassenge *et al.*, 64.ª ed., München: Beck, 2005 [cit. Palandt / Autor]

PASSARELLI, Giuseppe Santoro (org.)
- *Diritto del lavoro e categorie civilistichi*, Torino: G. Giappichelli, 1992

PAVESE, Arturo
- *Subordinazione, Autonomia e forma atipiche di lavoro*, Padova: Cedam, 2001

PEANO, Marie-Annick
- *L'intuitus personae* dans le contrat de travail, DS, 1995, 129-138

PÉLISSIER, Jean, SUPIOT, Alain e JEAMMAUD, Antoine
- *Droit du Travail*, 21.ª ed., Paris: Dalloz, 2002

PERA, Giuseppe
- *Licenziamento e organizzazioni di tendenza*, RIDL, 1991, I, 455-472
- *Compendio di Diritto del Lavoro*, 5.ª ed., Milano: Giuffrè Editore, 2000
——— e PAPALEONI, Marco,
- *Diritto del lavoro*,7.ª ed., Padova: Cedam, 2003

Bibliografia 333

PEREIRA, António Garcia
- *A grande e urgente tarefa da dogmática juslaboral: a constitucionalização das relações laborais*, in ANTÓNIO MOREIRA (coord.), *V Congresso Nacional de Direito do Trabalho. Memórias*, Coimbra: Almedina, 2003, 275-293

PEREIRA, Rui Carlos
- *A garantia das Obrigações emergentes do contrato de trabalho*, O Direito, 1974-1987, 225-270

PESSI, Roberto
- *I rapporti di lavoro c.d. atipici tra autonomia e subordinazione nella prospettiva dell'integrazione europea*, RIDL, 1992, 2, 133-151

PICKER, Eduard
- *Positive Forderungsverletzung und culpa in contrahendo. Zur Haftung "zwischen" Vertrag und Delikt*, AcP, 1983, 369-520

PIETROBON, Vittorino
- *L'Errore nella Dottrina del Negozio Giuridico'*, Padova: CEDAM, 1963

PINA, Carlos Costa
- *Dever de informação e responsabilidade pelo prospecto no mercado primário de valores mobiliários*, Coimbra: Coimbra Editora, 1999

PINTO, Alexandre Mota
- *Notas sobre o contrato de trabalho de adesão (De acordo com o Direito vigente e o Código de Trabalho)*, QL, 2003, 34-73

PINTO, Carlos Alberto da Mota
- *A responsabilidade pré-negocial pela não conclusão dos contratos*, BFDUC, Suplemento XIV, Coimbra, 1966, 143-252
- *Cessão da Posição Contratual*, Coimbra: Atlântida, 1970
- *Contratos de adesão. Uma manifestação jurídica da moderna vida económica*, RDES, 1973, 119-148

PINTO, Frederico da Costa
- *O direito de informar e os crimes de mercado*, CadMVM, 1998, 95-109

PINTO, Paulo Mota
- *O direito à reserva sobre a intimidade da vida privada*, BFDUC, 1993, (479-585),

PRATA, Ana
- *A tutela constitucional da autonomia privada*, Coimbra: Almedina, 1982
- *Notas sobre Responsabilidade Pré-contratual*, Coimbra: Almedina, 2002

RAAB, Thomas
- *Das Fragerecht des Arbeitgebers nach schwebenden strafverfahren und die Unschuldsvermutung des* Bewerbers, RdA, 1995, 36-48

RAMALHO, Maria do Rosário Palma
- *Do fundamento do poder disciplinar laboral*, Coimbra: Almedina, 1993
- *Da Autonomia Dogmática do Direito do Trabalho*, Coimbra: Almedina, 2001

334   *Do dever pré-contratual de informação e da sua aplicabilidade ...*

- *O novo Código de Trabalho. Reflexões sobre a proposta de lei relativa ao novo Código de Trabalho, in idem, Estudos de Direito do Trabalho,* Vol. I, Coimbra: Almedina, 2003, 15-67
- *Ainda a crise do Direito Laboral: a erosão da relação de trabalho "típica" e o futuro do Direito do Trabalho, in idem, Estudos de Direito do Trabalho,* Vol. I, Coimbra: Almedina, 2003, 107-121 (= *in* ANTÓNIO MOREIRA (coord.), *III Congresso Nacional de Direito do Trabalho. Memórias,* Coimbra: Almedina, 2001, 253-266)
- *Relação de trabalho e relação de emprego – contributos para a construção dogmática do contrato de trabalho, in idem, Estudos de Direito do Trabalho,* Vol. I, Coimbra: Almedina, 2003, 125-156 (= *in* AA.VV., *Estudos em homenagem ao Professor Doutor Inocêncio Galvão Telles,* Vol. I, Coimbra, 2002, 651-681)
- *Contrato de Trabalho e direitos fundamentais da pessoa, in idem, Estudos de Direito do Trabalho,* Vol. I, Coimbra: Almedina, 2003, 157-178 (= *in* AA.VV., *Estudos em homenagem à Professora Doutora Isabel de Magalhães Collaço,* vol. II, Coimbra, 2002, 393-415)
- *Os limites do poder disciplinar laboral, in idem, Estudos de Direito do Trabalho,* Vol. I, Coimbra: Almedina, 2003, 179-193 (= *in* ANTÓNIO MOREIRA (coord.), *I Congresso Nacional de Direito do Trabalho. Memórias,* Coimbra: Almedina, 1998, 181-198)
- *Igualdade e não discriminação em razão do género no domínio laboral – situação portuguesa e relação com o Direito comunitário. Algumas notas, in idem, Estudos de Direito do Trabalho,* Vol. I, Coimbra: Almedina, 2003, 227-246
- *"De la servidumbre al contrato de trabajo"– Deambulações em torno da obre de Manuel Alonso Olea e da singularidade dogmática do contrato de trabalho, in AA.VV., Estudos em homenagem ao Professor Manuel Alonso Olea,* 2004, 529-545
- *Direito do Trabalho. Parte I – dogmática geral,* Coimbra: Almedina, 2005

RAMM, Thilo
- *Grundrechte und Arbeitsrecht,* JZ, 1991, 1-16 (= tradução italiana: *Diritto Fondamentali e Dirritto del Lavoro,* GDLRI, 1991, 359-395)

RAVAZZONI, Alberto
- *La Formazione del contrato, II, La regole di comportamento,* Milano: Giuffrè, 1974

RAY, Jean-Emmanuel
- *Fidélité et exécution du contrat de travail,* DS, 1991, 376-385
- *Une loi macédonienne? Étude critique du titre V de la loi du 31 décembre 1992,* DS, 1993, 103-114
- *Droit du Travail. Droit vivant,* 11.ª ed., Paris: Liaisons, 2002

REDINHA, Maria Regina
- *Os direitos de personalidade no Código do Trabalho: actualidade e oportunidade da sua inclusão*, in AA.VV., *A reforma do Código do Trabalho*, Coimbra: Coimbra Editora, 2004, 161-171

REHM, Gebhard
- *Aufklärungspflichten im Vertragsrecht*, München: Beck, 2003

REICH, Norbert
- *Schuldrechtliche Informationspflichten gegenüber Endverbrauchern*, NJW, 1978, 513-519

REIS, Raquel Tavares dos
- *Liberdade de consciência e de religião e contrato de trabalho do trabalhador de tendência. Que equilíbrio do ponto de vista das relações individuais de trabalho?*, Coimbra: Coimbra Editora, 2004

RIBEIRO, Joaquim de Sousa
- *O problema do contrato. As cláusulas contratuais gerais e o princípio da liberdade contratual*, Coimbra: Almedina, 1999
- *O princípio da transparência no direito europeu dos contratos*, EDC, 2002, 137-163

RIEHM, Thomas
- vd. LORENZ, Stephan

RIPERT, Georges
- *La règle morale dans les obligations civiles*, Paris: LGDJ, 1949

RIVERO, Gloria Rojas
- *La libertad de expresión du trabajador*, Madrid: Editorial Trotta, 1991

RODRÍGUEZ-PIÑERO, Miguel
- *La huida del Derecho del Trabajo*, Rel. Lab., 1992, 85-92
- *Buena fe y ejercicio de poderes empresariales*, Rel. Lab., 2003, 35-46
- *Intimidad del trabajador y contrato de trabajo*, Rel. Lab., 2004, 93-105
—— e BRAVO-FERRER
- *Contrato de trabajo y autonomía del trabajador*, in JESÚS CRUZ VILLALÓN (coord.), *Trabajo subordinado y trabajo autónomo en la delimitación de fronteras del derecho del trabajo. Estudios en homenaje al Profesor José Cabrera Bazón*, Madrid: Tecnos, 1999, 21-38
- *El deber del empresario de informar al trabajador de sus condiciones de trabajo*, Rel. Lab., 2000, 273-300

ROMAGNOLI, Umberto
- *Sulla rilevanza della reticenza del prestatore di lavoro come "culpa in contrahendo"*, Giur. It., 1970, I, 1066-1070
- *Il lavoro in Italia: un giurista racconta*, Bologna: Il Mulino, 1995

ROPPO, Enzo
- *O Contrato*, Ana Coimbra e Januário Costa Gomes (trad.), Coimbra: Almedina, 1988

336   *Do dever pré-contratual de informação e da sua aplicabilidade ...*

Rosa, Manuel Álvarez de la
  – vd. López, Manuel Palomeque
Roubier, Paul
  – *Essai sur la responsabilité précontractuelle*, Lyón: A. Rousseau, 1911
Roux, Paul
  – *Des Dommages-intérêts pour Nullité de Contrat*, Paris: Societé nouvelle de libraire et d'édition, 1901
Rubio, Delia Ferreira
  – *La Buena Fe – el Principio General en el Derecho Civil*, Madrid: Editorial Montecorvo, 1984
Rubio, Maria García
  – *La responsabilidad precontractual en el derecho español*, Madrid: Tecnos, 1991
Sá, Almeno de
  – *Responsabilidade bancária. Dever de informação. Corte de crédito*, Coimbra: Coimbra Editora, 1998
  – *Cláusulas contratuais gerais e Directiva sobre cláusulas abusivas*, Coimbra: Almedina, 2001
Saleilles, Raymond
  – *De la Responsabilité Précontractuelle. A propos d'une étude nouvelle sur la matière*, RTDCiv, 1907, Paris, 697-751
  – *De la déclaration de volonté: contribuition a l'étude de l'acte juridique dans le code civil allemand: art. 116 à 144*, Paris: LGDJ, 1929
Santoro-Passarelli, Francesco
  – *Nozioni di Diritto del lavoro*, 35.ª ed., Napoli: Jovene, 1987
Santos, António Marques dos
  – *Sur une proposition italienne d'élaboration dún Code européen des contrats (e des obligations), in idem, Estudos de Direito Internacional Privado e de Direito Processual Civil Internacional*, Coimbra: Almedina, 1998, 159-166.
Santos, Gonçalo Castilho dos
  – O dever de informação sobre factos relevantes pela sociedade cotada, Lisboa: AAFDL, 1998
Santos, José Beleza Dos
  – *A Simulação*, I e II, Coimbra: Coimbra Editora, 1921
Sanz, Martínez
  – *Buena Fe, in* CÁMARA LAPUENTE (coord.), *Derecho Privado Europeu*, Madrid: COLEX, 2003, 481-500
Schliemann, Harald
  – *Flucht aus dem Arbeitsverhältnis – falsche oder echte Selbständigkeit?*, RdA, 1997, 322-326
Schmid, Karlheinz
  – *Umwelt und Recht. Zur Zulässigkeit graphologischer Gutachten im betrieblichen Bereich*, NJW, 1969, 1655-1657

Bibliografia

SCHMIDT, Joanna
- *La sanction de la faute précontractuelle*, RTDCiv, 1974, 46-73
- *Négociation et conclusion de contrats*, Paris: Dalloz, 1982
- *La période précontractuelle en droit français*, RIDC, 1990, 545-566

SCHMIDT-RIMPLER, Walter
- *Grundfragen einer Erneuerung des Vertragsrechts*, AcP, 1941, 130-197

SCHNEIDER, Winfried-Thomas
- *La codification d'instituitions prétoriennes*, RIDC, 2002, 959-968

SCHOLZ, Thomas
- *Schweigepflicht der Berufspsychologen und Mitbestimmung des Betriebsrates bei psychologischen Einstellungsuntersuchungen*, NJW, 1981, 1987-1991

SCHULTE-NÖLKE, Hans
- *Functions of contracts in EC Private Law*, in AA.VV., *Informationspflichten und Vertragsschluss im Acquis communautaire*, Tübigen: Mohr Siebeck, 2003, 85-101

SCHULZE, Reiner
- *Grundprobleme der Dritthaftung bei Verletzung von Auskunfs– und Beratungspflichten in der neueren Rechtsprechung*, JuS, 1983, 81-88
- *Der Acquis communautaire und die Entwicklung des europäischen Vertragsrechts*, in idem et al.(org.), *Informationspflichten und Vertragsschluss im Acquis communautaire*, Tübigen: Mohr Siebeck, 2003, 3-14 (disponível em inglês nas pp. 15-25)
_____ e ZIMMERMANN, Reinhard
- *Textos básicos de Derecho Privado Europeu*. Madrid, Barcelona: Marcial Pons, 2002

SCHWAB, Martin
- *Grundfälle zu culpa in contrahendo Sachwalterhaftung und Vertrag mit Schutzwirkung für Dritte nach neuen Schuldrecht*, JuS, 8, 2002, 773-778

SECADES, Manzanares
- *La natureza de la responsabilidade precontractual o culpa in contrahendo*, ADC, 1985, 979 e ss.

SEIN, José Luis Goñi
- *El respeto a la esfera privada del trabajador. Un estudio sobre los limites del poder de control empresarial*, Madrid: Civitas, 1988

SERRA, Adriano Vaz
- *Culpa do Devedor ou do Agente*, BMJ, 1957, 118-140
- *Fontes das Obrigações. O contrato e o negócio jurídico unilateral como fontes de obrigações*, BMJ, 1958, 127-219
- *Anotação ao Ac. STJ 7-Outubro-1976*, RLJ, 110, 1977-1978, 3602 (267-272) e 3603 (274-280)

SIBER, Heinrich
- in AA.VV., *Planck's Kommentar zum Bürgerlichen Gesetzbuch nebst Einführungsgesetz*, V.II, 1, 4.ª ed., Berlin: Guttentag, 1914, 190-193

SILVA, Eva Moreira da
- *Da responsabilidade pré-contratual por violação dos deveres de informação*, Coimbra: Almedina, 2003

SILVA, Vasco Pereira da
- *A vinculação das entidades privadas pelos direitos, liberdades e garantias*, RDES, 1987, 259-274

SIMLER, Philippe
- vd. TERRÉ, François

SÖLLNER, Alfred
- *Grundriß des Arbeitsrechts*, 11.ª ed., München: Vahlen, 1994

SOUSA, Rabindranath Capelo de
- *O Direito geral de personalidade*, Coimbra: Coimbra Editora, 1995

STEINAM-STEINRÜCK, Robert von
- vd. LINGEMANN, Stefan

STOLL, Hans
- *Tatbestände und Funktionen der Haftung für culpa in contrahendo*, AA.VV., *FS für Ernst von Caemmerer zum 70. Geburtstag*, Tübigen: Mohr Siebeck, 1978, 435-474

SUÀREZ, Luis Gil
- *Validez e invalidez del contrato de trabajo*, REDT, Vol. Comemorativo, I, 100, 2000, 351-373

SUPIOT, Alain
- *Les nouveaux visages de la subordination*, DS, 2000, 131-145
- *Critique du Droit du Travail. Essai*, Paris: PUF, 2002
- vd. PÉLISSIER, Jean
_____ *et al.,*
- *Transformações do Trabalho e futuro do Direito do Trabalho na Europa*, Coimbra: Coimbra Editora, 2003

TARDIA, Ignazio
- *Buona fede ed obblighi di informazione tra responsabilità precontrattuale e responsabilità contrattuale*, RDC, 2004, 724-776

TAVARES, José
- *Os princípios fundamentais do Direito Civil*, Vol.I, *Teoria geral do Direito Civil*, 2.ª ed., Coimbra: Coimbra Editora, 1929

TEICHMANN, Arndt
- *Nebenverpflichtungen aus Treu und Glauben. 1. Teil: Vorvertragliche Informationspflichten*, JA, 1984, 545-548

TELLES, Inocêncio Galvão
- *Dos contratos em geral*, 2.ª ed., Lisboa, 1962
- *Direito das Obrigações*, Lisboa, 1974
- *Culpa na formação do contrato*, O Direito, 1993, 333-356
- *Das condições gerais dos contratos e da directiva europeia sobre as cláusulas abusivas*, Separata de 'O Direito', 1995, 297-339
- *Direito das Obrigações*, 7.ª ed., Coimbra: Coimbra Editora, 1997

Bibliografia 339

Terré, François, Simler, Philippe e Lequette, Yves
- *Droit Civil: les obligations*, 5.ª ed., Paris: Dalloz, 1993

Teyssié, Bernard
- *Personnes, entreprises et relations de travail*, DS, 1988, 374-383

Tissot, Olivier de
- *La protection de la vie privée du salarié*, DS, 1995, 222-230

Trabucchi, Alberto
- vd. Cian, Giorgio

Trebilcock, Michael
- *The limits of freedom of contract*, Cambridge et al.: Harvard University Press, 1997

Tuhr, Andreas von
- *La buena fe en el Derecho romano y en el Derecho actual*, RDP, XII, 146, 1925, 337-342
- *Tratado de las obligaciones*, T. I, W. Roces (trad.), Madrid: Editorial Reus, 1934

Ulen, Thomas
- vd. Cooter, Robert

Unidroit
- *Principles of International Commercial Contracts*, Unidroit, 2004

Valverde, António Martín, Gutiérrez, Rodríguez-Sañudo, e Murcia, García
- *Derecho del Trabajo*, 13.ª ed., Madrid: Tecnos, 2004

Varela, Antunes
- *Anotação ao Ac. STJ 29 de Janeiro de 1973*, RLJ, 108, 1975-1976, n.º 3541, 56-60
- *Das Obrigações em geral*, Vol. I, 10.ª ed., Coimbra: Almedina, 2005
- vd. Lima, Pires de

Vatinet, Raymonde
- vd. Gaudu, François

Veiga, António da Motta
- *Lições de Direito do Trabalho*, 8.ª ed., Lisboa: Universidade Lusíada, 2000

Ventura, Raúl
- *Teoria da Relação jurídica de Trabalho. Estudo de Direito Privado*, Porto: Imprensa portuguesa, 1944
- *Convenção de arbitragem e cláusulas contratuais gerais*, Separata da ROA, 46, 1986

Vicente, Dário Moura
- *Da Responsabilidade Pré-Contratual em Direito Internacional Privado*, Coimbra: Almedina, 2001
- *Um código civil para a Europa? Algumas reflexões*, in AA.VV., *Estudos em homenagem ao Prof. Doutor Galvão Telles*, 1.º vol., Coimbra, 2002, 47-73

340   Do dever pré-contratual de informação e da sua aplicabilidade ...

– A responsabilidade civil pré-contratual no Código Civil Brasileiro de 2002, R.CEJ, 2004, 34-41

VILLALÓN, Jesús Cruz

– El processo evolutivo de delimitación del trabajo subordinado, in idem (coord.), Trabajo subordinado y trabajo autónomo en la delimitación de fronteras del derecho del trabajo. Estudios en homenaje al Profesor José Cabrera Bazón, Madrid: Tecnos, 1999, 169-192

VILLAZÓN, L. Antonio Fernández

– Vigilancia de la salud y derechos de la persona del trabajador (comentario al art. 22 de la Ley de prevención de riesgos laborales), REDT, 1997, 221-246

VIÑA, Jordi García

– La buena fe en el contrato de trabajo. Especial referencia a la figura del trabajador, Madrid: CES, 2001

VISINTINI, Giovanna

– La Reticenza nella Formazione dei Contratti, Padova: CEDAM, 1972

WANK, Rolf

– Das Nachweisgesetz, RdA, 1996, 21-24

WIEACKER, Franz

– El principio general de la buena fe, José Luis Carro (trad.), Madrid: Cuadernos Civitas, 1982

WIEDEMANN, Herbert

– Zur culpa in contrahendo beim abschluß des arbeitsvertrages, in AA.VV., FS für Wilhelm Herschel zum 85. Geburtstag, München: Beck, 1982, 463-481

WIESE, Günther

– Zur gesetzlichen Regelung der Genomanalyse an Arbeitnehmern, RdA, 1988, 217-222

WILHELMSSON, Thomas

– Private Law remedies against the breach of information requirements of EC law, in AA.VV., Informationspflichten und Vertragsschluss im Acquis communautaire, Tübigen: Mohr Siebeck, 2003, 245-265

WINDSCHEID, Bernard

– Diritto delle Pandette, Vol. II, Carlo Frada e Paolo Bensa (trad.), Torino: Unione Tipografico-Editrice Torinese, 1930

WITZ, Claude

– Pourquoi la réforme et pourquoi s'y intéresser en France? RIDC, 2002, 935-940

WOLF, Manfred

– vd. LARENZ, Karl

WOLLENSCHLÄGER, Michael e KREßEL, Eckhard

– Die arbeitsrechtlichen Konsequenzen von AIDS, AuR, 1988, 198-206

Bibliografia 341

XAVIER, Bernardo Lobo
- *A crise e alguns institutos de Direito de Trabalho*, RDES, 1986, 517-569
- *Curso de Direito do Trabalho*, 2.ª ed., 2.ª reimp., Lisboa: Verbo, 1999
- *O acesso à informação genética. O caso particular das entidades empregadoras*, RDES, 2003, 11-49
- *A Constituição, a tutela da dignidade e personalidade do trabalhador e a defesa do património genético. Uma reflexão*, in ANTÓNIO MOREIRA (coord.), *V Congresso Nacional de Direito do Trabalho, Memórias*, Coimbra: Almedina, 2003, 261-272
- *Curso de Direito do Trabalho, I, Introdução. Quadros organizacionais e fontes*, 3.ª ed., Lisboa: Verbo, 2004
- *A Constituição portuguesa como fonte do Direito do Trabalho e os direitos fundamentais dos trabalhadores*, in MONTEIRO FERNANDES (coord.), *Estudos de Direito do Trabalho em homenagem ao Professor Manuel Alonso Olea*, Coimbra: Almedina, 2004, 163-203
ZIMMERMANN, Reinhard
- *Konturen eines Europäischen Vertragsrechts*, JZ, 1995, 477-491
- *The law of obligations. Roman foundations of the civilian tradition*, Tony Weir (trad.), Oxford: Clarendon Press, 1996
- vd. SCHULZE, Reiner
ZÖLLNER, Wolfgang e LORITZ, Karl-Georg
- *Arbeitsrecht*, München: Beck, 1998